Heinrich Graëtz

Histoire des Juifs

II

Après l'Exil

HEINRICH GRAËTZ
TZVI HIRSH GRAETZ
(1817-1891)

HISTOIRE DES JUIFS
II
APRÈS L'EXIL

1853-1875

Publié par
Omnia Veritas Ltd

www.omnia-veritas.com

PREMIÈRE ÉPOQUE	**7**
LA RESTAURATION	**7**
CHAPITRE PREMIER	**9**
Le retour de Babylone — (537-459)	9
CHAPITRE II	**18**
Ezra et Néhémie — (459-420)	18
CHAPITRE III	**41**
La période des Sôpherim — (420-300)	41
CHAPITRE IV	**68**
Simon le juste et ses descendants — (300-175)	68
CHAPITRE V	**89**
La persécution hellénique et les Macchabées — (175-160)	89
DEUXIÈME ÉPOQUE	**127**
L'APOGÉE	**127**
CHAPITRE VI	**129**
Les princes Hasmonéens — (160-143)	129
CHAPITRE VII	**142**
L'école juive d'Alexandrie — (160-143)	142
CHAPITRE VIII	**156**
Les princes Maccabéens — (143-135)	156
CHAPITRE IX	**166**
Jean Hyrcan — (135-106)	166
CHAPITRE X	**175**
Les institutions et les sectes	175
TROISIÈME ÉPOQUE	**191**
LA DÉCADENCE	**191**
CHAPITRE XI	**193**
Les rois Hasmonéens — (106-40)	193
CHAPITRE XII	**231**

Antigone et Hérode — (40-4) 231

CHAPITRE XIII 255

Les princes Hérodiens ; les procurateurs romains — (De l'an 4 avant J.C. à l'an 37) 255

CHAPITRE XIV 272

L'idée messianique et l'origine du christianisme — (28-37) 272

CHAPITRE XV 300

Les Hérodiens : Agrippa Ier, Hérode II — (37-49) 300

CHAPITRE XVI 322

Dispersion de la nation judaïque et diffusion de sa doctrine — (40-49) 322

CHAPITRE XVII 349

Agrippa II ; début de l'insurrection — (49-66) 349

CHAPITRE XVIII 379

La guerre de Galilée — (66-67) 379

CHAPITRE XIX 395

Destruction de Jérusalem et de l'état judaïque — (67-70) 395

CHAPITRE XX 414

Les suites de la guerre — (70-73) 414

OUVRAGES DÉJÀ PARUS CHEZ OMNIA VERITAS 424

Première époque

La restauration

HEINRICH GRAËTZ

Chapitre Premier

Le retour de Babylone — (537-459)

Au printemps de l'an 537, dans le même mois où les ancêtres, huit ou neuf siècles auparavant, étaient sortis d'Égypte, les petits-fils quittèrent la Babylonie après un exil de quarante-neuf ans, pour reprendre possession de la patrie si longtemps pleurée, de cette Jérusalem, objet de leurs ardentes aspirations.

Ils ne revenaient pas avec une allure d'esclaves effarés qui viennent de voir tomber leurs chaînes, mais d'un cœur joyeux, enthousiaste, animé des plus nobles espérances. Un essaim de chanteurs marchait à leur tête, s'accompagnant d'instruments divers et entonnant des hymnes où revenait sans cesse ce refrain : Louez le Seigneur, car il est bon, car sa grâce est éternelle ! Les Judaïtes restés en Babylonie — et ils étaient nombreux, c'étaient les riches négociants et possesseurs de terres — témoignèrent de leur sympathie pour leurs frères en les reconduisant, en leur prodiguant les offrandes destinées à faciliter leur établissement. Le roi Cyrus leur donna une escorte de mille cavaliers,[1] qui avaient la double mission de les protéger contre les attaques des peuplades vivant de rapine, et de porter aux tribus installées sur le sol de la Judée l'ordre de céder la place à ses maîtres légitimes. Ainsi s'accomplissait la parole prophétique qui avait récemment retenti : Vous partirez avec joie, et vous serez paisiblement réintégrés dans votre pays. Paisiblement et sans péril, sous la

---

[1] Ce fait résulte de l'Ezra apocryphe (ou Ezra grec), V, 8. Le texte, il est vrai, porte Darius ; mais on admet généralement que c'est une faute de copiste pour Cyrus. Cet apocryphe, primitivement rédigé en hébreu, racontait l'histoire du retour de la Babylonie avec plus de détails que notre Ezra canonique.

protection de l'escorte persane, ils purent traverser les centaines de lieues qui les séparaient de la Judée. Aussi, à la différence de l'exode égyptien, le départ de Babel n'a-t-il donné lieu à aucune mention de détail. Il semblait inutile d'énumérer les étapes du voyage, alors qu'elles ne furent marquées d'aucun incident digne d'être recueilli par l'histoire. Dieu les conduisit, par un chemin uni et sûr, au terme de leurs désirs.

Lorsque les exilés, quatre ou cinq mois après leur départ, revirent cette terre objet de tant de vœux, une joie immense dut remplir leurs cœurs. Prophéties, espérances, rêves d'avenir, étaient devenus une réalité !... Leur joie, cependant, ne fut pas sans nuage. Le pays et particulièrement la ville sainte, centre de leurs affections, étaient désolés. Une grande partie du sol était occupée par des étrangers, le nord par les Samaritains ou Cuthéens, le sud par les Iduméens. À la vérité, ces régions durent être en partie abandonnées par leurs possesseurs et cédées aux propriétaires légitimes ; mais, par cela même, ils devinrent pour les Judaïtes d'implacables ennemis. D'ailleurs, les débuts du nouvel État juif furent pauvres et difficiles. Il ne put même pas occuper le territoire entier de l'ancien royaume de Juda. La population, de quarante mille hommes seulement, ne pouvait cultiver un territoire bien étendu. La colonie rapatriée se groupa ainsi autour de Jérusalem, à proximité de cette capitale dont les ruines attendaient encore leur réparation. Mais cette situation avait son bon côté : serrée ainsi près de sa capitale, la population du pays était à même de savoir tout ce qui s'y passait et d'y prendre une part active.

Du reste, si la modestie des débuts et l'exiguïté du territoire durent déconcerter les hautes espérances éveillées dans le cœur des exilés par les derniers prophètes, si les illusions durent faire place au désenchantement, des circonstances inattendues vinrent raviver leur enthousiasme et les remplir d'un nouveau zèle pour le relèvement de la patrie.

De tous les pays d'alentour, de l'Égypte, de la Phénicie, même des îles et des côtes grecques[2] où les avaient poussés soit l'émigration volontaire, soit les hasards de l'esclavage, accouraient une multitude d'exilés juifs, avides de se presser autour de Jérusalem, comme des enfants autour de leur mère revenue à la vie. Des étrangers même de toute nationalité, grands et petits, humbles ou puissants, se joignirent à eux en assez grand nombre et nouèrent avec eux d'étroites relations. C'étaient ceux qui rendaient sincèrement hommage au Dieu d'Israël et qui désiraient fermement suivre sa doctrine. On les accueillit avec joie. La présence de ces prosélytes apportait une certaine force à la communauté naissante, mais cette dernière y puisait surtout la confiance en elle-même.

À l'approche du septième mois, dans lequel le code sacré et l'antique usage ont placé plusieurs fêtes, les chefs de famille de toutes classes s'assemblèrent à Jérusalem et, sous la direction des deux principaux dignitaires, — le gouverneur Zorobabel et le grand prêtre Jésua, — procédèrent à la première œuvre de réorganisation : ils érigèrent un autel. Cet autel était comme la première assise du temple que, dès l'origine, on avait résolu de relever pour en faire le point central de l'organisme nouveau ; mais le manque de matériaux n'en permettait pas encore l'édification.

Les chefs du peuple se mirent en mesure de la préparer. Grâce aux riches offrandes qu'on leur avait remises, ils purent louer des ouvriers et des hommes de peine ; faire extraire et tailler des pierres, amener du Liban des troncs de cèdre comme avait fait Salomon. — Lorsqu'on disposa d'une quantité suffisante de matériaux, on procéda à la pose de la première pierre. Non seulement les chefs de la nation, mais ceux des familles et une foule considérable assistèrent à cette cérémonie, qui se fit avec une solennité particulière. Les Aaronides se montrèrent de nouveau dans leur costume sacerdotal et sonnèrent de la trompette ; les Lévites chantèrent un hymne de reconnaissance célébrant la grâce de l'Éternel, et le peuple salua de ses acclamations

---

[2] Cela résulte du psaume CVII, qui fut certainement composé postérieurement à l'exil. Comparez Isaïe, LXVI, 19-20, d'où il appert que les îles grecques eurent aussi leur contingent d'exilés judéens.

joyeuses l'avènement du jour si longtemps attendu. Des voix chagrines, il est vrai, se mêlaient aux cris d'allégresse, à la vue de ce temple moins grand et moins riche que celui de Salomon ; mais les cris d'allégresse dominaient le bruit de la plainte.

On travailla également à la réparation des ruines dont Jérusalem était couverte.

Toutefois, l'ivresse des premiers jours ne devait pas durer longtemps ; la lune de miel s'écoula vite et fit place à de cuisants soucis. Tout près de la frontière de Juda vivait la population hétérogène des Samaritains ou Cuthéens, lesquels, initiés par des prêtres israélites du temple de Béthel, avaient adopté partiellement le culte de ce peuple, mais conservé en même temps les rites et l'esprit de leur idolâtrie première.

Or, on vit inopinément se présenter dans Jérusalem des chefs samaritains, exprimant le désir de prendre part à la construction du temple et d'être accueillis comme membres de la communauté judaïque. La proposition parut assez grave pour donner lieu à une délibération, dont la conclusion fut un refus. Zorobabel déclara aux chefs samaritains qu'on ne pouvait leur permettre de participer aux travaux du temple. Cette décision était grosse d'ennuis et de troubles pour Israël. Les Samaritains, depuis ce moment, poursuivirent de leurs ressentiments et de leurs haines l'État judaïque. Ce fut une série de collisions incessantes entre cet État et ses voisins du nord.

Ces derniers, par leur hostilité systématique, montrèrent qu'ils avaient bien moins à cœur de prendre part au culte de Jérusalem que de nuire à la république juive et d'entraver la contraction du temple. Tandis que, d'un côté, ils s'efforçaient, à l'occasion, de refroidir l'ardeur des Judaïtes pour cette œuvre, de l'autre ils y nuisaient directement en soulevant contre elle l'opposition des fonctionnaires persans. Sous l'influence de cette double cause, les travaux furent discontinués pendant quinze ans. Ainsi se reproduisait, pour les Israélites, la fâcheuse situation où s'étaient trouvés leurs pères après leur entrée dans le Canaan. Le morceau de terre conquis par eux leur était disputé par les peuplades voisines, et ils se heurtaient partout à des antagonismes. Qu'y pouvaient-ils faire ? Ils étaient à peu près sans armes pour briser ces obstacles.

Dans ce triste état de choses, chacun pensait à soi-même, non au bien public. De la construction du temple, naturellement, il n'était plus question. Les principaux chefs de famille, les grands, se bâtissaient de belles et riches demeures, probablement avec les matériaux qu'on avait réunis pour le temple. À cela se joignirent les mauvaises récoltes de plusieurs années successives. Le charbon et la grêle ruinaient l'espoir des laboureurs. On semait beaucoup et l'on récoltait peu ; ni pain pour se rassasier, ni vêtements pour se garantir du froid, et le peu qu'on gagnait était vite dissipé. Bien pire encore était le déclin des mœurs, conséquence de la détresse matérielle. On ne retomba plus, il est vrai, dans l'idolâtrie ; tous étaient radicalement guéris de cette aberration, même les plus abjects, même les esclaves du temple. Mais des passions sordides, des vices bas et mesquins, l'amour du lucre, l'égoïsme, l'absence de charité, régnaient partout.

En présence de cette situation, qui contrastait si fort avec les riantes perspectives des premiers jours de l'émigration, les meilleurs sentaient leur courage défaillir. Que restait-il de ce bel avenir promis aux rapatriés dans la ville bien-aimée ? La misère pour le corps, l'abaissement pour l'âme.

La mort de Cambyse (521) et l'avènement de son successeur Darius, troisième roi des Perses (521-485), amenèrent d'heureux changements pour Juda. Différent de son prédécesseur et semblable à Cyrus, Darius était un prince humain et généreux. D'après une légende curieuse, Zorobabel serait allé en Perse et aurait gagné, par sa sagesse, les bonnes grâces de Darius, qui lui aurait permis de retourner à Jérusalem et d'y rebâtir le temple aux frais du trésor royal. Mais la chose n'alla pas si facilement. Les chefs du peuple, Zorobabel et Jésua, avaient bien songé à reprendre les travaux interrompus, maintenant que la mort de Cambyse avait mis fin aux tiraillements et aux conflits du voisinage ; mais le peuple, mais les chefs de famille, leur dirent : Non, le temps n'est pas encore venu de rebâtir le temple. Il ne fallut rien moins que la parole enflammée des deux prophètes Aggée et Zacharie pour déterminer la reprise du travail. Plusieurs fois, dans un espace de cinq mois, ils interpellèrent le peuple, et pour stimuler son ardeur et pour lui révéler les secrets de l'avenir. Enfin, grâce à leur énergique intervention, l'on se remit activement à l'œuvre si longtemps interrompue. Toutefois, il fallut encore quatre ans pour l'achever (519-516), et ce fut le 23 adar, peu de jours avant la fête de Pâque, qu'on célébra avec bonheur l'inauguration du sanctuaire, enfin rétabli après tant de luttes et d'efforts. Il y avait juste soixante-dix ans que le temple de Salomon avait été détruit.

Le peuple entier, sans doute, accourut à Jérusalem pour assister à l'inauguration, heureux de contempler le saint édifice qui, désormais, allait de nouveau devenir le centre de la vie israélite. — Trois semaines plus tard, la Pâque était célébrée avec ferveur par la communauté entière, et les étrangers qui s'étaient ralliés de cœur au judaïsme y prenaient pareillement part.

Quelque profondément, toutefois, que le peuple fût alors pénétré de l'esprit de la Torah et des prophètes, et quelque vives que fussent ses aspirations à l'unité, un dissentiment grave ne laissa pas d'y éclater, dissentiment qui enfanta des luttes et dont on ne triompha pas sans peine. Deux Israélites étaient à sa tête : le gouverneur, Zorobabel, de la race royale de David, et le grand prêtre, de la lignée d'Aaron. Ils représentaient respectivement le pouvoir temporel et le pouvoir spirituel, qui ne pouvaient guère manquer d'empiéter l'un sur l'autre. Zorobabel avait bien pour lui le prestige populaire attaché à la maison de David ; il semblait réaliser les souvenirs de l'antique splendeur et les paroles des prophètes qui en avaient prédit le retour. Le prophète Aggée l'avait appelé l'élu du Seigneur, son bien-aimé, son joyau précieux. Mais, par cela même, il devenait un embarras. Les ennemis des Judéens trouvaient là un thème d'accusation contre ce peuple, à qui ils reprochaient la secrète pensée de proclamer roi le fils de David. D'un autre côté, le prophète Zacharie avait annoncé que grand prêtre Jésua ceindrait la couronne, monterait sur le trône et réaliserait les espérances messianiques. Il avait ainsi placé le pontife au-dessus du prince ; de là, froideur et mésintelligence entre les deux chefs du peuple.

La paix ne pouvait se rétablir que par la retraite de l'un des deux rivaux. La coexistence de ces autorités ne pouvait être qu'une source incessante d'irritations et de troubles. Or, du moment qu'il y avait lieu d'opter, ce ne pouvait être qu'au détriment de Zorobabel, le prince étant un personnage moins nécessaire que le prêtre.

Le premier fut donc écarté[3] ; l'administration du pays resta exclusivement aux mains de Jésua, et passa, après sa mort, aux mains de son fils Joakim. Avait-on gagné au change ? Si l'histoire ne dit pas de mal des deux premiers grands prêtres, elle n'en dit pas grand bien non plus, et nous ne voyons pas qu'ils aient relevé ni amélioré en rien la situation générale. La défaite du descendant de David n'apporta aucun avantage au pays. Ses ennemis, notamment les Samaritains, recommencèrent de plus belle à représenter les Judaïtes comme un fléau, et obtinrent contre eux, de la cour de Perse, des édits oppressifs. En outre, les divers gouverneurs qui se succédèrent dans le pays, s'ingénièrent à accabler sans cesse les cultivateurs d'exigences exorbitantes. Dans cette terre natale, où les pas des premiers colons s'étaient imprimés avec tant d'ivresse, la seconde et la troisième génération voyaient leur sort empirer de jour en jour.

Pour échapper, au moins partiellement, à ces vexations, les principales familles prirent un parti qui devait leur occasionner plus tard de graves embarras. Elles se rapprochèrent des peuples voisins ou accueillirent amicalement leurs avances, et, pour s'assurer de bonnes relations, s'allièrent avec eux par des mariages. Du temps des juges, à l'époque de leur première immigration en Canaan, la même cause, le même désir, avait produit le même effet. Mais, maintenant, les

---

[3] Qu'il y ait en antagonisme entre Zorobabel et Jésua, cela résulte de Haggaï, II, 21-23, qui promet la suprématie au premier, et de Zacharie, VI, 11 sqq., qui la revendique pour le second. En fait, Zorobabel fut dépossédé de cet avantage. D'après la tradition talmudique, il reprit le chemin de la Babylonie ; ce qui résulte également d'Ezra, VIII, 2, où nous voyons un descendant de David, Ballousch, revenir de Babel à Jérusalem avec Ezra. Il était arrière-petit-fils de Zorobabel, d'après I Chroniques, IV, 42.

circonstances n'étaient plus les mêmes. Les Cananéens, les Héthéens et autres peuplades primitives, du pays professaient une abominable idolâtrie et infectaient les Israélites de la contagion de leurs vices. Tout au contraire, les voisins de l'État judaïque, spécialement les Samaritains, avaient renoncé à leurs pratiques païennes et aspiraient sincèrement à prendre part au culte divin célébré à Jérusalem. Au fond, ils étaient ou voulaient être des prosélytes juifs ; ils avaient à cœur d'entrer dans la communion religieuse des Judaïtes, de s'associer étroitement à leur existence. Fallait-il donc les repousser toujours, leur opposer d'inflexibles dédains ? La plupart des familles notables opinaient résolument pour l'admission de ces étrangers, et le grand prêtre (Joakim ou son fils Eliasib) avait donné à cette opinion l'appui de sa grave autorité. Il en résulta que bon nombre de familles, même celle du grand prêtre, s'allièrent par mariage avec les Samaritains et d'autres peuplades voisines.

Les Samaritains avaient alors à leur tête un certain Sanballat (Sanaballat), homme d'une indomptable énergie, farouche, tenace et astucieux. Cet homme prétendait sérieusement s'attacher au judaïsme ; il voulait de bonne foi avoir part au Dieu d'Israël et à son temple : mais il ne reculait pas devant la violence, et si on lui refusait le royaume du ciel, il l'eût pris d'assaut ou enlevé par stratagème. Au moyen d'une alliance matrimoniale, il espérait faciliter son accession à la communauté judaïque. C'est ainsi que son ami Tobie, l'Ammonite, était doublement allié à des familles juives : il avait épousé une fille de la noble famille d'Arach, et son fils avait obtenu en mariage la fille d'un certain Meschoullam, personnage de marque. Or, les mariages avec les Ammonites et les Moabites, jusqu'à la dixième génération, étaient formellement défendus par la Loi. Le grand prêtre et d'autres représentants de la république juive, n'osant violer ouvertement la loi, doivent avoir trouvé quelque accommodement, quelque interprétation complaisante pour apaiser les scrupules de leur conscience. Mais tous n'étaient pas aussi souples. Une fraction des meilleures familles s'était conservée pure de ces mésalliances, qu'elle déplorait comme une transgression de la Loi, comme une contamination du principe judaïque par l'introduction d'éléments étrangers. C'est surtout la classe des chantres sacrés, gardiens de la langue hébraïque et des vénérables Écritures de la tradition, qui paraît s'être abstenue de ces unions hétérogènes. Ceux-là s'élevèrent peut-être contre cette indulgence excessive, contre cette faiblesse à l'endroit d'une fusion coupable ; mais ils étaient en minorité, leur rigorisme ne prévalut point.

Lorsqu'une autorité dominante, partie de la terre d'exil, se fut installée dans Jérusalem, cette minorité accentua ses réclamations, et détermina une réaction si décisive que de fâcheuses complications en furent la conséquence.

CHAPITRE II

EZRA ET NÉHÉMIE — (459-420)

Rarement les évolutions historiques s'accomplissent d'une manière assez brusque, assez tranchée, pour que les contemporains eux-mêmes en soient frappés, et pour que, à chaque phase, à chaque manifestation de la vie, ils s'aperçoivent que l'ancien régime n'est plus et a fait place à un nouvel ordre de choses. D'ordinaire, la génération témoin d'une de ces crises n'a pas conscience du changement qui s'accomplit en elle-même, dans ses idées, dans ses mœurs et jusque dans sa langue. C'est une transformation de ce genre, insensible d'abord, plus tard radicale et complète, qui s'était opérée au sein du judaïsme dans la première moitié du V° siècle. Tout en croyant continuer purement et simplement l'œuvre de leurs devanciers, de la même façon et par les mêmes moyens, les Judaïtes s'étaient transformés et ils collaboraient, sans le savoir, à une situation nouvelle. Ce ne fut point Juda et Jérusalem, ce fut la région de l'exil qui servit de point de départ à cette transformation ; mais elle les engloba bientôt, eux aussi, et les marqua de son empreinte.

Un grand nombre de descendants des premiers exilés, mus par des raisons d'intérêt, de convenance personnelle ou d'autres causes, étaient restés en Babylonie. Eux aussi, cependant, avaient salué avec enthousiasme le retour à Jérusalem et la restauration de l'État judaïque ; ils s'y étaient associés par leurs vœux et par leurs riches offrandes. Un lien étroit, d'ailleurs, les rattachait aux rapatriés, puisqu'ils comptaient parmi eux des membres de leurs propres familles. Aussi des relations actives s'établirent-elles entre la mère patrie et ce qu'on pourrait appeler la colonie judaïte des bords de l'Euphrate. Des Jérusalémites se rendaient parfois chez leurs frères de la Gôlah (comme on nommait les Juifs de Babylonie), pour leur exposer les misères du pays et réclamer leur assistance ; et plusieurs de ces derniers, de temps à autre, se rendaient à Jérusalem pour porter des dons à son temple et retremper dans le saint lieu leur conscience religieuse. Si des Judéens étaient emmenés en captivité ou vendus comme esclaves, leurs frères s'en mettaient en peine et n'épargnaient aucun sacrifice pour obtenir leur délivrance. Ils étaient en situation de pouvoir aider et soutenir leurs coreligionnaires, car ils vivaient généralement dans l'aisance, et le vaste empire des Perses offrait un champ considérable à leur activité. Lorsque Suse fût devenue résidence royale et que Babylone perdit son importance, des membres de la communauté judéo-babylonienne émigrèrent vers l'Orient, dans l'empire perse, s'établirent notamment à Suse et y formèrent de nouveaux groupes. Le quatrième roi des Perses, Artaxerxés (464-423), les traita favorablement, comme avait fait son aïeul Darius. Un Judaïte distingué par sa bonne mine et par son intelligence, Néhémie, devint son échanson et acquit, en cette qualité, une grande influence à la cour. Le roi et son épouse principale, Damaspia, lui témoignaient beaucoup de bienveillance et lui accordaient souvent ses demandes, qu'il savait d'ailleurs présenter sous une forme engageante. Grâce à lui et à quelques autres Judaïtes, bien vus à la cour, les communautés de Perse et de Babylonie eurent à se louer de leur situation.

Or, les Judaïtes vivant à l'étranger, jaloux de conserver leur individualité et leur caractère national, se tenaient isolés de la société ambiante, ne se mariaient qu'entre eux et faisaient de la doctrine traditionnelle la règle exclusive de leur conduite. Premièrement parce qu'ils vivaient dans un milieu étranger, loin de la mère patrie, ils se faisaient une loi d'être et de rester Judaïtes, scrupuleux observateurs de leur doctrine, lien puissant qui maintenait l'unité nationale. S'il ne leur était pas possible d'offrir des sacrifices ni de pratiquer, en général, les préceptes relatifs au temple, ils n'en pratiquaient qu'avec plus de zèle ceux qui ne dépendent pas de la présence du sanctuaire, le sabbat, les fêtes, la circoncision et les lois alimentaires. Sans aucun doute, ils avaient aussi des maisons de prières, où ils s'assemblaient à des époques déterminées. Ils cultivèrent même la langue hébraïque assez bien pour pouvoir s'en servir dans leurs relations mutuelles. Où puisèrent-ils la connaissance de cette langue ? Dans les monuments écrits qu'ils en avaient entre les mains, et qu'ils lisaient avec d'autant plus d'ardeur, que là seulement ils trouvaient la base et la règle de leur conduite religieuse. De là, la valeur particulière accordée à un livre peu lu jusqu'alors, je veux dire le Pentateuque, le code des lois et des devoirs. Précédemment, pendant l'exil, c'est aux écrits des prophètes qu'on s'attachait de préférence, parce qu'on y puisait la consolation. Maintenant qu'il s'agissait de traduire en acte le sentiment religieux, de donner leur vrai caractère aux manifestations de la vie, c'est au livre de la Loi qu'il fallut demander une direction. Longtemps négligée sur le sol natal, c'est seulement en pays étranger que la Thora obtint respect et autorité. Rarement le sabbat, par exemple, avait été chômé avec autant de rigueur qu'il l'était dans les communautés persico-babyloniennes. Ce zèle à faire de la Thora une vérité, c'est-à-dire à en accomplir toutes les prescriptions, se personnifia surtout dans Ezra (Esdras), promoteur d'une ère nouvelle dans le développement historique de la race juive ; toutefois, il n'était pas isolé, et plusieurs partageaient ses vues.

Cet homme, créateur du nouveau mouvement religieux, était comme prédestiné, par son origine même, à enflammer les cœurs pour la Thora. Il descendait des grands prêtres ; un de ses aïeux, Chilkiyah (Helcias), avait découvert dans le temple le code du Deutéronome, et, en le faisant remettre au roi Josias, provoqué un revirement religieux. Il était aussi arrière-neveu de ce grand prêtre Seraïa, que Nabuchodonosor fit exécuter, et dont les fils peuvent avoir emporté en Babylonie le livre de la Loi. Ezra eut, d'après cela, occasion de s'occuper de l'étude de ce livre ; mais, plus que ses prédécesseurs et ses parents, il lui voua une attention particulière. Après l'avoir lu avec ardeur et s'en être pénétré, il songea que cette Loi ne devait pas rester lettre morte, mais être vivifiée par la pratique, par l'accomplissement de ses préceptes. C'est par lui-même, naturellement, qu'il dut commencer. Tous les devoirs que la Loi impose à l'individu sous le rapport du vêtement, de la nourriture et des chômages, Ezra s'appliqua scrupuleusement à les observer. Puis à se fit l'instituteur de ses frères, expliqua la Loi de manière à la rendre saisissable pour tous et les exhorta à la suivre en toutes choses. À ses yeux, la Thora était une émanation de Dieu même, qui l'avait révélée à Moïse pour le peuple israélite. Aussi la plaçait-il plus haut, beaucoup plus haut que les autres écrits prophétiques, comme Moïse était plus grand que les autres prophètes. Ainsi pénétré de la divinité du code mosaïque et animé du désir ardent de le faire respecter, il n'eut pas de peine à faire partager et cette conviction et cette ardeur aux communautés de Babylonie. Il acquit de la sorte une haute situation parmi ses coreligionnaires ; sa parole devint une autorité, et se fit mieux obéir que n'avait jamais fait la parole enflammée des prophètes.

Ezra avait-il connaissance de la tiédeur religieuse des Palestiniens, et son voyage avait-il pour but d'assurer à la Loi tout son prestige ? Ou ne fut-il poussé que par l'impérieux besoin de s'établir à Jérusalem, alla d'y accomplir les préceptes qui se rattachent au temple et aux sacrifices ?... Quoi qu'il en soit, une fois sa résolution prise, il s'entendit avec un groupe sympathique à ses idées et disposé à le suivre. C'était un noyau assez respectable, plus de seize cents hommes des meilleures familles, avec femmes et enfants ; parmi eux se trouvait aussi un arrière- petit-fils de Zorobabel, de la lignée de David. Ceux qui ne pouvaient émigrer remirent à Ezra de riches présents pour le temple, or, argent, vases précieux. Chose surprenante, le roi Artaxerxés (Longue-Main) lui remit également des offrandes pour le sanctuaire de Jérusalem, et ses conseillers et autres grands de Perse en firent autant. Il est de fait que, en ce temps-là, le Dieu d'Israël comptait de fervents adorateurs parmi les Persans et d'autres peuples encore[4] : De levant jusqu'au couchant, son nom était grand et révéré parmi les nations. — En outre, Artaxerxés donna à Ezra des sauf-conduits pour les satrapes des pays par où il devait passer, et pour les go4verneurs de la Palestine. Il lui eût aussi donné une escorte pour tenir en respect les malfaiteurs et les malveillants dans ce long trajet, pour peu qu'Ezra l'eût désiré. Mais Ezra ne le désirait point, et il lui avait assuré au contraire, lui et ses compagnons, que leur Dieu, protecteur de ceux qui l'adorent, les préserverait de tout péril.

---

[4] Voir Malachie, I, 11 et 14.

L'arrivée d'Ezra et de sa nombreuse suite à Jérusalem dut y produire une grande sensation. Ils venaient les mains pleines, animés d'un vif enthousiasme et munis de la recommandation royale. La renommée qu'Ezra s'était acquise, comme savant versé dans les Écritures et habile interprète de la Loi, avait sans doute pénétré jusque dans la Judée, et il y fut accueilli avec une grande considération. Dès le début de sa mission d'enseignement, les rigoristes qui avaient blâmé les mésalliances avec les peuples voisins, surtout avec les Moabites et les Ammonites, déférèrent à sa justice les gens de conscience facile qui les avaient contractées. Ezra fut atterré en apprenant pareille chose. Quoi ! des chefs du peuple, des représentants du sanctuaire, s'étaient, au mépris de la Loi, alliés avec des païens ! C'était un péché horrible aux yeux d'Ezra ; selon lui, la race israélite était une race sainte, à qui tout mélange avec des étrangers, eussent-ils renoncé à l'idolâtrie, imprimait une souillure. À son sens, la Loi permettait bien d'accueillir dans la communauté les païens qui adoptaient la doctrine juive, mais elle ne leur conférait pas l'égalité absolue : ils devaient former un groupe distinct et séparé. Ce n'était pas chez lui vain orgueil de race, mais scrupule religieux ; il sentait confusément que l'intrusion, que la fusion intime d'une masse de prosélytes ou de demi prosélytes, qui n'avaient pas subi, comme la postérité d'Abraham, un long travail d'épuration, qui n'avaient pas été éprouvés par le creuset du malheur, pouvait avoir pour conséquence d'y faire prédominer l'élément étranger et de compromettre les biens religieux si chèrement acquis. Cette appréhension le secouait dans tout son être. Saisi de douleur à la nouvelle d'un péché si dangereux et si funeste, commis par une grande partie du peuple, Ezra déchira ses vêtements, s'arracha les cheveux et s'assit à terre dans un morne silence, sans prendre aucune nourriture. Puis il se rendit au parvis du temple, et là, tombant à genoux, il prononça une confession émouvante au nom de ce peuple qui, nonobstant les dures épreuves du malheur, n'avait pas su se corriger et était retombé dans ses anciens égarements.

Cette pathétique oraison, entrecoupée de sanglots et de larmes, fit une profonde impression sur les assistants, hommes, femmes, enfants, qui s'étaient successivement amassés autour de ce docteur de la Loi agenouillé et priant. Tout ce peuple fondit en larmes. Sous le coup de cette violente émotion, quelqu'un émit une proposition grave. Il y avait un moyen, lui semblait-il, de réparer le passé et de conjurer les effets de la faute commise : Prenons l'engagement solennel de répudier les femmes étrangères et d'exclure de la communauté les enfants issus de la mésalliance ! S'emparant aussitôt de cette parole, Ezra se lève et somme les chefs de famille de jurer devant Dieu, à la face du sanctuaire, que tous ceux qui avaient épousé des étrangères chasseraient femmes et enfants de leurs foyers. Ce fut un instant grave et décisif pour l'avenir de la nation.

Ceux qui, dans la surprise de la première heure, avaient prononcé ce serment, durent respecter leur parole et, la mort dans l'âme, se séparer de leurs femmes étrangères et de leurs propres enfants. Les fils et les parents du grand prêtre furent tenus de donner l'exemple. Une sorte de sénat, composé des Anciens les plus zélés pour l'exécution de la Loi, fit signifier, par des hérauts envoyés dans toutes les villes de Juda, que quiconque avait contracté une de ces unions mixtes exit à se présenter dans les trois jours à Jérusalem, sous peine d'être dépossédé de tous ses biens et exclu de la communauté. Une commission d'enquête, dont Ezra lui-même choisit les membres, fut nommée à cet effet : elle avait pour mission de rechercher les individus engagés dans ces liens illicites, et de les inviter à venir à Jérusalem pour déclarer qu'ils s'étaient définitivement séparés de leurs femmes. Les Anciens ou les juges de chaque ville devaient également se rendre à Jérusalem, pour certifier l'exécution du décret. En conséquence de cette rigoureuse injonction, tous les provinciaux qui s'étaient rendus à l'assignation durent expulser femmes et enfants, comme l'avaient déjà fait les Jérusalémites. Plusieurs toutefois paraissent avoir résisté par affection pour leur propre famille ou par considération pour leur famille d'alliance, avec laquelle ils avaient conservé d'étroites relations.

Cette impitoyable exclusion des peuples voisins, Samaritains, Ammonites et autres, produisit, comme on pouvait s'y attendre, de tristes conséquences. Cette inflexible barrière, Ezra et le parti puritain prétendaient élever, même contre ceux qu'animaient une sincère piété et le désir d'une fraternelle union, exaspéra ces derniers au plus haut point. Quoi ! plus de part pour eux, désormais, à ce Dieu qu'ils avaient choisi, à ce sanctuaire de Jérusalem qui était devenu le leur ? Ce divorce brutal qui leur était signifié changea brusquement en hostilité leurs dispositions amicales : la pire haine est celle qui naît d'un amour dédaigné. Le deuil des filles ou des sœurs, répudiées par leurs maris Judaïtes, la vue des enfants reniés par leurs pères, ne pouvaient que froisser douloureusement leurs familles. Par malheur pour les Judaïtes, au premier rang de ceux qu'ils avaient ainsi repoussés de leur communion, se trouvaient deux hommes résolus et d'esprit inventif Sanballat et Tobie. Ils étaient attachés à la doctrine juive, et on les repoussait. Sur-le-champ ils prirent une attitude hostile contre Juda, décidés à maintenir, par force ou par ruse, leur participation au temple de Jérusalem et au Dieu qu'on y adorait. Il est à croire que des démarches furent tentées d'abord pour rétablir la concorde et la vie commune, pour faire révoquer le décret d'exclusion. Il y avait sans doute, à Jérusalem et dans la province, un parti modéré, qui jugeait avec plus d'indulgence la question des mariages mixtes et n'approuvait pas les procédés d'Ezra. Les plus instruits, d'ailleurs, étaient d'un autre avis que lui sur ces mariages avec des femmes qui, au moins extérieurement, professaient la doctrine nationale. Une telle sévérité était-elle donc justifiée ? Ne trouvait-on pas, dans les souvenirs du passé, nombre d'exemples d'Israélites ayant épousé des femmes étrangères ? Ces questions et d'autres semblables furent probablement agitées. Nous trouvons comme un écho de ces sentiments modérés dans un gracieux écrit appartenant, selon toute probabilité, à cette même époque, je veux dire dans le livre de Ruth. L'auteur de cette poétique idylle nous raconte, fort tranquillement en apparence, l'histoire d'une bonne famille judaïte de Bethléem, émigrée au pays de Moab, et dont deux membres épousent des femmes moabites : c'était toucher la brillante question du jour.

Ruth, une de ces femmes, dit à Noémi, sa belle-mère : N'insiste pas, de grâce, pour que je te quitte ! Où que tu ailles, j'irai ; où sera ta demeure sera aussi la mienne ; ton peuple est le mien, ton Dieu est mon Dieu ; où tu mourras, je veux mourir, et la mort seule nous séparera ! Et Ruth, la Moabite, tint parole. Et lorsque plus tard elle épousa Booz, — un Judaïte, — le peuple ravi s'écria : Dieu bénisse cette femme qui entre dans ta maison, et la fasse devenir comme

Rachel et Léa, qui ont édifié la maison d'Israël ! Et le fils que Ruth donna à son époux eut pour descendant David, le pieux roi d'Israël. — Ce délicieux petit livre[5] est d'une finesse exquise dans ses détails. Mais ce que le poète tenait surtout à faire ressortir, c'est d'abord que la famille royale d'Israël descendait d'une Moabite ; en second lieu, que cette même Moabite, après s'être attachée au peuple de Juda, après s'être abritée sous les ailes de Dieu, avait déployé toutes les vertus qui sont l'apanage des filles d'Israël, chasteté, délicatesse, esprit de dévouement et de sacrifice. L'application de cette histoire à la question du jour était facile, et on ne pouvait manquer de la faire. Parmi ces femmes répudiées ou menacées de l'être, n'y en avait-il point qui fussent semblables à Ruth ? Les enfants nés de ces femmes, engendrés par des pères Judaïtes, fallait-il les renier comme des païens ? Et alors la maison de David, cette race royale dont l'ancêtre avait épousé une Moabite, était donc, elle aussi, une famille étrangère ?

Mais non, rien n'y fit : Ezra et le sénat de Jérusalem persistèrent, avec une inflexible rigueur, à exclure de la communauté tous les éléments qui n'étaient pas d'origine judaïque, de la semence sainte. Les essais de conciliation ayant échoué, les luttes hostiles devinrent inévitables. Les ennemis, exaspérés, entreprirent des attaques contre Jérusalem. Sanballat et ses compagnons étaient à la tête d'une légion guerrière, et les maîtres de Jérusalem entendaient peu, sans doute, le métier des armes. Les Samaritains firent des brèches aux murailles de la ville, mirent le feu à leurs portes de bois et détruisirent nombre de maisons, pour la seconde fois, Jérusalem eut l'aspect d'un monceau de ruines.[6] Toutefois, ils épargnèrent le temple : pour eux aussi le temple était chose sainte. Il n'en fut pas moins livré à un triste abandon. La plupart des habitants de Jérusalem, privés de la protection de leurs remparts, s'éloignèrent et allèrent s'établir où ils purent.

Les Aaronides et les Lévites, qui ne touchaient plus leurs redevances et leurs dîmes rurales, abandonnèrent le temple pour

---

[5] On admet aujourd'hui que le livre de Ruth a été écrit pour protester contre l'exclusion des prosélytes.
[6] Ce triste état de Jérusalem est décrit dans le premier chapitre de Néhémie. Il ne peut être imputé qu'aux menées des Samaritains.

chercher ailleurs des moyens d'existence. Ce fut une triste période pour la république juive, réorganisée à peine depuis un siècle. Beaucoup de familles notables se raccommodèrent avec leurs voisins, reprirent les femmes qu'elles avaient répudiées ou contractèrent de nouveau de semblables unions. Pour garantir la stabilité de ces alliances, on se lia vraisemblablement par des serments mutuels. Pour le moment, l'œuvre d'Ezra semblait avortée et l'existence même de l'État compromise. Que manquait-il encore pour sa totale dissolution ?

Cependant le zèle qu'avait su enflammer Ezra était trop profond pour céder ainsi à des contretemps. En voyant la ruine et la désolation de Jérusalem, quelques Israélites, douloureusement émus de ces événements, se rendirent en toute hâte en Perse pour y chercher assistance. Ils comptaient particulièrement sur Néhémie, l'échanson du roi Artaxerxés, et dont le parent, Hanani, avait vu de ses yeux tout ce qui s'était passé. Ils s'adressèrent donc à lui et lui firent une peinture épouvantable de la situation des Judéens dans leur pays et du délabrement de la ville sainte. Néhémie frémit d'horreur en apprenant ces détails. Zélateur ardent de la Loi, il lui semblait que Jérusalem, la sainte cité chère à Dieu entre toutes, était entourée d'une muraille de feu d'où aucun ennemi ne pouvait approcher impunément. Et maintenant il la voyait violée et déshonorée, comme la première ville venue ! — Mais il ne se laissa pas dominer par sa douleur. Néhémie était homme d'action et de ressources. Il avait appris à la cour l'art de gouverner ; il savait qu'une volonté ferme est maîtresse des hommes et des événements. Il résolut sur-le-champ de se rendre lui-même à Jérusalem et de mettre un terme à cette affreuse situation. Mais comment s'éloigner ? Son service l'enchaînait à la cour. La faveur même du roi le retenait près de lui, et lui ôtait la possibilité d'aller à Jérusalem.

Habile comme il était, Néhémie attendit une occasion propice pour solliciter la permission d'Artaxerxés. Cependant la tristesse qui le rongeait avait fait disparaître peu à peu sa bonne mine et la sérénité de son front. Un jour qu'il servait à boire au roi et à la reine, Artaxerxés fut frappé de l'altération de ses traits et lui en demanda la cause.

Profitant aussitôt de cette disposition favorable : Puis-je avoir joyeuse mine, répondit-il, quand la ville où sont les tombeaux de mes pères est désolée, quand ses portes sont consumées par le feu ? En même temps, il exprima le vœu de s'y rendre et de porter remède à sa malheureuse situation. Le roi, plein de bienveillance, lui accorda tout ce qu'il désirait, lui permit d'entreprendre le voyage, de relever les murs, de rétablir l'ordre dans les affaires de l'État. Il lui remit des lettres enjoignant aux fonctionnaires royaux de n'apporter aucun empêchement à son voyage et de lui fournir du bois de construction. Il lui donna même une escorte de soldats à pied et à cheval, et l'institua gouverneur (péhha) de la Judée. Il mit à toutes ces grâces une seule condition : il exigea que Néhémie ne se fixât pas indéfiniment à Jérusalem, et qu'après un certain délai il retournât à la cour. — Ce voyage de Néhémie va imprimer une nouvelle direction au développement historique de l'État juif, ou plutôt accentuer la direction inaugurée par Ezra.

Néhémie quitta donc la résidence de Suse avec un nombreuse suite de parents et de serviteurs, et protégé par une escorte militaire. En traversant l'ancien territoire des dix tribus, il remit au gouverneur ses lettres de recommandation. Sanballat et Tobie connurent ainsi le but de son voyage et pressentirent une lutte prochaine. C'était pour eux une déception peu agréable, d'apprendre qu'un Judaïte, favori d'Artaxerxés, était institué gouverneur de la province et, selon toute prévision, allait prendre en main la cause de ses frères persécutés.

Arrivé à Jérusalem, Néhémie resta invisible pendant trois jours. Il voulait d'abord faire connaissance avec le théâtre de son activité et avec le monde à qui il aurait affaire. En attendant, il organisa une sorte de cour au petit pied : car il avait une fortune de prince et dépensait à l'avenant. Du reste, il dissimula le but de son arrivée, au point de ne pas même s'en ouvrir aux principaux Judaïtes, à qui il se fiait peu. Une nuit, il sortit à cheval, seul, pour se rendre compte de l'étendue des désastres et aviser au meilleur moyen de les réparer. Ensuite à convoqua les chefs de famille, même ceux qui habitaient la province, et leur déclara, à leur grande surprise, qu'il avait reçu plein pouvoir du roi Artaxerxés, non seulement de restaurer les murs, mais encore d'administrer tout le pays, et qu'il était résolu de mettre fin à la honte et à la misère de l'État judaïque. Il trouva tous ces hommes prêts à le soutenir, à lui prêter même un concours actif. Ceux-là mêmes qui étaient alliés à des familles étrangères, qui vivaient dans les meilleurs termes avec elles, applaudirent à ses desseins. Mais la tâche que s'était imposée Néhémie était des plus difficiles. Il s'agissait de restaurer une société complètement désorganisée, dont les membres, dominés par la crainte, la faiblesse, l'intérêt ou des considérations de diverses natures, n'étaient pas assez fermes pour braver les dangers. Son premier souci était de fortifier Jérusalem, condition sans laquelle toute entreprise et toute amélioration se trouveraient à la merci d'un coup de main.

Néhémie dirigea lui-même les opérations, et les facilita par la division du travail. Chaque famille patricienne fut chargée de réparer une portion de la muraille, de mettre en place et d'assujettir une des portes de la ville.

Toutefois, ce travail de réfection ne marcha pas sans encombre. Les demi prosélytes qu'on avait éconduits, Sanballat et Tobie en tête, ces hommes à qui Néhémie, dès le début, avait dit nettement : Vous n'aurez point de part, point de droit, point de souvenir dans Jérusalem, déployèrent autant d'ardeur à entraver son œuvre que lui à l'accomplir. Ils procédèrent d'abord par la ruse, cherchèrent à rendre suspects les desseins de Néhémie, l'accusèrent de vouloir secouer l'autorité de la Perse, de nourrir l'ambitieux projet de régner sur les Judéens. Puis ils s'efforcèrent de décourager les travailleurs, se moquant du peu de solidité de leur mur, qu'un chacal enfoncerait en se jetant au travers. Mais quand les murs furent arrivés à demi-hauteur et bien fermés, les ennemis firent le complot de tomber sur les travailleurs et de détruire leur ouvrage. Mais Néhémie veillait. Depuis ce moment, par ses ordres, une partie de ses hommes et les chefs Judaïtes montaient la garde en armes ; les ouvriers avaient l'épée au côté, et les hommes de peine portaient le fardeau d'une main et une arme de l'autre. Pour accélérer le travail, Néhémie occupa ses hommes depuis l'aube jusqu'à la nuit, organisa une surveillance active à l'intérieur de Jérusalem, tellement que les gardes ne prenaient pas le temps de se dévêtir. Lui-même se tenait sans cesse sur le chantier, tantôt ici, tantôt là, ayant à ses côtés un homme chargé des signaux.

Cependant Sanballat et ses compagnons, renonçant à empêcher les travaux par un coup de main, eurent recours à l'intrigue. Ils firent courir le bruit que Néhémie avait l'intention, une fois Jérusalem bien fortifiée, de se faire proclamer roi par les Judaïtes et de se déclarer indépendant de la Perse. Ils comptaient ainsi effrayer les gens crédules et les faire renoncer au travail, dans la crainte de passer pour complices. Ils trouvèrent même, moyennant finance, quelques traîtres parmi les Judaïtes pour les seconder. D'autre part, ils essayaient d'agir directement sur Néhémie, lui adressaient des lettres qui disaient leurs soupçons et qui le mettaient dans son tort... Toutes ces manœuvres échouèrent devant la fermeté de Néhémie. Il poursuivit jusqu'au bout l'œuvre commencée avec tant d'ardeur, et força ainsi l'admiration de ses ennemis eux-mêmes. Depuis lors, en effet, ils semblent avoir renoncé définitivement à leurs machinations impuissantes et avoir cessé d'inquiéter Néhémie, comme de le troubler dans son œuvre.

Il eut du reste, à l'intérieur, des luttes non moins pénibles à soutenir. Plusieurs des familles notables jouaient un rôle équivoque, pactisant en secret avec les ennemis et leur rapportant chacune de ses paroles. En outre, elles molestaient les pauvres de la façon la plus odieuse. Si un malheureux avait emprunté de l'argent pour acquitter l'impôt royal, ou du blé pour sa subsistance dans les mauvais jours, et avait donné en gage son champ, sa vigne on son olivier, sa maison ou même ses enfants, le créancier impitoyable, en cas de non-payement, retenait les biens en toute propriété, traitait les fils et les filles en esclaves. Ému des plaintes toujours croissantes des victimes de ces exactions, Néhémie résolut de prendre à partie ces riches sans entrailles. Il les convoqua à une grande assemblée et se prononça hautement contre cette conduite barbare et flétrie par la Loi : Nous autres Judéens de Perse, nous avons racheté selon nos moyens nos frères vendus aux païens comme esclaves. Si maintenant vous vendiez vos frères, c'est donc à nous qu'ils seraient revendus ! conclut-il avec une ironie amère. Or, telle était l'autorité de Néhémie, la puissance de sa parole, et aussi, même sur les grands et les riches, l'influence d'une mercuriale faite au nom de la Thora, qu'ils promirent séance tenante non seulement de relâcher les personnes détenues comme esclaves, mais de restituer maisons, champs et jardins à leurs propriétaires ; bref, de renoncer à leurs créances. Mettant à profit cette disposition favorable, Néhémie fit jurer aux riches qu'ils tiendraient leurs promesses.

La Loi, dignement représentée par Néhémie, venait de remporter là une belle victoire sur l'intérêt personnel. Du reste, le gouverneur judaïte donnait lui-même à tous l'exemple de l'abnégation, du désintéressement le plus complet. Non seulement il n'acceptait point les prestations qui lui étaient dues, mais il faisait encore des avances aux pauvres en argent et en blé, et, s'ils ne pouvaient payer, il leur faisait remise de la dette. Sa famille et ses serviteurs se distinguaient par le même désintéressement, par la même générosité.

C'est grâce à cette conduite que Néhémie put triompher de tous les obstacles qui rendaient si difficile le rétablissement de l'ordre public. Pour les grands comme pour le peuple, sa parole faisait loi. Assez de difficultés, cependant, restaient encore à vaincre. Les murs terminés, les portes mises en place, on s'aperçut que les Lévites, gardiens de ces portes, et même les Lévites des trois classes en général, manquaient. Privés de leurs dîmes pendant toute la période de ruine, ils s'étaient éparpillés dans le pays. La population de la ville était d'ailleurs clairsemée, nombre de maisons étaient détruites ou désertes. Il importait de repeupler Jérusalem[7] et de pourvoir le temple de desservants.

À tous ceux qui avaient abandonné Jérusalem pour cause d'insécurité ou qui, dès le principe, s'étaient domiciliés dans les villes de province, Néhémie adressa probablement un appel pour les inviter à se fixer dans la capitale. Beaucoup des principales familles s'y offrirent spontanément. Mais le nombre de ces volontaires ne suffisant pas à peupler raisonnablement Jérusalem, il fut décidé que le dixième

---

[7] Le fait du repeuplement de Jérusalem résulte de Néhémie, XI et de I Chroniques IX, sqq.

de la population provinciale, désigné par la voie du sort, serait tenu d'y transférer sa demeure. Cependant Néhémie n'estimait pas que chacun fut digne de devenir membre de la sainte cité. Il n'admettait pas surtout que ceux-là en fissent partie, qui étaient nés de mariages mixtes. Il se fit donc remettre la liste des familles revenues de Babylone et examina la filiation de chacune d'elles. Cet examen fut des plus sévères. Trois familles, six cent quarante-deux personnes, qui ne pouvaient pas établir la pureté absolue de leur descendance, furent écartées ; et trois lignées d'Aaronides, qui ne pouvaient produire leurs tables généalogiques, furent déclarées, par Néhémie, déchues du sacerdoce jusqu'à nouvel ordre.

Néhémie avait donc fortifié Jérusalem, avait pris des mesures pour la repeupler, avait rendu à la communauté un centre et, pour ainsi dire, un corps solide et résistant. Dans ce corps, il restait à insuffler l'âme, — la Loi. Mais pour cela il lui fallait le concours des docteurs. C'est alors qu'Ezra, qui était resté dans l'ombre pendant cette période d'activité de Néhémie, rentra en scène. Le premier jour du septième mois, un jour de fête, il réunit tout le peuple, même des provinces, à Jérusalem, sur la vaste place qui s'étend devant la Porte de l'Eau. Là était disposée une haute tribune, d'où Ezra devait faire entendre la lecture de la Loi. Il importait de donner à la cérémonie une solennité saisissante et d'un effet durable. L'assemblée était nombreuse, on n'y comptait pas seulement des hommes, mais aussi des femmes et des adolescents. Lorsque Ezra déploya le rouleau de la Loi, toute l'assistance se leva, témoignant ainsi son respect pour le dépôt de la sainte doctrine ; et lorsqu'il procéda à la lecture par une formule de bénédiction, le peuple entier, levant les mains, y répondit par un retentissant amen. Alors Ezra lut à haute voix un chapitre de la Thora, que tous écoutèrent avec une attention profonde. À ceux qui ne pouvaient suivre le texte, femmes et gens de province, des Lévites versés dans les Écritures l'expliquèrent si bien que ceux-là aussi comprirent tout. Fortement émue en entendant la sainte parole, toute cette assemblée populaire éclata en pleurs. Le texte lu par Ezra était, très probablement, le passage du Deutéronome annonçant les terribles châtiments réservés aux violateurs de la Loi ; le peuple, y voyant sa condamnation, sentit vivement sa culpabilité, et son âme contrite se jugea indigne de la grâce divine. Ce ne fut pas sans peine que Néhémie, Ezra et les Lévites purent apaiser les consciences désolées. L'assistance, enfin rassérénée, célébra la fête avec une religieuse émotion et se félicita d'avoir entendu cette lecture. Ce jour-là, pour la première fois, le peuple entier adopta la Loi dans son cœur, la sentit liée étroitement à son être, s'en jugea lui-même le dépositaire et le gardien. La révolution morale, commencée par l'exil de Babylone, était consommée. Ce que les prophètes avaient préparé, les docteurs l'achevèrent.

Le peuple s'éprit d'un tel amour pour cette Thora, jusqu'alors peu ou point respectée, qu'il ne se lassait point d'en entendre parler. Le lendemain de ce jour, les chefs de famille, — eux dont les pères avaient si longtemps et si opiniâtrement résisté à la parole des prophètes, — allèrent trouver Ezra pour l'inviter à continuer la lecture et à enseigner au peuple ce qu'il avait de plus pressant à faire pour obéir aux prescriptions de la Loi. Ezra donna lecture du chapitre relatif aux fêtes ordonnées pour le septième mois. En conséquence de ce commandement, les chefs du peuple lui firent notifier d'avoir à recueillir, sur les montagnes du voisinage, des branches d'olivier, de myrte, de palmier et autres plantes semblables, pour dresser des tentes de feuillage. Et le peuple exécuta l'ordre avec un joyeux entrain, et il célébra la fête des Tentes avec un enthousiasme sans précédent. Pendant chacun des huit jours de cette fête, on lut des passages du livre de la Loi : il faisait dorénavant partie intégrante du culte divin.

Ezra et Néhémie songèrent à profiter de ces saintes dispositions pour engager ceux qui étaient encore eu état de mariage mixte à renoncer volontairement. À cet effet, on institua un jeûne public, fixé au 24 tischri (octobre). Tous vinrent à l'assemblée, vêtus de deuil et couverts de cendres. On lut d'abord et on commenta la section du livre divin qui interdit d'épouser des Ammonites et des Moabites ; puis les Lévites récitèrent la confession des péchés au nom du peuple. Alors, sans désemparer, ceux qui avaient des femmes d'origine étrangère se séparèrent d'elles, et tous renoncèrent formellement à s'allier avec les Samaritains et autres étrangers. Sans perdre de temps, Néhémie fit si bien, avec le concours d'Ezra, que l'assemblée s'engagea, par un pacte solennel, à observer la Loi dans toutes ses parties, à ne plus se mettre en faute à l'avenir et à ne pas retomber dans les péchés d'omission trop fréquents jusqu'alors. L'esprit de la Loi révélée par l'organe de Moïse devait seul régner désormais. Tous, même les femmes, les enfants en âge de raison, les serviteurs du temple et les prosélytes sincères, promirent par serment de rester fidèles aux obligations qu'ils venaient de contracter, et dont les principales étaient : d'abord, de ne pas marier leurs filles à des étrangers ni épouser eux-mêmes des étrangères, — point qu'Ezra et Néhémie placèrent en première ligne, parce qu'il leur tenait le plus au cœur ; — secondement, de chômer le sabbat et les fêtes ; et de ne rien acheter, ces jours-là, des marchandises qu'apportaient les étrangers. Item, de laisser les terres en friche et de faire abandon des créances, chaque septième année. Pour l'entretien et les besoins du temple, chaque adulte payerait annuellement un tiers de sicle (un franc) et fournirait à tour de rôle, à des époques fixées par le sort, du bois pour l'autel. On apporterait tous les ans au temple les prémices des fruits de la terre, on acquitterait les redevances des prêtres et des Lévites ; bref, on ne laisserait en souffrance aucun des intérêts du sanctuaire.

La teneur de ces engagements fut consignée sur un rouleau, souscrite et scellée par les chefs de famille de toutes classes. En tête des signatures était celle de Néhémie, sous laquelle quatre-vingt-trois ou quatre-vingt-cinq hommes notables apposèrent la leur. D'après une tradition, l'acte fut authentiqué par la signature de cent vingt représentants du peuple[8], corps imposant qui fut appelé la Grande Assemblée (Kenesseth ha-ghedolah).

Ce que Néhémie sut accomplir en si peu de temps est prodigieux. Non seulement il avait reconstitué l'État livré au désarroi, lui avait assuré la stabilité en, fortifiant sa capitale, l'avait mis à l'abri des coups de main et des invasions, mais il avait aussi réconcilié le peuple avec son antique doctrine.

---

[8] Les personnages énumérés Néhémie, X, ne sont autres, suivant une tradition (Midrasch Ruth, ch. III), que des membres de la Grande Assemblée. Comparez Kérem chémed, V, p. 68.

Néhémie attachait du prix aux grandes assemblées populaires, à cause de l'impression qu'elles exercent sur les esprits. Aussi fit-il une seconde fois convoquer le peuple, pour procéder à la dédicace des murs restaurés par ses soins. Là encore, comme précédemment à la lecture de la Loi, femmes et enfants furent appelés à figurer. Vu les sentiments d'allégresse que devait naturellement provoquer cette cérémonie, il fit venir à Jérusalem tous les Lévites de la section musicale, afin qu'ils réjouissent les cœurs par leurs chants et leurs instruments divers. Il organisa une procession. divisée en deux colonnes, qui, partant d'un même point dans deux directions opposées, firent le tour des murs et se rejoignirent dans le temple. En tête de chaque colonne marchait un chœur de Lévites, entonnant des cantiques de louanges et d'actions de grâce, que d'autres Lévites accompagnaient du son de leurs instruments. Ezra et Néhémie, les deux chefs de la communauté, suivaient respectivement les deux chœurs, et à chaque file s'étaient joints, divisés également en deux groupes, les princes et le peuple, y compris les femmes et les enfants. Le son des harpes, des cymbales, des trompettes, les chants des nombreux Lévites, résonnaient au loin, multipliés par l'écho des montagnes, et exaltant tous les cœurs.

À un jour de deuil et de pénitence succédait un jour d'allégresse universelle. Cette fête d'inauguration dura, dit-on, huit jours ; il y avait deux ans et quatre mois que les travaux avaient commencé (442).

Pour donner une assiette durable à ce grand corps, qu'il avait si heureusement ressuscité, Néhémie songea à établir des fonctionnaires capables et dignes de confiance. C'est lui, parait-il, qui divisa le pays en petits cantons (pélekh), à chacun desquels il préposa un chef chargé de l'administrer et d'y maintenir l'ordre. Néhémie fit aussi construire, au nord du temple, une très forte citadelle, qui devait, en cas de besoin, protéger le sanctuaire ; cette citadelle reçut le nom de Birah (Baris). Il en donna le commandement à un homme fidèle et pieux, Hanania. À Ezra, le savant le scribe, son auxiliaire dans l'œuvre de la restauration, il confia la surveillance du temple.

Ce qui le préoccupait avant tout, c'était d'assurer la marche régulière du culte. Pour que les sacrifices ne fussent plus interrompus, il était essentiel que la subsistance des Aaronides et des Lévites fût garantie. Sans doute, les possesseurs de terres s'étaient solennellement engagés à fournir aux uns leur redevance et aux autres leur dîme ; mais cela ne suffisait pas à Néhémie, il fallait veiller à l'exécution régulière de l'engagement. À l'époque de la moisson, les Lévites devaient parcourir les campagnes, recueillir la dîme et l'apporter à Jérusalem. Pour que la distribution de cette dîme — dont les Aaronides, à leur tour, prélevaient le dixième — se fît équitablement et sans léser personne, Néhémie aménagea de grandes salles où grains et fruits étaient emmagasinés, et où se faisait la distribution, surveillée par des employés spéciaux.

De même que Néhémie s'était occupé de repeupler Jérusalem, il s'occupa aussi des logements qui devaient abriter sa population. Pour ceux qui n'avaient pas le moyen de se bâtir des maisons, à en fit bâtir à ses frais, comme d'ailleurs, en général, il mettait sa fortune au service de tous les besoins.

Il avait ainsi créé, en quelque sorte, un nouvel État, qui devait vivre désormais d'après les principes de la Loi. Il administra Juda pendant douze ans en qualité de gouverneur (444-432). Il dut alors s'en retourner à la cour d'Artaxerxés, qui lui conservait toujours sa faveur. Il partit plein d'espérance dans la durée de l'œuvre qu'il avait accomplie, œuvre de sécurité matérielle et de relèvement moral.

Mais quoi ! toute œuvre humaine est sujette aux vicissitudes. Sitôt que Néhémie ne fut plus là, il s'établit une réaction, et ce fut, selon toute apparence, le grand prêtre Éliasib qui en fut l'instigateur. En effet, Néhémie, en le dépossédant de son autorité sur le sanctuaire et sur le peuple, l'avait relégué dans l'ombre et blessé dans sa dignité. Son premier, acte fut de se rapprocher des Samaritains, au mépris du décret de la Grande Assemblée. Pour cimenter son alliance avec eux, un membre de sa famille, nommé Manassé, épousa la fille de

Sanballat, Nikaso.⁹ L'exemple de la famille pontificale fut suivi par d'autres encore, que sans doute les rigoureuses prescriptions d'Ezra et de Néhémie avaient déjà secrètement irrités. Ce fut un changement complet de système. Tobie, cet autre ennemi de Néhémie, put, sans le moindre empêchement, revenir à Jérusalem, où une grande salle fut mise à sa disposition dans le parvis du temple.

Une perturbation profonde naquit de cette situation, où, par un brusque revirement, l'on permettait aujourd'hui ce qu'on avait si sévèrement, défendu hier. La masse du peuple était outrée contre le grand prêtre et ses partisans, et leur témoignait ouvertement son mépris. Les possesseurs de terres ne voulurent plus acquitter la dîme ni des redevances sacerdotales. Les innocents pâtirent de cette privation infligée aux indignes : les Lévites se virent frustrés de leur part, et, pour ne pas mourir de faim, durent quitter une seconde fois temple et capitale. On cessa également de contribuer aux besoins du culte, et les prêtres chargés du soin des sacrifices, ne voulant pas laisser l'autel vide, y présentaient des bêtes malades, infirmes ou mal conformées. Révoltés de cette conduite, beaucoup se désintéressèrent et du temple et de la chose publique et ne s'occupèrent plus que de leurs intérêts privés, souvent au mépris de la justice et des engagements contractés devant Dieu. En les voyant parfois réussir dans leurs entreprises, plus d'un honnête homme, aux prises avec les difficultés de la vie, sentait faiblir sa foi et chanceler sa conscience : Servir Dieu, disait-on, est chose inutile ; que gagnons-nous à suivre ses lois, à cheminer tristement dans la crainte de l'Éternel ? Ah ! nous envions le bonheur des impies !

Plus fâcheuses encore étaient les dissensions que ce changement produisit dans l'État judaïque et jusque dans le sein des familles. Où est le droit ? où est la justice ? Le père et le fils n'étaient pas d'accord

---

⁹ Le fait raconté dans Néhémie, XIII, 88 : que Néhémie bannit de Jérusalem un descendant du grand prêtre Joïada, pour avoir épousé une fille de Sanballat, est complété par Josèphe (Antiquités, XI, 7, 2 ; 8, 2), qui nous apprend que ce prêtre s'appelait Manassé, et la femme qu'il épousa, Nikaso. — Ce Manassé fut le premier prêtre des Samaritains.

sur ce point : l'un opinait dans le sens de la rigueur, l'autre dans celui de l'indulgence ; de là des froissements et des haines.

Il fallait couper court à cette lamentable situation. Quelques hommes d'une piété ardente, restés fermes dans leurs convictions, se réunirent pour concerter un plan de conduite. Tous leurs vœux, toutes leurs espérances se tournaient vers Néhémie, fixé de nouveau à la cour d'Artaxerxés. S'il pouvait se décider à revenir à Jérusalem, il saurait d'un seul coup mettre un terme à cet intolérable désordre, rétablir dans Jérusalem la concorde, l'amour du pays et la prospérité. Un homme de ce groupe, plus vivement ému de la situation et indigné surtout des pratiques du parti sacerdotal, cet homme, poussé par l'inspiration prophétique, s'avança résolument pour gourmander les méchants et consoler les bons : c'était Malachie (Maleakhi). Dernier des prophètes, il a dignement clos la série de ces hommes de Dieu qui, durant quatre siècles, se relayèrent l'un l'autre sans relâche.

Aux affligés et aux désespérés, Malachie annonce l'arrivée prochaine d'un maître[10], précurseur de l'alliance tant désirée, et qui ferait luire sur Israël des jours meilleurs. Qui soutiendra l'épreuve de son avènement ? qui restera debout lorsqu'il apparaîtra ! Car il sera comme le feu des affineurs et comme la potasse des foulons. Il s'installera pour affiner et pour épurer, il purifiera surtout les fils de Lévi comme on purifie l'or et l'argent, et alors ils seront dignes de présenter l'offrande. - S'adressant au peuple entier, le prophète l'exhorte à ne pas imiter ces quelques pervers qui retiennent la dîme, mais à l'apporter comme autrefois dans la salle de dépôt. — Puis, portant ses regards, vers le lointain avenir, comme faisaient les anciens prophètes, Malachie prédit qu'un jour viendra, un grand et redoutable jour, où la différence du juste au méchant éclatera à tous les yeux. Avant la venue de ce jour suprême, Dieu enverra le prophète Élie, qui réconciliera les pères avec les enfants. Comme règle de leur vie, le dernier des prophètes signale à ses auditeurs la doctrine de Moïse, les lois et les statuts édictés sur l'Horeb...

---

[10] L'annonce de l'arrivée d'un maître sévère (Malachie, III) ne peut viser que Néhémie.

C'est ainsi que le prophétisme fit ses adieux au peuple israélite. Grâce à la sollicitude d'Ezra, qui avait rendu la Thora accessible au grand nombre, qui lui avait créé un cercle d'adeptes pour la cultiver et l'enseigner, le verbe des prophètes devenait inutile. Désormais l'homme de Dieu pouvait être remplacé par le docteur, et l'inspiration prophétique par la lecture de la Loi dans les assemblées du peuple et dans les maisons de prières.

Néhémie, à la cour de Perse, eut-il connaissance des vœux qui le rappelaient à Jérusalem ? Savait-il que Malachie comptait sur sa présence pour réparer le désordre de la situation ? Il reparut inopinément dans les murs de la capitale juive. Il avait demandé au roi une nouvelle permission de visiter sa patrie religieuse (entre 430 et 424). Après son arrivée, il ne tarda pas à agir effectivement comme le feu des affineurs et comme la potasse des foulons. Il purgea la communauté de ses éléments impurs. Son premier soin fut d'expulser Tobie l'Ammonite de l'appartement que lui avait offert son parent spirituel Éliasib, et de déposséder ce dernier de ses fonctions. Puis il manda les chefs du peuple et leur reprocha amèrement d'avoir provoqué la désertion des Lévites par leur incurie à l'égard de la dîme. Son appel suffit pour engager les possesseurs de terres à réparer leur négligence, et les Lévites à rentrer dans Jérusalem pour le service du temple. Il confia à quatre amis consciencieux la surveillance du dépôt des dîmes et le soin de les distribuer équitablement. Il parait aussi avoir rendu au culte sa dignité et en avoir écarté les serviteurs peu scrupuleux. Une grosse besogne qu'entreprit encore Néhémie, ce fut d'obtenir la dissolution des mariages mixtes qui avaient reparu de plus belle. Ici, il se trouva en collision avec la famille pontificale. Manassé, un fils ou un parent du grand prêtre Joïada, refusa de se séparer de sa femme Nikaso, fille du Samaritain Sanballat : Néhémie eut le courage de le bannir du pays, et d'autres Aaronides ou Judaïtes, qui ne voulaient pas se soumettre aux prescriptions de Néhémie, subirent le même sort.

Après avoir ainsi rétabli l'ordre et le respect de la Loi dans la capitale, il se rendit dans les villes de province, pour y faire pareillement disparaître les abus. Dans la région où les Judéens étaient en contact de voisinage avec des peuples étrangers, Asdodites, Ammonites, Moabites, Samaritains, les alliances matrimoniales avaient eu cette conséquence, que les enfants qui en étaient nés parlaient, pour moitié, la langue de leurs mères et avaient totalement désappris l'idiome judaïque. La pensée de voir des enfants d'Israël devenus ainsi étrangers à leur propre origine remplissait Néhémie d'indignation et de douleur. Il prit à partie leurs pères, les chargea d'imprécations et fit châtier les récalcitrants. Par cette énergique intervention, Néhémie réussit et à rompre les alliances mixtes et à conserver la langue nationale à la jeune génération.

La sanctification du sabbat, jusqu'alors négligé ou mollement observé, fut également obtenue par sa persévérance. Le travail, en ce saint jour, était défendu par la Loi ; mais quel genre de travail ? on ne l'avait pas encore expliqué. Les Judéens de la campagne, qui l'ignoraient, pressuraient la vendange le jour du sabbat, chargeaient leurs bêtes de sacs de blé, de raisins, de figues et autres denrées, et les apportaient au marché de Jérusalem. Dès que Néhémie eut connaissance de cette profanation du jour de repos, il manda les campagnards, leur remontra que leur conduite était fautive, et ils se soumirent. — Une autre coutume s'était invétérée à Jérusalem, contre laquelle il eut à soutenir une lutte plus opiniâtre. Des marchands tyriens avaient l'habitude de mettre en vente, le sabbat, de la marée fraîche et d'autres marchandises, et ils trouvaient des acheteurs. Néhémie ordonna qu'à l'avenir les portes de la ville restassent fermées depuis la veille du sabbat jusqu'à sa clôture, et qu'on n'y laissât point pénétrer les marchands. Il obtint enfin, à force de sévérité, que le chômage sabbatique fût pratiqué avec conscience, bien qu'à contrecœur.

Ce rigoureux empire de la Loi fut la tâche successive d'Ezra et de Néhémie : l'un a commencé l'œuvre, l'autre l'a consommée ; et il a si bien consolidé le mur de séparation entre les Judaïtes et les autres peuples, qu'il semblait à peu près impossible de le forcer. Ceux qui trouvaient la séparation trop sévère furent réduits à sortir de la communauté judaïque et à former une secte. Néhémie vécut peut-être assez pour voir la première sécession de ce genre ; et comme lui-même y avait contribué, comme il fut peut-être, de ce fait, en butte à maint reproche, il crut devoir justifier sa conduite, montrer qu'il avait relevé la chose publique et bien mérité du pays. Il composa une sorte de mémoire où il raconta, avec plus ou moins de détails, ce qu'il avait fait, dans son double voyage en Palestine, pour la sécurité de ce petit État et pour la glorification de la loi divine. Çà et là il y exprime le vœu que Dieu lui tienne compte de ce qu'il a fait pour le peuple, qu'il n'oublie pas les services rendus par lui au sanctuaire. C'est une sorte d'écrit apologétique, rédigé par lui dans sa vieillesse. — De fait, le nom de Néhémie est resté dans la mémoire reconnaissante de son peuple. C'est à lui et à Ezra, — à ces créateurs du mouvement moral qui a acquis depuis, dans le judaïsme, une force irrésistible, — que la postérité attribua toutes les institutions salutaires dont l'origine lui était inconnue.

Chapitre III

La période des Sôpherim — (420-300)

La haine qui naît de l'amour est plus forte et plus passionnée que celle qui prend sa source dans une répulsion irréfléchie, dans un mouvement d'envie ou dans le ressentiment d'une offense. C'était par amour pour le Dieu qu'on adorait à Jérusalem que Sanballat, ses Samaritains et autres compagnons avaient travaillé obstinément à se faire admettre dans la communauté de la vie judaïque. La violence même de leur hostilité contre Néhémie, qui avait relevé l'État de ses ruines, n'était au fond que le désir indiscret et impétueux d'obtenir de haute lutte une fusion intime. Mais se voyant toujours et sans cesse repoussés, leur ardeur impatiente se changea en haine furieuse. Lorsque Sanballat, qui, par son alliance avec la famille du grand prêtre, se croyait arrivé au terme de ses vœux, subit cette humiliation de voir son gendre Manassé banni pour avoir épousé sa fille, il estima que la mesure était comble. Rusé comme il était, il conçut le dessein de faire saper les bases de l'État judaïque par ses propres membres. Ne pouvait-il pas élever à ce même Dieu un temple rival, qui disputerait la prééminence à celui de Jérusalem ? N'avait-il pas des prêtres, des descendants d'Aaron, qui pourraient, dans le sanctuaire projeté, fonctionner selon les rites légaux, selon les prescriptions de la Thora ? Son gendre Manassé pourrait y exercer la dignité de grand prêtre, et les autres Aaronides, expulsés comme lui, l'assisteraient. De la sorte, tout s'arrangeait pour le mieux au gré de ses désirs. Son vœu ardent de s'attacher au Dieu d'Israël, et son ambition d'être le chef d'une république fermée, seraient satisfaits du même coup.

C'est ainsi que Sanballat, vraisemblablement après la mort du roi Artaxerxés (420), éleva un temple au sommet de la fertile montagne de Gerizim (Garizim), au pied de la ville de Sichem, dans une contrée située précisément au centre de la Palestine. Les Aaronides bannis de Jérusalem firent choix de cet emplacement, parce que c'était du haut de cette montagne que, d'après le Deutéronome, devaient être bénis les observateurs de la Loi. Les Samaritains changèrent subrepticement la signification du mot. Ils désignèrent et désignent aujourd'hui encore le Gerizim sous le nom de montagne de la Bénédiction, comme si elle était, absolument parlant, la source de la bénédiction et du salut. Conséquemment aussi, ils nommèrent la ville de Sichem Bénédiction (Mabrachta). — Sanballat, ou les prêtres du temple de Gerizim, déclarèrent en outre que les Samaritains ne descendaient nullement des bannis transplantés là autrefois par un roi d'Assyrie, mais qu'ils étaient bel et bien des Israélites, les restes des dix tribus ou des souches de Joseph et d'Éphraïm. Il se peut, en effet, que parmi eux se soient trouvés quelques descendants des familles qui, après la chute du royaume d'Israël, subsistèrent près de Samarie ; mais que tous les Cuthéens de Sanballat se donnassent pour la postérité authentique de Joseph et d'Éphraïm et prissent le nom d'Israélites, c'était une de ces impostures audacieuses qui déconcertent, par leur audace même, ceux qui savent le mieux à quoi s'en tenir. Mais leur langue trahissait l'origine hétérogène de ce ramassis d'étrangers : c'était un jargon composé d'éléments araméiques et autres, si barbares et si confus qu'il est impossible d'en reconnaître la source.

Quoi qu'il en soit, la tentative avait réussi. Les Samaritains avaient un temple autour duquel ils pouvaient se réunir, ils avaient des prêtres de la famille d'Aaron ; ils opposaient hardiment leur Har-Gerizim — comme ils nommaient leur montagne sainte — à celle de Moria, prouvaient par le livre de la Loi que Dieu lui-même avait destiné cette montagne à son culte, et s'appelaient eux-mêmes fièrement Israélites. Sanballat et ses successeurs s'appliquèrent à attirer parmi eux le plus grand nombre possible de Judéens. Ils leur concédaient des demeures et des terres, et leur prêtaient un appui efficace. Celui qui, dans Juda ou à Jérusalem, avait commis quelque méfait et en redoutait le châtiment, se réfugiait chez les Samaritains, qui l'accueillaient à bras ouverts. De ces éléments se forma na État pseudo judaïque, la secte des Samaritains, qui eut pour centre ou la ville de Samarie, d'où ils avaient pris leur nom, ou celle de Sichem. Les membres de cette secte formaient un petit peuple tenace, alerte, inventif, à qui Sanballat semblait avoir soufflé son esprit. Malgré sa faiblesse numérique, il s'est, par une sorte de prodige, conservé jusqu'à nos jours. En réalité, la naissance du samaritisme fut une victoire de la doctrine judaïque, si l'on considère qu'une population si disparate se sentit invinciblement attirée par elle, en fit l'étoile polaire de son existence et, en dépit de maintes mésaventures, ne l'a jamais abandonnée. La Thora, — ce code transmis par Moise et que les prêtres exilés de Jérusalem leur avaient apporté, — les Samaritains la révéraient à l'égal des Judaïtes, et réglaient d'après ses prescriptions leur conduite religieuse et civile. Pourtant, malgré cette communauté de principes, le peuple juif n'eut pas à se louer des nouvelles recrues acquises à sa doctrine. Loin de là, cette première secte judaïque lui prépara autant de maux qu'aucune de celles qui depuis se développèrent dans son sein. Les Samaritains ne furent pas seulement, pendant une longue période, ses plus violents ennemis, ils lui contestèrent nettement ses droits à l'existence. Ils soutenaient être les seuls héritiers légitimes d'Israël, niaient la sainteté de Jérusalem et de son temple ; et toutes les œuvres, tous les mérites du peuple juif n'étaient, à les entendre, qu'une falsification du judaïsme primitif. Ils ne cessaient de regarder furtivement du côté de la Judée, pour savoir ce qui s'y faisait et l'introduire chez eux, et pourtant ils auraient de bon cœur, s'ils l'avaient pu, étranglé leur modèle. Au reste, du côté des Judaïtes, la haine du voisin n'était pas moins grande : pour eux, c'était le méprisable peuple qui demeurait à Sichem. L'animosité qui avait régné entre Jérusalem et Samarie à l'époque du royaume d'Israël renaissait de ses cendres ; à la vérité, de politique qu'il était, son caractère, était devenu religieux ; mais elle n'en était que plus violente et plus passionnée.

Toutefois, l'existence de la secte samaritaine exerça sur les Judéens une influence stimulante. Rencontrant sans cesse dans leur plus proche voisinage des pratiques contraires aux leurs, des idées et des doctrines qui les froissaient au plus profond de l'âme, ils durent se recueillir afin de se rendre compte de leur propre essence. Ce sont les Samaritains qui les ont incités à se connaître eux-mêmes. Qu'est-elle au vrai cette chose qui les distingue non seulement du monde païen, mais encore de ces voisins adorant le même Dieu qu'eux et prenant pour base le même livre ? Alors seulement cette pensée, qu'ils avaient une religion propre, s'accusa nettement pour eux ; c'est par le contraste que se fit jour, dans leur conscience, la notion du judaïsme. Elle ne s'appliquait plus désormais à une nationalité, mais à une confession religieuse. Le nom de Judaïtes ou Judéens (Juifs) perdit sa signification de tribu particulière et désigna dès lors, d'une façon générale, les sectateurs du judaïsme, qu'ils appartinssent à la tribu de Juda ou à celle de Benjamin, qu'ils fussent Aaronides ou Lévites. Ce qui constituait avant tout cette croyance, c'était de reconnaître le code de la Thora comme révélé directement de Dieu par l'organe de Moïse. Autant le peuple, en général, était autrefois indifférent à l'endroit de ce code fondamental, autant il l'honora et le glorifia dans les temps qui suivirent l'action d'Ezra et de Néhémie. La Thora fut considérée comme le résumé de toute sagesse et révérée comme telle. La poésie hébraïque, toujours vivace encore, l'exalta par les plus pompeuses louanges.

Il s'ensuit naturellement que la Thora devint la loi fondamentale de la petite république de Juda. Quoi qu'il s'agit de faire ou de ne pas faire, on se préoccupait de savoir si c'était conforme à ce qui est écrit. — L'esclavage, en ce qui concerne les indigènes, disparut complètement. Si un Judéen voulait se vendre comme esclave, il ne trouvait point d'acheteur. Aussi l'institution du Jubilé n'eut-elle plus de raison d'être, ayant pour but essentiel de procurer la liberté aux esclaves. En revanche, on observa strictement l'année sabbatique, eu égard aux personnes et aux terres. Chaque septième année éteignait les dettes des pauvres, et les champs y restaient en friche. Précédemment déjà, selon toute apparence, les favoris juifs des rois de Perse avaient obtenu que, dans cette année de chômage, les redevances agricoles fussent suspendues. Et c'est ainsi que tous les détails de la vie extérieure furent réglés selon les prescriptions du livre de la Loi. Les pauvres furent l'objet d'une sollicitude particulière, conformément aux exhortations du Pentateuque, qui avait dit : Il ne doit pas y avoir de nécessiteux dans le pays. Faire l'aumône passait, dans ce nouvel ordre de choses, pour la plus haute vertu. Chaque communauté choisissait quelques-uns de ses membres, avec mission de se consacrer aux intérêts des pauvres. Les plaintes si fréquentes des prophètes, flétrissant l'inhumanité envers les misérables et les délaissés, il n'était plus nécessaire de les faire entendre.

La justice fut organisée dans tous ses détails et exercée avec tant de scrupule, qu'elle aurait pu servir de modèle à tous les peuples de la terre. Deux fois la semaine, le lundi et le jeudi, les tribunaux siégeaient dans toutes les grandes villes ; soit parce que ces deux jours, déjà antérieurement, étaient jours de marché pour les paysans, ou pour quelque autre raison. Une fois en train d'organiser l'État d'après l'esprit de la Thora ou sur les bases de la Bible, pourquoi les chefs spirituels du peuple n'auraient-ils pas songé à instituer une autorité suprême, avec pouvoir d'interpréter la Loi et de légiférer elle-même ? Le Deutéronome imposait l'établissement d'un tribunal souverain, qui devait prononcer définitivement sur toutes les questions douteuses ; une autorité absolue s'attachait à ses arrêts, dont nul ne pouvait s'écarter à droite ni à gauche. Les chefs de l'État, depuis Néhémie, pénétrés de l'esprit de la Thora, devaient donc se faire un devoir de créer une semblable et toute-puissante autorité. De combien de membres devait-elle se composer ? Sur ce point aussi la Loi contenait une indication. Moïse s'était entouré de soixante-dix Anciens, représentants des soixante-dix principales familles, et qui devaient partager avec lui le fardeau du gouvernement. Il était donc tout naturel, étant donné un Conseil législatif statuant en dernier ressort, de le composer également de soixante-dix Anciens. Cet institut d'une espèce particulière, qui subsista sans interruption jusqu'à la chute de l'État judaïque, qui était le gardien de la Loi et qui parfois joua un rôle considérable, fut créé, sans aucun doute, dans la période dont nous nous occupons. De la Grande Assemblée, convoquée temporairement sous

Néhémie pour édicter un certain nombre de mesures, se forma un corps permanent, qui eut à délibérer sur d'importantes questions religieuses et morales. Les soixante-dix membres de ce grand Conseil furent vraisemblablement choisis dans les différentes familles ; il est également à croire que le grand prêtre en fit partie, mieux encore, qu'il en eut la présidence, lors même qu'il ne l'eût pas mérité. Les soixante-dix membres de la corporation durent ainsi s'augmenter d'une unité, et ce chiffre resta invariable. — Le président reçut le titre de Père du tribunal (Ab- beth-din).

Aussitôt que fut constitué ce corps, — qui s'appela plus tard le Synedrium (Synhédrin), — il s'appliqua à continuer le mouvement commencé par Ezra et Néhémie, c'est-à-dire à faire entrer de plus en plus le judaïsme ou la Loi dans la vie et les habitudes du peuple. Le grand Conseil y introduisit une transformation complète. Tous les changements qu'on remarqua, deux siècles plus tard, dans la communauté judaïque, étaient son œuvre ; les mesures nouvelles que la tradition attribuait à Ezra, ou qui étaient connues sous le nom d'institutions des Sôpherim (dibrê sôpherim), n'étaient autre chose que des créations de ce Conseil. C'est lui qui a posé les solides fondements d'un édifice destiné à braver l'effort des siècles.

On institua, avant toutes choses, des lectures publiques et régulières de la Thora. Chaque sabbat et chaque jour de fête, une section du Pentateuque devait être lue au peuple assemblé. Mais de plus, aux deux jours de la semaine où les villageois avaient coutume d'aller au marché de la ville voisine ou au tribunal, on voulut qu'ils entendissent également la lecture, fût-ce de quelques versets seulement. D'autre part, pour que chacun pût faire cette lecture, le texte devait être lisible. Or ce texte avait conservé jusqu'alors la forme archaïque des caractères phéniciens ou du vieil hébreu. Pour les Judéens de l'empire persan, plus encore que pour ceux de Palestine, la Thora était donc lettre close, et il devint nécessaire de remplaces les caractères anciens, l'écriture hébraïque (khetab ibri), par celle qui avait cours alors dans les contrées de l'Euphrate, et du Tigre. Cette écriture nouvelle, dont les Judéens du pays et plus encore ceux de Perse se servaient dans leur pratique journalière, fut en conséquence adoptée pour la transcription de la Thora et des autres livres saints qui pouvaient exister à cette époque ; pour la distinguer de l'ancienne, on la nomma l'écriture assyrienne (khetab aschouri), parce qu'elle avait reçu sa forme dans une province autrefois assyrienne. Mais les Samaritains conservèrent sa forme antique au texte du Pentateuque, et cela par esprit de contradiction, pour pouvoir accuser leurs adversaires d'avoir introduit une innovation et falsifié la Thora. Aujourd'hui encore leur Écriture sainte offre ces mêmes caractères archaïques, que leurs prêtres eux-mêmes, pour la plupart, sont incapables de lire.

Par suite de ces fréquentes lectures de la Loi et de cette facilité à en déchiffrer le texte, s'éveilla chez les Judéens une sorte d'ardeur et d'activité religieuse, qui imprima peu à peu à toute la race un caractère particulier. La Thora devint pour elle une possession spirituelle, un sanctuaire intérieur. Une autre institution encore prit naissance à cette époque ; je veux dire des écoles pour les adultes, écoles destinées à leur faire connaître, à leur faire aimer la doctrine et les lois religieuses. Les guides spirituels du peuple avaient énergiquement recommandé à leurs successeurs de former beaucoup de disciples, et sans aucun doute ils ont dû faire eux-mêmes ce qu'ils recommandaient d'une manière si pressante. Une de ces écoles supérieures (bêth waad) fut certainement instituée en premier lieu à Jérusalem. On donna aux maîtres le nom de docteurs de l'Écriture, scribes (sôpherim) ou de sages, aux élèves celui de disciples des sages (talmidé chachamim). Le rôle de ces sages ou docteurs était double : d'une part, interpréter les lois de la Thora ; de l'autre, en réaliser l'application dans la vie individuelle ou collective. Le grand Conseil et la maison d'école se donnaient la main et se complétaient mutuellement. Il en résulta une incitation puissante quoique invisible, qui a donné aux descendants des patriarches une empreinte si originale qu'elle agit à l'instar d'une aptitude native ; à savoir, la passion d'approfondir, d'interpréter, de tendre toutes les facultés d'un esprit subtil pour découvrir dans un mot ou dans un fait des aspects nouveaux.

Au surplus, le grand Conseil, auteur ou instigateur de tous ces progrès successifs, ne s'est pas contenté l'expliquer et d'appliquer les lois consignées dans la Thora : il a fait lui-même des lois destinées à diriger, à stimuler et à fortifier le peuple dans sa conduite morale et religieuse. Une antique sentence, émanée de la plus haute autorité judaïque, exhortait les contemporains et la postérité à faire une haie autour de la Loi. Il y avait là un avertissement, pour les législateurs, de défendre certaines choses même licites, si elles confinaient à des choses illicites ou risquaient de se confondre avec elles. Ce système de haies (seyaghim), ce soin anxieux d'empêcher préventivement les transgressions possibles, se justifiait par le caractère transitoire de l'époque. Le peuple, en général, encore dénué d'instruction religieuse, devait par là s'accoutumer à obéir aux lois et à remplir tous ses devoirs. Cette pensée, de tenir le peuple en garde contre toute infraction à la Loi, est l'origine de toute une série de lois lui appartiennent à la période des sôpherim. Les degrés de parenté ascendante, descendante et collatérale, eu égard aux unions illicites, furent considérablement amplifiés. Des précautions extrêmes furent prises pour assurer le respect de la chasteté. On ne permit pas à un homme de rester en tête-à-tête avec une femme mariée. À la tiédeur avec laquelle le repos du sabbat était observé du temps de Néhémie, on opposa des lois sabbatiques d'une rigueur extrême. Pour prévenir la profanation éventuelle du sabbat et des fêtes, le travail devait être suspendu dès la veille, avant le coucher du soleil ; et l'on institua à cet effet un employé chargé de donner, en sonnant du cor, le signal du repos.

Le sabbat et les fêtes devaient d'ailleurs faire naître dans l'âme un saint et religieux recueillement, et lui faire oublier les peines et les soucis du labeur quotidien. Dans cette pensée, il fut ordonné, à l'époque des sôpherim, qu'au début et à la fin de ces jours de repos l'on boirait une coupe de vin, en y joignant une formule de bénédiction : au début, pour se rappeler que ces jours sont saints et consacrés à Dieu (Kiddousch) ; à l'issue, pour marquer leur supériorité sur les jours ouvrables (Habdalak). Par ces dispositions, qui ne sont pas restées lettre morte, le sabbat a acquis un caractère particulièrement religieux. — Le premier soir de la fête du printemps, où l'on mangeait l'agneau pascal, prit également une haute signification à l'époque des sôpherim en vue de réveiller et de raviver chaque année, avec le souvenir de la sortie d'Égypte, le sentiment de la liberté. Dans cette soirée de fête, il était de règle ou d'usage de boire quatre coupes de vin ; les plus pauvres mêmes trouvaient moyen de se procurer la liqueur qui réjouit le cœur de l'homme, ou on la leur procurait par des collectes pour les indigents. Parents et amis se réunissaient en cercle intime autour de la table pascale, non pour célébrer des orgies, mais pour se remettre en mémoire la merveilleuse délivrance d'Israël et glorifier le Dieu de leurs pères ; en souvenir de cet événement, ils mangeaient des herbes amères, rompaient des pains azymes, goûtaient de la chair de l'agneau pascal et faisaient circuler le vin, non pour s'enivrer, mais pour célébrer avec plus d'allégresse la fête commémorative. L'usage s'introduisit peu à peu de se réunir en plus grand nombre ; des groupes de familles amies (chabourah,) s'entendaient pour fêter en commun la soirée de Pâque et manger l'agneau ensemble. On y chantait des psaumes, et cette soirée est devenue, avec le temps, une délicieuse tête de famille.

Les prières instituées par les sôpherim n'avaient pas une forme rigoureusement déterminée, mais l'ordre des idées y était indiqué d'une manière générale. Le rituel du temple servit de modèle pour les synagogues ou maisons de la communauté (béth ha-kenesseth) situées hors de Jérusalem. Le service divin, qui se faisait dans une salle du temple, commençait, le matin, par un ou plusieurs psaumes spéciaux de louanges et d'actions de grâces. L'assemblée y répondait par cette formule : Loué soit le Dieu d'Israël, qui seul opère des miracles, et loué soit à jamais son nom glorieux, et que sa gloire remplisse toute la terre ! Puis venait une prière de gratitude pour la lumière du soleil, que Dieu dispense à tous les hommes, et pour la lumière de la Thora, qu'il a dispensée à Israël. Suivait la lecture de plusieurs sections du saint livre : le Décalogue ; le Schema, qui affirme l'unité de Dieu et le devoir de l'aimer ; une autre tirade analogue, enfin le paragraphe qui nous met en garde contre les suggestions des yeux et du cœur. Sur la phrase du Schema : Écoute, Israël, JHWH notre Dieu est un, l'assemblée s'écriait : Loué soit à jamais le nom glorieux de son règne ! — La principale prière se composait de six petits paragraphes, exprimant tour à tour : la reconnaissance envers Dieu, pour avoir jugé les patriarches dignes de le servir ; la confession de la toute-puissance divine, qui se manifeste dans la nature par les pluies fécondantes, et qui se manifestera dans l'humanité par la résurrection des morts ; la confession de la sainteté de Dieu ; le vœu de voir Dieu propice aux prières de ses adorateurs et favorable à leurs sacrifices ; des actions de grâces à l'Auteur et au Conservateur de la vie ; enfin une prière pour la paix, faisant suite aux versets de la bénédiction sacerdotale. — L'aprèsmidi et le soir, la communauté se réunissait de nouveau pour la prière, mais y passait peu de temps, parce que les psaumes d'introduction et la lecture des textes saints y étaient omis.

Les sabbats et jours de fête, l'office du matin ne différait pas sensiblement des autres, sauf qu'on y intercalait un morceau spécial, destiné à faire ressortir la sainteté du jour et à l'inculquer à la conscience du croyant. Ce qui donnait son principal relief à l'office des fêtes, c'est qu'on le terminait par la lecture de sections plus étendues de la Thora. À cette lecture se joignit ultérieurement celle de passages tirés des Prophètes, en tant qu'ils avaient trait à la solennité du jour ou en contenaient l'expression. Cette dernière coutume parait avoir son origine dans l'antagonisme qui avait surgi entre les Judaïtes et les Samaritains. Ceux-ci niaient la sainteté du temple et de Jérusalem, et écartaient absolument les livres des prophètes, tout remplis de la glorification de la Ville de Dieu et du Sanctuaire d'élection. Les représentants du judaïsme jugèrent donc d'autant plus utile d'invoquer le témoignage des prophètes à l'appui de ce dogme, devenu en quelque façon le premier de tous, et de porter ce témoignage, chaque sabbat et chaque jour de fête, à la connaissance des croyants. Elle retentit donc de nouveau dans les maisons de prière, cette parole des prophètes, jadis si peu écoutée et si mal respectée de leurs contemporains, et, bien que la plupart la comprissent à peine, leurs âmes y puisaient un religieux enthousiasme. Comme cette lecture terminait d'ordinaire l'office du matin, on l'appela la Clôture (Haphtarah). Comme conséquence de cette mesure, on sentit le besoin de recueillir les livres des prophètes et d'en arrêter la liste, ou plutôt de décider lesquels devaient en faire partie, lesquels en être exclus. Ce départ, selon toute apparence, fut l'œuvre des législateurs de l'époque des sôpherim. La collection comprit, en premier lieu, les quatre livres historiques (Josué, les Juges, Samuel, les Rois), puis les trois grands recueils qui portaient les noms des prophètes Isaïe, Jérémie et Ézéchiel, enfin les douze petits prophètes (Osée, Jo, Amos, Abdias, Jonas, Michée, Nahum, Habacuc, Sophonie, Aggée, Zacharie et Malachie). Par le fait d'être ainsi admise et consacrée pour l'usage du culte, la littérature prophétique acquit un caractère de sainteté et de canonicité, elle fut reconnue Écriture sainte, inférieure sans doute à la Thora, néanmoins la plus rapprochée d'elle comme sainteté du second degré.

Telle fut l'organisation du culte à l'époque des sôpherim. Il était simple et édifiant, n'offrait rien de redondant, d'onéreux ni d'abusif, et répondait bien à l'esprit des temps antiques, à celui des prophètes et des psalmistes. Un seul élément étranger s'y était introduit, la croyance et l'espoir d'une résurrection future, devant s'accomplir à l'époque bénie et bienheureuse du Jugement dernier. Tout le reste était puisé à la pure source de la doctrine primitive. Les habitants des villes voisines de la capitale, ayant souvent, même en dehors des jours de fête, l'occasion de se rendre à Jérusalem, et y assistant au service divin, l'organisèrent sur le même plan dans leurs propres localités. On n'eut pas besoin de les y déterminer par des prescriptions impératives. Ainsi naquirent, au moins dans les villes de province, des maisons de prière ou synagogues, où fut introduit le rituel qui constitue, aujourd'hui encore, le fond du culte public dans les communautés juives.

Les sacrifices, dans le temple, marchaient de compagnie avec la prière, réglés strictement, eux aussi, d'après les prescriptions du Pentateuque. Ces deux expressions du culte formaient une seule unité, se complétaient mutuellement et s'empruntaient leurs caractères respectifs. Le culte spirituel se subordonnait, quant à l'heure, au culte matériel. Au même moment où les prêtres offraient les sacrifices, trois fois par jour, les communautés se réunissaient pour l'office dans les synagogues. Aux jours de sabbat et de fête, où des sacrifices spéciaux étaient offerts en raison de la circonstance (korban moussaph), la communauté s'assemblait pareillement une quatrième fois pour la prière (tephillath mousaph). Et d'autre part le culte des sacrifices ne pouvait exclure absolument la parole vivante, lui aussi devait quelque peu se spiritualiser, et il fit entrer le chant des psaumes dans le programme de ses rites : tant était puissante l'influence de cette sublime poésie !

Toutefois, dans l'économie du temple et des sacrifices, il y avait un élément considérable, de nature à effacer cette divine influence et à paralyser les élans de l'âme vers l'idéal. Cet élément, c'était la question de pureté et d'impureté. Déjà la Thora, sans doute, avait édicté à cet égard des dispositions précises. Un homme impur n'avait le droit ni d'offrir des sacrifices, ni d'entrer dans l'enceinte du sanctuaire, ni de consommer aucune chose sainte. La Thora indique différents degrés de souillure plus ou moins grave. Elle explique d'ailleurs comment les personnes impures ou souillées peuvent rentrer en état de pureté, et détaillé la marche à suivre : c'est par une immersion dans de l'eau de source que doit s'opérer la purification définitive. Or, toutes ces règles de la pureté lévitique n'auraient pas acquis une si grande importance, n'auraient pas envahi à ce point toutes les conditions de la vie, si les Judéens ne se fussent trouvés pendant des siècles, au dedans comme au dehors de leur pays, en contact avec les Perses, qui avaient des lois de pureté bien plus rigoureuses encore et qui les pratiquaient avec un scrupule excessif.

Tant que dura la domination persane, les Judéens voyaient régner autour d'eux le magisme, ou la religion des mages ; dans leur propre pays, et plus encore à l'étranger, ils entendaient tous les jours parler de ses doctrines et de ses lois, ils en avaient sans cesse les pratiques sous les yeux. Ils ne manquèrent pas de s'apercevoir que bien des points offraient, à la forme près, des analogies frappantes avec leurs propres lois et coutumes, et ils succombèrent à cette influence. La croyance fondamentale à un Dieu unique, spirituel, parfait, avait jeté, il est vrai, d'assez fortes racines dans le cœur des Israélites pour ne pouvoir être entamée par la conception, même spiritualisée, de l'Ahoura-Mazda[11] des Perses. Les voyants israélites reconnurent sur-le-champ, avec leur merveilleuse intuition, l'erreur de la doctrine iranienne, qui introduit la discorde dans l'univers en mettant aux prises le dieu de la lumière et du bien avec un dieu des ténèbres et du mal, Angro-Mainyous (Ahriman). À cette conception de la divinité, ils avaient opposé leur propre certitude, à savoir que le Dieu d'Israël a créé la lumière et les ténèbres, le bien et le mal[12], que l'univers et

---

[11] Ormuzd, dieu de la lumière.
[12] Isaïe, XLV, 6, 7.

l'humanité ne sont pas tiraillés et déchirés par deux puissances rivales, mais appelés à l'unité et à la paix. Les docteurs de l'époque des sôpherim ont voulu, semble-t-il, donner une formule efficace à cette croyance, en intercalant dans la prière du matin ces mots : Dieu est le créateur de la lumière et des ténèbres, l'auteur de l'harmonie et le producteur de l'univers. — Pourtant, tout en voulant conserver intacte la conception judaïque de la divinité, ils n'en ont pas moins, à leur propre insu, laissé entrer dans le judaïsme certaines idées ou coutumes de la religion perse, ou du moins n'ont pas mis assez d'énergie à les en écarter. Ils crurent glorifier la divinité en lui donnant, à l'exemple des Iraniens, des myriades de serviteurs dociles, prompts à exécuter la volonté de leur maître. Les messagers de Dieu, qui dans les écrits bibliques ne sont autres que des envoyés ayant mission d'accomplir ses ordres, devinrent quelque chose comme les Amescha-Spentas et les Yazatas de la religion persane, c'est-à-dire des êtres célestes ayant un caractère propre et une personnalité bien accusée. On se représenta le trône de Dieu comme environné d'une milice innombrable d'anges, attentifs à son moindre signe et empressés à y obéir : Mille milliers le servent, et des myriades de myriades se tiennent à ses ordres. Comme chez les Perses, les anges s'appelèrent les saints Veilleurs (Irin kadischin). On leur donna même des noms propres : Michaël, Gabriel, Raphaël, Uriel ou Suriel, Matatoron, etc.

De même que l'imagination avait transformé les Yazatas perses en anges hébreux et leur avait donné un cachet judaïque, ainsi elle s'empara des daévas ou mauvais génies de la religion persane et les acclimata dans le judaïsme. Satan n'est que la copie d'Angro-Mainyous, le dieu persan du mal absolu. Sans doute on ne l'érigea pas en rival de Dieu : la notion de Dieu était trop haute dans le judaïsme pour le permettre. Lui, le Très-Saint, le Très-Haut, le Tout-Puissant, pouvait-il être gêné par un être qui n'était lui-même que sa créature ? et cette créature était-elle de taille à traverser ses desseins ? Cependant le premier pas était fait ; Satan vit peu à peu grandir sa puissance au niveau de son modèle iranien, il eut son domaine distinct, celui des ténèbres, où il règne et triomphe au détriment du bien. Une fois créé à l'image d'Angro-Mainyous, Satan devait avoir, lui aussi, son armée de démons, de mauvais génies (schédim, mazikim, malakhe chabalah).

Quelques-uns d'entre eux furent inventés de toutes pièces, non sans rappeler certains noms de daévas iraniens : tels sont les démons Asmodée et Samaël, chefs d'une légion d'esprits malfaisants. On imagina aussi un ange de la Mort (malakh hamaweth), ennemi de la vie de l'homme et chargé de la lui ravir.

Ces êtres de fantaisie s'emparèrent aussitôt de toute l'existence judaïque et donnèrent lieu à des usages qui ont une affinité évidente avec le magisme. Pendant le sommeil, croyait-on, un esprit impur s'abattait sur les mains ; d'où l'obligation de se laver les mains chaque matin au sortir du lit, et pareillement après la satisfaction d'un besoin naturel. La pollution nocturne passa, comme chez les Iraniens, pour une très grave souillure, parce qu'on l'attribuait à l'influence d'un démon malfaisant. Enfin, les lois relatives à la purification furent notablement aggravées, — toujours à l'instar des rites iraniens.

La doctrine judaïque de la rémunération se développa également d'une manière nouvelle sous l'influence des idées persanes. La doctrine persane divisait l'univers en deux grands domaines, celui de la lumière et celui des ténèbres ; elle plaçait les purs, les sectateurs d'Ahoura-Mazda, dans l'empire de la lumière, dans le paradis, et les impurs, les sectateurs d'Angro-Mainyous, dans le sombre empire ou l'enfer. Après la mort, disait-on, l'âme humaine reste encore trois jours à proximité du corps, puis, selon la conduite qu'elle a tenue ici-bas, elle est recueillie dans le paradis par les yazatas, ou entraînée dans l'enfer par les daévas. Or, cette manière de concevoir la rémunération d'outre-tombe trouva aussi accès dans le judaïsme. Le jardin d'Éden (gan-éden), où la Genèse faisait habiter le premier couple dans l'état d'innocence, fut transformé et devint le paradis ; et la vallée de Hinnom (Ghé- Hinnom), près de Jérusalem, où, depuis Achaz, on offrait de jeunes enfants en sacrifice, donna son nom à l'enfer (Géhenne). L'Éden devint le partage des bons et des observateurs de la Loi, la Géhenne celui des méchants et des pécheurs. Par quelle voie ces idées peuvent-elles bien s'être introduites dans l'intelligence du peuple juif ? Il n'est pas plus facile de l'établir que de suivre, dans leur voyage aérien, les invisibles miasmes qui s'insinuent dans les corps. — Il ne faut pas croire, du reste, que tous ces concepts, relatifs aux anges, à Satan et à sa légion de démons, au paradis et à l'enfer, se soient figés, dans le judaïsme, en dogmes inflexibles, qu'il faille admettre sous peine de péché mortel. Non, chacun est resté libre, dans cette génération-là comme dans les suivantes, de les accepter ou de les repousser. Une seule des croyances iraniennes de cette catégorie, — celle qui affirme que les morts ressusciteront un jour, — est entrée assez profondément dans le judaïsme pour y devenir principe obligatoire et article de foi. C'est la religion iranienne qui a créé et maintenu la doctrine de la résurrection. Elle relègue cet événement dans l'avenir, à l'époque où Ahoura-Mazda aura triomphé de son adversaire et où celui-ci sera forcé de rendre les corps de ses victimes, les hommes purs dont il aura fait sa proie. Cette croyance, qui ouvrait à l'âme de si douces perspectives, l'époque des sôpherim l'accueillit avec d'autant plus d'empressement qu'elle en trouvait déjà, dans sa littérature sacrée, le germe et le pressentiment. Dans les allusions des prophètes à un jour du Jugement dernier, les docteurs trouvèrent la résurrection clairement indiquée, et ils érigèrent cette espérance en article de foi. Par une prière, intercalée dans l'office journalier, on rendit grâce à Dieu de ce qu'il rappellera un jour les morts à la vie. Il se forma ainsi une doctrine de la rémunération, qui peignit l'avenir ou la vie future sous les plus vives et les plus séduisantes couleurs. Un monde enchanté s'ouvrit aux regards et enivra les imaginations. Ce monde doit mettre fin à toutes les anomalies de l'existence actuelle, en dissiper les illusions, en réparer les mécomptes ; les justes et les bons, les pieux observateurs de la Loi, qui ont tant souffert ici-bas, sortiront de leurs tombes pour entrer, purs et transfigurés, dans la vie éternelle. Les pécheurs mêmes, — ceux qui n'auront failli que par faiblesse et légèreté, — ceux-là aussi, purifiés dans l'enfer et amenés à résipiscence par l'expiation, seront admis aux joies de l'éternité.

Mais cette résurrection, mais ce monde de l'avenir, si beau et si pur, quelle en sera l'économie ? Répondre à cette question dépassait la sphère de la conception humaine. La foi et l'espérance ne s'attardent pas à creuser les problèmes. Elles savent qu'un jour sonnera l'heure d'une équitable réparation, et cela leur suffit pour calmer toutes les souffrances de l'heure présente. Bien que le judaïsme ait, en réalité, puisé hors de lui-même le germe de cette doctrine, il l'a fécondé et enrichi à sa manière, il l'a doué d'une puissance moralisatrice. En le faisant sien, en l'imprégnant de sa propre substance, foncièrement morale, il a transformé, jusqu'à le rendre méconnaissable, cet élément d'origine étrangère. Seuls, les Samaritains s'obstinèrent longtemps à repousser le dogme de la résurrection, ainsi que les conceptions de la vie future qui en étaient le corollaire. Il suffisait qu'une chose fût aimée à Jérusalem, pour qu'à Sichem on s'empressât de la rejeter.

Dans le long espace de près de deux cents ans, — depuis la mort de Néhémie jusqu'à la chute de l'empire perse, — où l'on assura par des lois l'existence de la communauté juive, où l'on éleva l'édifice du judaïsme en élargissant ses éléments propres et en l'enrichissant d'éléments étrangers, pas un seul nom n'est venu jusqu'à nous, pas une des personnalités qui créèrent ce grandiose monument, destiné à résister aux assauts des siècles. Les chefs spirituels du peuple, les auteurs de la nouvelle organisation, ont-ils à dessein, et par excès de modestie, dérobé leurs noms à la publicité, pour écarter de leur œuvre tout soupçon d'influence personnelle ? Est-ce la postérité qui a été ingrate envers leur mémoire ? Ou bien les membres du grand Conseil étaient-ils réellement des hommes de médiocre valeur, et le judaïsme a-t-il dû son affermissement, son développement et sa grandeur, à l'effort collectif plus qu'à la volonté individuelle ? Toujours est-il étrange que, de cette longue période, si peu de faits soient venus à notre connaissance. Il faut admettre, ou que cette époque n'a point tenu registre de ses faits et gestes, ou que ses annales se sont perdues. Il n'y avait pas, à la vérité, d'événements mémorables. Toute l'activité de la république juive se concentrait à l'intérieur, et, prise en détail, elle ne semblait pas assez importante aux contemporains pour mériter qu'on en transmit le développement et les résultats à la postérité. Il n'y avait là guère de matériaux pour une histoire. La situation, dans ses phases successives, aurait peut- être frappé un observateur étranger ; mais qu'est-ce qu'un indigène, mêlé lui-même au mouvement, y aurait trouvé d'assez saillant pour songer à en perpétuer le souvenir ? Le peuple juif ne s'adonnait qu'à des travaux pacifiques ; il n'entendait guère le métier des armes, pas même peut-être pour défendre son propre territoire contre les attaques de ses voisins. L'État judaïque était devenu, en réalité, ce qu'avait prédit le prophète Ézéchiel [38, 8] : Un pays tenu à l'écart de la guerre, rassemblé d'entre beaucoup de peuples sur les montagnes d'Israël. Une telle existence se dérobe, par sa silencieuse obscurité, à l'attention de l'observateur, à la plume de l'historien.

Les Judéens ne prirent certainement aucune part aux mouvements belliqueux des Perses, dont leur frontière fut le théâtre. Sous Artaxerxés II (Mnémon, 404-362) et sous Artaxerxés III (Ochus, 361-338), les mécontents d'Égypte, qui se donnaient le titre de rois, tentèrent à plusieurs reprises de secouer la domination persane et de rendre à leur pays son indépendance. Pour pouvoir résister efficacement aux armées persanes chargées de réprimer leurs insurrections, ces rois éphémères s'unissaient régulièrement avec les satrapes persans de Phénicie, qui gouvernaient également la Judée. Souvent des troupes persanes se dirigeant vers l'Égypte, ou égyptiennes vers la Phénicie, ou des mercenaires grecs à la solde de l'une des parties belligérantes sillonnaient la côte judéenne de la Méditerranée, et les Judéens, du haut de leurs montagnes, pouvaient suivre ces mouvements. Mais ils n'en restèrent sûrement pas toujours tranquilles spectateurs ; car s'ils ne furent pas astreints à fournir des contingents militaires, il est d'autres prestations dont ils ne durent pas être exempts.

Une fois, cependant, leurs relations avec les rois perses subirent un trouble grave. Ces derniers, cédant à des influences étrangères, s'adonnèrent à leur tour à l'idolâtrie. La déesse de la Volupté, qu'ils rencontraient partout, dans leurs marches, adorée sous les noms de Beltis, Mylitta ou Aphrodite, exerçait une puissante séduction sur les Perses, efféminés par leurs conquêtes et leurs grandes richesses : ils servirent cette déité et lui sacrifièrent. L'objet de ce culte infâme reçut un nom persan, Anahita ou Anaïtis, et eut sa place dans la religion du pays. Artaxerxés II lui accorda sa royale approbation et lui fit élever des statues dans toutes les parties de son vaste empire, à Babylone, Suse et Ecbatane, les trois capitales, puis à Damas, à Sardes et dans toutes les villes de Perse et de Bactriane. Introduire ainsi une divinité étrangère, et proposer des simulacres à l'adoration du peuple, c'était porter une double atteinte aux doctrines religieuses de l'Iran. C'était aussi détruire le lien moral créé jusqu'alors, entre les Perses et les Judéens, par leur commune horreur du culte des images. On n'offrit plus, chez les Perses, un pur encens au Dieu spirituel du judaïsme. Artaxerxés Mnémon parait avoir imposé de force aux peuples de son empire le culte de cette déesse de la Volupté, et avoir usé de la même violence envers les Judéens. On raconte, en effet, que ces derniers furent maintes fois molestés par les rois et les satrapes de Perse pour renoncer à leurs croyances, mais qu'ils se résignèrent aux plus mauvais traitements, à la mort même, plutôt que de renier la loi de leurs pères. Une relation assez singulière nous apprend qu'Artaxerxés Ochus, pendant ou après sa guerre avec l'Égypte et son roi Tachos (361-360), arracha des Judéens de leur pays et les transplanta en Hyrcanie, sur les bords de la mer Caspienne. Si la chose est authentique, on ne peut y voir qu'une persécution infligée aux Judéens pour leur fidélité à leurs croyances ; car il est difficile d'admettre qu'ils aient pris part au soulèvement qui, de l'Égypte jusqu'à la Phénicie, avait éclaté contre les Perses.

Ils eurent fort à souffrir en ce temps-là, à Jérusalem, de la tyrannie d'une de ces créatures qui, au milieu de l'abjection croissante de la cour de Perse, dans la décadence d'un empire vieillissant, purent s'élever, du sein de la poussière, jusqu'à disposer des trônes et des provinces. Cet homme, c'était l'eunuque Bagoas (Bagosès), qui sut acquérir, sous le règne d'Artaxerxés III, assez de puissance pour écarter ce roi lui-même et toute sa postérité, et disposer à son gré de la succession vacante. Mais, avant d'arriver à un tel pouvoir, il avait commandé les troupes stationnant en Syrie et en Phénicie, et avait su tirer parti de cette position pour acquérir de grandes richesses. C'est à cet homme que s'adressa un prêtre ambitieux, Josué, pour se faire investir, à prix d'or, de la dignité de grand prêtre.

Josué avait un frère aîné, Jean (Yohanan), et tous deux étaient fils du grand prêtre Joïada. Celui-ci mort, son plus jeune fils, fort de l'appui de Bagosès, afficha la prétention de ceindre la tiare. Jean fit indigné de cette audace ; une scène violente éclata dans le temple entre les deux frères et eut un dénouement tragique, le protégé de Bagosès fut tué par Jean dans le sanctuaire même. Triste présage pour l'avenir !

— Informé du fait, l'eunuque se rendit à Jérusalem, non pour venger son favori, mais pour extorquer de l'argent sous couleur d'un juste châtiment. Le peuple fut tenu de payer, pour chaque agneau offert journellement au temple, une somme de cinquante drachmes, et cette expiation devait être acquittée chaque matin avant le sacrifice. Bagosès se dirigea lui-même vers le temple, et comme les prêtres voulaient s'y opposer au nom de la Loi, qui en interdit l'accès à tout profane, il leur demanda ironiquement s'il n'était pas aussi pur que le fils du grand prêtre, qu'on y avait immolé. Ce fut là un second et non moins triste présage. Le peuple dut payer sept ans cette rançon, jusqu'à ce qu'une circonstance quelconque vint l'en affranchir.

Les Samaritains, ces mauvais voisins de l'État judaïque, profitèrent sans aucun doute de la malveillance des derniers rois perses à son égard pour lui causer des dommages. C'est ainsi qu'ils paraissent avoir réussi à reprendre, de force ou par ruse, les districts limitrophes qu'ils avaient dû céder antérieurement.

L'État judaïque fut donc réduit, en ce temps-là, à lutter pour pouvoir vivre. Nous ne remarquons, du reste, dans ces deux siècles, que de rares éclaircies : telles sont l'époque du retour, époque d'enthousiasme ; celle du règne de Darius Ier, qui témoigna aux Judéens une constante faveur, enfin la présence de Néhémie à Jérusalem et l'ardente activité qu'il y déploya. À part ces exceptions, ils n'eurent en partage que l'oppression, la misère, le plus lamentable état de faiblesse et d'abandon. Ils semblent lever sans cesse vers le ciel leurs yeux chargés de pleurs, et demander avec le Psalmiste : D'où me viendra le secours ? Les traces de cette situation se montrent dans la littérature qui nous est restée de ces deux siècles. Antérieurement, les douleurs mêmes de l'exil, ses regrets poignants, ses aspirations haletantes avaient fait naître une riche floraison de prophétie et de poésie. Dès que cette surexcitation est tombée, que l'espérance a fait place à la réalité, l'élan poétique se glace. La poésie psalmique devient languissante, se complaît dans les redites ou emprunte son vernis aux œuvres du passé. L'aimable idylle de Ruth est une exception dans la littérature de cette époque. L'exposition des faits historiques, — ce qui d'ailleurs se conçoit aisément, — est absolument négligée. Ezra et

Néhémie avaient simplement rédigé des mémoires sur les événements dont ils furent témoins, mémoires écrits d'un style serré, sans nul souci de la forme littéraire. Tout à la fin de cette période, au terme de la domination persane (vers 336), un écrivain, — un Lévite, à ce qu'il semble, — composa un récit (la Chronique) s'étendant depuis la création jusqu'à son propre temps, et intitulé Histoire des jours (Dibré ha-yamim). Ce livre contient de précieux souvenirs des âges anciens, mais fort peu de renseignements sur les faits de fraîche date et sur le présent...

Cependant un homme parut sur la scène du monde, qui, voyant les divisions des Grecs à Athènes, à Sparte et ailleurs, leurs rivalités mesquines, leurs jalousies mutuelles et leurs faiblesses, sut exploiter cette situation à son profit. Il ne ménageait ni la flatterie qui enivre, ni l'or qui éblouit, et pouvait au besoin s'appuyer sur la force des armes. La Grèce entière dut se livrer à cet homme et, frémissante, mais docile, acquiescer à ses desseins. Cet heureux dominateur fut le roi de Macédoine, Philippe. Grâce à l'unité de sa conduite et de son armée, à son astuce et à son or, toute la Grèce était à ses pieds. Et cependant, même lorsqu'il développa, au milieu d'une grande assemblée à Corinthe, un plan propre à flatter l'orgueil national, lorsqu'il entama une expédition contre la Perse pour châtier ses fréquentes entreprises sur la Grèce, les Grecs ne surent pas triompher de leurs étroites passions. Philippe ne put effectuer sa campagne vengeresse, il périt assassiné au milieu de ses préparatifs. Mais l'œuvre échut à son fils, au grand Alexandre, qui était destiné à transformer la carte du monde, et qui devait entraîner la paisible Judée dans le tourbillon de ses luttes gigantesques. Le vaste ébranlement qu'il imprima au monde eut pour conséquence de nouvelles épreuves, de nouvelles douleurs pour le peuple juif.

Un Judaïte inspiré avait comparé l'impétueux conquérant à un léopard aux ailes d'aigle. Deux batailles lui suffirent à briser l'empire vermoulu de Perse. L'Asie Mineure, la Syrie et la Phénicie se jetaient à ses pieds ; une foule de rois et de princes venaient le visiter en pompeux appareil et lui rendre hommage. Tyr et Gaza, qui avaient essayé de lui tenir tête, furent prises après un siège, l'une de sept mois, l'autre de deux, et furent sévèrement traitées l'une et l'autre. — Quel fut le sort du minuscule pays de Juda en face de ce puissant vainqueur, à qui peu après l'Égypte entière, l'orgueilleux empire des Pharaons, allait humblement se soumettre ? Les traditions historiques de cette époque ont revêtu la forme de la légende et ne peuvent, par conséquent, être acceptées comme peinture exacte des faits. Il est difficile de croire que les Judéens aient refusé de reconnaître Alexandre pour ne pas violer leur serment de fidélité aux rois perses. On ne voit pas qu'ils aient prêté un serment de ce genre, et les précédents rois de Perse ne s'étaient pas, de leur côté, montrés fort scrupuleux à leur égard. Nous pouvons voir qu'un dire populaire dans le récit qui nous montré Alexandre se dirigeant vers Jérusalem, et soudain, sous le coup d'une vive impression, prodiguant aux Judéens des marques de bienveillance. On raconte que le grand prêtre s'avança à sa rencontre, vêtu de ses saints ornements, suivi d'un cortège de prêtres et de Lévites, et que le jeune héros, à cette vue, fut saisi d'une telle émotion qu'il le salua lui-même avec déférence, passant de la colère à la plus tendre sympathie, parce que, — ainsi qu'il l'expliqua à son entourage, — la figure de ce pontife, avec le même costume, lui était apparue en songe dans la Macédoine et lui avait promis l'empire du monde. Le personnage en question serait, d'après une légende, le grand prêtre Jaddua (Jaddus) ; d'après une autre, son petit-fils Siméon.

L'entrevue d'Alexandre avec les représentants de la nation juive se passa sans doute de la façon la plus simple. Le grand prêtre (peut-être bien Onias Ier, fils de Jaddua et père de Siméon) doit être allé avec les Anciens, comme la plupart des rois et des princes du pays, au-devant du vainqueur, lui avoir rendu hommage et promis obéissance. Prince généreux et magnanime, terrible seulement à ceux qui osaient lui tenir tête, Alexandre laissait, en général, les peuples soumis à son empire en possession de leurs lois, de leurs doctrines et de leurs pratiques religieuses ; il n'imposait à personne les idées helléniques. Ce qu'il accordait à tous les peuples, il n'a pas dû le refuser au peuple juif, il a dû lui permettre, au contraire, de vivre selon ses propres lois. Les Judéens avaient simplement à payer aux gouverneurs macédoniens les redevances rurales, fournies jusqu'alors aux satrapes persans ; mais, la septième année de chaque période sabbatique, ils étaient exempts de cette obligation. Des guerriers Judaïtes s'enrôlèrent aussi dans l'armée d'Alexandre.

Le premier contact de l'hellénisme et du judaïsme, chargés tous deux d'une mission civilisatrice différente, ce premier contact, dans la personne de leurs représentants, fut donc tout amical ; seulement, l'un entrait en scène dans tout son éclat et toute sa puissance, l'autre dans sa faiblesse et en posture de suppliant. — La Judée devint l'enclave d'une province située entre l'Égypte au sud, les monts Taurus et Liban au nord, et qu'on nomme Cœlésyrie ou la Syrie creuse, pour la distinguer de la haute Syrie. Le gouverneur de ce vaste territoire, divisé autrefois en tant d'États indépendants, résidait à Samarie, qui doit en conséquence avoir été une ville fortifiée et populeuse. Elle devait cet avantage ou ce danger à sa situation centrale et à la fertilité de son territoire. Ce gouverneur, placé par Alexandre à la tête de la Cœlésyrie, avait nom Andromaque.

Pourquoi cette distinction, flatteuse en apparence, déplut-elle aux Samaritains ? Se sentaient-ils gênés dans leurs mouvements par la présence d'un gouverneur ? On bien étaient-ils mécontents qu'Alexandre eût témoigné plus de bienveillance aux Judéens, qu'ils détestaient ? Telle était leur exaspération que, sans se préoccuper des conséquences de leur audace, ils s'insurgèrent contre Andromaque, se saisirent de sa personne et le jetèrent dans le feu (au printemps de 331). À la nouvelle de cet attentat commis sur un de ses officiers, Alexandre entra dans une violente et légitime colère. Quoi ! toute l'Égypte était à ses pieds, les fiers pontifes se courbaient devant lui, proclamaient hautement sa grandeur, et un misérable petit peuple osait le braver ! Comme il revenait d'Égypte avec le dessein d'asservir la Perse, il courut à Samarie pour châtier les coupables. Il les fit périr dans d'effroyables tortures et peupla leur ville de Macédoniens. Alexandre paraît avoir infligé d'autres humiliations encore aux Samaritains. Comme il ne pouvait ignorer leur inimitié à l'égard des Judéens, il prodigua ses faveurs à ceux-ci, pour faire mieux sentir à ceux-là leur disgrâce.

Quelques territoires mitoyens entre la Judée et la Samarie avaient été une cause fréquente de querelles entre les habitants des deux pays : il les adjugea aux Judéens et, probablement sur leur demande, exempta également ces terres de l'impôt à l'époque de l'année sabbatique. Concession insignifiante pour lui, précieuse pour les intéressés, et qui redoubla la haine des Samaritains pour leurs ennemis. Chaque coup de vent jetait une nouvelle flammèche dans ce foyer.

Néanmoins, tant que subsista la puissance d'Alexandre, les Samaritains durent ronger leur frein : il ne souffrait point qu'aucun peuple, dans toute l'étendue de son empire, fît un mouvement sans sa permission. La marche foudroyante de l'heureux conquérant jusqu'à l'Indus et au Caucase exerçait une sorte de fascination sur les esprits et paralysait toute velléité d'indépendance.

Partout où il ne faisait point la guerre, depuis la Grèce jusqu'aux Indes et de l'Éthiopie à la mer Caspienne, régnait une paix profonde. Alexandre est le premier souverain qui ait vu dans la tolérance la meilleure des politiques. Les différences mêmes dans les formes de la religion ou du culte avaient droit, à ses yeux, à un égal respect. Il honora, en Égypte, Apis et Ammon ; en Babylonie, les dieux de la Chaldée. Le temple du dieu babylonien Bel avait été renversé par Artaxerxés, il voulut le rebâtir. À cet effet, il donna ordre à ses soldats de déblayer les décombres amoncelés sur les fondations. Tous obéirent, à l'exception des soldats judéens qui servaient, volontairement ou non, dans ses armées, et qui refusèrent d'aider à élever un temple pour une fausse divinité. Leurs préposés, bien entendu, punirent sévèrement cette désobéissance ; mais ils supportèrent stoïquement leur peine, ne voulant à aucun prix violer une loi fondamentale de leur religion. Enfin Alexandre, informé des scrupules et de la constance des soldats judéens, leur accorda un généreux pardon. — Il y eut là comme un présage de la lutte sanglante qui devait éclater un jour entre le judaïsme et l'hellénisme.

Cependant, au milieu de ses projets de monarchie universelle, le jeune héros mourut (juin 323), sans laisser un héritier légitime de son trône ou de son génie. De là, confusion et perplexité parmi les peuples de la terre comme dans les armées d'Alexandre : on eût dit qu'un vide s'était fait dans les lois de la nature, et qu'on ne savait plus si demain succéderait à aujourd'hui. Ce fut le point de départ de guerres meurtrières, semblables à des combats de Titans. Alexandre laissait derrière lui un si grand nombre de généraux, qui avaient fait leurs preuves sur mille champs de bataille, qu'ils auraient su maintenir l'unité complexe de l'empire macédonien si eux-mêmes eussent été unis. Mais, bien qu'ils ne comptassent point parmi les vrais Grecs, qu'ils eussent au contraire pour les Grecs un profond dédain, ils avaient cependant appris d'eux l'insubordination et l'orgueil, la prétention de mettre leur propre avantage au-dessus du bien de l'État, de n'exercer le pouvoir que pour ses jouissances matérielles ; bref, la corruption morale dans toute sa plénitude.

C'est ainsi que l'empire macédonien se trouva démembré et que les lieutenants d'Alexandre s'en partagèrent les lambeaux. L'Égypte échut à Ptolémée Ier (Soter, surnommé Lagus), qui dut également au gain d'une bataille la possession de la Cœlé-Syrie et de la Judée. Jérusalem, sommée par lui de se soumettre, refusa de lui ouvrir ses portes ; mais un coup de main tenté le sabbat, jour où les Judéens ne prenaient pas les armes, le rendit maître de la ville. Il fit un grand nombre de prisonniers, qu'il emmena en Égypte, et fit subir le même sort à des Samaritains, qui vraisemblablement, eux aussi, avaient refusé de se soumettre.

Judéens et Samaritains auraient pu vivre heureux, — autant du moins qu'on pouvait l'être en ces temps de force brutale, — s'ils fussent restés indéfiniment sous le sceptre de Ptolémée ; car il était le plus humain des belliqueux successeurs d'Alexandre, savait apprécier la valeur des hommes et ne leur faisait pas plus de mal que son intérêt ne l'exigeait. Mais Ptolémée n'avait pas encore de droits légitimes sur la Cœlé-Syrie. Les administrateurs successifs de l'empire, qui gardaient encore l'apparence d'un gouvernement collectif et non divisé, ne lui avaient pas confirmé la possession de ces provinces, ou plutôt ses amis, les généraux alliés, ne voyaient pas cette possession d'un œil tranquille. Il en était un surtout, Antigone, — âme ardente, politique habile autant que héros intrépide, — qui méditait d'annihiler ses amis et d'englober sous sa puissante main toutes les provinces du grand empire d'Alexandre. Après de longues années de préparatifs, une bataille décisive s'engagea enfin entre Démétrius, fils d'Antigone, et Ptolémée, laquelle se termina au désavantage du premier. La bataille de Gaza (au printemps de 312) est restée mémorable : c'est de cette époque, en effet, que Séleucus, le général proscrit qui avait combattu à côté de Ptolémée, data le début de sa puissance et inaugura une ère nouvelle, celle des Séleucides ou des Grecs, qui fut aussi adoptée par les juifs et s'est le plus longtemps conservée parmi eux.

Vaincu à Gaza, Démétrius fut contraint de se retirer vers le nord et d'abandonner tout le pays au vainqueur. Mais peu de temps après, Antigone et son fils ayant réuni leurs armées et s'apprêtant à recommencer la lutte, Ptolémée prit le parti de se retirer, non sans avoir fait raser les forteresses des côtes et de l'intérieur de la Judée, Akko, Joppé, Gaza, Samarie, et même Jérusalem. Cette situation incertaine de la Judée et des provinces de Cœlé-Syrie se prolongea encore plusieurs années, jusqu'à la bataille d'Ipsus en Asie Mineure (301), où Antigone, vaincu par la ligue des quatre généraux Ptolémée, Lysimaque, Cassandre et Séleucus, perdit du même coup sa gloire militaire et la vie. Les quatre vainqueurs se partagèrent l'empire. Ptolémée eut en partage l'Égypte et ses dépendances ; Séleucus, l'Asie presque entière. Celui-ci fonda l'empire des Séleucides, qui, pendant plus de deux siècles, devait faire figure à côté de l'Égypte. C'est ainsi que la Judée devint une annexe de l'empire des Lagides ou d'Égypte, au sort duquel son sort resta lié assez longtemps.

La situation des Judaïtes n'en fut pas notablement changée. Le tribut qu'ils payaient précédemment à la cour de Perse, ils le devaient maintenant à la cour égypto-macédonienne. Ils n'étaient pas plus gênés qu'avant dans leurs mouvements ni leur autonomie, et l'on pouvait même, en un sens, considérer leur position nouvelle comme une amélioration. Le grand prêtre, responsable du tribut, était en même temps chef politique ; prince spirituel (maschiach naghid), il exerçait aussi les fonctions de gouverneur du pays. Ptolémée Ier, nous l'avons dit, était un esprit pratique et d'humeur bienveillante. Il n'avait ni sujet ni prétexte, pour opprimer les Judaïtes. La ville maritime d'Alexandrie, fondée par Alexandre, et que le premier de ses successeurs égyptiens éleva au rang de capitale, réclamait une nombreuse population, et il devait voir avec satisfaction des Judaïtes du pays voisin y fixer leur demeure. Déjà du temps d'Alexandre un certain nombre d'entre eux s'y étaient établis ; et comme cet habile conquérant avait garanti aux étrangers les mêmes droits qu'aux Macédoniens, la première colonie juive d'Alexandrie obtint, elle aussi, cette égalité de droits, qui lui fit aimer sa nouvelle patrie. Ce premier essaim en attira un plus considérable, surtout pendant les troubles, suscités par Antigone, et la nouvelle colonie reçut de Ptolémée les mêmes avantages. Ainsi se forma en Égypte une communauté judaïque, appelée à vivre de sa vie propre. — D'autres colonies juives s'établirent encore sur d'autres points. Ptolémée, assuré de l'attachement des Judéens, les transplanta dans différentes villes fortes d'Égypte et jusqu'en Cyrénaïque. Séleucus, le fondateur de l'empire des Séleucides, et à qui était échue, entre autres, la Haute Syrie, bâtit dans cette contrée (vers 300) la ville d'Antioche, qui devint résidence royale. Lui aussi, pour peupler cette ville et d'autres encore de création récente, avait besoin d'y attirer des habitants, et, moitié de gré, moitié de force, des Judéens de Babylonie et de Perse vinrent s'y établir. Il accorda également à ces colons la pleine jouissance des droits de bourgeoisie.

Et comme des colonies judaïques se formèrent dans les pays gréco- macédoniens, ainsi se formèrent des colonies grecques sur le territoire de la Judée. Le long des côtes de la Méditerranée, de nouveaux ports furent bâtis, des ports anciens agrandis ou améliorés, auxquels on donna des noms grecs. Le grandiose projet qu'avait conçu Alexandre, de fusionner l'Orient et l'Occident, se développa, par la force des choses, entre les mains de ses successeurs. La Judée se trouva ainsi enserrée de toutes parts dans une population hellénique. Le grec y devint naturellement la langue dominante, même chez les indigènes grecques y furent aussi les mœurs, — même les mauvaises. Toutefois, la Judée elle-même, resta, pour un temps, à l'abri de cette influence. Le pays n'était pas assez riche pour les Grecs, ni les habitants assez sympathiques. Entre la frivolité de l'une des races et la gravité de l'autre, il ne pouvait guère y avoir d'attraction mutuelle. Toutefois, des mots de la langue grecque, qui se parlait dans le voisinage, frappaient souvent les oreilles, et pénétrèrent peu à peu dans le langage usuel des Judéens.

CHAPITRE IV

SIMON LE JUSTE ET SES DESCENDANTS — (300-175)

Depuis un siècle et plus, — depuis la mort de Néhémie, — le peuple juif offrait, à l'intérieur, l'image d'une larve qui file sa coque et en tire lentement le tissu de sa propre substance ; à l'extérieur, celle d'un souffre-douleur eu butte aux mépris et aux humiliations, et les subissant en silence. Il n'avait encore produit aucune individualité assez puissante pour le transformer en lui imposant sa pensée propre, aucun personnage assez influent pour lui imprimer une action énergique et féconde. C'est toujours du dehors, c'est des hommes éminents de la Babylonie ou de la Perse que lui vint l'impulsion, le signal du progrès. Mais sa nouvelle situation politique le séparait des frères qui vivaient dans ces pays-là. Entre les Judéens de l'Euphrate ou du Tigre et ceux de la mère patrie, ne pouvaient plus subsister ces actives relations d'autrefois. En effet, les maisons régnantes, la dynastie des Séleucides et celle des Ptolémées, se regardaient mutuellement avec défiance, et de fréquentes visites des Judéens de la Syrie à Jérusalem auraient été vues de mauvais œil à Alexandrie. Si le peuple de Palestine n'eût trouvé chez lui-même le ressort nécessaire pour se relever, il était perdu ou, ce qui revient au même, annihilé ; car un peuple qui, pour se conserver ou s'agrandir, a besoin du secours d'autrui, est condamné à la décadence et à l'effacement. Mais le peuple juif ne devait pas périr, et il vit surgir au bon moment l'homme qu'il lui fallait, l'homme qui, par son intelligence et son énergie, devait sauver son peuple de la ruine imminente.

Cet homme était Siméon le Juste[13], fils d'Onias Ier, qui florissait entre 300 et 270. Son nom émerge, au milieu de cette période si pauvre en souvenirs, comme une haute montagne dans une solitude aride et nue. La légende s'en est emparée et l'a entouré d'une auréole. La glorification, même légendaire, d'un personnage historique est toujours un témoignage sérieux de son mérite et de sa grande influence. Si l'histoire vraie ne sait pas grand-chose de Siméon Ier, les quelques traces qu'elle a conservées de lui ne nous révèlent pas moins un homme de haute valeur. Il est le seul grand prêtre de la maison de Jésua ou de Jozadak dont elle connaisse des faits méritoires, le seul qui ait su remettre le sacerdoce en honneur. Plein de sollicitude pour son peuple, il le préserva de la chute, il fit rebâtir et fortifier les murs de Jérusalem, que Ptolémée Ier avait fait raser. Sans aucun doute, il dut en obtenir, par ses efforts, la permission du roi. Le temple, depuis deux siècles qu'il existait, avait subi de notables dégradations : Siméon les fit réparer, et sa prévoyante sollicitude ne s'en tint pas là. Les fontaines voisines de Jérusalem ne pourvoyaient pas suffisamment, dans les années de sécheresse, aux besoins des habitants ; il fallait d'ailleurs une grande quantité d'eau pour subvenir aux exigences du culte public. Siméon y pourvut en faisant creuser, sous les fondations du temple, un vaste réservoir communiquant, par un conduit souterrain, avec la source d'Etam, non loin de Jérusalem, qui l'alimentait constamment d'eau fraîche. Grâce à cette disposition, le temple ni Jérusalem ne manquèrent jamais d'eau, et plus tard, même pendant un long siège, le peuple en eut toujours à sa disposition. Un écrivain postérieur, Jésua Sirach, exalte les mérites de Siméon en des vers pleins d'enthousiasme :

---

[13] Dans Josèphe (*Antiquités*, XII, 2, 5 ; 4, 1) le premier Oniade de ce nom de Siméon est dit **le Juste**. Pareillement, le Siméon cité avec éloge par Sirach à la fin de son livre est qualifié **le Pieux** dans sa version syriaque. Les sources talmudiques donnent le même nom de Siméon le Juste au grand prêtre qui aurait eu une entrevue avec Alexandre. Il est donc indubitable que ce qui est dit de ce Siméon se rapporte à Siméon Ier. C'est pure fantaisie de le rapporter à Siméon II (vers 200), et pur entêtement de le soutenir. Un détail qui milite pour Siméon Ier, c'est-à-dire pour les premiers temps de l'empire macédonien, c'est le nom d'Antigone donné à un de ses disciples, évidemment en l'honneur du capitaine d'Alexandre, du général victorieux qui portait ce nom. Il y eut, du reste, sous Agrippa Ier un autre grand prêtre appelé Siméon le Juste et surnommé **Kantherus**.

> Qu'il était beau lorsqu'il sortait du sanctuaire,
> Lorsqu'il s'avançait hors du Saint des saints !
> Telle l'étoile matinière au milieu des nues ;
> Telle, au printemps, la lune en son plein.
> Lorsqu'il revêtait son costume d'honneur,
> Qu'il apparaissait dans ses riches vêtements...
> Autour de lui un cercle de frères,
> L'environnant comme une colonnade de palmiers...

Comme grand prêtre, Siméon le Juste n'était pas seulement chef de l'État et du grand Conseil ; il était encore, comme docteur, à la tête de l'école. Il répétait souvent à ses disciples cette maxime : Le monde (la société juive) repose sur trois bases : la doctrine, le culte divin et la charité. Peut-être ce digne pontife eût-il pu aussi revendiquer, pour une part, la devise suivante de son élève le plus distingué, Antigone de Sokho : Ne soyez pas comme les esclaves qui servent leur maître en vue de la distribution mensuelle, mais comme les serviteurs qui travaillent fidèlement sans compter sur le salaire.

L'histoire du peuple juif se lie, pendant tout un siècle, à celle de la postérité de Siméon.

Il avait laissé, autant qu'on peut le savoir, deux enfants, un fils et une fille. Celle-ci épousa un homme du nom de Tobie, qui semble avoir joui d'une certaine considération. Quant au fils, Onias II, il fut, sciemment ou non, la cause d'un changement considérable dans l'histoire de la Judée. Les Séleucides étaient souvent en guerre avec les Ptolémées pour la possession de la Cœlésyrie et de la Judée ; mais, d'ordinaire vaincus dans cette lutte, ils travaillaient ces pays et les excitaient à la défection contre l'Égypte. Onias II, le grand prêtre et le chef du peuple de Juda, paraît aussi avoir été circonvenu par Séleucus Callinicus, désireux de le gagner à sa cause. De fait, il cessa tout à coup d'acquitter le tribut annuel que la Judée, jusqu'alors, envoyait aux Ptolémées. Ce refus de payement fut naturellement peu goûté à la cour d'Égypte. Quelque médiocre que fut la somme, on tenait à ce tribut, qui constatait la dépendance du pays. Après une sommation inutile, Ptolémée III (Évergète) déclara que, en cas de refus persistant, il partagerait la Judée entre des colons étrangers. Les Jérusalémites, désespérés, pressèrent Onias de renoncer à la résistance, mais celui-ci tint bon. Dans cette situation pénible, un homme intervint avec tant d'énergie et de résolution, qu'on serait tenté de croire que lui-même avait suscité ces embarras pour en faire un marchepied à son élévation. Cet homme, qui prépara la voie à un courant nouveau, s'appelait Joseph ; il était cousin du grand prêtre Onias, et fils de ce Tobie qui avait épousé la fille de Siméon le Juste. D'un extérieur aimable, d'un esprit souple et rusé, d'une conscience facile et supérieure aux scrupules, le fils de Tobie était né pour la domination. Mais, de par la règle établie, le grand prêtre, chef politique, était là qui lui barrait le chemin. L'occasion était propice pour écarter cet obstacle. Sitôt que Joseph eut vent de l'arrivée d'un envoyé de Ptolémée à Jérusalem et de son langage menaçant, il courut de son lieu natal à Jérusalem, accabla de reproches son oncle Onias, l'accusant de compromettre gravement le peuple par son attitude ; et, voyant le grand prêtre inflexible, offrit de se rendre à Alexandrie pour y entamer des négociations. Joseph n'en eut pas plus tôt obtenu l'autorisation qu'il assembla le peuple dans le parvis du temple, le rassura sur les périls de la situation et insinua que lui seul méritait sa confiance, que lui seul était capable de le sauver. L'assistance accueillit ce discours par des acclamations et des actions de grâces, et déclara Joseph chef officiel de la nation (230).

Depuis lors il manœuvra avec une singulière vigueur, comme s'il ne faisait que suivre un plan longtemps mûri à l'avance. Il connaissait bien les faiblesses des Grecs ; il savait qu'ils n'étaient insensibles ni à la flatterie ni à la bonne chère. Il offrit des repas succulents à l'envoyé Athénion, le captiva par ses obséquieuses prévenances, lui fit de riches présents, le décida enfin à s'en retourner tranquillement à la cour d'Égypte et à assurer au roi que lui, Joseph, le suivrait de près pour acquitter les tributs arriérés. Dès que l'envoyé eut quitté Jérusalem, Joseph négocia avec des amis ou des usuriers samaritains, pour obtenir un prêt destiné à subvenir aux dépenses qu'il jugeait nécessaires. Pour paraître convenablement à la cour, il lui fallait de riches costumes, un équipage, les moyens de tenir table. Or, des moyens personnels, Joseph n'en avait point, et il n'aurait trouvé personne, dans toute la Judée, qui pût lui avancer de l'argent. La population ne vivait que d'agriculture et de jardinage, ne faisait point de commerce et n'avait pas eu occasion, jusqu'alors, d'amasser des richesses. Force était donc à Joseph d'avoir recours aux financiers samaritains, qui s'adonnaient au commerce et avaient acquis de l'aisance.

Une fois en position de paraître à la cour, il courut à Alexandrie. Déjà l'envoyé Athénion lui avait préparé un accueil bienveillant. Il avait tellement vanté son caractère aimable et sa fine intelligence, que Ptolémée Évergète était curieux de le connaître. Le roi trouva tant de charme à sa conversation, qu'il l'invita aux dîners de la cour. Les envoyés de Palestine et de Phénicie, qui naguère s'étaient moqués de son modeste équipage, virent alors, non sans dépit, qu'il était admis dans l'entourage intime du roi. Joseph allait bientôt leur donner l'occasion, non plus seulement de le jalouser, mais de le détester et de le maudire.

Pendant son séjour à Alexandrie, les soumissionnaires de l'impôt y étaient venus de toutes parts pour faire leurs offres de fermage en présence du roi et de la cour. Tous avaient le même intérêt, à savoir d'offrir aussi peu que possible. Joseph se mit inopinément de la partie, ayant bien compris que tous ces concurrents s'entendaient, par un accord tacite, pour frauder le trésor royal ; et il s'engagea, lui, à fournir le double de la somme et même, au besoin, davantage. Les assistants tournaient des yeux effarés vers cet audacieux Judéen, qui auprès d'eux avait l'air d'un mendiant, et qui semblait les défier. Le roi Évergète, au contraire, fut charmé de cette surenchère inattendue ; mais il exigea une caution valable pour l'exécution de l'engagement. Fin comme un courtisan, Joseph déclara vouloir fournir les meilleurs garants possibles, savoir le roi et la reine. Cette ingénieuse flatterie plut à Évergète, et il vit dans l'adresse même du Judéen, dans sa résolution, dans sa hardiesse, la plus sûre garantie de la plus-value promise. C'est ainsi que le fils de Tobie devint le fermier général de l'impôt de toutes les villes de la Cœlésyrie et de la Phénicie. Le roi lui accorda même, sur sa demande, un corps de deux mille mercenaires, qui devaient lui prêter main-forte pour le recouvrement des impôts. De fait, il exerça impitoyablement sa charge, châtia avec une rigueur sanguinaire les habitants, même grecs, qui refusaient de s'exécuter, et contraignit chacun à l'obéissance. Cette conduite le rendit odieux, lui et son peuple, aux voisins de la Palestine, mais c'était là son moindre souci : plus ses rigueurs assuraient la rentrée de l'impôt, plus elles augmentaient les sympathies de la cour d'Égypte à son égard.

Joseph exerça vingt-deux ans cette administration générale des impôts, — une sorte de satrapie, — et il en profita pour acquérir une somme incroyable de richesses et de puissance. Après la mort d'Évergète, en 223, son successeur Ptolémée IV (Philopator, 222-206) lui conserva ses fonctions ; et sous ce règne encore, il traita avec si peu de ménagements les cités imposables, qu'une mauvaise langue dit un jour en présence du roi : Joseph a si bien écorché toute la Syrie qu'il n'y reste plus que les os. — Un instant seulement, son étoile sembla pâlir. Le roi séleucide Antiochus, que ses flatteurs surnommèrent le Grand, prince à l'âme belliqueuse et aux vastes desseins, mais dénué de persévérance et d'esprit de suite, profita de la faiblesse de l'Égypte, énervée par la mollesse du voluptueux Philopator, pour lui arracher la possession de la Cœlésyrie (218). Le début de l'entreprise semblait lui promettre la victoire. Des généraux égyptiens trahissaient leur maître, passaient à l'ennemi et lui livraient les garnisons. C'est ainsi que Samarie, entre autres, tomba en son pouvoir. Néanmoins Jérusalem et la Judée, gouvernées par le fils de Tobie, restèrent fidèles à l'Égypte. Mais combien de temps pourront-elles résister au choc des armées syriennes ? Et si la Syrie prend l'offensive, de quel côté se rangera Joseph ? Il dut certainement avoir des heures de cruelle angoisse. Mais l'heure décisive sonna enfin. Philopator, secouant son inertie, accepta la lutte, et Antiochus, battu à plate couture, dut se retirer à Antioche et abandonner la possession de la Cœlésyrie. C'est ainsi que Joseph conserva sa position et les bonnes grâces de Philopator.

Ses relations intimes avec la cour d'Égypte amenèrent une transformation profonde dans la population judaïque, transformation moins sensible peut-être dans les provinces, mais frappante dans la capitale. Les grandes richesses qu'il avait amassées par la régie des impôts étaient une véritable pluie d'or pour le pays : de la pauvreté et de la misère, le peuple, grâce à lui, s'éleva au bien-être. Pour percevoir les impôts de tant de villes, il lui fallait des employés de confiance, et, naturellement, c'est dans son peuple qu'il les prenait de préférence. Ces employés s'enrichirent de leur côté et en conçurent un grand orgueil.

Cette opulence soudaine, la faveur dont jouissait le fils de Tobie à la cour de Philopator, la force armée dont il disposait et par laquelle il tenait en respect les différentes peuplades de Palestine, Philistins, Phéniciens, Iduméens et même les colons gréco-macédoniens, tout cela donnait à lui et à son entourage un certain sentiment de leur valeur, et au peuple en général une attitude moins humble vis-à-vis de ses voisins. Les Judéens, au moins ceux de Jérusalem, sentaient leurs idées s'élargir au contact des Grecs, et ils voyaient les choses de la vie d'un autre œil qu'ils ne faisaient précédemment dans leur petite sphère. L'influence du goût raffiné des Grecs fut la première qu'ils subirent. Ils bâtirent leurs maisons avec plus d'élégance ; la peinture aussi fut accueillie avec faveur. Les Judéens d'Alexandrie, qui depuis un siècle déjà frayaient avec les Grecs et s'étaient eux-mêmes grécisés extérieurement, exerçaient de l'influence sur les coreligionnaires qu'amenaient chez eux les relations de Joseph avec la cour. Mais cette subite métamorphose produisit aussi une fâcheuse altération dans la simplicité de leurs mœurs.

Les pluies d'or ne sont point bienfaisantes : elles ne fécondent pas, elles ravagent et démoralisent. Les riches parvenus ne surent pas garder leur équilibre. Ce qu'il y a eu de pis, ce n'est pas qu'ils aient servi Mammon, qu'ils aient préféré les affaires d'argent à toute autre industrie, — c'est qu'ils sont devenus les admirateurs et les copistes des Grecs, qu'ils se sont évertués à imiter jusqu'à leurs vices et leurs mœurs légères et ont fait litière des vertus de leur propre race. Les Grecs adoraient la sociabilité, les repas pris en commun, la gaieté immodérée dans les réjouissances. Quand les Judéens, à leur exemple, s'habituèrent à banqueter ensemble, à manger non plus assis, mais couchés trois par trois sur des lits de repos, à introduire sur leurs tables le vin, la musique, les chansons et la joie, ce n'était encore qu'une imitation innocente. Mais on ne s'en tint pas là, et la folie les entraîna de plus en plus dans son tourbillon. Le fils de Tobie fréquentait volontiers la cour de Ptolémée Philopator, lorsque ses affaires l'appelaient à Alexandrie ; or, cette cour était un cloaque d'impureté. Les jours s'y passaient en festins joyeux, les nuits en cyniques débauches. La licence marchait sans voile, gagnait le peuple et l'armée. Philopator s'était mis en tête cette idée bizarre que ses ancêtres descendaient de Dionysios (Bacchus), le dieu du vin ; par suite, il regardait comme un devoir religieux de s'adonner à l'ivrognerie et à ses conséquences bachiques. Pour obtenir la faveur du roi et de ses compagnons de plaisir, il fallait entrer dans la société dionysiaque et participer à toutes ses orgies.

Toutes les fois que les affaires appelaient Joseph à Alexandrie, il jouissait de l'honneur, assez équivoque, d'être invité aux débauches royales et reçu dans la compagnie dionysiaque. À l'un de ces festins, il s'éprit d'une des danseuses impudiques qui ne manquaient jamais à pareilles fêtes. Ne pouvant résister à sa passion, le petit-fils du grand prêtre Siméon le Juste s'en ouvrit à son frère Solyme et le supplia de lui amener en secret cette fille, puisque la loi judaïque lui défendait d'avoir commerce avec une étrangère. À cette époque, il était déjà père de sept enfants !

Cette dépravation, importée d'Alexandrie par Joseph et ses compagnons, envahit aussi Jérusalem. Courtisan obséquieux, le fils de Tobie institua une fête en l'honneur de Bacchus, à qui le roi, son protecteur, vouait un culte particulier, et que lui-même se plaisait à fêter en Égypte. À l'époque où l'hiver fait place au printemps, quand la vigne se couvre de fleurs et que s'opère la dernière fermentation du vin, les Grecs célébraient la fête des grandes Dionysiaques, où ils se livraient à de folles réjouissances. Deux jours durant, l'ivresse régnait en souveraine. On s'envoyait mutuellement, entre amis, des cruches pleines de vin, et le buveur le plus intrépide était proclamé vainqueur. Cette fête, dite de l'Ouverture des Tonneaux, trouva aussi accès dans la Judée. Là aussi, dans cette même saison, des sociétés de plus en plus nombreuses adoptèrent peu à peu l'usage de fêter plus que de raison le jus de la treille pendant deux jours et d'envoyer des présents aux amis. Toutefois, pour donner une couleur juive à cette fête exotique, les riches distribuaient, ces jours-là, des aumônes aux pauvres. La licence est l'inséparable compagne de l'ivrognerie. L'aristocratie judaïque fit bientôt litière de sa dignité, de sa pudeur, de son antique Loi ; elle copia le libertinage des Grecs, introduisant comme eux dans ses festins chanteuses, danseuses et courtisanes. Un poète moraliste, Sirach, flétrit d'une plume sévère cette immoralité croissante :

> N'accueille point la femme légère,
> Tu pourrais tomber dans ses pièges.
> Ne t'arrête point auprès de la danseuse,
> Elle t'enlacerait par ses artifices.
> Ne livre point ta vie à la courtisane,
> Elle te ferait dissiper ton héritage.

Les arts, la vie élégante, les raffinements du goût, que le fils de Tobie avait empruntés à la Grèce et acclimatés en Judée, ne pouvaient compenser les mœurs chastes et austères que son influence fit perdre au peuple. Même des hommes graves, dominés par le prestige hellénique, commencèrent à douter de leurs antiques croyances, à se demander si tout ce qu'enseigne et prescrit le judaïsme était véritable et juste, si la Divinité interdit à l'homme les jouissances et les joies de la terre, si même elle s'occupe, en général, et du grand univers et de ce petit monde de l'homme. La doctrine d'Épicure, qui diminuait Dieu et prêchait le plaisir, souriait au monde dégénéré des Gréco-Macédoniens et plus encore à la haute société d'Alexandrie. Sa pernicieuse influence pénétra de cette ville jusqu'à Jérusalem. Là aussi on se complut dans de subtils sophismes et l'on traita de haut la doctrine judaïque.

Ce goût de la subtilité aurait pu du moins conduire à une certaine activité intellectuelle, si l'odieuse discorde ne s'était glissée dans cette société de parvenus, à côté des vices d'emprunt dont nous avons parlé. Entre les sept fils légitimes de Joseph et son dernier-né Hyrcan, fruit d'une passion coupable, naquirent des ferments de jalousie et de haine que le temps ne fit. qu'envenimer. Le plus jeune se distingua de bonne heure par une finesse, une présence d'esprit et un caractère astucieux qui en firent le favori de son père. Un fils venait de naître (vers 210) au roi libertin Philopator, — ce même fils qui fut plus tard le chétif roi Ptolémée V (Épiphane). À cette occasion, les représentants des villes de Cœlésyrie adressèrent à l'envi félicitations et présents au couple royal, comme témoignage de leur respectueuse affection. Joseph ne pouvait rester en arrière. N'étant pas, vu son âge avancé (?), en état de faire le voyage, il invita l'un de ses fils à le remplacer mais aucun ne se sentait ni assez d'entregent ni assez de courage pour cette mission. Aucun, si ce n'est Hyrcan, que ses frères mêmes s'accordèrent à indiquer comme le plus capable..., ce qui ne les empêcha pas de s'entendre sous main avec leurs amis d'Alexandrie pour se débarrasser de lui. Mais le jeune descendant de Tobie sut gagner rapidement les bonnes grâces de la cour. Par la somptuosité de ses présents, — cent beaux esclaves pour le roi et cent belles esclaves pour la reine, avec un talent que chacun d'eux était chargé d'offrir, — il éclipsa tous les autres hommages. Sa présence d'esprit et ses heureuses reparties en présence du roi et à sa table charmèrent Philopator, dont il devint le préféré. Fier de ses succès, Hyrcan retourna à Jérusalem. Ses frères, aux aguets sur la route avec leurs gens, l'attendaient pour l'assassiner ; mais il se mit en défense, ainsi que ses compagnons, et deux de ses frères furent tués. Son père l'accueillit froidement, à cause des prodigalités qu'il avait faites à la cour ; peut-être aussi voyait-il d'un œil jaloux qu'il eût, en si peu de temps, grandi dans la faveur du roi au point de l'effacer lui-même. Hyrcan ne put rester plus longtemps à Jérusalem, et, selon toute apparence, il reprit le chemin d'Alexandrie.

Or la dissension ne sévissait alors que dans la maison du fils de Tobie et n'avait pas encore atteint le peuple, ou, pour mieux dire, les habitants de Jérusalem. On n'y soupçonnait pas encore les maux incalculables que les divisions de cette famille et ses sympathies pour l'hellénisme devaient un jour déchaîner sur le peuple. Le présent offrait encore une apparence sereine. La Judée jouissait, pour le moment, d'une existence calme et douce. Le bien-être régnait partout et mettait aux mains de chacun ce qui peut embellir la vie. Les peuples voisins baissaient la tête devant le chef politique de la nation et n'osaient plus, comme autrefois, l'attaquer ni la vilipender. Jamais encore, depuis Néhémie, la Judée n'avait joui d'une situation aussi prospère. Une telle époque était favorable à l'éclosion d'une œuvre poétique, dont l'aimable et tendre coloris suppose des jours heureux et paisibles. C'est un chant d'amour où se reflètent un ciel d'azur, de vertes prairies, des fleurs balsamiques et surtout une sérénité absolue de l'âme, comme s'il n'y avait rien de plus sérieux dans la vie que d'errer sur des coteaux de myrrhe, de rêver parmi les touffes de lis, en se murmurant l'un à l'autre des paroles d'amour et s'enivrant des félicités de l'heure présente. Tel est le Cantique des cantiques (Schir ha-Schirim), — un poème où la langue hébraïque a montré qu'elle est capable aussi d'exprimer les sentiments les plus intimes et les plus tendres, les grâces les plus exquises du dialogue et les pittoresques beautés de la nature. Enfant d'une imagination riante et insoucieuse, le Cantique appartient très probablement à la période de calme dont nous parlons, calme trompeur que devait bientôt suivre la tempête. Le poète avait fait connaissance avec le monde hellénique, en avait savouré la langue enchanteresse et lui avait dérobé maint heureux artifice, notamment celui de mettre en scène un berger et une bergère et de leur faire échanger d'amoureux entretiens. Mais, sous la naïve innocence de cette langue éthérée, le judicieux poète voulut faire ressortir les vices de son temps. En opposition avec les amours lascives et impures du monde grec, il créa un être idéal, une gracieuse bergère, la Sulamite, aimable fille d'Aminadab, qui porte au cœur un amour profond, ardent, inextinguible, pour un berger paissant parmi les lis, mais qui reste chaste et pure malgré son amour ou plutôt par cet amour même. Sa beauté est relevée par les dons les plus précieux : sa voix mélodieuse vous enchante ; sa suave éloquence vous captive, et lorsqu'elle danse, chacun de ses mouvements est une grâce. Elle aime son berger avec tout le feu d'un cœur jeune ; elle se rend bien compte de cet amour, et elle trouve des images saisissantes pour en peindre l'indomptable violence. Et cet amour même la préserve de toute action mauvaise, de toute parole malséante, de toute pensée impure. Si son regard est doux comme celui de la colombe, son cœur aussi en a toute l'innocence. — Sous les riantes fleurs de sa langue poétique, l'auteur du Cantique laisse entrevoir les tristes plaies de son temps : l'amour sensuel et vénal, qui s'achète et se vend, l'impudicité des danseuses et des chanteuses, les courtisanes qui pullulent, les orgies de la table et de la boisson qui énervent et efféminent les hommes. Les peintures idylliques de cette pastorale ne sont au fond que des portraits de fantaisie. La réalité était loin d'y répondre, et ce n'est nullement le calme qui régnait à Jérusalem.

Avec la mort de Joseph (en 208), le désordre intérieur fit de nouveaux progrès, augmentés encore par les événements politiques extérieurs. Sa charge passa vraisemblablement à ses fils avec la haute situation qu'elle comportait, et comme Hyrcan, le plus jeune, était seul connu de la cour de Ptolémée et, sympathique au roi Philopator, ce fut lui sans doute qui eut la préférence. La haine de ses frères s'en augmenta d'autant. Lorsque Hyrcan vint à Jérusalem pour prendre possession de son emploi, ses frères se déclarèrent ouvertement contre lui et cherchèrent à recruter des adhérents pour le combattre à main armée et parvenir à l'expulser de la ville. Mais il sut, lui aussi, se faire des partisans, et la discorde éclata dans Jérusalem ; discorde qui faillit dégénérer en guerre civile, qui peut-être même fit déjà couler le sang. Le grand prêtre Siméon II, fils de cet Onias II qui avait précédemment contribué au succès du fils de Tobie, fit pencher la balance en prenant parti pour les frères aînés, qui virent, grâce à cet appui, grossir le nombre de leurs adhérents au point qu'il ne fut plus possible à Hyrcan de rester à Jérusalem. Il est à présumer qu'il n'eut rien de plus pressé que de courir à Alexandrie et de porter plainte à la cour contre ses frères. Mais ce fut peine inutile, car peu après (206) son protecteur Philopator mourut et l'Égypte elle-même se trouva, par suite, en proie au bouleversement et à l'anarchie. Deux rois ambitieux, Antiochus le Grand, de Syrie, et Philippe, de Macédoine, profitèrent de la faiblesse de cette dynastie et de ce gouvernement pour démembrer l'Égypte avec ses îles et autres dépendances, et les incorporer à leurs propres royaumes. Les fils aînés de Joseph ou, comme on les appelait, les enfants de Tobie, résolurent aussitôt, en haine de leur frère Hyrcan et de la cour d'Égypte qui l'avait favorisé, de se ranger au parti d'Antiochus et de se détacher de la domination égyptienne. Ils formèrent un parti séleucidien. On les représente comme des contempteurs et des dégénérés, et de fait ils se montrent jusqu'au bout comme des hommes sans principes, sacrifiant le bien du pays à leur soif de vengeance et à la satisfaction de leurs appétits. Ils ouvrirent au roi de Syrie les portes de la ville et lui rendirent hommage. Leurs adversaires, les partisans d'Hyrcan ou des Ptolémées, cédèrent à la force ou furent écrasés. Un siècle après que la dynastie des Lagides avait pris possession de la Judée comme d'une dépendance de la Cœlésyrie, elle tomba au pouvoir de la maison des Séleucides (203-202). De nouveau, le fléau de la guerre et de la discorde s'abattit sur ce malheureux pays. La Judée, en ce temps-là, offrait l'image d'un vaisseau ballotté par la tempête et poussé tour à tour par des vents contraires. Les deux États belligérants et leurs généraux lui infligèrent, l'un comme l'autre, de cruelles blessures. Un grand nombre d'habitants furent conduits en captivité.

Du reste, Antiochus semble avoir eu fort à cœur de s'attacher les Judéens. Il donna ordre à son général de leur faire connaître ses dispositions favorables à leur égard. Il les aida à restaurer les ruines de Jérusalem. Il leur accorda un grand nombre de franchises et leur permit de se gouverner d'après leurs propres lois. De plus, il défendit à tout étranger, sous peine d'amende, de pénétrer dans l'enceinte du temple, d'élever dans Jérusalem des animaux immondes, d'y introduire des bêtes mortes ou autres causes de souillure.

Antiochus resta tranquille possesseur de la Cœlésyrie et, par suite, de la Judée. Mais il avait des vues sur l'Égypte et ses dépendantes, pays livré au désordre, gouverné par un roi en bas âge, et qui lui promettait une conquête facile. Il fut arrêté dans ses desseins ambitieux par les Romains, vainqueurs alors de Carthage et d'Hannibal, et qui, délivrés de leur principal souci, songeaient à de nouvelles conquêtes. Vaincu par eux à Magnésie (automne de 190), la défaite d'Antiochus fut écrasante : il dut leur céder ses possessions de Grèce et d'Asie Mineure, leur livrer sa flotte et leur payer, en douze années, 15.000 talents pour frais de guerre. Afin de garantir cette dette et le maintien de la paix, il lui fallut envoyer à Rome, comme otage, son second fils, Antiochus Épiphane, qui devait un jour ajouter une page sanglante aux annales du judaïsme.

Par sa confiance exagérée dans ses propres forces, Antiochus porta un coup fatal au royaume des Séleucides. Les rois de Syrie, pour faire face à leurs frais de guerre, étaient réduits à piller les temples ; ces actes sacrilèges les rendirent odieux et soulevèrent contre eux les populations même les plus endurantes. Antiochus, si mal surnommé le Grand, paya de sa vie un attentat de ce genre (187). Son fils porta pareillement la main sur des sanctuaires, et n'obtint, pour tout résultat, que le relèvement et la glorification du peuple juif, en même temps que sa propre humiliation et la décadence croissante de son empire.

La décomposition intérieure de l'État judaïque avait commencé avec l'administration du receveur Joseph ; sous l'influence des guerres entre les Séleucides et les Lagides, comme aussi des factions qui divisèrent le peuple, elle s'étendit et fit de rapides progrès. Les meneurs et leurs partisans, les Tobiades, n'étaient pas difficiles dans le choix des moyens à employer pour faire triompher leur cause ou leur querelle et anéantir leurs adversaires. Ils songèrent avant tout à se créer des points d'appui en dehors de leur peuple, non seulement chez les puissants d'Antioche, mais encore auprès des populations voisines. Or, une haine commune animait, contre les Judéens, et les Grecs établis en maîtres dans les villes de la Palestine, et les habitants indigènes. Ils ne pouvaient leur pardonner d'avoir été si longtemps humiliés et malmenés par leurs fermiers des impôts. Les haines antiques ressuscitaient, et comme les ennemis d'autrefois avaient conservé leurs noms, il semblait qu'on se retrouvât à l'époque des juges ou à celle du déclin de la royauté. Là vivaient encore les Philistins, là encore les Iduméens, qui détenaient le territoire, autrefois judaïque, de Marescha et d'Adoraïm, et qui avaient mis la main sur Hébron, la plus ancienne cité de Palestine.

Iduméens et Philistins nourrissaient contre les Judaïtes la même haine qu'au temps passé, et ne manquaient aucune occasion de le leur faire sentir. Autant faisaient, au nord, les Samaritains. Des Judaïtes demeuraient également au-delà du Jourdain, dans le Galaad et le Basan (Batanée). Partout, au-delà comme en deçà, ils étaient détestés des peuplades païennes.

Le seul moyen, pensaient-ils, de s'en faire de bons voisins était de se rapprocher d'eux par la langue, les mœurs et les habitudes, surtout de s'assimiler extérieurement aux Grecs. De la sorte, ils espéraient trouver chez les Gréco- Macédoniens, chefs supérieurs ou fonctionnaires subalternes, protection et bienveillance. À Jérusalem, ceux qui s'étaient déjà grécisés songèrent à les prendre pour modèles dans l'éducation de la jeunesse, qu'ils voulaient exercer par des joutes, courses et luttes dans des gymnases, afin de la préparer au métier des armes. Ces Hellénistes ou singes de la mode grecque formaient un parti considérable, qui se recrutait surtout parmi les riches et les notables ; ils comptaient même dans leurs rangs un fils de grand prêtre, Jésua (qui se faisait appeler Jason), et d'autres Aaronides. Les fils encore vivants du receveur Joseph et ses petits-fils, qu'on nommait les Tobiades (descendants de Tobie), tous gens sans principes, étaient à leur tête. Comme la loi et les mœurs judaïques s'opposaient aux innovations, particulièrement à l'usage indécent de se déshabiller pour les joutes, les Hellénistes maudissaient en secret la vieille loi de leurs pères, et n'avaient plus d'autre pensée que de la supprimer pour pouvoir gréciser à leur aise le peuple judéen. La fusion, une fusion absolue avec les Grecs idolâtres, était le plus cher de leurs vœux. À quoi bon ces haies élevées avec tant de sollicitude autour du judaïsme par Ezra, Néhémie et le grand Conseil ? Les Hellénistes les renversaient toutes ; ils auraient voulu abattre le tronc lui-même.

Ainsi qu'il arrive souvent chez les peuples qui ont conservé quelque ressort, cet excès provoqua un excès contraire. Ceux qui assistaient avec douleur et colère aux tentatives des Hellénistes formèrent une association, décidée à s'attacher de toutes ses forces à la loi et aux mœurs antiques et à les défendre avec énergie. Ce fut la Société des pieux ou Hassidéens (chassidim), une dérivation des anciens Naziréens. Aux yeux de cette société, toute coutume religieuse était chose sainte et inviolable. Rarement antagonisme fut plus tranché que celui qui séparait ces deux partis. Ils en étaient venus à ne plus s'entendre absolument, et il ne semblait pas que ce fussent les enfants d'une même race, les membres d'un même peuple. Ce que les Hellénistes poursuivaient de leurs plus ardents désirs, les Hassidéens le repoussaient comme une infamie, comme un crime, comme une trahison sans exemple, et ils en flétrissaient les partisans du nom de violateurs de la Loi, de traîtres à l'Alliance. Ce que les seconds, au contraire, tenaient pour cher et sacré, les autres le raillaient comme une extravagance, l'exécraient comme un obstacle au bien-être et à la durée de la société judaïque. Parmi ces piétistes rigides, il faut compter sans doute deux docteurs de la loi qui vivaient à cette époque : José (Joseph), fils de Joézer, de la petite ville de Tseréda, et José, fils de Johanan, de Jérusalem, qui formèrent deux écoles. Le premier attachait plus de valeur à l'étude théorique de la Loi, le second estimait davantage la religiosité pratique. José de Tseréda enseignait à ses disciples : Que ta maison soit un lieu de rendez-vous pour les sages, roule-toi dans la poussière de leurs pieds et recueille avidement leurs paroles. Mais son collègue de Jérusalem avait coutume de dire : Que ta maison soit grande ouverte, que les pauvres en soient les hôtes, et sois sobre de paroles avec la femme.

Entre ces deux partis extrêmes, le gros de la nation, comme il arrive toujours en pareil cas, gardait le milieu et se tenait à égale distance de leurs exagérations. Certes, la vie élégante et agréable des Grecs ne lui déplaisait pas, elle se souciait peu de s'enfermer dans le rigorisme morose des Hassidéens ; mais elle n'approuvait pas davantage la licence des Hellénistes, elle ne voulait pas rompre avec le passé ni le sacrifier à des nouveautés subversives. Ces modérés cependant furent entraînés dans la lutte à outrance qui éclata entre Hellénistes et Hassidéens, et forcés de prendre parti.

Les hommes pieux, les conservateurs de l'esprit national, avaient encore la haute main dans la direction des affaires. À leur tête était le grand prêtre Onias III, fils de Siméon II, qui était en même temps le chef de l'État. On nous le dépeint comme un homme de grand mérite, d'une nature douce, mais plein de zèle pour la Loi, ennemi du mal, protecteur de la piété, et qui opposa une barrière inflexible aux débordements de l'hellénisme. Aussi en fut-il cordialement détesté. Ses principaux ennemis étaient trois frères benjamites de bonne famille et d'égale audace : Simon, Onias, dit Ménélaüs, Lysimaque, et leurs alliés intimes, les Tobiades. Ils ne haïssaient pas seulement le grand prêtre à cause de son aversion déclarée pour les réformes, mais encore à cause de sa liaison avec Hyrcan, dont les frères et les proches étaient restés les mortels ennemis. Ce dernier, paraît-il, avait lui aussi, à la cour d'Égypte, obtenu les bonnes grâces du jeune roi Ptolémée V

Épiphane, et la ferme des revenus ou quelque autre charge dans une province transjordanique. Il avait sans doute, comme avait eu son père, une troupe à ses ordres pour lui prêter main-forte dans son administration. Des Judéens établis dans cette contrée s'employèrent aussi pour lui ou furent employés par lui. Avec leur concours, il imposa des contributions aux arabes ou Nabatéens habitant les territoires de Hesbon et de Médaba, et procéda avec autant de rigueur qu'avait fait son père Joseph dans l'administration de la Cœlé-Syrie. Il amassa ainsi des richesses considérables, qui lui servirent à se construire, non loin de Hesbon, sur un rocher, une sorte de château, à la fois forteresse et maison de plaisance.

Quant à l'excédent disponible de ses trésors, il l'envoyait de temps à autre à Jérusalem pour qu'on le lui conservât dans le temple, asile sûr, lieu saint et inviolable pour les païens eux-mêmes. Hyrcan était allié au grand prêtre Onias III, et mettait sans crainte ses fonds sous la protection du sanctuaire confié à sa garde.

Cette circonstance et la sévérité du pieux grand prêtre à l'endroit des mœurs grecques inspirèrent aux Tobiades et à Simon, chef du parti des Hellénistes, une haine violente pour Onias, haine qui fit naître des conflits et des luttes dans Jérusalem. Simon exerçait un emploi dans le temple, et il parait s'en être prévalu pour faire acte de résistance au grand prêtre. Celui-ci, pour enrayer les progrès de la discorde à Jérusalem, en bannit Simon et probablement aussi les Tobiades ; c'était jeter de l'huile sur le feu.

Simon avait imaginé, seul ou de concert avec les autres Hellénistes, un plan odieux de vengeance contre leurs ennemis communs. Il alla trouver le commandant militaire de la Cœlé-Syrie et de la Phénicie, Apollonius, fils de Thrasée, et lui révéla, par une dénonciation perfide, que dans le temple de Jérusalem existaient de grands trésors qui n'appartenaient pas au sanctuaire, et qui dès lors, en bonne justice, revenaient au roi. Apollonius ne manqua pas d'en donner aussitôt avis au roi Séleucus IV (187-175), lequel donna ordre d'enlever ce riche trésor. Son trésorier, Héliodore, se rendit à Jérusalem pour opérer cette confiscation au cas où le dire de Simon se trouverait confirmé. Onias, comme on pouvait s'y attendre, résista énergiquement à cette prétention illégale. Mais Héliodore invoqua l'ordre royal et fit ses dispositions pour pénétrer dans le sanctuaire. Ce fut un grand émoi dans toute la population de Jérusalem, de voir qu'un païen osât s'introduire dans le sanctuaire et y commettre une spoliation. Une circonstance inconnue, que la piété populaire nous a transmise sous la forme légendaire du miracle, empêcha Héliodore de consommer cette profanation. Il revint chez le roi les mains vides.

Mais Simon ne se tint pas pour battu, et il chercha à renverser ce grand prêtre, objet de son implacable haine. Il l'accusa de s'être opposé à ce qu'on mit la main sur le trésor du temple ; il alla même, dit-on, jusqu'à soudoyer des assassins pour se débarrasser d'Onias. Celui-ci comprit qu'il n'y avait pas d'autre moyen de rendre la paix et la tranquillité à la capitale judaïque que de faire connaître au roi les partis qui la déchiraient, de lui dévoiler la perversité de ses ennemis personnels et d'obtenir contre eux son assistance. Il résolut donc de se rendre à Antioche, et délégua son frère Jésua, dit Jason, pour le remplacer comme grand prêtre. Les Hellénistes profitèrent de son absence pour intriguer plus que jamais contre lui, essayer de le précipiter du pouvoir et de s'emparer du pontificat. Un grand prêtre sorti de leurs rangs serait maître et des trésors du temple et de l'esprit du peuple ; il pourrait favoriser l'introduction des nouveautés qui leur étaient chères et leur donner l'appui de son autorité spirituelle. Les Hellénistes étaient dégénérés à ce point qu'il n'y avait plus rien de sacré pour eux. Cependant, quelque secrètes que fussent d'abord leurs menées contre Onias absent, ils ne purent les dissimuler jusqu'au bout, et ceux-là durent en être profondément ulcéré, qui voyaient, dans la destruction de l'ordre antique et dans le dédain des traditions, un crime impardonnable.

Un poète gnomique, que cette situation contristait au plus profond de son cœur, tenta d'arrêter ses concitoyens sur cette pente qui les menait droit à l'abîme. C'était Jésua (Jésus) Sirach, fils d'Éléazar, de Jérusalem (200-176). Les aberrations qu'il voyait envahir de plus en plus sa ville natale le remplissaient de douleur et lui inspirèrent la pensée de composer un livre de sentences destiné à éclairer ses frères sur le danger de leurs tendances et à les ramener dans la bonne voie de leurs pères. C'était un fruit tardif de la littérature gnomologique. La Loi, les Prophètes et autres écrits de cette nature, riches en leçons morales, étaient ses livres favoris ; il se complaisait surtout au recueil des Proverbes (Mischlé), et s'en assimila le langage ; mais il n'en sut pas égaler l'ingénieuse simplicité.

Sirach n'était point de ces sombres Hassidéens qui s'abstenaient même de jouissances légitimes et qui les condamnaient chez les autres. Loin de là, il approuvait fort les bons repas d'amis, égayés par le vin et la musique. Contre les trouble-fête qui glaçaient la joie des festins par des discours trop graves, il a des paroles d'une fine ironie :

Sage conseiller, débite tes savants discours,
Tu feras bien, mais il ne faut pas incommoder la musique.
Où le vin pétille, tes discours n'ont que faire,
Et il ne faut pas être sage hors de propos.
La chanson joyeuse accompagnant le bon vin,
C'est une bague d'émeraude enchâssée dans l'or.

À l'encontre des exaltés qui conspuaient la médecine et la tenaient pour impie, soutenant que les maux du corps ne devaient être combattus que par la prière, Sirach préconise l'utilité des médecins et des médicaments, créés eux aussi, dit-il, pour le plus grand bien de l'homme.

Mais sa colère n'en éclate pas moins vive au spectacle de l'abaissement moral et religieux de ses contemporains. Plus encore que l'oppression politique, la décadence des mœurs le préoccupe. Il flagelle d'un blâme acerbe l'arrogance, la perfidie et l'avidité des riches, la démence des Hellénistes, qui n'adorent que Mammon. Il stigmatise les relations impudiques des sexes, l'entretien des chanteuses et des danseuses, l'attrayant péché que les Judéens avaient appris à l'école des Grecs. Il esquisse quelque part un portrait des filles d'Israël, portrait exagéré peut-être, mais qui ne les montre pas sous un jour des plus flatteurs.

À ses yeux, le vice capital, la cause première de cet abâtardissement des esprits, c'est le mépris de la doctrine religieuse du judaïsme, et c'est pour remédier à ce mal qu'il a composé son livre. — Sirach y touche encore un autre point, une question irritante et qui préoccupait les esprits dans la haute société de Jérusalem : les audacieuses manœuvres des Hellénistes pour déposséder le grand prêtre de sa dignité et l'attribuer à un des leurs, bien qu'étranger à la descendance d'Aaron. Le pontificat devait-il rester le privilège héréditaire d'une seule famille ? Telle était la question soulevée par les ambitieux. À ces propos téméraires, à ces attaques dirigées contre les institutions les plus saintes, Sirach opposa aussi sa remontrance sentencieuse. Il l'indique par des allusions discrètes, n'osant appeler la chose de son vrai nom :

> Pourquoi un jour surpasse-t-il un autre jour,
> Alors que tous doivent leur lumière au soleil ?
> C'est la sagesse du Seigneur qui les distingua
> En déterminant des époques et des solennités.
> Il a privilégié et sanctifié certains jours,
> Il en a destiné d'autres au travail.
> Ainsi tous les hommes sont fils de la poussière,
> C'est d'un peu de terre qu'Adam fut façonné,
> Et cependant Dieu les a différenciés dans sa sagesse :
> ... Tels d'entre eux, il les a élevés et bénis,
> Il les a sanctifiés et rapprochés de lui-même...

Le choix d'une famille spéciale pour le service du temple, — veut dire le poète, — est d'institution divine, tout comme le choix incontesté de certains jours pour la célébration des fêtes. Nul ne peut, sans témérité, porter atteinte à cette économie divine. Sirach montre à ses contemporains, par des exemples tirés de l'histoire du peuple israélite, combien le respect de la Loi et des institutions a d'heureuses conséquences, quelles suites funestes, au contraire, entraîne leur violation. C'est dans ce but qu'il déroule la longue série des personnages dont l'histoire a conservé le souvenir, et rappelle sommairement leurs actions bonnes ou mauvaises. À cette occasion, et avec une arrière-pensée évidente, il raconte la révolte de la faction de

Coré contre Aaron, de ces téméraires qu'une jalousie dévorante animait contre lui ; mais ils furent à leur tour dévorés par les flammes, et la dignité d'Aaron en reçut un nouveau lustre : avertissement indirect aux envieux du grand prêtre Onias, descendant d'Aaron, de ne pas s'exposer au triste sort de la faction de Coré. Il s'arrête avec la même complaisance sur l'épisode de Phinéès, petit-fils d'Aaron, le troisième en gloire, qui réconcilia Dieu avec Israël. — Il passe rapidement sur la période affligeante du schisme et sur les nombreux péchés dont il fut l'origine ; mais il insiste sur l'active intervention des prophètes. De l'époque post- babylonienne, il ne mentionne que Zorobabel, le grand prêtre Josué et Néhémie. Et, tout à la fin, Sirach dépeint l'illustre grand prêtre Siméon le Juste, ses actions et sa candeur sacerdotale, dont la mémoire était toute récente. Siméon était l'aïeul des pontifes contemporains et aussi des Tobiades ; son exemple était une leçon instructive, faite pour décourager les ambitions téméraires. Pour rendre ses allusions et plus transparentes et plus efficaces, Sirach termine l'exposé des miracles de Dieu dans la nature et dans l'histoire d'Israël par la prière que voici :

> Et maintenant, louez tous l'Auteur de ces merveilles,
> Qui nous a traités selon sa miséricorde.
> Puisse-t-il nous accorder la joie du cœur,
> Faire régner la paix au milieu de nous
> Et rester avec Siméon le Juste et ses descendants,
> Comme aux jours d'autrefois !

Mais la discorde ne fit qu'augmenter ses ravages, au lieu de cette concorde qu'implorait le poète ; et les affolés de l'hellénisme, par leurs intrigues et leurs bassesses, finirent par mettre l'État judaïque à deux doigts de sa perte.

Chapitre V

La persécution hellénique et les Macchabées — (175-160)

À cette époque, en effet, parut un homme, un fils de roi, qui semblait avoir reçu mission de compliquer la situation déjà inextricable de la Judée, et d'appeler sur la maison d'Israël des calamités jusqu'alors inconnues. Cet homme, noté d'infamie par l'histoire, c'était Antiochus Épiphane. Il était de ces natures composites où les instincts bons et mauvais se mêlent à doses égales; à la fois rusé et fantasque, petit dans les grandes choses et grand dans les petites. Aussi ses contemporains eux-mêmes ne comprenaient-ils rien à son caractère, et, à voir les sottises de ce roi, qui semblait ambitionner le surnom d'Extravagant (Épimane), on se demandait s'il y avait chez lui imbécillité réelle ou feinte. L'école où s'était formée sa jeunesse avait grandement contribué à le jeter hors des voies régulières. Son père, après la conclusion de la paix, l'avait envoyé à Rome comme otage, et il y demeura douze ans. Rome, qui venait de triompher des Carthaginois, des Macédoniens et des Syriens, était alors la maîtresse du monde, et elle passait insensiblement de l'austérité des Caton au libertinage des Claude. Là aussi l'immoralité de la Grèce, sa corruption, les goûts dépravés, avaient fait invasion. Mais ce qu'Antiochus avait le mieux appris chez les Romains, c'était le mépris des hommes et de leurs traditions, l'impudence, la dureté de cœur, la cruauté froide et perfide qui joue avec sa victime avant de l'immoler.

Il manœuvra si bien, qu'il obtint de quitter Rome et d'y faire envoyer à sa place et agréer comme otage son neveu Démétrius, fils du roi Séleucus Philopator. Antiochus retourna donc en Syrie, vraisemblablement avec l'intention d'enlever la couronne à son frère.

Mais un autre l'avait prévenu. Héliodore, un des grands de la cour, avait tué Séleucus (175) et s'était emparé du trône. Antiochus était-il tout à fait innocent de ce meurtre ?... Il se trouvait alors à Athènes, en route pour son pays. Eumène, roi de Pergame, et son frère Attale, lui rendirent l'insigne service de le défaire d'Héliodore et de le nommer lui-même roi de Syrie et d'Asie. C'est ainsi qu'Antiochus Épiphane inaugura son règne par la ruse et par l'usurpation ; car le trône revenait de droit à son neveu Démétrius, retenu à Rome en qualité d'otage. Les Romains firent bonne mine à l'usurpateur : ces dissensions dans les familles régnantes ne pouvaient qu'affaiblir les royaumes dont la possession espérée ne leur était pas encore dévolue. Et Antiochus prétendait jouer au plus fin avec cette tactique romaine !
— Un voyant judaïte a tracé de son avènement une peinture frappante : A sa place apparaîtra un homme vil, sur qui on n'aura pas jeté la pourpre royale ; il viendra inopinément et s'emparera de la royauté par des voies doucereuses. Et en vue d'une alliance avec lui, il emploiera la ruse, et il montera, et il triomphera avec peu d'auxiliaires. Il arrivera à l'improviste avec les notables du pays, et il fera ce que n'ont fait ni ses pères ni les pères de ses pères. Il leur prodiguera (à ces notables) butin et dépouilles [Daniel, XI, 21-24]. Et de fait, sa prodigalité est devenue proverbiale. Il s'était d'ailleurs affranchi de tout scrupule religieux : nul égard pour les dieux de ses pères, nul égard pour un dieu quelconque, car il se croyait au-dessus de tout [Ibid., 37].

Ce monstre sans cœur, sans foi ni loi, méprisant et les hommes et les choses les plus saintes, tenait les Judéens à sa discrétion ; car, par le fait de sa royauté usurpée, ils lui appartenaient et étaient à la merci de ses caprices. Unie par la concorde, peut-être la Judée eût-elle échappé à son attention. Mais les querelles allumées par les Hellénistes attirèrent ses regards sur ce pays, qui entra dès lors dans les calculs de sa politique. Les Hellénistes eux-mêmes lui demandèrent d'intervenir dans les affaires judaïques. Ils lui signalèrent d'abord Hyrcan, qui, de sa citadelle près de Hesbon, faisait payer l'impôt aux habitants arabes ou nabatéens du pays, pour le compte du roi d'Égypte. Le parti helléniste le haïssait comme son adversaire. Hyrcan, qui craignait une mort ignominieuse, mit lui-même fin à ses jours, et Antiochus fit confisquer toute sa succession.

C'est alors que les Hellénistes mirent à exécution le projet, longtemps caressé, de dépouiller de sa dignité leur autre ennemi, le grand prêtre Onias. Son propre frère, Jésua ou Jason, promit à Antiochus une somme d'argent considérable pour qu'il consentît à lui conférer la grande prêtrise, et le roi besogneux n'y fit nulle difficulté (174). On l'avait probablement fait passer auprès du nouveau roi pour un partisan des Ptolémées.

Le second acte des Hellénistes ou du grand prêtre Jésua, dit Jason, fut de demander à Antiochus que tous les Judéens exercés aux jeux helléniques fussent considérés comme Antiochiens ou Macédoniens, en d'autres termes, comme jouissant de tous les droits des citoyens, et admis, par conséquent, à prendre part aux assemblées et aux jeux publics des Grecs. Les jeux, pour ces derniers, étaient chose sérieuse, et même la plus sérieuse de toutes. Les Grecs établis dans la Palestine et la Phénicie, en y célébrant tous les quatre ans les jeux Olympiques, conservaient dans ces pays barbares le lien de leur nationalité commune. Ceux qui, n'étant pas d'origine grecque, étaient admis à y prendre part, s'estimaient ainsi assimilés à la noblesse grecque et le tenaient à très grand honneur. Par l'introduction de ces jeux à Jérusalem, Jason et les Hellénistes espéraient procurer aux Judéens le droit de bourgeoisie grecque et, par suite, atténuer la haine et le mépris dont ils étaient l'objet. Aussitôt qu'Antiochus leur eut accordé cette faveur, Jason s'occupa activement d'instituer les exercices dont on avait besoin pour concourir aux jeux Olympiques. Il disposa dans la Birha ou Acra (Acropole), au nord-ouest du temple, un emplacement pour ces exercices, un gymnase pour les adolescents et une éphébie pour les jeunes garçons. Il y a apparence qu'on engagea des maîtres grecs pour enseigner aux Judéens, jeunes gens et adultes, les jeux gymniques, lesquels consistaient dans la course du stade, le saut, la lutte, le jet du disque et le pugilat.

Mais on ne tarda pas à reconnaître combien ces jeux, de création exotique, étaient peu compatibles avec l'esprit du judaïsme. Pour ces différents exercices, on se dépouillait de tout vêtement ; ainsi le voulait la coutume grecque. Les jeunes Judaïses qui s'y soumettaient devaient donc braver la pudeur à la face même du temple, de ce temple où il était interdit même d'accéder par des degrés à l'autel, pour ne pas découvrir sa nudité. Mais une autre honte encore les tenait. En découvrant leur corps, ils laissaient voir le signe de l'alliance, ce signe qui les faisait aussitôt reconnaître entre tous. Devaient-ils figurer, dans ces conditions, aux jeux Olympiques et s'exposer ainsi à la risée des Grecs ? Mais cette honte aussi ils s'en affranchirent, et cela au moyen de prépuces artificiels, se soumettant ainsi à une opération douloureuse pour ne pas trahir leur origine judaïque.

Bientôt les jeunes gens se pressèrent en foule au gymnase ; les jeunes prêtres négligeaient le service du temple pour prendre part aux jeux de la palestre et du stade. Les hommes pieux virent avec effroi cet abandon du caractère national, mais ils se turent. Du reste, ceux-là mêmes qui partageaient les idées de Jason désapprouvaient sa faiblesse pour l'élément étranger, du moment qu'elle mettait en péril l'essence même du judaïsme. Lorsqu'on célébra à Tyr, en juin 12, les jeux Olympiques,[14] à l'occasion desquels ou offrait des sacrifices à Héraclès (l'Hercule des Grecs), qui avait, disait-on, institué ces jeux, Jason y envoya des messagers déjà rompus aux jeux publics et autorisés, par conséquent, à y prendre part. Il leur remit en même temps une somme (300 ou 3.300 drachmes) destinée à l'achat de sacrifices en l'honneur d'Héraclès. Mais ces hommes, bien que déjà stylés aux idées et aux mœurs grecques, éprouvèrent des scrupules ; agir ainsi leur parut se rendre complices de l'idolâtrie et reconnaître pour Dieu une statue de marbre. Ils stipulèrent donc qu'ils resteraient maîtres d'appliquer la somme à un autre usage. On voit combien la croyance au Dieu du judaïsme était fortement ancrée, même dans le cœur des plus fervents amis de l'hellénisme. La somme emportée par les messagers de Jason fut employée au profit d'une flotte qu'Antiochus faisait équiper à Tyr.

---

[14] Il est dit dans le IIe livre des *Maccabées* (IV, 19-20) que Jason envoya des messagers à Tyr avec des présents, à l'occasion des jeux quinquennaux célébrés dans cette ville. Il ne peut être question que des jeux olympiques, comme le remarque Hugo Grotius, et ceux-ci eurent lieu sous le pontificat de Jason, l'an 172, qui coïncidait avec une olympiade.

Cependant la discorde grandissait à Jérusalem à un tel point qu'il n'en pouvait sortir que des conséquences désastreuses. Les Hellénistes, mécontents, intriguaient pour renverser Jason lui-même et mettre la main sur la grande prêtrise, soit qu'ils y fussent poussés par l'ambition, soit que le frère d'Onias leur parût encore trop bon Judéen ou trop faible pour aider à la ruine des mœurs antiques. Ils rêvaient cette dignité pour l'un d'entre eux, homme sans scrupules ai préjugés, Onias, dit Ménélaüs, frère de ce Simon qui avait dénoncé le trésor du temple et son détenteur Onias. Envoyé par Jason pour remettre à Antiochus les prestations annuelles, Ménélaüs promit au roi de lui payer trois cents talents de plus par an, s'il était nommé grand prêtre, et se vanta de jouir d'une haute considération, qui lui permettrait de servir plus efficacement que Jason les intérêts du roi. Celui-ci, sans balancer, conféra au plus offrant la dignité pontificale (172-171). En même temps, il envoya à Jérusalem un de ses officiers, Sostrate, à la tête d'une troupe de soldats cypriotes, avec mission de réprimer toute résistance à ses ordres et de tenir la main à l'exécution de l'engagement contracté. Sostrate logea sa troupe dans la citadelle de l'Acra, pour tenir en respect les habitants de Jérusalem, et prononça au nom du roi la déchéance de Jason. Ce dernier s'enfuit ou fut exilé de Jérusalem, et se retira dans l'Ammonitide, au-delà du Jourdain, chez un certain Arétas, prince nabatéen, qui l'accueillit amicalement.

Ce nouvel état de choses ne fit qu'augmenter le désordre qui régnait à Jérusalem. La majeure partie du peuple voyait avec indignation les saintes fonctions de grand prêtre aux mains d'un Ménélaüs, qui n'était même pas de famille sacerdotale, mais probablement un simple Benjamite, et dont on connaissait l'aversion pour les mœurs antiques. Même des gens épris de grécomanie et de nouveautés étaient mécontents du choix d'un tel grand prêtre. Les uns et les autres étaient forcés de se contenir en présence du commandant syrien et de ses soldats cypriotes. Mais les esprits étaient en proie à une surexcitation violente, qui ne demandait qu'une occasion pour éclater. Cette occasion, c'est Ménélaüs qui la fit naître. Il avait promis au roi, en échange de la tiare, plus qu'il ne pouvait tenir. Antiochus se fâcha et l'invita à venir se justifier. Obligé de se rendre à Antioche, Ménélaüs laissa à Jérusalem, pour le suppléer, son digne frère

Lysimaque, et détourna du temple des offrandes votives, dont il comptait employer le produit à parfaire le payement en souffrance. Le digne Onias III, l'ancien grand prêtre, qui vivait toujours à Antioche, fut instruit de cet attentat ; il sut aussi que le misérable, à Tyr et dans d'autres villes de Phénicie, avait fait argent de plusieurs vases sacrés du temple. Outré de colère, il accusa Ménélaüs de sacrilège, crime qui passait alors, chez les Grecs aussi, pour exceptionnellement grave et condamnable. Mais cette accusation hâta sa propre mort ; car Ménélaüs se concerta avec Andronique, lieutenant du roi, pour se débarrasser de lui avant qu'Antiochus, alors absent, eût connaissance du vol sacrilège et de l'usage auquel il devait servir. Andronique, intéressé lui-même à l'affaire, se prêta facilement à ce qu'on lui demandait. Onias, menacé, s'était réfugié dans le temple d'Apollon, à Daphné, près d'Antioche ; au moyen de promesses et des serments les plus solennels, Andronique sut l'attirer hors de cet asile et le tua sur place (171). Ce nouveau crime mit le comble aux infamies de Ménélaüs. Le meurtre du vénérable Pontife produisit une telle sensation, même parmi les Grecs de Syrie, qu'Antiochus, après son retour, ne put laisser Andronique impuni.

Mais ce n'était pas assez, pour Ménélaüs, d'avoir fermé la bouche à son accusateur ; il fallait aussi contenter le roi et se conserver ses bonnes dispositions. Pour réaliser des ressources suffisantes, il chargea son frère Lysimaque d'enlever encore du temple un certain nombre d'offrandes précieuses et de les lui faire parvenir. Ces rapines ne pouvaient rester ignorées ; lorsqu'on eut connaissance et du fait et de l'auteur, celui-ci devint l'objet d'une animadversion violente, bientôt suivie d'effet. Ceux mêmes qui habitaient hors de la ville, lorsqu'ils apprirent le forfait des deux autres, accoururent à Jérusalem, et, de concert avec les habitants, menacèrent de mort le profanateur. Mais Lysimaque arma ses partisans et mit à leur tête un certain Avran, vieux pécheur, son pareil. Le peuple, bien que sans armes, ne craignit pas de tenir tête à cette bande armée ; il se rua sur elle à coups de pierre, à coups de bâton, l'aveugla en lui jetant des tas de cendres, tua les uns, terrassa ou mit en fuite les autres. Lysimaque lui-même périt à deux pas du temple. Ménélaüs déféra les séditieux de Jérusalem à la justice du roi, qui tint des assises à Tyr pour écouter les deux parties.

Trois membres du Conseil, délégués à cet effet par le peuple, établirent d'une manière si convaincante la culpabilité de Lysimaque et de son frère, que Ménélaüs aurait dû nécessairement perdre sa cause. Mais cet homme, toujours fertile en expédients, sut mettre dans ses intérêts un misérable de son espèce, qui avait l'oreille du roi, et qui fit pencher la balance en faveur du coupable. Du haut de son siège de juge, Antiochus déclara Ménélaüs innocent, et condamna à mort les trois délégués qui l'avaient confondu sans réplique. Les Tyriens témoins de cet acte d'iniquité manifestèrent leur indignation en suivant, avec un intérêt sympathique, le convoi funèbre des trois nobles victimes.

Le crime triomphait. Ménélaüs restait maître d'un peuple qui l'exécrait. Pour conjurer les effets de cette haine, il imagina de nouvelles ruses, de nouvelles infamies.

Il glissa le poison de la calomnie dans l'oreille du roi contre ses ennemis, c'est-à-dire contre le peuple entier. Il prétendit d'abord que ses ennemis étaient du parti de la cour d'Égypte, et ne le persécutaient lui-même que parce qu'il contrecarrait leurs efforts. Ensuite, il ne craignit pas, lui, le grand prêtre d'Israël, de calomnier tout le judaïsme. À l'entendre, la loi donnée par Moïse au peuple israélite enseignait la haine du genre humain, défendait de s'asseoir à la table des étrangers, de leur donner aucune marque de bienveillance. Cette loi de haine, il fallait l'abolir ! Antiochus, préoccupé alors de l'unique pensée de conquérir l'Égypte, prêta facilement l'oreille aux impostures de Ménélaüs, et prit en suspicion le peuple juif. Il ne pouvait lui être indifférent, au moment où il méditait une expédition périlleuse contre l'Égypte, de laisser derrière lui un ennemi. Toutefois, il différa longtemps l'attaque, retenu qu'il était par la crainte des Romains. Mais, les voyant s'engager de plus en plus dans une guerre avec Persée, roi de Macédoine, il se risqua enfin à franchir la frontière égyptienne (automne de 170). Il battit l'armée ennemie près de Péluse, et pénétra de plus en plus dans l'intérieur du pays.

En Judée, on suivait la marche de cette guerre avec la plus grande anxiété. Si l'Égypte avait le dessus, on pouvait espérer de voir cesser la triste situation créée par ce grand prêtre imposé et odieux à tous. La cour d'Égypte était favorable au parti national judaïque, et accueillait les patriotes qui y cherchaient un refuge contre la tyrannie d'Antiochus et de Ménélaüs. Or, le bruit courut tout à coup qu'Antiochus avait succombé, et une vive émotion s'empara aussitôt des esprits. Le pontife révoqué Jason (Jésus) quitta l'Ammonitide, où il avait trouvé asile, et accourut à Jérusalem, à la tête d'un corps d'armée, dans le dessein de s'emparer de la ville. Comme de raison, Ménélaüs fit barricader les portes et repousser, du haut des remparts, les assauts de l'ennemi. Ainsi éclata une véritable guerre civile, née de l'ambition de deux hommes qui se disputaient le sacerdoce comme moyen de domination. Mais, comme l'exécré Ménélaüs, n'avait pour lui que la minime partie des habitants, Jason réussit à pénétrer avec sa troupe dans Jérusalem.

Cependant Antiochus, chargé d'un riche butin, revenait d'Égypte (169), peut-être pour lever de nouvelles troupes et renforcer son armée. En apprenant ce qui se passait à Jérusalem, il entra en fureur contre les Judéens et le judaïsme. Sa nature perverse et féroce se donna carrière contre ce malheureux peuple. Il tombe comme la foudre sur Jérusalem, massacre les habitants, n'épargne ni le sexe ni l'âge, frappe l'ami comme l'ennemi ; puis, affichant son mépris pour le Dieu qu'on y adore, il pénètre dans le temple, jusque dans le sanctuaire, et en fait enlever tous les objets de valeur, l'autel d'or, le chandelier, la table, tous les vases précieux et ce qui restait du trésor sacré. Pour cette spoliation sacrilège, Ménélaüs lui servait de guide. Contre le Dieu d'Israël, — ce Dieu dont on exaltait la puissance et qui semblait impuissant devant son contempteur, — il exhale insolemment d'ironiques blasphèmes. Du reste, pour pallier ces sacrilèges et le massacre d'une population innocente, il fit courir une fable mi-partie d'hallucination et de mensonge, fable inspirée par son complice Ménélaüs, et qui devait longtemps ridiculiser le judaïsme aux yeux des peuples civilisés. Antiochus prétendit avoir vu dans le Saint des saints une image de pierre, l'image d'un homme avec une longue barbe ; cette statue était debout sur un âne et tenait en main un livre. Il l'avait considérée comme le simulacre du législateur Moïse, qui avait enseigné aux Israélites une doctrine abominable, ennemie de l'humanité, leur avait enjoint de se tenir à l'écart des autres peuples et de ne leur témoigner aucune bienveillance. Le bruit s'accrédita depuis lors, chez les Grecs et les Romains, qu'Antiochus avait trouvé dans le temple une tête d'âne en or, à qui les Juifs rendaient de grands honneurs, partant qu'ils adoraient un âne. C'est encore Antiochus, probablement, qui a donné cours ou prétexte à une calomnie infâme contre les Judéens : il aurait trouvé dans le temple un Grec couché sur un lit et qui l'aurait supplié de le délivrer. Les Judéens, disait-on, avaient coutume, chaque année, d'engraisser un Grec, de l'égorger, de goûter de ses entrailles, et, à cette occasion, de jurer haine à mort à tous les Grecs. Que cette calomnie émane réellement d'Antiochus ou lui ait été prêtée par des artisans de mensonge, elle a fait, en tout cas, au judaïsme une réputation aussi triste qu'imméritée, celle de manquer de charité envers les autres peuples. Voilà où devait aboutir la maladie de l'hellénisme, cette assimilation poursuivie depuis un demi-siècle aux dépens des bonnes mœurs et des saines traditions du judaïsme !

Un voile de deuil s'étendait sur Jérusalem, humiliation et la honte pesaient sur la maison de Jacob. Princes et Anciens gémissaient, jeunes gens et jeunes filles s'enveloppaient de tristesse, la beauté des femmes avait disparu ; le marié se lamentait au lieu de chanter ses amours, et la fiancée pleurait dans la chambre nuptiale... Mais on n'était pas au bout, et des jours plus tristes encore étaient réservés à la Judée. Antiochus entreprit une seconde expédition sur l'Égypte, et, pour la seconde fois, les Judéens allaient porter la peine de son échec et de sa méchante humeur. Les Romains étant encore absorbés par la guerre de Macédoine, Antiochus jugea le moment favorable pour envahir de nouveau l'Égypte ; il y entra sans rencontrer de résistance et, cette fois encore, s'avança jusqu'aux portes d'Alexandrie. Les rois d'Égypte avaient envoyé des délégués à Rome, demandant avec instance au sénat de ne pas les abandonner, de venir à leur secours. Là-dessus, trois délégués romains reçurent mission de se rendre auprès d'Antiochus pour couper court à ses projets. Après leur victoire à Pydna, où l'armée macédonienne fut battue et le roi Persée contraint de fuir (22 juin 168), les délégués romains se rendirent au camp d'Antiochus et lui enjoignirent, au nom du sénat, d'évacuer l'Égypte à bref délai. Le roi de Syrie ayant demandé à réfléchir, l'impérieux Popilius Lénas traça aussitôt un cercle avec sa baguette et lui défendit de le franchir avant d'avoir opté, ou pour l'amitié des Romains, ou pour la guerre. Antiochus connaissait l'inflexibilité romaine, il renonça à son expédition. Furieux et mécontent de lui-même après cette humiliation, Antiochus l'Illustre rentra dans sa capitale. Il se sentait d'autant plus mortifié et mal à l'aise, qu'il était contraint de paraître enchanté et de faire bon visage aux Romains.

Cette fois encore à ne trouva rien de mieux, pour décharger sa colère, que d'exercer les plus atroces cruautés sur les Judéens. S'étaient-ils réjouis de son échec et l'avaient-ils trop fait voir ? Avaient-ils dit trop haut que leur Dieu, qui se plait à abaisser les superbes, lui avait infligé cette honte ?... Un de ses lieutenants, Apollonius, ci-devant gouverneur de la Mysie, entra dans la capitale judaïque : son langage était amical, ses intentions pacifiques en apparence. Soudain, un jour de sabbat, jour où les Judéens ne se battaient point, il tomba sur les habitants avec sa soldatesque brutale, troupe de mercenaires grecs ou macédoniens habitués au sang ; hommes et jeunes gens furent massacrés, femmes et enfants faits prisonniers et vendus comme esclaves. Apollonius fit aussi démolir nombre de maisons et abattre les remparts de Jérusalem : elle ne devait plus compter parmi les villes notables. Pourquoi le tyran et ses bordes sauvages auraient-ils épargné le sanctuaire ? Sans doute, il ne s'agissait pas de l'anéantir ; Antiochus avait ses raisons, il voulait le conserver pour une autre fin. Mais leur rage se soulagea sur les ouvrages extérieurs, ils brûlèrent les portes de bois, saccagèrent les galeries à coups de hache et de marteau. Ceux des habitants qui purent échapper au carnage cherchèrent leur salut dans la fuite. Seuls, les Hellénistes, les soldats syriens et les étrangers se prélassèrent sur les places désolées : Jérusalem était devenue étrangère à ses propres enfants. Le temple aussi fut délaissé ; prêtres et Lévites l'abandonnèrent, ce dont les grécomanes s'inquiétèrent peu. Leur rendez-vous favori était un autre endroit de Jérusalem, la citadelle de l'Acra. Là tenaient garnison les troupes syriennes, qu'on avait renforcées ; là s'établirent les Hellénistes. Pour la mettre à l'abri de toute agression, on la fortifia de murs solides et de hautes tours, qui dominaient le temple voisin, et l'on y entassa des armes et des vivres.

Cependant cette désolation affligeait Ménélaüs lui-même, cause première de tant de maux. Pour qui donc était-il grand prêtre, si le temple restait vide ? pour qui prince du peuple, si le peuple lui tournait le dos ? Il était mal à l'aise dans cette solitude, où il n'entendait que l'écho de sa propre voix. Pour échapper à cet ennui, il imagina un nouveau, mais abominable moyen. Il fallait anéantir le judaïsme, loi, doctrine, pratiques, et contraindre ses sectateurs d'adopter le culte hellénique. Antiochus, aigri et ulcéré, et contre les Judéens et contre leur religion, accueillit l'idée avec empressement et la poursuivit avec sa ténacité habituelle. Oui, il fallait que le peuple juif se laissât gréciser pour lui rester fidèle, ou que la mort fait le prix de sa désobéissance. Mais Antiochus, en agissant ainsi, n'avait pas seulement pour but de mater ce peuple, il voulait aussi démontrer l'impuissance du Dieu d'Israël. Lui, à qui les dieux de ses pères étaient fort indifférents, se sentait humilié comme d'un outrage personnel, à la pensée que ce peuple, si cruellement persécuté, était toujours plein de confiance en son propre Dieu, qu'il comptait le voir foudroyer un jour l'orgueilleux blasphémateur. Ce Dieu d'Israël, il voulait le défier, il prétendait le vaincre. C'est ainsi que, par un édit publié dans la Judée entière, il enjoignit à tous les Judéens de ne plus observer les lois de leur Dieu et de sacrifier désormais aux seules divinités grecques. Des autels et des idoles devaient être partout installés à cet effet. Et pour mieux frapper le judaïsme au cœur, il ordonna que des animaux impurs, spécialement des porcs, fussent offerte en sacrifice.

Trois signes caractéristiques de la vie religieuse, distinction visible et tranchée entre les Judéens et les Gentils, furent particulièrement défendus sous des peines sévères : la circoncision, l'observance du sabbat et des fêtes, enfin l'abstinence des viandes immondes. Des surveillants eurent ordre de tenir la main à l'exécution de ces édits. C'étaient des bourreaux sans pitié, qui invariablement punissaient de mort toute infraction à la volonté royale.

C'est par le temple de Jérusalem que commença cette odieuse campagne. Le roi y envoya un des principaux habitants d'Antioche avec mission expresse de vouer le sanctuaire à Zeus Olympien. Puis, sur l'autel du parvis, on sacrifia un pourceau, dont on répandit le sang et sur l'autel et dans le sanctuaire, sur la pierre qu'Antiochus avait prise pour l'image de Moïse ; on fit cuire la chair de l'animal et l'on souilla de son jus les feuillets de la sainte Écriture. Le soi-disant grand prêtre Ménélaüs et d'autres Judéens hellénistes durent manger de cette chair impure. Il est probable que le rouleau de la Loi, qu'on trouva dans le temple, ne fut pas simplement souillé par l'homme d'Antiochus, mais brûlé, parce que la Thora, cette école de la pureté morale et de la charité universelle, n'enseignait, au dire d'Antiochus, que la haine du genre humain. Elle reçut là son premier baptême de feu. Ensuite on dressa sur l'autel la statue de Jupiter, cette abomination de la désolation, devant laquelle dorénavant on devait sacrifier (17 tammouz - juillet 168).

Ainsi le temple de Jérusalem, l'unique asile de la sainteté sur la terre, était profané de fond en comble. Le Dieu d'Israël en était chassé, en apparence, par le Zeus des Grecs. Quelle fut l'attitude du peuple en présence de cet effroyable sacrilège, en présence des rigoureux décrets d'un roi sans cœur et de ses féroces agents ? Jamais plus grave épreuve ne lui avait été imposée. Quiconque professait ouvertement le judaïsme était menacé de mourir par la main du bourreau. Il n'était pas même permis de s'avouer Judéen.

Cette première épreuve, le judaïsme en a triomphé ; son alliance avec Dieu et sa doctrine, il l'a scellée du sang de ses martyrs. Les Judéens répandus dans les villes de Syrie et de Phénicie, vivant dans le voisinage immédiat des Grecs, et acculés à la conversion forcée, ceux-là, il est vrai, durent baisser la tête, sacrifier ostensiblement aux dieux de la Grèce, dissimuler ou même renier leurs croyances. Mais, parmi ceux-là aussi, il se trouva des hommes de cœur, qui restèrent fidèles aux dépens de leur propre vie. À Antioche même, sous les yeux du tyran, un vieillard du nom d'Éléazar souffrit courageusement la mort plutôt que de manger de la chair des animaux offerts aux idoles. On se racontait aussi, chez les Judéens du dehors, l'histoire de cette mère israélite et de ses sept fils, qui, sommés de transgresser leur loi, avaient tous, jusqu'au dernier, résisté à cet ordre et bravé la mort avec une invincible constance. L'exemple donné par ces martyrs de tout âge, ici un vieillard aux limites de la vie, là des adolescents à son aurore, exaltait et fortifiait singulièrement l'âme des autres Judéens soumis à la domination grecque.

Ces héroïques témoins de la foi se multipliaient de jour en jour dans la Judée. Les surveillants établis par Antiochus prenaient pour objectif les villes de province où s'étaient réfugiés les habitants de Jérusalem. Là, aussitôt arrivés, ils érigeaient des autels et, au nom du roi, invitaient la population à immoler des porcs à Jupiter, à en manger la viande et à profaner par le travail la sainteté du sabbat. Aux banquets de la fête de Bacchus, aux réjouissances de l'Ouverture des tonneaux, on les forçait de copier la coutume grecque en se couronnant de lierre, en formant des processions, en poussant des hurlements de joie à la plus grande gloire du dieu de la vigne. Quand un de ces sbires arrivait dans une localité et convoquait le peuple, pour l'inviter à témoigner par un acte quelconque de son infidélité au judaïsme, il ne trouvait presque personne. La plupart s'étaient enfuis et cachés dans des cavernes, dans les gorges des montagnes ou dans les sauvages alentours de la mer Morte. Cette résistance à ses ordres redoubla l'irritation d'Antiochus, qui rendit décrets sur décrets, enjoignant de traiter les récalcitrants avec la dernière rigueur. Et les sbires, à leur tour, redoublaient d'ardeur dans la persécution. Partout où ils trouvaient des rouleaux de la Loi, ils les lacéraient avec fureur, jetaient les morceaux au feu et tuaient ceux qui cherchaient, dans la lecture de ces pages, de la force et des consolations. Ils détruisirent toutes les maisons de prière et d'enseignement qui existaient dans le pays. Si quelque pauvre femme, peu après sa délivrance et en l'absence du mari, avait circoncis son jeune fils, ces bourreaux la pendaient, avec son enfant au cou, à la muraille de la ville.

Mais toutes ces atrocités, loin d'intimider le peuple, ne faisaient qu'exalter son courage. Pour beaucoup d'Israélites, la mort avait perdu son épouvante. Plutôt même que de manger des aliments impurs, beaucoup préféraient mourir. Ces sentiments héroïques étaient provoqués et entretenus par la société rigoriste des Hassidéens. Des retraites où ils se cachaient, certains de ces derniers s'échappaient soudain, surgissaient au milieu des villes et des villages, rassemblaient les habitants et, par le feu de leurs discours, enthousiasmaient les forts, stimulaient les faibles. Leur prédication était d'autant plus puissante, qu'ils prêchaient d'exemple en affrontant la mort.

Les commandants syriens de Jérusalem ne tardèrent pas à apprendre quels étaient les instigateurs de l'intrépide résistance du peuple ; les refuges des Hassidéens leur furent sans doute révélés par quelques misérables Hellénistes. Aussitôt le chef de la garnison, le Phrygien Philippe, se mit en campagne avec ses soldats. Un jour de sabbat, il fit cerner les cavernes où ils se tenaient cachés, hommes, femmes et enfants, un millier de personnes environ ; il les somma de sortir et d'obéir aux ordres d'Antiochus, leur promettant à ce prix la vie sauve. Non ! répondirent-ils tout d'une voix, nous n'obéirons pas à l'ordre de violer le sabbat ! Alors, sur le commandement de Philippe, on se dispose à l'attaque. Les Hassidéens, spectateurs impassibles, ne font aucun mouvement pour se défendre, ne remuent pas une pierre pour boucher l'entrée des cavernes, de peur d'enfreindre la loi du sabbat ; ils se bornent à attester le ciel et la terre qu'ils meurent innocents. Philippe et ses assassins lancent des brandons enflammés, et tous ces infortunés périssent dévorés par le feu ou asphyxiés par la fumée.

Grande fut, la douleur des Judéens restés fidèles, quand ils apprirent la fin tragique de ces hommes, flambeaux et modèles de leur vie religieuse. Les plus hardis sentirent leur cœur défaillir. Comment finirait cette accablante épreuve ? Ce qui les atterrait surtout, c'était de ne voir paraître, en une si effroyable calamité, ni un prodige céleste qui leur rendit le courage et l'espérance, ni un prophète qui leur fit entrevoir le terme de cette sanguinaire oppression.

Or, au moment même où l'écrasement des Judéens avait atteint son dernier période, alors qu'il ne leur restait plus d'autre perspective que d'être tous anéantis ou de céder à une inéluctable fatalité, — en ce moment même brilla le salut. L'instrument du salut, ce fut une famille dont les membres avaient au cœur une piété profonde, prête à tous les sacrifices, et savaient allier la prudence à un indomptable courage : c'était la famille des Hasmonéens ou Maccabées. C'est un vieillard et ses cinq fils qui ont révolutionné, relevé et sauvé le judaïsme. Le vieux père, — Mattathias, fils de Johanan et petit-fils de Siméon Hasmonaï, — était un Aaronide domicilié à Jérusalem, mais qui, à la suite des profanations commises, s'était retiré dans la petite ville de Modin, à trois milles au nord de Jérusalem. Chacun de ses cinq fils, futurs vengeurs de la patrie, avait un surnom particulier et d'apparence aramaïque : c'étaient Johanan (Jean) Gadi, Siméon Tharsi, Juda Makkabi, Éléazar Chawran et Jonathan Chaphous (Apphus). Cette famille hasmonéenne, très considérée et très influente, voyait avec une âcre douleur la situation désespérée du pays. Nos sanctuaires souillés, la libre fille de Juda devenue une vile esclave... À quoi bon vivre encore ? Ainsi parlait aux siens le vieux Mattathias, et alors il résolut de ne plus se borner à gémir dans une retraite obscure et dans une stérile attente, mais de se montrer et d'agir, en vengeant la sainte cause ou en mourant pour elle. Un des surveillants syriens, nommé Apellès, était arrivé à Modin pour sommer les habitants d'abandonner leur croyance et de pratiquer l'idolâtrie ; Mattathias s'y trouva avec intention, accompagné de ses fils et de ses adhérents. L'officier l'ayant invité à donner, en raison de sa haute, situation, l'exemple de l'obéissance à la volonté royale : Non, répondit-il, quand tous les peuples du royaume consentiraient à trahir la foi de leurs pères, moi, mes fils et mes frères, nous resterons fidèles à l'antique alliance ! En ce moment, un Judéen s'approchait de l'autel pour sacrifier en l'honneur de Jupiter... À cet aspect, le vieillard ne se contient plus, il s'élance indigné sur l'apostat et l'étend mort au pied de l'autel. Ses fils, armés de grands couteaux, tombent sur Apellès et ses hommes, les mettent à mort et démolissent l'autel. — Ce fut le signal du revirement. Cette action invitait les Israélites, par un éclatant exemple, à sortir de leur désespoir inerte, à accepter résolument la lutte, à ne plus se laisser immoler comme des victimes résignées.

Après s'être fait le justicier des bourreaux d'Antiochus, Mattathias s'écria aussitôt : Qui aime la Loi et l'alliance divine me suive ! Sur quoi les habitants de Modin et des lieux voisins se groupèrent autour de lui, et à se mit en quête d'une retraite sûre dans la montagne d'Éphraïm. Là accoururent à lui les derniers Hassidéens, qui avaient pu échapper à la mort, et tous ceux qui avaient dû fuir devant la persécution. Le nombre des défenseurs résolus de la patrie et de la Loi divine grossit ainsi de jour en jour. Mattathias ne leur dissimula point qu'ils auraient de rudes combats à soutenir ; il les exhorta à s'y préparer énergiquement et à faire bon marché de leur vie. Avertie par le sort des Hassidéens, victimes de la dévotion exagérée qui les empêchait de remuer une seule pierre pour leur défense le jour du sabbat, l'assemblée décida qu'à l'avenir toute attaque dirigée contre elle, même au jour du repos, serait repoussée par les armes. Les Hassidéens eux-mêmes, ces hommes d'existence calme et recueillie, accoutumés jusqu'alors à se plonger dans la méditation des Écritures, s'apprêtèrent aux pénibles exercices de la guerre. Sous un chef qui inspire confiance, tout citoyen devient soldat. Or Israël se retrouvait dans la même et sombre situation qu'aux derniers temps de la judicature ; comme au début du règne de Saül, le pays était asservi, les habitants se cachaient dans des souterrains et des cavernes, plusieurs pactisaient avec l'ennemi ; seule, une poignée de braves était prête à couvrir de son corps la patrie agonisante ; mais ces braves n'avaient point d'armes et ne savaient rien de la guerre. Jamais on n'eut moins lieu de se promettre une victoire.

Aussi Mattathias n'eut-il garde, avec une si faible troupe, d'entamer une campagne en règle contre les Syriens. Connaissant tous les coins et recoins du pays, il se bornait à pénétrer à l'improviste dans les villes de province, à y renverser les temples et les autels de l'idolâtrie, à châtier les complices de l'ennemi, à courir sus aux Hellénistes qu'il rencontrait, et à marquer du sceau de l'alliance les enfants restés incirconcis. Peut-être encore, çà et là, si quelque détachement de Syriens se trouvait sur son passage, il les mettait en déroute. Si le commandant de la garnison de Jérusalem envoyait un corps important à la poursuite des Judéens rebelles, ils disparaissaient comme par enchantement et devenaient introuvables. Bref, c'est la petite guerre que faisait Mattathias, guerre qui n'est possible que dans les pays de montagnes et qui parfois y triomphe des plus puissants ennemis.

Quand approcha la dernière heure du vieux Mattathias (167), ses fidèles combattants n'avaient pas à se mettre en peine de son successeur ; ils n'avaient que l'embarras du choix entre les cinq héros qui étaient ses fils. Le vieillard mourant désigna l'un des aînés, Siméon, pour le conseil, et Juda, le plus jeune, pour l'exécution et le commandement ; puis, dans un discours qui empruntait à la situation et à l'heure présente une grande puissance d'impression, il les exhorta à sacrifier leur vie pour l'alliance antique et à combattre les combats du Seigneur.

La remise du commandement aux mains de Juda Maccabée accrut encore le succès de la résistance. Juda était un héros comme la maison d'Israël n'en avait pas encore vu depuis David et Joab, qu'il surpassait d'ailleurs en vertus et en sentiments élevés. Il s'échappait de son âme comme d'invisibles effluves qui électrisaient tous ses compagnons et les remplissaient d'un indomptable courage. Il avait, de plus, cette sûreté de coup d'œil par laquelle les grands capitaines savent juger l'heure opportune du combat, découvrir le côté vulnérable de l'ennemi et en profiter, ou lui donner le change par de feintes attaques. Si, d'un côté, il était semblable à un lion irrité, il avait, de l'autre, la douceur et la simplicité de la colombe. Humble et pieux comme pas un des meilleurs en Israël, il ne se confiait pas en son épée, mais dans l'assistance divine, qu'il invoquait avant toute bataille décisive. Juda Maccabée était le type du héros israélite, ne se résignant à verser le sang qu'en cas de nécessité, lorsqu'il s'agissait de relever son peuple opprimé et de reconquérir la liberté perdue. Aussi a-t-il attaché son nom à cette période tout entière.

Il procéda d'abord comme avait fait son père, en ne sortant que furtivement ou la nuit pour châtier les apostats, donner du cœur aux hésitants et malmener de petits détachements syriens. Mais quand son parti fut devenu plus considérable, grossi de tous ceux qui jusqu'alors s'étaient résignés à l'oppression par indolence, de ceux encore que le spectacle des violences, des cruautés et des horreurs commises avait guéris de la folie de l'hellénisme, Juda osa alors se mesurer avec un corps d'armée considérable, commandé par le général en chef Apollonius.

Ce dernier, ayant résolu de combattre les Judéens rebelles, mais n'osant affaiblir la garnison de Jérusalem ou plutôt de l'Acra, avait mis en mouvement les troupes de Samarie, renforcées d'autres corps qu'il avait recrutés un peu partout. Ce fut la première bataille rangée que risqua Juda, et elle se termina à son avantage (166). Apollonius y périt, et ses soldats tombèrent sur le champ de bataille ou durent chercher leur salut dans la fuite. Quelque peu nombreuse qu'ait pu être l'armée syrienne, sa défaite inspira une grande confiance aux guerriers judéens. Ils s'étaient trouvés, pour la première fois, en face de leurs terribles ennemis, ils avaient tenu bon, et ils voyaient dans leur victoire la preuve que Dieu, loin d'abandonner son peuple, le couvrait de son invisible égide. L'épée tombée de la main d'Apollonius passa dans celle de Juda, ce fut son arme de combat jusqu'au dernier jour de sa vie.

Bientôt un autre général syrien, Héron, à la tête d'une grande armée, alla relancer dans les montagnes Juda et sa troupe de héros, qu'il espérait écraser par la supériorité du nombre. Des Hellénistes félons l'accompagnaient pour lui indiquer les meilleurs chemins à prendre dans cette région accidentée. En voyant cette puissante armée s'avancer par la montée de Béthoron, les guerriers judéens s'écrièrent : Comment pourrions-nous lutter contre eux ? Mais Juda sut les rassurer et leur rappela les trésors qu'ils avaient à défendre : leur existence, leurs enfants, leur Loi. Animés par ses paroles, ils fondirent avec impétuosité sur les Syriens et les taillèrent en pièces. Huit cents d'entre eux restèrent sur le champ de bataille, les autres s'enfuirent vers l'occident jusqu'au pays des Philistins. Cette première victoire décisive de Juda sur une armée supérieure en nombre (166) donna confiance aux Judéens dans le succès final de leur cause, en même temps qu'elle apprit aux étrangers à redouter la valeur du Maccabéen, son habileté stratégique et la force de résistance de son peuple.

Que faisait cependant Antiochus, cause première de tous ces troubles ? Au début, il s'était peu inquiété des Judéens, persuadé que ses édits suffiraient pour les mater et les amener à ses vues de conversion religieuse. Mais il reconnut bientôt qu'il avait mal jugé leur caractère, lorsqu'il eut appris les échecs successifs de ses troupes et que le nom glorieux de Juda vint frapper son oreille. Tout d'abord, dans la première explosion de sa colère, il résolut d'en finir une bonne fois avec ces rétifs Judéens. Mais ce n'était pas chose facile à exécuter. Ses garnisons n'étaient pas fortes, et il faudrait les compléter par des troupes mercenaires. Pour s'en procurer, il fallait de l'argent, et l'argent tombait de plus en plus rare dans ses caisses, ses folles dépenses surpassant de beaucoup ses revenus. Les contributions du pays de Juda, il n'y fallait point compter : la guerre les avait supprimées. D'autres préoccupations encore venaient l'assaillir. Arsace, son satrape au pays des Parthes, s'était affranchi de la domination syro-babylonienne et déclaré libre, lui et son peuple. Artaxias, roi d'Arménie, peu soucieux de la suzeraineté d'Antiochus, agissait désormais en prince indépendant. Les habitants d'Aradus et d'autres villes phéniciennes lui refusaient, eux aussi, l'obéissance. Autant de pertes nouvelles pour le trésor royal. Pour combler le déficit, il fallait guerroyer avec les peuples réfractaires, et, pour faire la guerre, il lui fallait de l'argent. Il tombait ainsi d'un embarras dans un autre.

Le roi maniaque réussit toutefois à réaliser une somme qui lui permit d'engager des troupes mercenaires pour une durée d'un an. De ces troupes, il comptait employer la moitié à une campagne qu'il dirigerait lui-même contre les peuples insoumis de delà l'Euphrate ; il confia le commandement de l'autre moitié à un dignitaire de sang royal, nommé Lysias, qu'il institua son lieutenant et chargea de l'éducation militaire de son jeune fils. Du reste, ses vues à l'égard du peuple judéen étaient tout autres à présent. Il ne tenait plus à le gréciser. À ses charitables efforts pour le relever par l'assimilation hellénique, ce peuple avait répondu par d'insolents dédains ; il avait poussé l'audace jusqu'à attaquer les armées de son bienfaiteur ; il s'était montré indigne du bienfait, il était décidément incorrigible ! Il n'y avait qu'une chose à faire : l'exterminer sans merci, l'anéantir ! — Lysias reçut donc l'ordre de marcher contre la Judée avec le corps d'armée qu'il commandait, de la poursuivre à outrance, de détruire toute trace d'Israël et tout vestige de Jérusalem, puis de peupler le pays de colonies étrangères. Les Judéens hellénistes n'étaient pas exceptés de ce plan d'extermination. Que lui importaient, après tout, ces quelques sujets qui se soumettaient en esclaves à ses vues ou ceux mêmes qui les secondaient ? N'étaient-ce pas toujours des Judéens ?

Lorsqu'ils eurent connaissance de ces projets, dont on ne faisait d'ailleurs nul mystère, les Judéens furent saisis de terreur et de désespoir, ceux-là surtout qui vivaient hors de la Judée, mêlés à des populations étrangères. La faible troupe conduite par Maccabée, quelle que soit sa vaillance, pourra-t-elle soutenir le choc d'une armée nombreuse, flanquée encore d'une compagnie d'éléphants ? En toute province et en toute ville où parvenaient les ordres du roi, un deuil immense se répandait parmi les Judéens, jeûnes, larmes et gémissements ; les plus notables se couvraient du cilice et se couchaient dans la cendre. Mais ce projet inouï de faire disparaître un peuple entier, hommes, femmes et enfants, eut cependant un avantage, celui de susciter à la patrie de nouveaux défenseurs. Les Judéens les plus tièdes et les plus mondains, même les plus amoureux de nouveautés, s'ils avaient absolument rompu avec le judaïsme, se rallièrent aux Maccabées : il n'y avait plus d'autre alternative.

Pour le moment, la situation n'était pas réjouissante. D'heure en heure on attendait une nombreuse armée syrienne, dont la masse énorme allait écraser les combattants Judéens. Il importait donc d'exciter le peuple entier à lutter avec courage et persévérance. Un ouvrage d'un caractère particulier, le livre de Daniel[15], fut composé à cet effet et répandu parmi les Judéens qui savaient lire. Sans aucun doute, il avait pour auteur un Hassidéen, qui l'avait destiné à ceux qui pensaient comme lui. Ce livre apocalyptique, mi-parti de chaldéen et d'hébreu et savamment ordonné, a pour but de glorifier, par de saisissants modèles, la constance dans la foi religieuse, puis d'inculquer et de faire bien comprendre au peuple que cette atroce persécution, qu'il subissait pour l'amour de sa Loi, n'était qu'une épreuve passagère. De fait, les plus pieux et les plus fidèles ne pouvaient se défendre d'en douter, aucun prophète n'ayant assigné un terme à cette cruelle situation. Le livre de Daniel visait à rassurer les esprits sur ce point. L'intuition prophétique n'a pas tout à fait disparu en Israël ; oui, il y existe encore une sorte de vision de l'avenir, qui révèle la fin et le but des souffrances ; il y a encore une prophétie pour ce temps ! Le

---

[15] Tout le monde reconnaît aujourd'hui que le livre de *Daniel* a été composé à l'époque des persécutions d'Antiochus Épiphane. Josèphe aussi et même le Talmud rapportent à cet Antiochus les allusions apocalyptiques de ce livre.

livre montre d'abord des justes persévérant dans leur foi au milieu des plus grands dangers et sauvés de la mort par leur persévérance ; il mêle à cette leçon des peintures de l'avenir, peintures qui, dans la suite et vers la fin du récit, en deviennent l'objet principal. Il fait voir en même temps comment les rois qui ont osé, dans leur orgueil, attenter au sanctuaire ou tyranniser les consciences, sont humiliés par la Providence et contraints de reconnaître leur iniquité.

Les empires fondés sur l'idolâtrie et sur la violence ne sauraient durer : telle est la conviction énergique qui s'affirme sous maintes formes dans le livre de Daniel, — formes tour à tour mystérieuses et transparentes, — et pareillement la chute certaine de l'exécrable empire syrien. Héritier de trois empires successifs (babylonien, médo-persan et macédonien), le quatrième exhalera des paroles blasphématoires contre le Très-Haut, cherchera à exterminer les saints, à abolir les fêtes et les plus saintes lois... Les saints lui seront livrés un temps, deux Temps et un demi-temps (trois ans et demi) ; après quoi la puissance sera dévolue au peuple des saints, elle lui appartiendra à jamais, et tous les maîtres de la terre lui rendront hommage.

Le livre de Daniel, qui exprimait à mots couverts de pareilles pensées, fut sans aucun doute accueilli et lu par les Hassidéens avec une attention passionnée. Cette forme apocalyptique où chaque trait appelait une explication, où l'explication était fournie par l'actualité, ne le rendait que plus attrayant. N'avait-il pas résolu, d'ailleurs, la sombre énigme de la situation et dévoilé la cause finale des persécutions d'Israël ? Elles avaient pour but, d'une part, de lui faire expier ses péchés ; de l'autre, d'éprouver les vrais croyants. Le terme des tribulations avait été fixé dès l'origine, et ce terme avait sa signification mystique. Les empires du monde devaient naître et périr tour à tour. La fin des temps marquerait l'avènement de l'empire de Dieu, du royaume des saints. Ceux qui dorment dans la poussière, c'est-à-dire les victimes de la persécution, se réveilleront pour la vie éternelle. — Il y avait donc, à tout prendre, une prophétie de l'avenir, bien qu'il n'y eût point de prophète...

Cependant le péril grandissait de jour en jour. Lorsque Antiochus, à la tête d'une partie de son armée, s'était mis en marche pour l'Orient, son lieutenant Lysias avait désigné pour général en chef Ptolémée, fils de Dorymène, commandant de Cœlé-Syrie et de Phénicie, ayant sous ses ordres, comme généraux en second, Nicanor, fils de Patrocle, et Gorgias. Celui-ci reçut l'ordre d'ouvrir la campagne contre les Judéens, et ordonna à ses troupes — qu'on évaluait, non sans exagération, à quarante mille hommes, non compris la cavalerie — de pénétrer, en longeant le littoral, jusqu'au cœur de la Judée. Les Samaritains, les Philistins, tous les ennemis jurés d'Israël, se mirent à sa disposition. Il était si assuré de vaincre, qu'il invita les marchands d'esclaves à se rendre dans son camp avec leurs bourses et des chaînes, destinées aux Judéens qu'il comptait leur vendre. Le commandant syrien trouvait plus judicieux de les exploiter que de les tuer.

Tandis qu'on traitait ainsi de leurs personnes, les guerriers Judéens, déjà au nombre de six mille, se serraient autour de Juda Maccabée, leur glorieux chef. Ce dernier, avant de les conduire à l'ennemi, voulut exalter en eux cet esprit de sacrifice qui fait les héros. Il les réunit en assemblée solennelle sur la hauteur de Mispah... Curieuse coïncidence ! Neuf siècles auparavant, à la même place, dans un même péril public, le prophète Samuel avait pareillement convoqué les Hébreux pour l'élection d'un chef, qui devait les conduire, lui aussi, contre un ennemi acharné à leur perte. Si d'ailleurs Mispah fut choisi par Juda Maccabée comme lieu de prière, c'est que cette même ville, après la destruction de Jérusalem, avait servi de centre aux débris du peuple israélite gouvernés par Godolias et qu'elle avait aussi, à cette époque, un petit temple. — Une grande multitude y accourut des villes voisines pour prendre part à la pieuse solennité. Vêtue de deuil, en proie à une profonde émotion, l'assemblée observa tout le jour un jeûne rigoureux, et, avec toute la ferveur de cœurs oppressés, implora la miséricorde et la protection de son Dieu. On déploya un rouleau de la Loi, qui accompagnait partout la troupe judaïte, et cette vue réveilla les plaintes contre Antiochus, qui prétendait arracher de leurs cœurs cette Loi sainte pour les rendre semblables aux païens idolâtres.

Cette part faite à l'émotion, il fallait aviser aux résolutions viriles, donner du cœur au peuple et se préparer énergiquement à la lutte, qu'on prévoyait âpre et difficile. Juda divisa sa troupe en quatre corps, dont il confia trois au commandement de trois de ses frères. Il fit proclamer, selon la prescription de la Loi, que quiconque était nouvellement marié, ou venait de bâtir une maison ou de planter une vigne, quiconque aussi ne se sentait pas assez de courage, avait la faculté de quitter les rangs. Alors il s'avança contre l'ennemi dans la direction d'Emmaüs, à huit ou neuf lieues de Mispah. C'est là que Gorgias avait établi son camp, — environ cinq mille fantassins et mille cavaliers, — parce que ce point lui paraissait le plus favorable pour pénétrer dans la montagne de Juda et tomber sur le gros de l'armée maccabéenne. Il se proposait de l'attaquer la nuit à l'improviste. Mais Maccabée l'avait deviné et prévenu. A la nuit tombante, il avait levé le camp, s'était dirigé vers l'ouest par des chemins à lui connus et était arrivé sur les derrières de l'ennemi. Gorgias, voyant le camp des Judéens abandonné, s'imagina que, pris de peur, ils s'étaient enfoncés dans les montagnes, et il s'élança à leur poursuite. C'est ce qu'avait prévu Juda, qui aussitôt s'avança derrière les Syriens, atteignit leur camp, y mit le feu et continua sa marche. C'est à la pointe du jour seulement que Gorgias reconnut son erreur, en voyant l'ennemi, qu'il cherchait dans la montagne, s'avancer derrière lui de la plaine. Tout ce qu'il put faire dans cette situation, ce fut d'ordonner vivement à l'une de ses divisions de faire halte et de se jeter au-devant des Judéens. Cependant Maccabée avait rangé son corps en bon ordre et enflammé les courages pour la défense du pays, de la Loi et du temple. Son frère puîné lut rapidement aux guerriers quelques versets fortifiants de la Thora et leur donna pour mot d'ordre: DIEU AIDERA ! Le corps des Judéens, plus nombreux que la division isolée de l'armée syrienne, et combattant avec enthousiasme, remporta la victoire et mit l'ennemi en fuite. Juda avertit ses hommes de ne pas s'attarder au pillage, ayant encore à se mesurer avec le reste de l'armée ennemie qui revenait de la montagne. Bientôt en effet elle se montra, et les guerriers judéens s'apprêtèrent à la bien recevoir, mais il n'y eut point de combat. En voyant la fumée s'élever des tentes où ils avaient campé, ces Syriens et ceux qui les suivaient s'enfuirent précipitamment vers le sud, dans le pays des Philistins. Il y eut une grande délivrance en ce jour ! De fait, la victoire d'Emmaüs (166), fruit à la fois d'un stratagème habile et d'un courage persévérant, était un événement d'une importance décisive. Elle paralysa l'ennemi et donna confiance aux Judéens. Ni la cavalerie, ni les fantassins avec leurs casques et leurs cuirasses, ne pouvaient désormais leur faire peur. S'ils manquaient d'armes au début de la lutte, la fuite de l'ennemi leur en fournissait largement, sans compter l'or, l'argent, la pourpre, les bourses des marchands d'esclaves accourus au camp syrien, butin qui n'était point à dédaigner. Ces dépouilles leur donnèrent le moyen de vaincre encore dans les combats qu'il leur restait à soutenir.

La troupe victorieuse rentra à Modin, son lieu de ralliement, avec des actions de grâces et des cantiques de louange où revenait sans cesse ce refrain : Louez le Seigneur, car il est bon, car sa grâce est éternelle !

Mais ils ne purent de longtemps poser les armes. il était trop certain que Lysias, qui avait l'ordre formel d'exterminer les Judéens, n'accepterait pas tranquillement la défaite d'un de ses généraux, et qu'à tout prix il chercherait à prendre sa revanche. Ils restèrent donc armés, et ils eurent bientôt la joie de constater que leur nombre avait grossi jusqu'à dix mille. Si jamais il y eut une guerre sainte, celle que firent les Maccabées mérita incontestablement cette épithète. Lorsque, l'année suivante (automne de 165), Lysias lui-même, à la tête d'une armée nombreuse et choisie, gens de pied et de cheval, revint porter la guerre dans la Judée, il en trouva les défenseurs plus résolus et plus fermes que jamais. N'osant plus, cette fois, s'aventurer à pénétrer dans le pays par le littoral, il avait fait un détour, en prenant par le territoire qu'occupaient les Iduméens. Il assit son camp près de Bethsour, à cinq lieues sud environ de Jérusalem. Juda s'avança à sa rencontre avec ses dix mille soldats ; une bataille en règle s'engagea, et l'impétuosité judaïque triompha encore une fois de la savante méthode des mercenaires syriens. Lysias, mécontent, battit en retraite, se promettant bien de revenir avec une armée plus considérable encore et d'avoir enfin raison de ces Judaïtes, qui se riaient de la mort. — La Judée se trouvait ainsi entièrement débarrassée d'ennemis, à part toutefois l'Acra de Jérusalem, où se cantonnaient encore les incorrigibles Hellénistes avec Ménélaüs, et peut-être aussi une petite garnison syrienne.

Or, les deux victoires décisives d'Emmaüs et de Bethsour avaient complètement changé la face des choses. L'éventualité menaçante était écartée. Depuis le début des persécutions religieuses et la profanation du temple, trois ans et demi environ — la moitié d'une semaine d'années — s'étaient écoulés, selon la prédiction du livre de Daniel (de tammouz 168 à marheschwan 165). À la fièvre meurtrière de cette période avait succédé le calme. Maccabée et son parti profitèrent de ce moment favorable pour se porter vers Jérusalem et mettre un terme aux abominations qu'on lui avait imposées. L'aspect de la sainte cité était accablant pour le cœur de ses fils, qui avaient versé pour son honneur le plus pur de leur sang. Elle était devenue une solitude où, seuls, se prélassaient audacieusement ses insulteurs. Le sanctuaire surtout offrait l'image de la désolation : les portes brûlées, les portiques saccagés, partout des autels païens, et la statue de Jupiter, et l'effigie de l'impie Antiochus.

Mais les pieux guerriers n'avaient pas le loisir de s'abandonner au deuil et à la douleur : il fallait agir sans retard, car on pouvait être interrompu inopinément dans l'œuvre réparatrice. Leur premier soin fut de mettre en pièces la statue de Jupiter et d'éloigner des saints parvis ces pierres impures et les autres abominations (3 kislew - novembre 165). Ce n'est pas tout : l'autel même, cet autel souillé par tant de profanations, ne semblait plus digne de servir aux sacrifices ; un autel nouveau le remplaça. On posa de nouvelles portes, aux vases sacrés on en substitua d'autres. Trois semaines suffirent à tous ces travaux préalables, et le 25e jour du mois de kislew, au matin, eut lieu la dédicace du temple, consacré par des sacrifices et des actions de grâces. Les deux consécrations antérieures de la maison de Dieu ne s'étaient probablement pas faites avec plus de recueillement et de bonheur que celle-ci. La joie la plus pure inondait tous les cœurs. L'angoisse mortelle qui, depuis trois ans et demi, n'avait cessé de peser sur eux, avait disparu pour faire place à une satisfaction intime et aux plus riantes espérances. Ce que signifiait la Dédicace, ce n'était pas seulement la victoire des faibles sur les forts, des bons sur les méchants

: c'était aussi et surtout la victoire du judaïsme sur le paganisme élégant de la Grèce, celle du Dieu d'Israël sur les fausses divinités. — Cette fête inaugurale dura huit jours. Toute la population des villes de Judée y prit part, et, à ce qu'il semble, les habitants de Jérusalem illuminèrent la façade de leurs maisons en souvenir de la Thora, que les poètes hébreux appellent une lumière. Les frères hasmonéens, de concert avec les membres survivants du grand Conseil, adoptèrent une mesure importante : il fut décidé qu'à l'avenir une fête annuelle de réjouissance serait célébrée pendant huit jours, commençant au 25 kislew, pour rappeler la dédicace du temple, pour immortaliser les victoires du petit nombre et le relèvement du sanctuaire. Cette décision a été religieusement observée, et chaque année, depuis deux mille ans, toute maison israélite s'illumine pendant les huit jours de la Dédicace, Hanoukah. C'est de cette circonstance que la fête a aussi reçu le nom de Fête des lumières.

Il s'entend que l'ancien ordre de choses fut rétabli dans le temple, et que prêtres et lévites furent réintégrés dans leurs fonctions. Seuls, les Aaronides qui avaient trempé dans l'idolâtrie furent exclus du sanctuaire et privés des prérogatives qui s'y rattachaient. Mais cette rigueur, d'ailleurs justifiée, eut de fâcheuses conséquences et ne put qu'aggraver la situation. Les prêtres hellénistes du parti de Ménélaüs, jugeant impossible tout rapprochement avec les chefs du parti national, persistèrent de plus en plus dans leur haine contre lui et redoublèrent d'hostilité. Pendant la durée des travaux de purification, Juda Maccabée avait fait monter la garde à ses soldats pour n'être pas inquiété par les Hellénistes, et, l'inauguration terminée, il fit entourer la montagne du temple d'une haute muraille, y fit élever de puissantes tours et y mit une bonne garnison pour la protéger contre toute surprise, notamment contre un coup de main de l'Acra. Dans la prévision des nombreuses luttes qu'aurait encore à soutenir le peuple, il s'occupa de fortifier également le pays sur d'autres points ; entre autres Bethsour, par où Lysias, en dernier lieu, avait voulu pénétrer avec son armée, et qui devait, dans sa pensée, servir de défense contre les Iduméens.

Effectivement, les victoires des combattants judaïtes sur les fortes armées de Syrie n'avaient fait qu'attiser contre eux la haine des peuplades voisines ; les Judéens vivant près d'elles ou réfugiés dans leurs pays étaient plus que jamais l'objet de leur fureur, et il semblait qu'elles fussent jalouses de leurs succès ou alarmées de leur supériorité. Au sud-ouest les Philistins, au nord-ouest les Phéniciens, par-delà le Jourdain les Ammonites, les Syriens et les Macédoniens dans tout le voisinage, tous étaient animés contre eux d'une égale hostilité ; mais nul, parait-il, au même degré que les Iduméens, habitant au midi. Lorsque les Nabatéens les avaient autrefois repoussés de leur pays, ils s'étaient établis dans un territoire appartenant aux Israélites et s'étaient même emparés d'Hébron. Ennemis acharnés d'Israël molesté par Antiochus, comme ils l'avaient été jadis au temps de Nabuchodonosor, ils guettaient ses malheureux fuyards, les maltraitaient et souvent les faisaient périr. Il importait donc au plus haut point de les réduire à l'impuissance. La distance n'étant pas longue, Juda alla d'abord les attaquer dans Acrabattine, les vainquit et les expulsa de leurs demeures. Puis il passa le Jourdain avec sa troupe et livra bataille aux Ammonites, commandés par un certain Timothée, ennemi implacable des Judéens. Vaincu par Juda, qui peut-être aussi s'empara de Rabbat-Ammon (Philadelphie), capitale des Ammonites, Timothée se retira dans la forteresse de Jaezer, distante de quelques lieues, et gouvernée par son frère Chéréas. Dans l'attaque de ce fort presque inaccessible, vingt jeunes Judéens, dit-on, firent des prodiges de bravoure, grimpèrent au faite des murailles et ouvrirent l'accès de la place à leurs compagnons. Par la prise de Jaezer et de ses dépendances, Juda était arrivé à ses fins : assurer le repos aux Judéens fixés dans cette contrée, et imposer le respect aux peuples du pays.

Cependant, la troupe judaïte était à peine rentrée dans Jérusalem qu'elle y recevait de fâcheuses nouvelles de ses frères molestés par les païens du voisinage. Comme autrefois vers Saül, les Israélites, dans leur détresse, se tournèrent vers Maccabée. Ceux qui habitaient le Galaad et le Basan l'informèrent, par une lettre, que leurs ennemis se massaient contre eux, avaient résolu d'en finir et avaient mis à leur tête Timothée. Ils lui parlaient aussi de leurs frères habitant la province de Tobiène, où l'ennemi avait tué mille Judéens, capturé femmes et enfants, pillé tous leurs biens. Au même instant survinrent des messagers, ayant leurs vêtements déchirés en signe de deuil et lui apportant des lettres de leurs frères de Galilée, menacés d'extermination par les habitants d'Acco (Ptolémaïs), de Tyr et de Sidon. Tous suppliaient Juda de voler à leur secours avant qu'il fût trop tard. Il n'avait pas besoin, lui, comme Saül, de dépêcher des courriers aux tribus, de faire entendre des paroles menaçantes, pour appeler tous les rangs de l'armée au secours de Jabès-Galaad : son armée, il l'avait là près de lui ; c'étaient tous les Israélites sachant se battre, et, ils le suivaient joyeux, obéissants, dévoués. Maccabée fractionna cette armée, remit une division au commandement de son frère Siméon, chargé de délivrer les Judéens de Galilée, et lui-même, à la tête d'une autre division, se disposa à marcher, avec son frère Jonathan, au secours des coreligionnaires opprimés sur l'autre rive du Jourdain, en Pérée. Pour le surplus de ses hommes, il l'envoya à la frontière occidentale, sous la conduite de deux chefs, pour parer aux attaques possibles du côté de la Philistée.

Siméon accomplit sa tâche bien et vite. Il marcha d'abord sur Acco, dont les habitants judaïtes avaient le plus souffert de la persécution des Grecs ou des Macédoniens. Là il eut affaire à des masses considérables d'ennemis, que sa troupe vaillante et déjà aguerrie mit en déroute et poursuivit jusque sous les murs de la ville maritime. Ce fait d'armes abrégea pour lui la lutte, car les Macédoniens des autres villes n'osèrent dès lors lui tenir tête. Siméon put donc s'avancer sans coup férir à travers toute la Galilée ; il réunit les Judéens de la contrée et les décida à quitter cette terre inclémente pour s'établir dans la Judée.

De son côté, Juda Maccabée avait une lutte plus difficile à soutenir dans la région de la Pérée. Là s'élevaient, comme autrefois, des châteaux forts perchés sur des hauteurs et qu'il fallait emporter d'assaut. Là il trouva de nouveau sur son chemin Timothée, le tenace et infatigable général. Juda s'empara de plusieurs forteresses, en rasa les murs, en désarma les défenseurs, délivra les Judéens enfermés dans une de ces places et ceux de la Tobiène, et réunit pareillement les Judéens du Galaad pour leur faire passer le Jourdain et les établir en deçà du fleuve. C'est peu de temps avant la fête des Semaines (mai 164) qu'il revint à Jérusalem, avec cette foule d'émigrés galaadites. Le peuple accourut de toutes les villes de Judée pour féliciter les vainqueurs ; on célébra la fête d'un cœur joyeux et reconnaissant, et des psaumes d'allégresse retentirent dans le temple.

Aussitôt après la clôture de cette solennité, Juda partit avec ses hommes en vue de réparer un échec. Pendant son absence, les deux lieutenants qu'il avait laissés dans l'ouest pour surveiller le pays, — Joseph, fils de Zacharie, et Azarias, — avaient, contrairement à ses ordres, attaqué Gorgias, qui était resté à Jamnia avec une troupe ; mais ils avaient été battus et refoulés jusqu'aux montagnes de Judée. Il résolut donc de marcher contre Gorgias, comptant que la terreur de son nom et sa poignée de braves suffiraient à l'écarter. Cette fois encore, en effet, ses armes furent heureuses ; il détruisit plusieurs villes du littoral, en renversa les temples et en brisa les idoles.

Or, tandis que Juda avait ainsi relevé son peuple, avait transformé ces timides fuyards blottis dans des cavernes en une troupe de héros pleins de confiance en eux-mêmes et dans l'avenir, avait partout humilié et partout châtié les ennemis des Judéens, la retour de Syrie demeurait aussi tranquille que si ces graves événements ne n'eussent en rien intéressée. Comment Lysias, qui tenait les rênes de l'État, restait-il impassible en présence de cet audacieux défi ? Manquait-il de ressources pécuniaires pour soudoyer de nouvelles troupes ? Tenait-il réellement les Judéens pour invincibles ?... Un homme haut placé à la cour de Syrie, Ptolémée Macron, avait, dit-on, pris leur défense et blâmé, comme inique, la contrainte religieuse exercée à leur égard. — Du côté de l'Asie, de graves nouvelles écrivaient à Antiochus Épiphane. Après avoir mis à la raison, dans l'Arménie, le rebelle Artaxias, il avait fait une expédition contre la Parthie, expédition malheureuse et qui ne lui permit pas de regarnir son trésor épuisé. Pour subvenir à ses besoins d'argent, il avait tenté une autre expédition sur la ville de Suse, dans l'Élymaïde, afin de s'approprier les richesses accumulées dans le temple de la déesse Anaïtis ; mais la résistance des habitants l'avait contraint à la retraite. Sur quoi il était tombé malade et avait expiré en proie au délire. Lui qui avait raillé la Divinité et la justice divine, lui qui devait froidement vilipendé les choses les plus saintes, tomba finalement dans une complète démence, après avoir vu échouer piteusement tous ses projets. Il est fort croyable que la conscience de ses sacrilèges l'ait poursuivi sur son lit de mort, qu'elle l'ait même fait tomber dans une folie furieuse. C'était folie, en tout cas, que d'avoir, par acte de dernière volonté, désigné Philippe, un de ses familiers, comme régent et tuteur de son jeune fils Antiochus V (Eupator), alors que lui-même, avant ses récentes expéditions, avait investi Lysias des pouvoirs les plus étendus. N'était-il pas à prévoir que ces deux rivaux se feraient la guerre et jetteraient ainsi le pays dans le plus grand désordre ? Et de fait, les dernières volontés d'Antiochus eurent de funestes conséquences pour le royaume syro-macédonien et pour la dynastie des Séleucides.

La mort d'Antiochus n'amena aucun changement dans la situation des Judéens. Tuteur du jeune Antiochus V (décembre 164 à novembre 162), Lysias restait maître, après comme avant, et continuait à ne pas agir contre les Judéens. Juda Maccabée profita de cette inaction pour porter remède aux difficultés intérieures.

La situation, en effet, n'était pas commode à Jérusalem. Cette ville renfermait deux forteresses voisines l'une de l'autre, d'où chaque jour les partis rivaux se lançaient mutuellement la destruction et la mort. La Birah ou Acra continuait à abriter les Hellénistes et l'indigne grand prêtre Ménélaüs, qui poursuivaient toujours de leurs hostilités les fidèles patriotes et le sanctuaire. Pour mettre le temple à couvert de leurs attaques, Juda l'avait fait ceindre d'une haute muraille et flanquer de tours. Mais combien pouvait se prolonger encore cette guerre incessante entre deux camps retranchés si voisins l'un de l'autre ! Juda résolut d'y mettre un terme. Il entreprit un siège en règle de l'Acra ; il éleva des remparts et fit avancer des balistes, destinées à lancer de grosses pierres contre les murs. Dans leur détresse, quelques Hellénistes cherchèrent à forcer le blocus afin de parvenir jusqu'à Eupator, de lui dépeindre leur situation pénible et d'implorer son assistance. Ils firent aussi remarquer au jeune roi — ou au régent — que si l'Acra devait tomber au pouvoir de la légion hasmonéenne, ces rebelles seraient décidément invincibles. Là-dessus, la cour syrienne tint conseil, et l'on résolut de combattre énergiquement cette rébellion par les armes. En vain Ptolémée Macron conseilla un arrangement amiable, sa voix ne fut pas écoutée. Ainsi se ralluma la guerre (printemps de 162). Le moment était peu favorable pour les Judéens : on était dans l'année de jachère, où les travaux des champs étaient interdits. Or ces hommes, qui avaient exposé leur vie pour la défense de leur doctrine, observaient la loi de l'an sabbatique avec un scrupule extrême et n'avaient semé ni récolté cette année-là. La population avait, pour toute ressource, les fruits des arbres et le peu que produisait spontanément la terre ou qu'elle avait produit antérieurement à cette époque. Les forts où résidaient des garnisons ne pouvaient être approvisionnés.

Lysias, en compagnie du jeune Eupator, marcha de nouveau sur la Judée à la tête d'une armée considérable et avec une troupe d'éléphants. Cette fois encore, c'est par le sud qu'il pénétra dans le pays. Maccabée ne pouvait mettre en mouvement que quelques milliers de combattants, ayant besoin d'une partie de ses hommes pour garder les forts, le temple et Bethsour, de sorte qu'il fallait se borner à la défensive. La forteresse de Bethsour devait retenir longtemps l'ennemi sous ses murs ; la garnison, d'ailleurs, combattait vaillamment et faisait de fréquentes sorties. Mais elle ne pouvait soutenir un long siège, parce qu'elle avait peu de vivres, et le secret des communications destinées à l'alimenter fut, dit-on, livré à l'ennemi par un traître du nom de Rhodocus. Contrainte par la famine, la garnison de Bethsour dut se rendre, à condition toutefois qu'on la laissât sortir librement. L'armée syrienne, débarrassée de cet obstacle, marcha sur Jérusalem. Maccabée ne pouvait plus éviter de lui tenir tête. Là encore, les Judéens firent des prodiges d'intrépidité. Un des frères hasmonéens, Éléazar Hawran, se glissa sous le corps d'un éléphant, qu'il croyait monté par le roi ; il perça le ventre de l'animal, qui tomba sur lui et l'écrasa. Mais il fallut céder à la supériorité du nombre. Juda se replia avec sa troupe dans Jérusalem et se retrancha dans la forteresse du temple. Lysias le suivit de près et en fit le siège dans toutes les règles, multipliant les engins d'attaque, auxquels Juda ne se fit pas faute d'en opposer d'autres. Mais le siège traîna en longueur, si bien que les provisions, peu abondantes à cause de l'année sabbatique, finirent par s'épuiser. Vaincus par les tortures de la faim, les guerriers s'échappèrent du fort, l'un après l'autre, par des conduits souterrains, et se dispersèrent dans la campagne. Maccabée seul, ses trois frères et quelques fidèles tinrent bon, résistant à la faim elle-même. Jérusalem — ou plutôt son dernier refuge, le temple — était sur le point de succomber, comme au temps de Nabuchodonosor, et menacé peut-être d'une nouvelle destruction. Un événement inattendu le sauva.

Ce même Philippe, qu'Antiochus Épiphane avait, à son lit de mort, nommé régent du royaume et tuteur de son fils, venait d'entrer dans Antioche pour enlever le pouvoir à Lysias. Dès que celui-ci fut informé, dans son camp, de l'entreprise dirigée contre lui, il songea à faire marcher contre son ennemi les troupes campées à Jérusalem. Un traité de paix fut conclu, dont la principale clause garantissait aux Judéens une liberté religieuse absolue. L'enceinte fortifiée du temple devait, en outre, rester intacte. Le roi et son tuteur ratifièrent la convention par un serment, sur quoi on leur ouvrit les portes du parvis extérieur pour qu'ils fissent leur entrée dans le temple. Mais ils n'y eurent pas plus tôt pénétré que, au mépris de la foi jurée, ils commandèrent à leurs soldats de jeter bas tours et murailles. Ils ne firent pas, du reste, d'autres dégâts dans ce sanctuaire et n'y commirent aucune profanation. Lysias avait hâte de marcher contre son ennemi Philippe, qui, entre temps, s'était emparé de la capitale, Antioche. — Ainsi, la longue lutte des Hasmonéens n'avait pas été sans fruit. Tout d'abord, la liberté religieuse était assurée aux Judéens, qui n'étaient plus contraints, désormais, de sacrifier à Jupiter. Mais ce n'est pas tout : la cour de Syrie retira sa protection aux Hellénistes, qui durent évacuer la citadelle d'Acra. Ménélaüs, ce fléau de son peuple, fut sacrifié par Lysias : condamné comme perturbateur de la paix publique, il fut exécuté à Berœa (Alep), après avoir, dix ans durant, déshonoré la tiare par une série de crimes. Jason, moins coupable que Ménélaüs, mais qui avait contribué, lui aussi, aux malheurs du pays, était mort, antérieurement déjà, en terre étrangère. Persécuté par Antiochus Épiphane et repoussé par son hôte Arétas, prince nabatéen, il s'était réfugié en Égypte, n'y avait pas trouvé plus de sécurité, et, après avoir erré de ville en ville, avait enfin, dit-on, terminé à Sparte son existence agitée.

La conclusion de la paix ayant amené de meilleurs rapports entre la cour de Syrie et les Judéens, et donné toute facilité pour le rétablissement de l'ancien ordre de choses, il y avait lieu nécessairement d'instituer un grand prêtre. Qui était plus digne de cette sainte fonction et plus digne de gouverner que Juda Maccabée ? C'est à lui qu'Antiochus Eupator, ou son tuteur Lysias, paraît avoir conféré la dignité pontificale. Dans cette période de calme où l'on venait d'entrer, le guerrier pouvait déposer ses armes, le laboureur cultiver son champ, le savant méditer la loi divine et son interprétation ; les plaies saignantes de la patrie commençaient à se fermer. Nais ce calme n'était qu'une courte accalmie. Trop de fièvre agitait encore les esprits, après la lutte des factions et les guerres intestines, pour qu'on pût si aisément jeter un voile sur le passé. Il y avait encore des Hellénistes, — avouant ou dissimulant leurs principes, — qui ne pardonnaient pas à Juda et à ses amis, surtout aux Hassidéens, d'avoir vaincu leur ligue et paralysé leurs efforts, et qui nourrissaient contre eux une haine amère.

Or, le prince Démétrius, qu'Antiochus Épiphane avait si adroitement supplanté dans la succession au trône, était toujours à Rome, où on le retenait comme otage. Mais lorsqu'un beau jour, jugeant l'occasion favorable, il quitta Rome et sut écarter à la fois le fils de l'usurpateur et le tuteur de ce prince, les choses changèrent de face, les troubles recommencèrent.

Les mécontents de Judée profitèrent de cette péripétie politique pour donner carrière à leurs plaintes et à leurs accusations contre les frères hasmonéens et leurs partisans. Cette fois encore ils avaient à leur tête un prêtre, un certain Yakim, — en grec Alkimos (Alcime), — Helléniste déclaré ou hésitant, on ne le sait pas au juste. Neveu, paraît-il, d'un docteur respecté, José, fils de Joézer, il flattait néanmoins le parti des novateurs. Il était exaspéré de se voir, à cause de son passé, mis à l'écart, exclu de l'autel et du temple. Accompagné de ses amis, et se faisant — ajoutait-on — précéder d'un pont d'or, il se rendit chez

Démétrius, lui dépeignit, sous les plus sombres couleurs, la situation de la Judée, et en attribua la responsabilité à Juda et aux Hassidéens. C'est Maccabée que visait, par-dessus tout, l'accusation : tant que Maccabée resterait vivant, point de paix à espérer pour le pays ! — Cette démarche ne pouvait que plaire à Démétrius : elle lui donnait l'occasion de faire valoir son autorité sur ce petit pays, à moitié détaché de la Syrie. Il ne voulait point, à la vérité, comme l'avait fait son oncle, tyranniser la conscience religieuse ; mais, en instituant un grand prêtre de son choix, en même temps chef politique de l'État, il montrait à la Judée qu'elle avait un maître. Pour décourager toute contradiction et toute résistance, il envoya à Jérusalem, à la tête d'une troupe, un guerrier rude et intraitable, Bacchidès. Le plénipotentiaire syrien entra dans Jérusalem avec des allures pacifiques et le sourire aux lèvres ; mais Juda, ses frères et ses fidèles partisans, n'en furent pas dupes.

Bien certains qu'on méditait leur mort et l'asservissement du pays, ils abandonnèrent la capitale et se réfugièrent, comme autrefois, dans la montagne. Les Hassidéens, plus candides, se laissèrent prendre aux apparences. Alcime était de la race d'Aaron, il n'en fallait pas davantage pour mériter leur confiance. Une réunion de docteurs de la Loi, peut-être le grand Conseil tout entier, se rendit auprès de Bacchidès et d'Alcime pour les assurer de sa fidélité et de ses sentiments pacifiques, pour les supplier de rendre le repos au pays et de mettre enfin un terme aux violences, qui conduisaient la société à la barbarie. Le nouveau grand prêtre protesta n'avoir, lui aussi, d'autre pensée que la paix et la prospérité du pays, et appuya d'un serment cette assurance.

Mais une fois maître du temple et de la ville, il ordonna — ou il conseilla à Bacchidès — de faire massacrer, en un seul jour, soixante des Hassidéens ralliés à lui, parmi lesquels vraisemblablement son oncle José, fils de Joézer. Cette atrocité doublée d'un parjure plongea le pays entier dans l'horreur et le deuil. De nouveau tous les yeux et tous les cœurs se tournèrent vers Maccabée ; beaucoup même de ceux qui avaient embrassé le parti d'Alcime lui tournèrent le dos et allèrent chercher, dans leur retraite de Modin, les frères hasmonéens.

Peu après, non loin de Jérusalem, un certain nombre d'hommes qui s'étaient séparés d'Alcime furent, sur l'ordre de Bacchidès, enveloppés, mis à mort et jetés dans une citerne ; ce fut le signal d'une nouvelle guerre civile (161). Tous ceux, hommes faits ou jeunes gens, qui avaient au cœur l'amour du pays et de la liberté, se groupèrent encore une fois autour des héros hasmonéens ; Alcime, au contraire, avait pour lui les ambitieux, les affamés de jouissances, les contempteurs de la Loi. Ainsi se dessinaient de nouveau deux partis opposés et hostiles. Le parti helléniste eut d'abord le dessus, fort de la protection des troupes étrangères avec lesquelles Bacchidès parcourait le pays pour contraindre les habitants à obéir à Démétrius et à le reconnaître lui-même. Mais Maccabée vit grossir peu à peu le nombre de ses amis, avec lesquels il put livrer maints combats aux Hellénistes, châtier les transfuges et répandre la terreur, à tel point que les partisans d'Alcime, n'osant plus se montrer dans la province, durent se confiner dans Jérusalem. À l'instar de ses prédécesseurs, Alcime prétendait fonder son autorité bien moins sur l'amour du peuple que sur la protection de la cour. Il courut à Antioche, y fit de nouveau retentir plaintes et accusations contre les Hasmonéens, et de nouveau se fit écouter. Mettre à la raison les Judéens rebelles parut chose facile à Démétrius. Il envoya en Judée un de ses guerriers, nommé Nicanor, qu'il chargea de procéder avec une implacable rigueur. Ce général jugea utile, lui aussi, d'affecter d'abord de la bienveillance. Il voulait, d'ailleurs, gagner du temps, n'ayant pas encore sous la main toutes les troupes mises à sa disposition. On racontait que le général syrien, apprenant sans cesse de nouveaux traits de la valeur et de l'héroïsme de Juda, était devenu son admirateur et avait voulu opérer un rapprochement entre lui et le roi ; qu'à cet effet il avait envoyé à Maccabée trois hommes de confiance avec des propositions d'accommodement. Ces propositions auraient paru acceptables à Juda et à ses amis, et, par suite, une entrevue aurait eu lieu entre lui et Nicanor. Ce dernier, en faisant la connaissance personnelle du héros judéen, aurait conçu pour lui une si vive admiration, qu'il lui aurait conseillé de prendre femme, une fois la paix conclue, afin de faire souche de héros. Mais cette bonne intelligence aurait été troublée par Alcime, qui lui aurait dénoncé Nicanor comme jouant un double jeu, favorisant son ennemi Juda et projetant même de le faire nommer grand prêtre. Sur quoi, le roi aurait ordonné catégoriquement à Nicanor de cesser tous ces pourparlers, et de lui amener Juda, pieds et poings liés, à Antioche.

Quoi qu'il en soit, ce dernier, dont un avis secret avait éveillé la défiance, s'était prudemment mis à l'abri dans la montagne. Nicanor l'y suivit avec ses troupes ; une rencontre s'engagea près de Kapharsalama, dans le voisinage de Samarie. L'armée de Nicanor fut défaite et contrainte de se retirer dans l'Acra. Nicanor, furieux de cet échec, recommença la guerre avec un effort désespéré. Son grand souci était de s'emparer de la personne de Juda Maccabée, qui pour lui valait une armée. Il se rendit donc sur la montagne du temple, pour ordonner qu'on lui livrât le héros. Les prêtres et les membres du grand Conseil, avec force prévenances et démonstrations d'amitié, représentèrent qu'ils prouvaient assez leur fidélité au roi en offrant journellement des sacrifices à son intention. Lui, hautain et railleur, leva la main, avec un geste de menace, dans la direction du temple et jura qu'il y mettrait le feu, si on ne lui livrait Juda. Pour y mieux déterminer les Judéens, il fit saisir et garda comme otage un des hommes les plus considérés de Jérusalem, le pieux Raghés ou Razis, si universellement aimé qu'on l'appelait le Père des Judéens. Mais, à l'approche des licteurs, Raghès, dit-on, se tua lui-même. Nicanor, suivi d'une nombreuse armée, s'acharna de plus belle à chercher Juda dans la montagne. Il établit son camp près de Béthoron. Juda, de son côté, avait rassemblé trois mille de ses partisans les plus courageux. On livra bataille, et, cette fois encore, la bravoure judaïque triompha du nombre. Dès le premier engagement, Nicanor perdit la vie, et son armée éperdue se débanda. Partout où passaient les fuyards syriens, les habitants des villes et des villages leur couraient sus, les maltraitaient, et pas un seul, assure-t-on, ne put atteindre Gazara, où se dirigeait leur course. Telle fut l'importance de cette bataille d'Adarsa (13 adar 160), que se date, à l'instar de celle de la dédicace du temple, fut consacrée à jamais comme un jour de fête et de réjouissances, et on la célébra longtemps sous le nom de Yom Nikanor, le Jour de Nicanor. — La tête et le bras du Syrien, séparés du tronc, furent attachés comme un trophée sur la muraille de Jérusalem.

Juda et son parti étaient donc de nouveau maîtres de cette ville, d'où Alcime s'était éloigné dès avant la bataille. Néanmoins, le Maccabéen ne se méprenait nullement sur la difficulté de la situation, et il s'attendait à voir Démétrius venger, plus vigoureusement que ne l'avaient fait ses prédécesseurs, la défaite de son armée. Il prit donc un parti d'une utilité contestable : il noua des rapports avec Rome, alors déjà toute-puissante. À cet effet, il choisit deux Judéens familiers avec la langue grecque, Eupolémus et Jason, et les envoya à Rome ou peut-être aux délégués romains qui parcouraient fréquemment l'Égypte, la Syrie et l'Asie Mineure. Mais ses mandataires étaient à peine arrivé à leur destination, que Juda fut de nouveau contraint de tirer l'épée.

Démétrius, à la nouvelle de l'échec de Nicanor, avait aussitôt dirigé sur la Judée une armée imposante, sous le commandement du féroce Bacchidès. Celui-ci s'avança à travers la Galilée et la plaine de Jezréel, tua tous les Judéens qu'il trouva sur son passage, et, dès le mois de nissan (mars-avril), arriva sous le murs de Jérusalem. Juda avait dû quitter la capitale, alors démantelée et où il n'aurait pu se défendre. Il adressa un appel aux hommes et aux jeunes gens, les pressant de venir combattre pour la patrie, la loi divine et la liberté ; mais trois mille guerriers seulement se groupèrent autour de lui. Avec cette poignée d'hommes, Juda se porta vers le sud et campa près d'Eleasa, le nord de la montagne ne lui offrant plus de sécurité. Bacchidès poursuivit la troupe judéenne avec vingt mille hommes d'infanterie et deux mille cavaliers. À la vue de ces formidables colonnes, le cœur manqua à la plupart des Judéens. Ils insistèrent pour que la lutte fût provisoirement ajournée, et que leur corps se dispersât en attendant qu'un renfort de combattants pût lui venir en aide. Vainement Juda déploya toute son éloquence pour ranimer leur courage et les retenir : la majeure partie battit en retraite, huit cents hommes seulement restèrent autour de Juda. Avec les plus déterminés de cette faible troupe, il fondit sur l'aile droite de Bacchidès, la mit en déroute et la poursuivit jusqu'au territoire d'Aschdod (Azoth). Mais les Judéens restés en arrière ne purent soutenir le choc de l'aile gauche des Syriens ; ils furent écrasés, et lorsque Juda revint sur ses pas, il lui fallut recommencer le combat sur nouveaux frais. Lui et les siens, cette fois encore, firent des miracles de valeur. La bataille dura du matin jusqu'au soir ; des deux côtés, morts et blessés jonchaient le sol. Mais la troupe judaïque fondait à vue d'œil, et les derniers survivants furent enveloppés par l'ennemi. Juda Maccabée périt enfin lui-même, l'épée à la main. Les derniers combattants prirent la fuite, et ses frères eurent le bonheur de pouvoir du moins dérober aux outrages et mettre en sûreté la dépouille de l'infortuné héros. — Par cette tragique bataille d'Eleasa (nissan 160), tous les avantages conquis jusqu'alors semblaient réduits à néant. La troupe hasmonéenne, cette légion d'intrépides, était anéantie. Alcime reprit possession de la capitale et du temple : il pouvait maintenant triompher.

Toutefois, elle n'avait pas été stérile, cette longue lutte des Maccabées. Elle avait réveillé le peuple de sa torpeur, elle l'avait rajeuni. Le sang des martyrs, dit-on, guérit les blessures. De fait, le sang de ces généreux héros a guéri les plaies dont souffrait leur peuple. Au dehors, l'opprobre infligé au nom judaïque était effacé. Les Grecs railleurs, une fois qu'ils eurent fait connaissance avec le bras de Juda, ne furent plus tentés de rire à l'aspect d'une troupe judéenne, et les Judéens n'eurent plus besoin, pour démontrer leurs droits, de recourir à la puérile imitation des jeux olympiques. À l'intérieur, le peuple avait acquis la conscience de lui-même et de sa destinée; il s'était montré le vrai peuple de Dieu, appelé à affirmer sa doctrine propre et sa propre loi morale, digne et capable de sauvegarder ce double patrimoine. Cet esprit d'abnégation et de sacrifice, que le prophète Élie avait enseigné d'abord sur un humble théâtre, que plus tard le second Isaïe avait prêché avec une entraînante éloquence, devint pour le peuple entier, grâces aux luttes et aux souffrances maccabéennes, une vertu familière et le plus évident des devoirs.

Deuxième époque
L'apogée

HEINRICH GRAËTZ

Chapitre VI

Les Princes Hasmonéens — (160-143)

Lorsque Juda Maccabée eut exhalé sa grande âme sur le champ de bataille d'Eleasa, la nation entière prit le deuil, et véritablement elle était devenue orpheline. L'immense élan qui avait enfanté tant d'exploits prodigieux, suscité tant de poètes avec leurs strophes enflammées, cet élan extraordinaire ne pouvait, en raison même de sa nature fiévreuse, durer indéfiniment, et une détente graduelle devait fatalement lui succéder. Un peuple entier ne peut rester sans cesse sous les armes, pour repousser des hostilités sans cesse renouvelées. D'ailleurs, le principal grief qui lui avait mis les armes à la main n'existait plus, et les Judéens avaient, dans un sens, gagné définitivement leur cause : ils n'étaient plus contraints, désormais, de renier le Dieu d'Israël et de sacrifier à Jupiter. Le traité conclu par Juda Maccabée avec le jeune roi Antiochus Eupator et son tuteur Lysias, traité qui garantissait aux Judéens la liberté religieuse, avait été respecté par Démétrius Ier, successeur de ce prince. On pouvait sacrifier dans le temple de Jérusalem selon les prescriptions de la Loi, et si Yakim ou Alcime, — le grand prêtre institué par Démétrius, — n'était pas précisément cher au peuple, toujours est-il qu'à la différence de son prédécesseur Ménélaüs, il était de race sacerdotale pure. Le parti helléniste et anti-judaïque détenait toujours, il est vrai, la citadelle de l'Acra, d'où il menaçait et les fidèles et le temple ; Bacchidès vainqueur, après la mort de Maccabée, lui avait même donné pleine autorité sur le pays, et il abusait de ce pouvoir au grand dommage des gens de bien. Mais des faits de ce genre, qui pourraient émouvoir ou révolter de grandes âmes, ont moins d'importance pour le vulgaire, amoureux de sa tranquillité avant tout, et peu disposé à risquer sa personne, sa famille et ses biens, s'il n'y est contraint par une autorité reconnue.

Or, Juda Maccabée disparu, une telle autorité manquait en Israël. Les frères hasmonéens, quoique aimés du peuple, ne possédaient pas encore assez de prestige pour rallier la nation en masse autour de leur drapeau, et ils n'étaient, pour elle, qu'un parti comme un autre.

On peut, en effet, distinguer chez les Judéens, après la mort de Juda, trois partis bien tranchés ; et c'est même, à vrai dire, dans l'époque maccabéenne qu'il faut chercher la formation première des partis, ce signe de vitalité dans l'histoire d'un peuple. L'un de ces partis, qui avait ses racines dans l'essence même du judaïsme, était celui des Chassidim (Hassidéens), des piétistes rigides. L'antipode de ce parti était celui des Hellénistes, qui comptaient dans leurs rangs des prêtres, des employés du temple et les descendants de l'ancienne noblesse. La mort de Juda leur avait valu la reprise du pouvoir.

Le troisième grand parti était celui que les Hasmonéens avaient eu, en peu de temps, la puissance de constituer. Il avait à sa tête les trois fils survivants de Mattathias : Jonathan, Siméon et Johanan, autour desquels se groupaient des alliés de leur famille, des amis et d'autres Judéens partageant leurs vues. D'accord avec les Hassidéens dans l'amour du judaïsme et des objets de son culte, les Hasmonéens se séparaient d'eux par une intuition plus large, une appréciation plus saine des circonstances et une activité résolue, marchant droit à son but sans s'effrayer des obstacles. Ce n'était pas assez pour eux d'avoir fait cesser la profanation du sanctuaire et les attentats à la liberté religieuse; ils voulaient aussi supprimer les causes déterminantes de ces maux. L'attitude de ce parti est bien caractérisée par cette parole d'un psalmiste : La louange de Dieu est dans leur bouche, et dans leur main un glaive à deux tranchants. Ils ne pouvaient souffrir que la Judée subit plus longtemps le joug abhorré de la Grèce, que le sort du judaïsme dépendit des caprices d'un despote syrien ou des intrigues d'une faction perverse. Ce n'était pas seulement la liberté religieuse qu'ils prétendaient fonder dans leur pays, c'était aussi l'indépendance politique. — Mais pour cette considérable entreprise, de constituer un État judaïque indépendant, les ressources dont disposaient les Hasmonéens leur semblaient absolument insuffisantes. Ils écoutèrent donc les conseils de la prudence humaine, en cherchant à suppléer, par une assistance étrangère, à leur propre impuissance. C'est ainsi qu'ils entamèrent des relations avec Rome et aussi, parait-il, avec les Parthes, qui avaient pareillement secoué le joug de la Syrie. Mais cette politique terrestre ne pouvait plaire à leurs alliés, les Hassidéens, qui, mettant leur confiance exclusivement en Dieu, attendaient de lui seul, comme dans l'histoire biblique, l'anéantissement miraculeux de leurs ennemis, et qui blâmaient le recours à l'étranger comme un manque de foi à la puissance divine : Il vaut mieux se fier à Dieu qu'aux hommes ; il vaut mieux compter sur Dieu que sur les princes ! Il est à supposer que ce mécontentement fut une des causes qui les séparèrent des Hasmonéens et, par suite, réduisirent le nombre des combattants, circonstance à laquelle on peut attribuer lai mort de Juda.

De ces trois partis, celui des Hasmonéens était le seul qui pût arriver à prendre le timon des affaires. Les Hellénistes avaient trop violemment rompu avec le gros de la nation pour pouvoir espérer un avenir. Pour les Hassidéens, leurs vues étroites et leur placide indifférence les rendaient incapables de dominer l'anarchie pour y substituer l'ordre. Or, elle était terrible l'anarchie dont la Judée était alors le théâtre. Les deux partis armés — les Hasmonéens et les Hellénistes — s'attaquaient et s'entredéchiraient en toute rencontre ; nulle autorité régulière n'existait dans le pays, d'ailleurs en proie à une famine qui aggravait encore ce triste état de choses. Cette situation troublée est ainsi décrite dans le document primitif : Il y avait une grande affliction en Israël, comme il n'y en avait pas eu depuis le jour où la prophétie avait cessé.

Dans leur désespoir, les Judéens tournèrent leurs regards vers Jonathan Apphus : lui seul, pensaient-ils, saurait dompter des Hellénistes, rendre au pays la paix et le bien-être. Mais Jonathan ne possédait ni la popularité de son frère Juda ni ses qualités militaires. Il était homme d'État plutôt que grand capitaine. Trop faible pour attaquer Bacchidès et son armée, que Démétrius avait fait marcher sur la Judée, il ne pouvait que se tenir sur la défensive. Poursuivis par l'armée syrienne, les Hasmonéens se retranchèrent près d'une citerne d'Asphar, dans un fourré de la plaine du Jourdain ; mais, ne s'y croyant pas encore assez en sûreté, ils envoyèrent les femmes et les enfants de l'autre côté du fleuve, dans la tribu des Nabatéens, avec laquelle ils étaient en bonnes relations. Ces malheureux, que conduisait l'Hasmonéen Johanan, furent attaqués en route par une peuplade hostile, les Bné-Amri, de Médaba, et massacrés jusqu'au dernier ; atrocité dont, plus tard, Jonathan tira vengeance. — Mais les retraites mêmes de la vallée du Jourdain n'offraient plus de sécurité à la troupe hasmonéenne. Bacchidès l'y pourchassa, tomba sur elle un jour de sabbat, où la résistance, sans être défendue, était cependant plus molle par suite des habitudes formalistes de ce jour, — et la contraignit de se sauver à la nage jusqu'au-delà du Jourdain. Toute la contrée citérieure se trouva ainsi livrée sans défense à l'ennemi, et Bacchidès ne laissa pas échapper cette bonne occasion d'enlever aux Hasmonéens toute possibilité de tentatives nouvelles.

Il restaura les forteresses détruites, renforça celles d'Acra, de Bethsour, de Gazara, et les munit d'armes et de vivres. En outre, pour mieux s'assurer de la fidélité du peuple, il garda comme otages, dans l'Acra, les enfants des meilleures familles. Bacchidès avait ainsi réalisé, dans l'espace d'une année (160-159), ce que ses prédécesseurs n'avaient pu faire en six ans : il avait brisé la résistance des Judéens. Le bras puissant des Maccabées leur manquait, ils ne le sentaient que trop. Certes, s'il eût convenu au roi Démétrius d'intervenir de haute lutte dans les affaires religieuses du peuple, rien ne lui était plus facile, et il ne pouvait trouver une occasion plus favorable ; mais le deuxième successeur d'Antiochus Épiphane, adonné uniquement aux plaisirs, se contentait d'avoir assuré son autorité sur la Judée, de pouvoir encaisser le tribut annuel et mettre la main sur les forces productives de la nation.

La cour de Syrie montra aussi, après la mort d'Alcime, qu'elle n'entendait plus exercer de compression religieuse. Ce grand prêtre, tout impopulaire qu'il fût, n'avait nullement pactisé avec les Hellénistes à outrance. Il n'était, en somme, qu'un ambitieux, qui se mettait volontiers du côté du plus fort. Le méfait qu'on lui reprochait n'était pas précisément, à tout prendre, une transgression religieuse. Il y avait dans le temple, entre le parvis intérieur et le parvis extérieur, une sorte de palissade, une cloison à claire-voie, qu'on appelait pour cette raison le Soreg. Cette cloison, œuvre des prophètes, à ce qu'on disait, était une barrière que ne pouvaient franchir les païens, non plus que les personnes souillées par un cadavre. Alcime entreprit de la faire abattre, évidemment dans le but de permettre aux païens l'accès de l'intérieur. Les âmes pieuses en furent profondément blessées, et Alcime ayant été peu après atteint d'une paralysie des membres et de la langue, on ne manqua pas d'y voir un châtiment céleste. La charge de grand prêtre, la plus éminente dans l'État judaïque, se trouvait ainsi vacante ; la cour de Syrie la laissa inoccupée, ne voulant pas que les Judéens conservassent même ce vestige d'indépendance. Pendant sept années, le temple resta sans grand prêtre et le pays sans représentant politique. Selon toute apparence, les fonctions de grand prêtre furent exercées, dans cet intervalle, par un vicaire ou sagan, emploi qui subsista pendant toute la durée du temple. — On ne nous dit pas que les Syriens aient porté d'autre atteinte à la liberté intérieure des Judéens. Bacchidès, dit-on, se retira aussitôt après, et le pays eut deux ans de tranquillité (159-157).

Les chefs du parti hasmonéen, Jonathan et Siméon, profitèrent de cette accalmie pour se refaire et se mettre en état de défense. Dans le désert de Jéricho se trouvait une oasis, qu'ils fortifièrent c'était Beth-Agla, non loin du Jourdain, qui leur offrait le double avantage d'un bois épais et d'une source d'eau douce et limpide. Le voisinage du Jourdain protégeait les derrières de la petite troupe et lui assurait un refuge en cas de défaite. Dans cette guerre, il est vrai, Jonathan n'était guère mieux qu'un chef de bédouins obtenant de la puissance régnante une trêve plus ou moins forcée ; mais il avait une autorité bien plus haute, parce qu'il possédait les sympathies du peuple et qu'il combattait pour une sainte cause. Du poste avantageux qu'il occupait, il dut infliger des pertes sérieuses aux Hellénistes, car nous les voyons de nouveau porter plainte auprès de la cour syrienne contre l'audace des Hasmonéens. Mais Démétrius ni Bacchidès, l'un indolent, l'autre instruit par l'expérience, ne se souciaient plus de batailler avec des guérillas sur un terrain défavorable ; les Hellénistes offrirent alors de leur livrer Jonathan et Siméon, qu'ils se chargeaient de prendre par ruse. Déjà une embuscade était préparée contre ces deux chefs, sur lesquels reposait l'avenir de la nation, lorsqu'un avis, qui leur parvint à temps, leur permit de déjouer le complot. Le résultat de cette échauffourée fut que cinquante Hellénistes furent pris et mis à mort. Bacchidès, qui avait compté sur un prompt dénouement, se vit empêtré dans une nouvelle guerre. Il assiégea les Hasmonéens dans leur fort de Beth-Agla. Mais leur troupe était déjà devenue assez considérable pour pouvoir se partager en deux corps. Harcelé de deux côtés, Bacchidès fut contraint de lever le siège, après avoir perdu une partie de son armée. Il se vengea de cet échec sur les Hellénistes, dont il fit périr un grand nombre.

Jonathan estima le moment opportun pour entrer en négociation avec le général syrien, et il réussit en effet à obtenir un traité de paix. Aux termes de ce traité, Jonathan pouvait, sans être inquiété, demeurer dans le pays ; excepté toutefois à Jérusalem ; comme garantie de ses promesses, — dont on ne connaît, du reste, rien de plus, — il devait donner des otages. On échangea les prisonniers. Bacchidès se retira, abandonnant à leur mauvais sort ses alliés les Hellénistes. Jonathan fixa sa demeure dans la place forte de Mickmas, où Saül aussi avait autrefois séjourné ; reconnu tacitement chef du peuple judéen, il en traita les ennemis avec une inflexible sévérité. Cette période, pendant laquelle le glaive cessa de sévir en Israël, fut d'environ cinq années (156-152). Ce qui serait sorti de cette situation indécise, il n'est pas facile de le dire ; ce qui est certain, c'est que, à moins d'un hasard inespéré, les Hasmonéens avaient peu de chances de voir se réaliser leur rêve. Une péripétie politique du royaume de Syrie eut, par contrecoup, des suites avantageuses pour la Judée et accrut la puissance de Jonathan et de son peuple.

Ce revirement de fortune fut occasionné par un obscur jeune homme de Smyrne, nommé Alexandre Balas. Ce jeune homme avait une singulière ressemblance avec le roi syrien Antiochus Eupator ; Attale, roi de Pergame, tira parti de cette circonstance pour l'opposer, comme roi rival, à Démétrius qu'il détestait. Il le fournit largement d'argent et de troupes, et Alexandre n'eut pas plus tôt débarqué à Ptolémaïs, que la garnison s'empressa de le reconnaître. Cette circonstance arracha Démétrius à son apathie et le décida à se mettre en quête d'alliés. Tout d'abord, il songea à gagner Jonathan. Dans une lettre flatteuse adressée au chef hasmonéen, il le qualifia d'allié, lui permit de lever des troupes, de se procurer des armes, et ordonna que les Judéens retenus comme otages lui fussent remis. Jonathan n'eut garde de perdre une si belle occasion. Il vole à Jérusalem, en prend possession, fait réparer les murs, met la ville en état de défense. Les Hellénistes, voyant la puissance aux mains de leur redoutable ennemi, abandonnent épouvantés la capitale judaïque et vont se réfugier dans la forteresse de Bethsour. — Mais Alexandre Balas, qui, lui aussi, avait besoin d'aide, vint à son tour solliciter l'alliance de Jonathan et sut, mieux que Démétrius, se le rendre favorable. Il le nomma grand prêtre, lui envoya un manteau de pourpre et une couronne d'or, et l'érigea ainsi en prince vassal du royaume de Syrie et en ami du roi. À la fête des Tentes de l'an 152, Jonathan revêtit pour la première fois les insignes de grand prêtre et fonctionna en cette qualité dans le temple. C'est ainsi que la Judée, si abaissée naguère et poussée jusqu'au bord de l'abîme, mais sauvée par le dévouement héroïque de quelques braves, sortit d'une lutte qui s'était prolongée près de vingt ans. Elle releva la tête, et sa passive résignation fit place à un rôle actif.

Jonathan, pendant les neuf ans qu'il gouverna (152-144), contribua puissamment à cette fortune croissante. Dans cette compétition des deux rivaux pour la couronne de Syrie, il reconnut, d'un coup d'œil sûr, de quel côté il devait se ranger. Il se déclara pour Alexandre, encore que Démétrius, en homme qui n'avait rien à perdre, eut mis en avant les promesses les plus alléchantes. Ainsi, il avait écrit au peuple des Judéens, —sans mot dire du grand prêtre nommé par Alexandre, — qu'il allait lui faire remise de la plupart des impôts et redevances, rendre à la Judée trois cantons qui avaient été annexés à la Samarie, reconnaître Jérusalem comme cité d'asile et même abandonner aux Judéens l'importante citadelle d'Acra. Il promettait, de plus, de pourvoir aux frais du culte avec les fonds du trésor royal, et d'affecter à cet effet les revenus de la ville de Ptolémaïs, qui était aux mains de son adversaire. On lèverait des troupes à ses frais, lesquelles auraient droit à l'avancement et à la solde comme celles de Syrie. Ces troupes, soit trente mille hommes, deviendraient, bien entendu, une armée auxiliaire, qui l'aiderait à triompher de son rival. Aux Judéens du dehors, domiciliés en Syrie, Démétrius promettait pareillement toutes les franchises possibles ; il ne permettrait pas qu'ils fussent molestés par leurs voisins, ni qu'à l'époque de leurs sabbats et fêtes, compris les trois jours d'avant et d'après, on les dérangeât par des procès et des citations en justice. Mais le peuple, fidèle à Jonathan, ne donna pas dans le piège ; et Jonathan, lui, connaissait trop bien le caractère de Démétrius pour se laisser leurrer par ses promesses, évidemment intéressées. Il resta le partisan d'Alexandre, l'aida à triompher de son rival, et n'eut point sujet, par la suite, de regretter sa détermination. Alexandre le combla d'honneurs et lui témoigna, d'une manière bien remarquable, combien il lui savait gré de lui être venu en aide dans un moment critique. Recevant à Ptolémaïs son beau-père, Ptolémée VI Philométor, roi d'Égypte, qui lui amenait sa fille, il invita Jonathan à cette entrevue, et le traita comme son égal. Aussi, pendant le règne d'Alexandre Balas (de 152 à 146), la Judée put-elle reprendre haleine et panser les blessures que lui avaient faites la tyrannie d'une part, la trahison de l'autre. Elle se trouva en état de mettre sur pied dix mille hommes de guerre.

De son côté, Jonathan répondit à la bienveillance d'Alexandre par une fidélité à toute épreuve. Lorsque Démétrius II, surnommé Nicator, fils de Démétrius Ier, attaqua, comme héritier légitime du trône de Syrie, l'usurpateur Alexandre, Jonathan continua à soutenir ce dernier, bien que l'Égypte et Rome l'eussent abandonné. Alexandre l'en récompensa en lui cédant la ville d'Accaron (Ekron) et ses dépendances, qui, depuis lors, restèrent partie intégrante de la Judée (147).

Les troubles qui suivirent dans le royaume de Syrie, où une partie du peuple et de l'armée tenait pour Démétrius II, tandis que l'autre restait fidèle à la maison d'Alexandre Balas, même après l'assassinat de ce dernier ; ces troubles, disons- nous, parurent à Jonathan une occasion favorable de se débarrasser des Hellénistes. Il les assiégea dans l'Acra, leur forteresse, où ils continuaient à manœuvrer sans relâche contre le parti national. Dans leur détresse, ils s'adressèrent au nouveau roi de Syrie et lui demandèrent assistance. Démétrius II (146-138) était d'abord disposé à les satisfaire ; déjà même il se mettait en campagne contre Jonathan et lui signifiait d'avoir à comparaître devant lui, à Ptolémaïs, pour se justifier. Mais, voyant Jonathan venir à lui les mains pleines de présents, et jugeant son aide utile contre les ennemis qui le menaçaient lui-même, il se radoucit subitement, et loin de blâmer son entreprise contre l'Acra, il le confirma dans sa dignité de grand prêtre. Jonathan sut mettre à profit la détresse financière que Démétrius avait héritée de ses prédécesseurs pour obtenir de lui, moyennant une somme de trois cents talents, que la Judée serait exempte d'impôts et augmentée de quelques cantons. Ces privilèges furent consacrés par une lettre royale, que l'on déposa dans les archives du temple.

Toutefois, en dépit de ces assurances solennelles, Démétrius regretta bientôt d'avoir ainsi renoncé à ses avantages. Les princes syriens, de père en fils, pratiquaient volontiers l'oubli des engagements et ne se faisaient pas scrupule de reprendre, à l'occasion, ce qu'ils avaient accordé dans un moment de gêne. Bientôt, du reste, l'armée judaïque eut la joie inespérée de rendre à la capitale des Syriens les humiliations qu'à maintes reprises ils avaient infligées à Jérusalem. Les habitants d'Antioche, irrités contre Démétrius, l'assiégèrent dans son propre palais ; et comme ses soldats, qu'il ne payait pas, refusaient de le secourir, il se vit dans la désagréable nécessité de s'adresser à Jonathan pour qu'il envoyât à son aide des troupes judéennes. Les trois mille hommes envoyés par Jonathan incendièrent une partie de la capitale syrienne, contraignirent les habitants et les soldats mutinés à lever le siège et à demander pardon au roi. Mais lorsque Démétrius se trouva hors de danger, il ne témoigna à son libérateur qu'une dédaigneuse ingratitude et le traita en ennemi. On ne saurait donc blâmer Jonathan d'avoir tourné le dos à ce roi déloyal, lorsqu'un général d'Alexandre Balas, Diodote Tryphon, ayant organisé une conspiration contre Démétrius, le força de fuir, en faisant proclamer roi à sa place le jeune Antiochus VI, fils de son maître. Reconnaissant envers Alexandre, autant qu'indigné de la mauvaise foi de Démétrius,

Jonathan soutint le jeune roi, qui, en récompense, le confirma dans sa dignité de grand prêtre, lui conféra le droit de porter une agrafe d'or, marque distinctive des princes, et lui garantit la propriété des cantons annexés à la Judée. Son frère Siméon eut le commandement de la côte méditerranéenne, depuis l'Échelle de Tyr jusqu'à la frontière d'Égypte. Les deux frères combattirent vigoureusement pour Antiochus, dont le maintien était un gage d'indépendance pour la Judée. Tour à tour vainqueurs et vaincus, les Hasmonéens finirent par triompher. Ils assiégèrent et prirent plusieurs villes du littoral, pénétrèrent dans Damas, chassèrent les Hellénistes de Bethsour et y mirent garnison.

Mais ce que les Hasmonéens avaient le plus à cœur, c'était de rendre Jérusalem inexpugnable. À cet effet, ils en exhaussèrent partout les murs, les prolongèrent à l'orient jusqu'à la vallée du Cédron. — ce qui protégeait en même temps la montagne du Temple, — et construisirent au milieu de la ville, en face de l'Acra, un solide rempart, pour fermer aux Hellénistes le commerce de Jérusalem. Le ravin dit Chaphenatha, qui séparait de la ville la montagne du Temple, fut comblé, de sorte que toutes les parties de la ville se trouvèrent reliées entre elles. Entreprendre le siège de l'Acra leur parut sans doute peu opportun, soit parce que les Syriens auraient pu en prendre ombrage, soit parce que les généraux de Démétrius conservaient encore, malgré sa chute, une attitude menaçante et qu'il eût été, par suite, imprudent de concentrer toutes les forces sur un seul point. À cette époque (144-143), la Judée possédait quarante mille soldats d'élite.

L'événement montra bien qu'en fortifiant ainsi le pays et en tenant sur pied un nombre imposant de troupes, les Hasmonéens n'avaient pas fait preuve d'une prévoyance exagérée. Le général rebelle Diodote Tryphon ne se vit pas plus tôt maître de la Syrie, qu'il songea à se débarrasser de ce fantôme de roi qui avait nom Antiochus VI, et à ceindre lui-même la couronne de Syrie. Mais il trouvait dans Jonathan un puissant obstacle à ses visées ; dans Jonathan, sincèrement dévoué au jeune roi par reconnaissance pour son père, et maître alors d'une partie du littoral. Tryphon chercha donc, avant tout, à écarter de son chemin ce grand prêtre judéen devenu trop puissant, et à affaiblir, par sa mort, la Judée et le parti du jeune roi. Mais, jugeant doublement dangereux d'employer la force contre Jonathan, il eut recours à l'astuce et il réussit à vaincre, sur ce terrain, et à amener dans ses filets le plus rusé des Hasmonéens. Informé que Tryphon, à la tête d'une armée, était entré dans Bethsan (Scytopolis), Jonathan y accourut avec quarante mille guerriers ; mais Tryphon l'amadoua si bien par ses présents et ses flatteries obséquieuses, que l'Hasmonéen fut pris au piège. Sur les instances de Tryphon, il renvoya la plus grande partie de ses troupes et se rendit avec lui dans l'importante cité maritime d'Acco (Ptolémaïs), dont le fourbe lui avait promis la possession. Des trois mille hommes qu'il avait gardés, Jonathan en envoya deux mille en Galilée, de sorte que mille seulement le suivirent à Acco. Tryphon avait pris ses mesures pour qu'on s'emparât de la personne de Jonathan, aussitôt entré dans la forteresse, et qu'on massacrât son escorte. Quant aux troupes judéennes retenues dans la plaine de Jezréel et dans la Galilée, Tryphon leur fit donner la chasse ; mais elles avaient eu vent du piège tendu à leur chef, elles se défendirent énergiquement et forcèrent les poursuivants à battre en retraite.

La nouvelle des méfaits de Tryphon, apportée par ces deux mille hommes à Jérusalem, y sema le deuil et l'effroi. On était persuadé que Jonathan, partageant le sort de son escorte, avait péri de la main du perfide. Une nouvelle mainmise des Syriens sur la Judée, avec ses funestes conséquences, semblait prochaine et inévitable, et l'on croyait sentir derrière eux la main des Hellénistes. De fait, il se forma une alliance occulte entre Tryphon et les derniers Hellénistes : il paraît les avoir leurrés de l'espoir qu'il viendrait à leur secours, et eux, de leur côté, lui auraient facilité une entreprise sur la capitale judaïque. Ce double danger fut heureusement conjuré par Siméon Tharsi, le dernier des frères Hasmonéens. Bien qu'approchant de la vieillesse, il montra une résolution si virile, une ardeur si communicative, qu'il sut, dans une grande réunion convoquée au parvis du temple, ranimer dans les cœurs abattus l'espérance de la victoire. Lorsqu'il conclut par ces mots : Suis-je plus que mes frères, qui sont morts pour la religion et pour la liberté ? l'assemblée lui répondit tout d'une voix : Sois notre général, comme l'ont été Juda et Jonathan, tes frères ! Élevé ainsi au commandement par la confiance du peuple, Siméon s'occupa avant tout de mettre Jérusalem à l'abri d'un coup de main du dehors, comme des attaques éventuelles de l'intérieur, et de fermer à Tryphon tout accès dans le pays. À Joppé, le port le plus voisin de Jérusalem, il mit une garnison sous les ordres de Jonathan ben Absalom, pour empêcher, de ce côté, une descente de troupes syriennes. Siméon lui-même rassembla une armée près d'Adida, pour repousser les Syriens en cas d'irruption par les basses terres du littoral.

Mais déjà Tryphon était sorti d'Acco avec le dessein de tomber sur la Judée, terrifiée par son méfait, avant qu'elle pût s'organiser pour la résistance. Il emmenait avec lui Jonathan, qu'il avait retenu prisonnier, parce qu'il comptait tirer parti du danger qui menaçait la tête du héros populaire, bien plus que de sa mort même. Mais quand il sut que la Judée était résolue à lui tenir tête et qu'elle s'était donné un chef prêt à tous les sacrifices, il se ravisa et eut recours à la voie des négociations. Il prétendit n'avoir retenu Jonathan prisonnier que pour se faire payer les cent talents que les Judéens devaient annuellement au trésor royal et qu'ils avaient cessé de payer. Qu'on acquittât cette dette, qu'on lui remît les deux fils de Jonathan comme otages, et il s'engageait à lui rendre la liberté. Siméon devina bien l'hypocrisie de ces propositions ; il accepta néanmoins, ne voulant pas s'exposer au reproche d'avoir causé la mort de son frère. Tryphon reçut la somme et les otages demandés, mais n'en continua pas moins la guerre ; seulement il dut faire un circuit, car la présence de l'armée judaïque l'empêchait d'aller droit devant lui.

Cependant la fortune, que semblait défier cet ambitieux sans pudeur, traversa encore ses desseins. Une effroyable chute de neige, phénomène rare dans ces chaudes régions, rendit impraticable le trajet des monts de Juda et força Tryphon de prendre par la rive opposée du Jourdain. Pour se venger de sa déconvenue, il fit mettre à mort Jonathan (143), dont les restes furent plus tard, par les soins de Siméon et au milieu de la douleur universelle, déposés dans le sépulcre des Hasmonéens à Modin. Telle fut la fin du quatrième de ces frères, qui fit plus que ses devanciers et que son successeur ; car il fit monter, du fond de l'abîme, la république judaïque à un point d'où elle pouvait aisément s'élever encore, même dans des circonstances médiocrement favorables.

Juda Maccabée, sans doute, avait accompli plus d'exploits et laissé un plus brillant renom de capitaine ; mais Jonathan créa une nation forte et influente et, par la dignité de grand prêtre qui devint son partage, fit de sa propre famille la première en Israël. Juda, en mourant, laissait l'unité nationale presque aussi complètement brisée que sous le règne sanguinaire d'Antiochus ; à la mort de Jonathan, au contraire, la Judée possédait déjà les éléments essentiels d'un État régulier, les bases d'une œuvre qu'on pouvait désormais poursuivre. Si Juda Maccabée, par le rôle qu'il a joué, rappelle les Juges de la première période de l'histoire d'Israël, Jonathan ressemble, en un sens, à son premier roi, Saül, qui sut mettre un terme à l'anarchie et fonder une autorité centrale. La couronne royale de Saül fut le trait d'union des tribus et en fit un peuple fort ; le diadème pontifical de Jonathan fut le trait d'union des partis et les fondit en une nation énergique, homogène et ayant conscience d'elle-même. L'un comme l'autre, quelque douloureuse que fût leur perte, n'emportèrent pas en mourant l'unité et la puissance nationales, parce que la destinée de ces choses reposait non sur la tête d'un homme, mais sur la conscience de tous. Comme Saül dans son gendre David, Jonathan trouva dans son frère Siméon un successeur capable de développer et de consolider son œuvre.

Mais, à l'époque même où l'État judaïque s'affermissait ainsi à travers les difficultés des luttes politiques, la doctrine judaïque s'épanouissait sur un autre théâtre et devait, par son caractère original, exercer une influence sur la civilisation du monde. Le développement politique du judaïsme s'est accompli dans la Judée, son développement théorique dans l'Égypte.

Chapitre VII

L'École Juive d'Alexandrie — (160-143)

Le merveilleux pays du Nil, ce berceau du judaïsme, et qui avait été jadis pour le peuple d'Israël l'école du malheur, devint pendant cette nouvelle période l'école de sagesse de la nation judaïque. Sous la domination des princes grecs, comme autrefois sous le règne des Pharaons, l'établissement des Judéens en Égypte fut favorisé. Ceux-ci se répandirent dans toute la zone qui s'étend du désert de Libye au nord, jusqu'aux frontières de l'Éthiopie, au sud. Comme avaient fait autrefois leurs ancêtres, ils s'y multiplièrent à leur tour. Cet accroissement, dû plutôt à la fécondité de la race qu'à de nouvelles immigrations venues de la Palestine, fut si considérable qu'un siècle plus tard, dit-on, il y avait près d'un million de Judéens en Égypte. Dans la Cyrénaïque ainsi que dans la partie habitable de la Libye, les villes renfermaient une population judaïque formée par une colonie que Ptolémée Ier y avait envoyée. En Égypte et dans la Cyrénaïque, les Judéens jouissaient des mêmes droits que la population grecque. Fiers de cette égalité, ils cherchaient à la maintenir avec un soin jaloux. Cependant la population judaïque de l'Égypte ne commença à jouer un rôle actif qu'à l'époque où les froissements devinrent plus fréquents et plus âpres entre la cour d'Égypte et celle de Syrie : à ce moment, comme il s'agissait aussi pour elles de la possession de la Judée, l'une et l'autre avaient intérêt à gagner les Judéens à sa cause. Ceux-ci restèrent toujours fidèles partisans de la dynastie des Ptolémées et lui prêtèrent tout leur appui. Aussi Ptolémée Philométor, sixième du nom, accueillit-il volontiers les fugitifs de la Judée qui, sous le règne d'Antiochus Épiphane, quittèrent leur patrie, par bandes nombreuses, pour se soustraire à la domination despotique des Syriens. Parmi ces fugitifs se trouvait le fils du grand prêtre Onias III, avec d'autres personnages de familles illustres, qui furent traités par le prince égyptien avec des égards tout particuliers et qui trouvèrent dans la suite l'occasion de se distinguer. S'attacher les mécontents de la Judée afin de rentrer avec leur aide en possession de la Palestine, qui avait été enlevée à l'Égypte sous Antiochus le Grand, c'était pour le gouvernement de ce pays, un devoir commandé par une saine politique. Sans doute, en Égypte pas plus qu'en Syrie, on ne s'attendait à voir la lutte entamée par les patriotes judaïtes contre les armées syriennes prendre un tour si imprévu et procurer à la Judée une indépendance relative.

Les Judéens s'étaient principalement concentrés à Alexandrie, la première cité du monde après Rome pour le commerce et la politique, la première après Athènes pour les arts et les sciences. Parmi les cinq quartiers d'Alexandrie, désignés par les cinq premières lettres de l'alphabet grec, les Judéens en occupaient deux presque entiers : le quartier du Delta notamment, sis au bord de la mer, était habité exclusivement par eux. De cette situation, ils surent tirer tout le parti possible : entrant dans la voie qui leur était indiquée, ils s'adonnèrent à la navigation et au commerce d'exportation. Une partie du blé que Rome tirait de l'Égypte pour nourrir ses légions dut sans doute être chargée sur les navires des Judéens et amenée sur le marché par des commerçants de cette nation. Comme Joseph leur aïeul, ils fournissaient ainsi aux contrées dépourvues de blé les richesses du sol fertile de l'Égypte. Cette activité produisit chez eux le bien-être et amena des habitudes d'existence plus raffinées. Cependant le commerce et la navigation n'étaient pas exclusivement entre leurs mains et ne formaient pas, d'ailleurs, leur unique occupation. Grâce à leur zèle pour l'étude et à leur souple intelligence, ils s'approprièrent l'habileté des Grecs dans les arts et apprirent rapidement à travailler les matières brutes avec élégance et bon goût. Il y eut ainsi, parmi les Judéens d'Alexandrie, de nombreux ouvriers et artistes, groupés en une sorte de corporation. Quand on avait besoin, en Palestine, d'habiles ouvriers pour le temple, on les faisait venir de la communauté d'Alexandrie. Les Judéens y apprirent aussi des Grecs l'art militaire et la science de la politique ; ils s'assimilèrent leur langue si mélodieuse et se plongèrent si bien dans l'érudition et la littérature grecques, que plusieurs d'entre eux comprenaient Homère et Platon aussi facilement que leur Moïse et leur Salomon. Le bien-être dont ils jouissaient, les nobles travaux auxquels ils se livraient, leur culture intellectuelle leur inspirèrent la conscience de leur valeur et cette élévation de sentiments que posséderont plus tard les Juifs de l'Espagne. La communauté d'Alexandrie était considérée comme le centre de la colonie judaïque de l'Égypte : les Judéens du dehors et même ceux de Palestine s'appuyaient volontiers à cette forte colonne du judaïsme.

La communauté d'Alexandrie avait, dans tous les quartiers de la ville, des maisons de prière, appelées Proseukhè ou Proseuktéries. Parmi ces maisons de prière, la synagogue principale se distinguait par sa construction plus artistique, par son élégance et par son riche aménagement intérieur. À Alexandrie et probablement aussi dans le reste de l'Égypte, les maisons de prière étaient en même temps des maisons d'enseignement au sabbat et aux fêtes, après la lecture du Pentateuque, un de ceux qui étaient les plus versets dans la connaissance de la Loi se levait pour faire une conférence sur les passages qu'on venait d'entendre.

La vie juive à Alexandrie n'acquit tout son éclat qu'à l'arrivée des personnages éminents qui vinrent se réfugier dans cette ville, par suite des exactions des Syriens. L'individualité la plus marquante parmi ces derniers, c'était Onias IV, le jeune fils du dernier grand prêtre légitime, de la lignée de Jésua ben Josadak. Lorsque son père, qui avait employé toute son influence à combattre les empiétements des Hellénistes, fut assassiné à l'instigation de ces derniers, Onias IV, ne se sentant plus en sûreté dans son pays natal, avait cherché un refuge en Égypte. Le roi Philomètor lui fit le meilleur accueil, car Onias avait derrière lui un parti nombreux qui voyait en lui le seul prétendant légitime au grand pontificat. Lorsque l'indigne pontife Ménélaüs, ayant perdu l'appui des Syriens, fut mis à mort, et que le prince Démétrius, s'étant échappé de Rome, se fut rendu maître de la Syrie, Onias IV, qui dans l'intervalle avait atteint l'âge viril, conçut l'espoir d'obtenir du nouveau roi la dignité pontificale, qui lui revenait par droit d'héritage. Le roi Philomètor, son protecteur, qui était alors en relations amicales avec Démétrius, intercéda peut-être en sa faveur. Mais, après la nomination d'Alkimos, que le roi de Syrie défendit, les armes à la main, contre les Hasmonéens eux-mêmes, Onias renonça à l'espoir d'entrer en possession de la dignité héréditaire du souverain pontificat et se fixa définitivement en Égypte.

Mais Onias n'était pas venu seul en Égypte: un personnage d'importance, Dosithée, semble avoir émigré en même temps que lui. Ces deux hommes, Onias et Dosithée, étaient appelés à jouer un rôle considérable auprès de Philométor. Ce qui leur fournit l'occasion de se signaler, ce fut l'animosité régnant entre les deux frères qui se partageaient le trône d'Égypte, le doux Philométor et le sauvage Évergète, être difforme de corps et d'esprit, que son hideux embonpoint avait fait surnommer Physcon (le Ventru), et qu'on appelait aussi Kakergétès (le Malfaisant), à cause de sa férocité.

Pendant les expéditions guerrières de Philométor, Physcon, appelé à partager les soins du gouvernement avec sa sœur Cléopâtre, femme de son frère, en avait profité pour chasser celui-ci du trône. Il le contraignit ainsi d'aller à Rome en posture de suppliant et d'implorer du sénat sa réintégration. Le sénat, toujours avide d'étendre la puissance romaine, consentit bien à reconnaître les droits de Philométor, mais il se garda de laisser échapper l'occasion d'affaiblir l'Égypte, en maintenant la discorde entre les deux frères. Il décréta que la Cyrénaïque, située à l'ouest de l'Égypte, en fût détachée et érigée en royaume, au profit de Physcon. Mais celui-ci ne se contenta pas de son modeste territoire, et il continua ses sourdes machinations pour chasser de nouveau Philométor. Une nouvelle rupture survint donc entre les deux frères et la guerre éclata. Philométor osa braver Rome, qui prit parti pour Physcon. Mais il manquait de soldats, car la population grecque d'Alexandrie, au milieu de tous les vices inhérents au caractère hellénique, poussait l'irrésolution et le manque de fermeté au plus haut degré. Ce qui faisait surtout défaut à Philométor, c'étaient de bons généraux. Dans cette extrémité, il confia le commandement de l'expédition contre son frère aux Judéens émigrés, Onias et Dosithée : sans doute ceux-ci avaient déjà donné des preuves de leurs capacités. La population judaïque de l'Égypte se rangea comme un seul homme du côté de Philométor. Grâce à l'habileté des deux généraux judéens, Philométor réussit à affaiblir son frère à tel point qu'il aurait pu le réduire pour jamais à l'impuissance. Depuis cette époque (153), Onias et Dosithée restèrent en grande faveur auprès de Philométor et conservèrent le commandement suprême de son armée.

Séparés de leurs concitoyens indigènes par des lois particulières, par leur manière de vivre, les Judéens devaient s'estimer heureux d'avoir à leur tête un homme qui avait assez d'autorité pour les maintenir en faisceau et les constituer en un corps ayant son caractère propre. Onias devint ainsi une sorte de chef suprême ou d'ethnarque des Judéens. Fut-il désigné à ce poste par les gens de sa race et leur choix confirmé par Philométor en reconnaissance de ses services ? ou bien le prince lui accorda-t-il spontanément cette dignité ? Peu importe. Les fonctions d'Onias acquièrent bientôt une haute importance. L'ethnarque avait le droit de diriger les affaires intérieures de la communauté, d'exercer la judicature et de veiller au respect des traités. Il représentait les siens vis-à-vis de la couronne et il était chargé de leur faire connaître les ordonnances royales qui les concernaient. La dignité d'ethnarque, qui eut dans Onias son premier titulaire, offrait aux Judéens de l'Égypte entière des avantages trop nombreux pour qu'ils hésitassent à la reconnaître. Grâce à elle, ils pouvaient former une compacte unité sous la direction d'un chef revêtu d'un titre princier. Une nouvelle création vint encore consolider cette unité. Malgré toute la considération dont Onias jouissait à la cour de Philométor et parmi ses frères, il ne pouvait se faire à l'idée d'avoir été privé, par les événements de la Judée, des fonctions de grand prêtre qui lui revenaient de droit. Pendant les troubles de la Judée, quand Alkimos fut nommé pontife au mépris des droits de la famille légitime, Onias conçut le dessein de remplacer le temple profané de Jérusalem en érigeant en Égypte un sanctuaire dont il serait, de droit, le grand prêtre. Était-ce la piété ou l'ambition qui l'animait ? Les sentiments intimes échappent à l'histoire. Pour obtenir l'assentiment des Judéens, Onias invoqua une prophétie d'Isaïe qui devait s'accomplir par son œuvre (Isaïe, XIX, 19) : Un jour viendra où Jéhovah aura un autel dans la terre de Misraïm.

Onias communiqua son projet à Philométor, qui l'approuva, et, pour le récompenser de ses services, lui donna un district dans la contrée d'Héliopolis, à 180 stades au nord de Memphis, au milieu du pays de Goschen. Sur les ruines d'un temple païen, consacré à la divinité égyptienne Bubaste, dans la petite ville de Léontopolis, où l'on adorait jadis des animaux, Onias dressa le sanctuaire judaïque (154-152). Son aspect extérieur ne ressemblait pas tout à fait à celui du temple de Jérusalem : il avait la forme d'une tour et ses murailles étaient en briques. À l'intérieur, tous les vases sacrés rappelaient ceux du temple de Jérusalem, sauf le chandelier d'or à sept branches, qui était remplacé par un lustre d'or suspendu à une chaîne du même métal. Des prêtres et des lévites, qui avaient fui la persécution de Judée, accomplissaient les sacrifices et la liturgie dans ce temple d'Onias (Beth-Honio). Pour l'entretien du temple et des prêtres, le roi abandonna les revenus du territoire d'Héliopolis. Ce district, formant un petit État sacerdotal, prit le nom d'Onion. C'était un lien de plus entre les Judéens de l'Égypte. Si le temple d'Onias était pour ceux-ci le centre religieux où ils se rendaient en pèlerinage à l'époque des fêtes et où ils offraient leurs sacrifices, ils ne songèrent pourtant pas à rompre avec le sanctuaire de Jérusalem et à placer Beth-Honio au niveau ou plutôt au-dessus de ce dernier, comme avaient fait les Samaritains. Au contraire, ils honoraient Jérusalem comme la sainte métropole et ils considéraient son temple comme le séjour de la Divinité. Mais, grâce à la prophétie d'Isaïe, si merveilleusement réalisée, ils aimaient aussi leur sanctuaire et appelaient Héliopolis la ville de la justice (Ir ha-Tsédek). Cette dénomination provenait d'une interprétation forcée d'un verset du prophète Isaïe (XIX, 18) : En ce jour, il y aura cinq villes dans le pays d'Égypte qui reconnaîtront le Dieu d'Israël, et l'une d'entre elles sera appelée Ir ha-Hérés. Au lieu de ha-Hérés, on lisait ha-Tsédek. À une époque moins troublée, où la susceptibilité eût été de mise, on n'aurait pas manqué en Judée de mettre en interdit le temple d'Onias, comme on l'avait fait pour celui du Garizim, et d'exclure ses adhérents de la communauté judaïque, comme on avait exclu les Samaritains. Mais lorsque les premières nouvelles de la construction du temple judéo-égyptien arrivèrent en Palestine, l'état du pays et du temple était encore si fâcheux qu'on ne pouvait guère condamner un fait accompli arec l'intention la plus louable. En outre, le fondateur du nouveau sanctuaire ne descendait-il pas, par une suite non interrompue d'ancêtres, des grands prêtres légitimes ? Plus tard, quand les grands prêtres hasmonéens eurent rétabli le culte pur, on vit sans doute avec peine, en Judée, un temple se dressant sur une terre étrangère ; mais le temple d'Onias comptait alors de longues années d'existence, et il n'était plus temps de le condamner. Cependant les hommes pieux ne pouvaient réprimer un certain malaise à l'idée que l'existence du temple d'Héliopolis constituait une violation de la Loi. Les mesures prises plus tard à l'égard de ce sanctuaire procédaient précisément de ces sentiments contradictoires, c'est-à-dire du respect qu'on lui témoignait, parce qu'il avait été érigé dans des circonstances critiques, et de la répugnance qu'il inspirait, à cause de l'irrégularité de sa situation légale.

Dans le territoire d'Onion, Philométor avait permis de construire un château fort destiné à protéger le temple. Naturellement le château et sa garnison étaient placés sous le commandement d'Onias. Il était aussi le chef militaire du district d'Héliopolis, appelé ordinairement district arabe. Eu égard à cette partie de ses attributions, Onias portait le titre d'arabarque (commandant du district arabe) ou, suivant une autre prononciation, alabarque. À Alexandrie, Onias était le chef civil et judiciaire de la communauté judaïque ; dans le territoire de l'Onion ou dans le district arabe d'Égypte, il était le chef militaire des Judéens guerriers qui y avaient émigré. Le roi Philométor avait une si grande estime pour Onias et ses coreligionnaires, qu'il lui confia un nouveau poste d'une très haute importance. Les ports de mer et ceux des bouches du Nil rapportaient au trésor royal des revenus considérables. On y percevait, à l'entrée et à la sortie, des droits de douane sur les matières premières et les produits manufacturés. Grâce à ces revenus, l'Égypte, sous les Ptolémées et plus tard sous les Romains, était devenue le pays le plus riche du monde. Philométor confia à Onias la surveillance générale des douanes maritimes et fluviales. Sans aucun doute, c'est parmi les Judéens d'Alexandrie, qui demeuraient près du port, que furent choisis les préposés chargés de la direction des bureaux de douane d'entrée et de sortie.

Un autre événement bien plus considérable, et qui a eu une influence profonde sur le développement général de l'humanité, se produisit à la même époque, sur le même théâtre, et fut aussi diversement apprécié. La présence des fugitifs de la Judée, qui avaient quitté leur patrie et renoncé à leurs habitudes d'existence par attachement pour la loi de leurs pères, peut avoir éveillé chez le roi Philométor, prince éclairé et ami de la science, le désir de connaître cette roi, objet d'une vénération si haute. Ou bien les Judéens qui avaient accès auprès du roi ont-ils excité son intérêt en faveur de la Loi, si vilipendée par son adversaire, Antiochus Épiphane, au point qu'il désirât la lire dans une traduction ? Il se peut aussi que le libelle, dirigé contre les Judéens et leur origine, qui était répandu sous le nom du prêtre égyptien Manétho et écrit en langue grecque, ait fortifié chez ce prince le désir de connaître d'après les sources l'origine et l'histoire du peuple judéen. Ce pamphlet contenait des détails mensongers sur le séjour des anciens Judéens en Égypte : il racontait qu'ils étaient haïs dans le pays en leur qualité de pasteurs et qu'ils en furent chassés, comme des lépreux, sous la conduite d'un chef qui s'appelait Moïse. Mais quelle qu'ait été la raison déterminante de l'œuvre entreprise, la traduction dans cette belle langue grecque du livre sublime qui s'appelle le Pentateuque fut un fait de la plus haute y importance.[16] Nous ne savons rien de plus précis sur la manière dont l'œuvre fut menée à bonne fin. Selon toute apparence, le travail fut confié à cinq traducteurs, de sorte que chacun des livres du Pentateuque fut traduit séparément. Ce qui nous reste de leur œuvre, bien que défiguré et dénaturé en maint endroit, montre que les diverses parties n'ont pas été traitées avec la même méthode et ne peuvent provenir de la même

---

[16] Les sources helléniques et talmudiques s'accordent à placer la version grecque du Pentateuque sous un Ptolémée, qui en aurait été le promoteur. On ne voit que Ptolémée VI, Philométor, qui ait témoigné un véritable intérêt pour les Judéens et le judaïsme ; rien de pareil chez Ptolémée II Philadelphe. La lettre d'Aristée, qui place la traduction sous ce dernier roi, n'a aucune valeur historique. Démétrius de Phalère, qu'elle prétend avoir suggéré à Philadelphe l'idée de faire venir des traducteurs à Alexandrie, ne fut jamais son bibliothécaire, mais archonte d'Athènes. Loin d'avoir accès auprès de ce roi, il lui était odieux et avait été jeté en prison par ses ordres. La lettre d'Aristée ne remonte qu'à 15-20 de l'ère vulgaire (Comparez Monatsschrift, 1876, p. 299 sqq.), ainsi près de deux siècles après cette version. Le seul détail réellement historique de ce document, c'est que la traduction grecque fut rédigée pour un Ptolémée ; mais alors ce ne peut être que Philométor, le roi ami des Judéens.

main. La traduction grecque du Pentateuque était aussi en quelque sorte un temple, un sanctuaire érigé à la Loi, sur la terre étrangère, en l'honneur du Dieu d'Israël.

L'achèvement de cette œuvre causa une joie profonde parmi les Judéens d'Alexandrie et d'Égypte. Ils étaient fiers de voir les Grecs, qui se glorifiaient tant de leurs philosophes, forcés de reconnaître la supériorité des doctrines judaïques et leur antiquité plus haute. Ces sentiments de joie et d'orgueil grandissaient encore dans leur esprit à la pensée que la traduction du Pentateuque, menée à bonne fin grâce au concours actif d'un prince judéophile, ouvrait la voie au judaïsme pour pénétrer parmi les Grecs. Aussi, le jour où elle fut remise au roi fut-il fêté par tous les Judéens d'Alexandrie et, chaque année, on en célébrait la commémoration, en se rendant en pèlerinage à l'île de Pharos. Après avoir entonné des chants d'allégresse et récité des actions de grâces, chacun prenait place avec les siens à un banquet servi en plein air ou sous des tentes, suivant le rang des convives. Plus tard, cette fête devint une fête générale : la population païenne d'Alexandrie y prenait part.

Tout autre devait être l'impression produite en Judée par la translation de la Thora en langue grecque. On y haïssait l'hellénisme, qui avait déjà fait tant de mal à la nation. La crainte de voir le sens véritable des doctrines judaïques altéré et faussé par l'interprétation en grec se fit naturellement jour. La langue hébraïque, que Dieu avait parlée sur le Sinaï, paraissait seule digne d'exprimer les doctrines divines. Coulé dans un moule étranger, le judaïsme, aux yeux des purs, semblait méconnaissable et privé de son caractère divin. Aussi considéraient-ils le jour de fête des Judéens d'Égypte comme un jour de deuil national, semblable à celui où le veau d'or fut érigé dans le désert. On prétend même qu'ils firent de ce jour un jour de jeune. Telle fut la diversité des jugements au sujet de cet événement. Si on envisage les conséquences, on reconnaît que les sentiments des deux partis, la joie des uns, la tristesse des autres, se trouvent également justifiés. Grâce au masque hellénique dont il était revêtu, le judaïsme devint peu à peu accessible aux Grecs, qui étaient alors les agents de la civilisation universelle. Ils se familiarisèrent peu à peu avec ses doctrines et, malgré leur répugnance à les adopter, cinquante ans ne s'étaient pas écoulés que le judaïsme était connu des peuples dominants. La traduction grecque, ce fut le premier apôtre que le judaïsme envoya dans le monde païen pour l'arracher à sa perversité et à son impiété. Elle fut la médiatrice par laquelle s'opéra le rapprochement entre les deux doctrines ennemies, l'hellénisme et le judaïsme. Le christianisme, ce second apôtre des Judéens auprès des païens, en répandant partout la traduction du Pentateuque, la fit pénétrer profondément dans la pensée et dans le langage des nations. Tous les peuples civilisés adoptèrent des images et des expressions empruntées aux écrits judaïques. Ainsi le judaïsme, grâce à l'œuvre des Alexandrins, pénétra dans la littérature universelle et devint populaire. Mais, d'un autre côté, cette version valut à la doctrine juive bien des interprétations erronées et bien des mutilations. Elle ressemblait à un faux prophète, qui répandait ses erreurs au nom du vrai Dieu. La translation de l'hébreu dans un idiome si dissemblable offrait déjà par elle-même de grandes difficultés. Ce qui les aggravait encore, c'est qu'à ce moment on ne comprenait plus assez la langue hébraïque, non plus que le contenu et la véritable signification de la Thora, pour pouvoir rendre le sens exact de chaque expression. Enfin, le texte grec étant peu contrôlé, le premier venu pouvait y glisser une prétendue correction. Comme on se servait de cette traduction aux lectures du sabbat et des fêtes, le caprice de l'interprète pouvait y introduire des modifications. De fait, le texte grec fourmille d'additions et de corrections de ce genre, et celles-ci se multiplièrent encore davantage lorsque le christianisme entra en conflit avec le judaïsme ; si bien que la forme primitive de la traduction n'est pas toujours reconnaissable sous la forme actuelle du texte. Cependant les Alexandrins des générations suivantes croyaient si bien à la perfection de cette œuvre qu'ils considéraient l'original hébreu comme superflu et s'en rapportaient uniquement au texte grec. Toutes les erreurs qui s'étaient glissées dans la Bible grecque par ignorance, ou par suite de l'obscurité du texte, ou d'additions arbitraires, étaient sacrées à leurs yeux. C'est ainsi que plus tard ils enseignèrent, au nom du judaïsme, bien des choses qui lui étaient complètement étrangères. En un mot, toutes les victoires que le judaïsme a remportées sur le paganisme éclairé. et tous les faux jugements dont il a été victime, ont eu leur source unique dans cette traduction.

Le crédit qu'elle trouva aux yeux des Judéens et qu'elle acquit peu à peu auprès des païens invitait, en quelque sorte à lui prêter une sainteté supérieure et une autorité incontestable. Plus d'un siècle après, un écrivain juif lui attribua, dans un but apologétique, une origine fictive. Il prétendit qu'elle était due à Ptolémée Philadelphe, à qui son bibliothécaire en chef aurait révélé la haute valeur du livre de la Loi. Le prince, dit-il, envoya des ambassadeurs au grand prêtre Éléazar, avec de riches présents, pour lui demander des hommes capables, instruits à la fois dans la langue hébraïque et dans la langue grecque. Celui-ci choisit soixante-douze savants, pris dans les douze tribus, six hommes par tribu, et les fit partir pour Alexandrie. Le roi les accueillit avec grande faveur. En soixante-douze jours, ils eurent achevé la traduction de la Thora et la lurent au roi et aux Judéens présents. C'est à cette légende, qui, jusque dans ces derniers temps, était considérée comme un fait historique, que la version doit son nom de version des Soixante-Douze ou, par abréviation, des Septante.

Une fois le premier pas franchi, le désir de rendre tous les monuments littéraires du judaïsme accessibles au lecteur grec devait nécessairement se faire jour. Peu à peu les livres historiques furent également traduits en langue grecque. Les livres poétiques et prophétiques ne furent traduits que longtemps après, parce qu'ils offraient des difficultés plus grandes.

La translation du Pentateuque en langue grecque produisit dans les communautés de l'Égypte un art nouveau, l'éloquence de la chaire. Peut-être l'usage existait-il aussi en Judée de ne pas se borner à traduire les chapitres du Pentateuque, lus en conférence publique, dans la langue vulgaire du pays (en chaldéen ou en araméen), mais d'y ajouter des explications. Cet usage avait-il passé en Égypte ou a-t-il pris naissance chez les Judéens de ce pays, devenus plus étrangers que tous les autres à la langue hébraïque ? Imitation ou création, l'usage de traduire et d'expliquer aux auditeurs des versets obscurs et peu compréhensibles produisit un genre nouveau. Les traducteurs, empruntant aux Grecs leur manie de discourir, au lieu de s'en tenir au texte, cherchaient à l'étendre, à y ajouter des considérations, à en tirer parti pour l'actualité, à en faire ressortir des leçons. C'est ainsi que l'interprétation de l'Écriture fit naître la prédication, qui devint bientôt un art véritable, grâce à l'habitude grecque d'imprimer à toute chose la grâce et la beauté de la forme. L'éloquence de la chaire est fille de la communauté judaïque d'Alexandrie. C'est là qu'elle naquit, grandit et se perfectionna, pour être imitée, dans la suite, sur une plus vaste échelle.

Le charme que les Judéens de langue grecque trouvaient dans la Bible inspira aux plus lettrés d'entre eux le désir d'en faire le sujet d'un travail personnel, d'en développer les doctrines et même d'en expliquer les difficultés et les contradictions, apparentes ou réelles. Ainsi se forma une véritable littérature judéo-grecque qui prit, par la suite, une extension considérable et eut une influence féconde. Nous savons peu de chose des premiers temps de cette littérature où s'unissaient, comme dans une étreinte fraternelle, les caractères d'ailleurs si opposés des deux nations. Ici s'est vérifié une fois de plus cet axiome expérimental, que la poésie aux nobles accents précède d'ordinaire l'humble prose. Il reste encore des fragments d'écrits où l'histoire des anciens Judaïtes est racontée en vers. Ce furent probablement les disputes des Judéens et des Samaritains qui donnèrent naissance à ces œuvres poétiques.

Ces deux peuples voisins, professant le même respect pour la Thora, reconnaissant l'unité de Dieu et rejetant l'idolâtrie, différaient de vues sur tout le reste et n'avaient pas abjuré leurs vieilles rancunes ai leur haine mutuelle. Lors des persécutions religieuses, les Samaritains paraissent avoir également émigré en Égypte et s'être unis à leurs compatriotes établis dans le pays depuis le règne d'Alexandre. À l'exemple des Judéens, ces Samaritains d'Égypte s'approprièrent la langue et l'esprit des Grecs.

Même à l'étranger, l'antipathie mutuelle des partisans de Jérusalem et de ceux du Garizim persista. Ils se combattirent avec l'ardeur que déploient des hommes d'une même religion, quand, éloignés de leur patrie, ils ont à défendre leurs traditions natives. La version du Pentateuque en grec vint jeter au milieu d'eux de nouveaux brandons de discorde. Ce qui irritait surtout les Samaritains, c'est que la version des Septante ravalait la sainteté de leur sanctuaire par l'omission du verset : Tu bâtiras un autel sur le Garizim. Les Samaritains d'Alexandrie essayèrent de protester contre la traduction en général ou plutôt contre cette prétendue falsification du texte. Comme quelques-uns d'entre eux étaient en faveur à la cour, ils obtinrent de Philométor qu'une discussion solennelle eût lieu entre les deux partis religieux, où la question du degré de sainteté des temples samaritain et judaïte devait être tranchée. Ce fut la première controverse de religion qui fût soutenue devant un prince temporel. On ne peut plus guère savoir au juste quelles en furent les phases et l'issue, les documents y relatifs ayant tous un caractère légendaire. Chaque parti voulut s'attribuer la victoire et grossir les avantages obtenus. Du reste, les controverses religieuses n'ont jamais amené de résultat bien sérieux.

Les Judéens d'Alexandrie, qui, sous le règne de Philométor, avaient joui d'un ciel sans nuages, virent bientôt leur horizon s'assombrir pour quelque temps. Comme si la jeune communauté et la communauté mère avaient été unies par un lien mural, toutes deux virent succéder à une ère de bonheur des jours de tristesse. La défaite de Jonathan plongea la Judée dans le deuil. En Égypte aussi, un changement de règne produisit une catastrophe. Après la mort de Philométor, bien que celui-ci eût laissé un héritier du trône, son frère Physcon, Ptolémée VII, qui avait partagé le pouvoir avec lui pendant plusieurs années et qui avait même travaillé à sa chute, songea à s'emparer de la couronne. La population d'Alexandrie, à l'esprit volage, faible et sceptique, était toute disposée à reconnaître comme roi le monstre de laideur et de cruauté qui s'appelait Physcon. Cependant la veuve du roi, Cléopâtre, qui, pendant la minorité de son fils, tenait les rênes du gouvernement, avait également des partisans. Onias lui était particulièrement attaché et, quand la guerre éclata entre elle et son frère, il y prit part en lui amenant une troupe judaïque recrutée dans le territoire d'Onion. À la fin, une convention fut signée entre les deux partis, stipulant que Physcon épouserait sa sœur

Cléopâtre et partagerait le pouvoir avec celle-ci (145). Cette union incestueuse fut très malheureuse. Aussitôt après l'entrée de Physcon à Alexandrie, le jour même de son mariage avec Cléopâtre, il fit mettre à mort le jeune héritier du trône et tous ses partisans. Dès lors, la mésintelligence régna entre le roi et la reine, entre le frère et la sœur. Le ventru impudique et sanguinaire alla jusqu'à violer la fille de sa femme ; il répandit le sang et la terreur dans Alexandrie, dont les habitants prirent la fuite en grande partie. Pouvait-t-il épargner les Judéens, qu'il savait dévoués à son odieuse épouse ? Quand il apprit qu'Onias rassemblait une armée pour mettre Cléopâtre à l'abri de ses insultes, il ordonna à ses soldats d'arrêter tous les Judéens d'Alexandrie, hommes, femmes et enfants, de les garrotter et de les exposer ensuite tout nus sur une place publique pour les faire écraser sous les pieds des éléphants. Afin de les exciter contre leurs victimes, il fit enivrer les animaux destinés à cet usage. Alors se produisit un fait qui, aux yeux des malheureux Judéens, passa pour un miracle. Les bêtes ivres prirent leur course dans la direction opposée, où les gens du roi se tenaient, pour se repaître du spectacle promis, et en tuèrent un grand nombre. Ce fut le salut des Judéens.

En mémoire de cette délivrance providentielle, ceux-ci firent de ce jour un jour de fête annuelle. À partir de ce moment, il ne semble pas que Physcon ait inquiété de nouveau les Judéens ; car c'est précisément sous son règne que se développa en eux le goût de l'étude et des spéculations de l'esprit, et que se produisirent des écrivains qui purent travailler librement sur des sujets judaïques. Physcon était lui-même un écrivain : il composa des mémoires l'histoire et de physique. On prétend qu'il eut pour maître un Judéen du nom de Juda (?) Aristobule.

Chapitre VIII

Les princes Maccabéens — (143-135)

Au moment où la communauté judaïque d'Alexandrie prenait un si grand essor intellectuel, les Judéens restés dans la mère patrie arrivaient à une situation politique si élevée qu'ils pouvaient envisager avec un légitime orgueil leur abaissement antérieur. Pour juger des progrès qu'ils avaient faits sous Jonathan, il suffit de comparer l'état où sa mort les avait laissés avec celui où ils s'étaient trouvés, lors de la mort de Maccabée. Dans les premiers temps, le successeur de Juda ne put réunir autour de lui qu'une poignée de braves. Il était un chef sans autorité et sans titre, n'ayant ni places fortes ni ressources pour l'attaque et la défense, assailli de tous côtés, du dehors et du dedans, par des ennemis. Le successeur de Jonathan, au contraire, Siméon Tharsi, le dernier des héroïques fils de Mattathias, trouva en prenant le pouvoir un peuple fort. Il reçut le titre légitime de prince avec la dignité de grand prêtre; il trouva des forteresses, protection efficace contre les attaques de l'ennemi, et il n'avait devant lui qu'un seul adversaire, passablement affaibli déjà par son prédécesseur. Aussi la mort de Jonathan ne produisit-elle pas de découragement. Au contraire, elle enflamma les esprits des partisans de la famille des Hasmonéens et du peuple entier du désir de venger cette noble victime de son déloyal meurtrier. Siméon venait simplement remplir la place laissée vide dans le gouvernement du pays.

En prenant le pouvoir, Siméon, bien qu'au seuil de la vieillesse, avait encore la verdeur et le feu des premières années, comme au temps où son père mourant l'avait désigné pour être le conseiller de ses frères dans les luttes à soutenir contre les despotes syriens. Telle était la sève de cette race des Hasmonéens, qu'il n'y eut qu'un petit nombre de ses membres à qui l'on pût reprocher le manque de courage et d'ardeur. La plupart conservèrent jusqu'à leur dernier soupir la vigueur et la vaillante de la jeunesse. Autour de Siméon se rangeaient ses fils Jean, Juda, Mattathias et un quatrième dont le nom ne nous est pas parvenu, tous courageux guerriers formés dans les combats. Fidèle à la politique de son frère, Siméon chercha à profiter de la faiblesse de ses ennemis, à fortifier le pays, à en étendre les limites. Il réussit au-delà de ses espérances ; car il sut procurer à la nation judaïque une indépendance complète vis-à-vis de la Syrie, et il fit de la Judée un État libre. C'est donc à juste titre que son règne est dépeint comme une ère bénie où les vieillards jouissaient tranquillement du reste de leurs jours, où les jeunes gens se réjouissaient de leur vigueur, où chacun était assis sous sa vigne et sous soit figuier, sans que personne l'inquiétait. — Le premier acte de Siméon fut un acte d'indépendance : en effet, il ne demanda pas à son suzerain, le roi de Syrie, de le confirmer dans la dignité de grand prêtre dont le peuple l'avait investi. En prévision de la lutte qu'il allait avoir à soutenir à ce sujet, il fit mettre en état de défense les places fortes de la Judée et y entassa des provisions de bouche.

De plus, il renoua les négociations avec le roi dépossédé Démétrius II (Nicator), bien que celui-ci eût payé de la plus noire ingratitude Jonathan, son sauveur. Il envoya vers lui une députation imposante, qui lui offrit une couronne d'or en signe de reconnaissance de ses droits à la royauté et qui lui promit assistance contre Tryphon. Démétrius répondit par une missive adressée au grand prêtre, à l'ami du roi, aux anciens et au peuple, contenant ces mots : Nous avons reçu la couronne que vous avez envoyée, et nous sommes prêt à conclure avec vous une paix durable et à écrire aux gouverneurs royaux que vos dettes vous sont remises. Les concessions que nous vous faisons sont irrévocables. Les villes fortes que vous avez construites vous appartiendront. Nous vous pardonnons toutes les infractions volontaires ou involontaires commises à notre égard jusqu'à ce jour. Remise vous est faite des impôts dus à la couronne. Les contributions imposées à Jérusalem sont abolies. S'il en est parmi vous qui soient aptes à faire partie de notre armée, ils pourront être admis : que la paix soit entre nous. — Le jour où le peuple fut exempté de l'impôt (le 27 iyar, mai) fut à ses yeux une journée mémorable, digne de figurer, comme demi fête, au nombre des anniversaires de victoires. Les concessions faites par Démétrius étaient considérées comme un commencement d'indépendance absolue. On adopta comme ère usuelle les années du règne des rois syriens, et on remplaça le nom de ces princes par celui de Siméon : dès le commencement de l'an 142, les actes publics portent : Dans la 1ère année du règne de Siméon, grand prêtre, général et prince. C'était une usurpation de la part du peuple, qui avait acquis la conscience de sa force et se souciait peu de la légalité de son droit à conférer les privilèges royaux à son chef. En effet, Siméon n'était prince légitime ni par acquiescement de la cour de Syrie ni par élection populaire. Lui-même ne voyait, dans les privilèges obtenus de Démétrius, rien qui affirmât son indépendance complète. Le pouvoir réel ne data pour lui que du jour où il obtint le droit de battre monnaie.

À Jérusalem, la joie d'avoir reconquis cette indépendance, tant regrettée depuis la chute de l'État judaïque sous son dernier roi Sédécias, fut si vive que les représentants du peuple, les Anciens ou le Grand Conseil se crurent obligés de faire part de cet événement à leurs frères d'Égypte. Cependant cette démarche leur causait un pénible embarras. En effet, Onias, le fondateur de Beth-Honio, le descendant de la famille de grands prêtres que les Hasmonéens avaient écartée sans espoir de retour, vivait encore en Égypte. Même si Onias ou ses fils avaient renoncé à l'espoir de rentrer en possession du grand pontificat, il n'en était pas moins pénible de rappeler à son souvenir et à celui des Judéens d'Alexandrie, qui lui étaient attachés, que là-bas, en Judée, le peuple avait rejeté pour toujours sa famille. Les représentants du peuple, glissant sur ce point, se bornèrent à faire savoir aux Judéens d'Égypte qu'après une longue période de peine et d'affliction, Dieu les avait enfin exaucés, et que, dans ce temple livré aux dévastations de l'ennemi, souillé par lui du sang de victimes innocentes, ils pouvaient désormais apporter librement leurs sacrifices, allumer les lampes du chandelier sacré et offrir les pains de proposition. Cet exposé, qui évitait avec un soin si délicat tout ce qui pouvait blesser les susceptibilités, parait avoir produit une bonne impression sur les Judéens d'Égypte. Eux aussi se réjouirent de l'indépendance reconquise, et l'année où celle-ci fut rétablie eut à leurs yeux une importance particulière.

Le deuxième acte considérable de Siméon fut de chasser le reste des hellénisants qui se trouvaient encore dans l'Acra de Jérusalem et dans deux autres places fortes, et de détruire leur influence. L'une des deux forteresses se rendit à discrétion. Siméon permit aux hellénisants d'en sortir librement ; puis il fit enlever de leurs maisons les simulacres païens. Quant aux hellénisants de l'Acra, ils s'y étaient fortifiés au point qu'il fallut faire un siège en règle et les prendre par la famine. Après la victoire, les Judéens entrèrent dans l'Acra au son des instruments et en chantant des cantiques. En souvenir de la prise de l'Acra, on institua en ce jour une fête annuelle (23 iyar 141). L'expulsion des hellénisants de la forteresse de Bethsour s'accomplit sans difficulté. Beaucoup d'entre eux paraissent avoir cherché un refuge en Égypte ; d'autres renoncèrent à leurs habitudes païennes et furent admis dans la communauté. Ceux qui persistèrent dans leurs erreurs furent victimes du zèle de l'orthodoxie triomphante. Ainsi disparut, jusqu'aux dernières traces, ce parti ennemi qui, pendant près de quarante ans, avait ébranlé les fondements du judaïsme et qui, pour sauver sa défection, avait déchaîné sur le peuple le fléau de la guerre civile et étrangère et poussé le pays au bord de l'abîme.

Les deux villes de Bethsour et de Gazara, que Siméon avait enlevées aux hellénisants, furent transformées par lui en forteresses destinées à couvrir le pays. La prise du port de Joppé (Jaffa) fut aussi très importante. La possession de ce port de mer devint pour l'État judaïque une source abondante de revenus. Les droits de douane, que les rois de Syrie avaient établis, à l'entrée et à la sortie, sur les produits et les marchandises, revinrent désormais aux Judéens. Contre l'Acra, retombée en son pouvoir, le dernier des Hasmonéens prit une mesure spéciale. L'Acra ne pouvait rester debout, car la colère populaire s'attachait surtout à cette citadelle du despotisme. Dans une certaine mesure, le sentiment religieux s'élevait aussi contre elle. En effet, avec ses hautes tours, construites par les Syriens pour surveiller la ville, elle dominait la montagne du temple, et cela ne pouvait être admis. La prophétie, d'Isaïe portant que dans les derniers jours la montagne du temple dépasserait toutes les autres et serait plus haute que toute hauteur, signifiait, grâce à une interprétation littérale, que les montagnes et les édifices devaient avoir une hauteur moindre que celle du temple. Siméon dut compter avec ces sentiments, même s'il ne les partageait pas. D'un autre côté, l'Acra était un endroit excellent pour y loger des soldats et y placer des armes. Il parut donc imprudent de raser complètement la citadelle. Siméon et son conseil adoptèrent un moyen terme. On rasa les tours et les remparts, ce qui coûta, dit-on, trois années de travail au peuple. Les murailles et les cours subsistèrent ; mais l'odieux nom d'Acra ou d'Acropolis fut remplacé par l'ancien nom de Birah (Baris) que Néhémie avait imaginé. C'est dans cette citadelle ainsi transformée que les guerriers judéens avaient leurs quartiers de cantonnement et leur arsenal. Siméon lui-même bâtit sa demeure dans la Birah, au milieu de ses soldats. Son fils Johanan (Jean) fut nommé par lui gouverneur du district maritime de Gazara.

Quoique la situation fût favorable à Siméon, car les querelles des deux prétendants à la couronne, qui s'affaiblissaient l'un l'autre, lui donnaient du repos, il dut cependant rester en armes. Ayant accordé son appui à l'un de ces princes, Antiochus Sidétès, il en obtint la confirmation des privilèges octroyés par son frère (140) sous la pression de la nécessité. En outre, il obtint le droit de battre monnaie, preuve significative de son indépendance reconnue.

Ainsi qu'il arrive souvent, la même main qui avait planté l'arbre de la liberté y déposa aussi le germe destructeur. Uniquement guidé par l'intérêt immédiat, n'ayant pas cette intuition des anciens voyants inspirés, qui s'étendait au-delà des bornes du présent, Siméon crut assurer l'indépendance si péniblement conquise en la mettant sous la protection de ce peuple, que la soif des conquêtes avait transformé en nation liberticide par essence. Pour échapper aux provocations sans cesse renaissantes des tyranneaux syriens, il se jeta avec sa nation dans les bras de Rome, ce tyran redoutable qui étouffait dans ses embrassements les peuples venus à lui. Pour obtenir en faveur du sien l'alliance romaine, Siméon envoya des ambassadeurs judéens,

Numénius, fils d'Antiochus, et Antipater, fils de Jason, chargés d'offrir au sénat un bouclier d'or massif, comme gage de soumission. Le sénat romain n'était nullement disposé à refuser son alliance à une nation, quelque petite qu'elle fût, étant fermement persuadé que cette protection accordée comme une faveur n'était que le prélude de l'asservissement. Rome ressemblait à un tuteur sans scrupule, qui veille avec soin sur les biens de ses pupilles, afin de pouvoir s'approprier un héritage plus considérable. Le sénat romain fit savoir à ses alliés et vassaux que la Judée avait été également admise dans son alliance et que les princes syriens n'auraient plus le droit de l'attaquer (140). À peine deux siècles après, Rome exigea que son empereur éhonté et sanguinaire fût adoré dans le temple de Jérusalem, et, trente ans plus tard, elle avait déjà anéanti la puissance de la nation judaïque, elle avait massacré ses héros et elle courait sus à ceux qui survivaient. Ni Siméon ni ses contemporains ne prévirent ces tristes conséquences de leur alliance avec les Romains. Ils étaient heureux de voir ceux-ci les appeler leurs amis, leurs frères et leurs alliés. La nation entière sut gré à son prince de lui avoir assuré ces avantages, et, dans sa reconnaissance, elle lui conféra solennellement et d'une manière formelle le droit de la gouverner.

L'antiquité n'offre guère d'autres exemples d'un peuple conférant volontairement et sciemment le pouvoir à un prince et de la transformation pacifique d'une constitution républicaine en constitution monarchique, comme celle qui s'accomplit alors chez les Judéens.

L'acte de transmission du pouvoir, qui nous a été conservé fait ressortir de la façon la plus saisissante les sentiments de reconnaissance que la nation éprouvait pour les Hasmonéens. Rassemblés le 28 éloul (septembre 140) sur la montagne du temple, les prêtres, les Anciens, les chefs de la nation et la population de Jérusalem déclarèrent que, en reconnaissance des grands services rendus par Siméon et la famille des Hasmonéens au peuple et au sanctuaire, la dignité de grand prêtre et de nassi appartiendrait à lui et à ses descendants, tant que le vrai prophète ne surgirait pas dans le pays. Comme insigne de son pouvoir, Siméon aurait le droit de porter le manteau de pourpre arec l'agrafe d'or. Les documents publics devaient être rédiges en son nom. Il aurait le droit de guerre et de paix, le pouvoir de nommer les fonctionnaires civils et militaires et la surveillance exclusive du temple. Toute infraction à son autorité serait sévèrement punie. Cette résolution du peuple fut gravée sur des tables d'airain fixées aux colonnes du parvis du temple et placées bien en vue. Une copie en fut déposée aux archives. Malgré leur répulsion pour les habitudes des Grecs, les Judéens leur avaient emprunté l'usage de fixer sur l'airain ou sur la pierre leurs actions et leurs pensées. Cependant leurs faveurs n'étaient pas le fruit d'un caprice fugitif ; mais ils savaient témoigner à leurs idoles une affection cordiale et un dévouement prêt à tous les sacrifices. Ainsi Israël eut de nouveau un prince légitime, sacré par le vote populaire, après en avoir été privé depuis la captivité de Sédécias. Cependant Siméon ne reçut pas le titre de roi : le peuple ne lui accorda que celui de prince, non pas qu'il voulût amoindrir son autorité, mais parce qu'il voulait rester fidèle au souvenir de la dynastie de David. Dans l'opinion populaire de cette époque, un véritable roi ne pouvait être que le descendant de David et le Messie attendu. Voilà pourquoi le décret du peuple contenait cette restriction que le pouvoir conféré à Siméon durerait seulement jusqu'au jour où surgirait le vrai prophète, Élie, précurseur du Messie.

Ce ne fut qu'après avoir été reconnu comme prince par le vote formel du peuple, que Siméon usa du droit que lui avait accordé Antiochus Sidétès, de battre monnaie. Ce furent les premières monnaies judaïques. Elles consistaient en sicles d'argent et en demi-sicles de cuivre. Elles portaient d'un côté l'indication de la valeur avec ces mots : Schékel Israel (sicle d'Israël) ; de l'autre, la légende : Yerouschalaïm ha-kedoscha (Jérusalem la sainte). La date était indiquée par une abréviation au-dessus des emblèmes, qui consistaient en figures symboliques empruntées au sacerdoce c'étaient, d'un côté, une branche en fleur (la verge d'Aaron), et de l'autre une sorte de coupe (probablement la coupe contenant la manne). Ainsi Siméon, abdiquant sa personnalité, ne mit sur ses monnaies ni son nom ni ses titres de grand prêtre et de prince. Les caractères des inscriptions de ces monnaies sont de l'ancien hébreu ou du samaritain. En effet, celui-ci était familier aux peuplades voisines, tandis que l'hébreu moderne leur était inconnu. Les monnaies qui nous restent de Siméon n'ont pas de date postérieure à l'an IV de son règne.

Les prévenances dont Siméon avait été l'objet de la part d'Antiochus Sidétès, tant que celui-ci avait peu d'espoir de vaincre l'usurpateur Tryphon, se changèrent en froideur aussitôt que, grâce au secours des troupes judaïques, il se vit près du but. Cependant, s'il refusa les deux mille hommes de troupes et les secours d'argent que Siméon lui envoya pour l'aider à prendre la ville de Dora (130), qu'il assiégeait, et pour lui permettre d'avoir plus vite raison de Tryphon, ce fut moins par caprice que par crainte d'avoir à payer ces services d'ingratitude. En effet, il envoya auprès de Siméon son général Kendébaïus, l'Hyrcanien, pour lui reprocher d'avoir élargi les droits obtenus et de s'être approprié, sans offrir de dédommagement, les forteresses de Joppé, de Gazara et de l'Acra de Jérusalem, qui ne lui avaient pas été formellement concédées. Il exigea donc que Siméon lui rendit ces places fortes ou qu'il lui payât en échange mille talents d'argent. Nous n'avons, répondit Siméon, repris que ce qui nous appartenait par héritage de nos pères. Quant à Joppé et Gazara, il en offrit cent talents à Antiochus. Comme on ne put s'accorder, il fallut trancher le différend par les armes. Pendant qu'Antiochus poursuivait Tryphon, qui s'était échappé de la forteresse de Dora, il envoya son général Kendébaïus avec de l'infanterie et de la cavalerie, pour faire la guerre à la Judée et la faire rentrer sous la domination de la Syrie. Siméon se prépara à une lutte opiniâtre. Heureusement, il pouvait mettre en ligne une armée de 20.000 hommes et disposait même d'une cavalerie, dont la privation avait été si funeste à la Judée dans les guerres antérieures. Trop âgé lui-même pour diriger la campagne, Siméon confia le commandement des troupes à ses fils Johanan (Jean) et Juda. Ceux-ci marchèrent à l'ennemi en partant de Gazara. Dans une plaine entre Hébron et Modin, on en vint aux mains et la victoire resta aux Judéens. Kendébaïus et son armée furent défaits et on les poursuivit jusqu'à Azoth. Cette ville, ayant fait résistance, fut livrée aux flammes. Johanan, qui avait contribué le plus puissamment à cette victoire, reçut le surnom de Hyrcan. Cette guerre, la dernière de Siméon (137-136), lui laissa l'espoir que ses fils sauraient maintenir la puissance renaissante de la Judée.

Antiochus, exaspéré de la défaite essuyée par son armée, mais se sentant trop faible pour recommencer la lutte, eut recours à la ruse. Cette famille des Hasmonéens, qui avait lutté contre sa dynastie avec tant d'opiniâtreté et de succès, il voulait la faire disparaître entièrement, et, à cet effet, il semble avoir excité l'ambition et la cupidité d'un homme qui, étant le gendre de Siméon, était bien placé pour tenter un guet-apens. Ptolémée ben Haboub était le nom de ce misérable, que rien ne put détourner du crime, ni le respect dû à un vieux héros, ni l'amour de son peuple, ni les liens de parenté, ni la reconnaissance pour son bienfaiteur. Siméon, en lui donnant sa fille, l'avait comblé de richesses et l'avait nommé gouverneur du district de Jéricho : cette générosité ne suffisait pas à son orgueil. Il voulait, fût-ce au prix d'un crime, devenir le maître de la Judée, et il espérait se maintenir au pouvoir avec l'appui de l'étranger. L'exécution de son horrible dessein ne présenta guère de difficultés. La prudence la plus consommée ne peut prévoir de pareils traits de scélératesse. Malgré son grand âge, Siméon avait encore l'habitude de voyager à travers le pays pour s'assurer, par ses propres yeux, de l'exécution des lois et s'enquérir des besoins du peuple. Dans le cours de ses voyages, il arriva à la forteresse de Dok, près de Jéricho, où résidait son gendre. Sa femme et ses deux plus jeunes fils, Juda et Mattathias, l'accompagnaient. L'aîné, Johanan, était resté dans sa résidence de Gazara. Ptolémée offrit à ses victimes une large hospitalité, leur prépara un somptueux festin. Pendant que les malheureux, pleins de sécurité, se livraient aux douceurs de la table et aux joies de la famille, Ptolémée et ses gens tombèrent sur eux et les massacrèrent (février 135). Le crime accompli, le meurtrier envoya des messagers vers le roi de Syrie, le priant de venir à son secours avec son armée. Il envoya aussi des émissaires à Gazara pour tuer Johanan. D'autres se rendirent à Jérusalem pour s'emparer de la ville et du temple. Mais Ptolémée ne devait pas recueillir le fruit de ses forfaits. Johanan, averti à temps par un de ses amis qui avait pu, à la faveur du désordre, s'échapper de Dok et se rendre à Gazara, s'empara des meurtriers à leur arrivée et les fit mettre à mort. Johanan put arriver à Jérusalem avant Ptolémée et n'eut point de peine à rallier le peuple à sa cause. Antiochus, occupé ailleurs, ne put expédier du secours à temps. Il ne resta plus au fils de Haboub d'autre ressource que de se renfermer dans sa forteresse, où il retint sa belle-mère en otage, et de se fortifier contre les attaques de Johanan.

Telle fut la fin des derniers Maccabées. Pas un d'entre eux ne mourut d'une mort tranquille : tous sont tombés pour leur peuple et pour leur sanctuaire. Juda et Éléazar étaient morts sur le champ de bataille ; Johanan, Jonathan et Siméon, moins heureux que leurs frères, tombèrent victimes de la perfidie des ennemis de leur nation.

Chapitre IX

Jean Hyrcan — (135-106)

Jean Hyrcan, qui avait si heureusement échappé aux embûches de son beau-frère, forme en quelque sorte le point culminant et la limite extrême de cette période. Il continua l'œuvre de son père et il eut la gloire de l'achever. Sous ses prédécesseurs, la Judée avait été resserrée dans des limites fort étroites et, même à l'intérieur de son territoire, elle comptait des enclaves occupées par une population étrangère. Hyrcan étendit les frontières au sud et au nord et délivra ainsi le pays des liens qui l'étreignaient. Ces heureux résultats, il les dut autant à des circonstances favorables qu'à ses talents militaires. Mais si le règne de Hyrcan rappelle la splendeur de celui de Salomon ; il lui ressemble aussi par les troubles qui en signalèrent le commencement et la fin. C'est le milieu de ces deux règnes qui en fut l'apogée.

Salomon, à son avènement, avait trouvé dans Adonias un rival, un prétendant, qu'il fallut réduire à l'impuissance. Hyrcan, de même, eut à soutenir une lutte très vive contre des compétiteurs. Parmi eux se trouvait son beau-frère Ptolémée, le meurtrier de son père, qui avait attenté à sa propre vie. Cependant celui-ci n'était redoutable que parce que la Syrie le soutenait. Le soin de sa sûreté personnelle, autant que le devoir, commandait donc à Hyrcan de châtier ce déloyal adversaire. Aussi se hâta-t-il de prendre les devants avant qu'Antiochus pût réunir des troupes pour venir à son secours. Nous ne savons pas avec précision de quelle manière le siège fut mené et quelle en fut l'issue. Suivant une relation évidemment embellie, Hyrcan n'aurait pu pousser les opérations du siège avec toute la vigueur désirable. Ptolémée faisait amener sur la muraille la mère de Hyrcan, d'autres ajoutent : ses frères, et les torturait en sa présence. Elle, en digne femme de la famille des Hasmonéens, suppliait, son fils de ne pas s'inquiéter de ses souffrances et de ne pas retarder pour elle la vengeance des siens. Tiraillé en sens contraire par le devoir et par la pitié, Hyrcan se retira sans avoir obtenu de résultat, devant l'approche du roi de Syrie, qui s'avançait avec une armée pour profiter de l'embarras des Judéens. On prétend qu'après le départ des assiégeants, Ptolémée fit massacrer la mère (et les frères) de Hyrcan. Après quoi, il s'enfuit à Rabbat-Ammon, l'antique capitale des Ammonites, qui avait reçu le nom de Philadelphie et dont le prince, Zénon Kotylas, l'accueillit avec bonté. Il disparut sans laisser d'autres traces dans l'histoire.

Cependant Hyrcan se vit bientôt menacé de dangers plus graves. Antiochus Sidétès, qui avait à cœur de venger sa défaite récente, vint en Judée avec une armée nombreuse (automne de 135), dévastant le pays sur son passage. Il arriva devant Jérusalem, où Hyrcan, se jugeant incapable de lui résister en rase campagne, alla se renfermer, espérant trouver un sûr abri derrière ses fortes murailles. Antiochus entreprit un singe en règle. Il entoura la ville de sept camps ; du côté nord, où le sol était uni, il établit cent tours à triple étage, du haut desquelles ses troupes pouvaient battre en brèche les murailles de la ville. Pour rendre les sorties des assiégés plus difficiles, il fit creuser une double tranchée autour du camp. Cependant les assiégés n'en firent pas moins de fréquentes sorties et repoussèrent vaillamment les attaques des assaillants, de sorte que le siège traîna en longueur. Le manque d'eau, dont souffrait l'armée syrienne, y produisit de nombreuses maladies. De leur côté, les assiégés, qui avaient de l'eau en abondance, manquaient de vivres. Hyrcan se vit dans la cruelle nécessité de commettre un acte inhumain en chassant de la cité les bouches inutiles.

Cependant l'été se passa et les assiégeants n'avaient pas encore chance de prendre la ville. De leur côté, les assiégés, voyant les vivres y diminuer de plus en plus et s'approcher l'époque de la fête des Tabernacles, songèrent à demander la paix. Hyrcan fit les premiers pas et sollicita d'Antiochus un armistice de sept jours. Antiochos l'accorda et même il envoya, pour les sacrifices de la fête, des bêtes aux cornes dorées et des cassolettes d'or. Des négociations furent entamées pour la paix. Les conseillers du roi, lui rappelant la politique d'Antiochus Épiphane, qui ne connaissait d'autre moyen d'extirper du cœur des Judéens leur haine du genre humain que de les forcer à renoncer à leurs lois particulières, l'engagèrent à user de la plus grande sévérité. Si Antiochus avait écouté ses conseillers qui, imbus des préjugés de leur temps, ne voyaient dans les lois séparatistes du judaïsme que la haine de l'humanité, les luttes sanglantes pour la conservation de sa loi et de ses coutumes auraient recommencé pour Israël. Heureusement Antiochus n'était ni assez tenace ni assez fort pour oser se lancer dans une telle aventure. Les conditions de paix qu'il offrit étaient à peu près acceptables. Il demandait aux Judéens de lui remettre leurs armes, de lui payer un tribut pour Joppé, Gazara et les autres villes qui avaient appartenu à la Syrie et de recevoir une garnison syrienne dans Jérusalem. Pressé par la nécessité, Hyrcan acquiesça aux deux premières clauses ; mais il refusa de se soumettre à cette dernière condition, persuadé que le contact avec les Syriens dans la ville sainte amènerait inévitablement des conflits incessants. Il offrit en échange des otages et cinq cents talents. Antiochus accepta cette proposition avec empressement, car cette somme devait lui permettre d'entreprendre la guerre contre les Parthes. Il prit donc les otages — parmi lesquels se trouvait un frère de Hyrcan — et un acompte de trois cents talents, que celui-ci avait soi-disant tirés du tombeau de David. Quant à la ville de Jérusalem, Antiochus se contenta de détruire les créneaux des murs. Ainsi se dissipa le sombre nuage qui avait menacé l'indépendance de la Judée : les dommages qu'il avait causés furent bientôt réparés.

En effet, Hyrcan envoya une ambassade au sénat romain, les priant de renouer avec la Judée l'alliance qu'il accordait si bénévolement aux plus petits États. En même temps, les ambassadeurs se plaignirent d'Antiochus Sidétès, qui s'était emparé de Joppé et de son port, de Gazara et d'autres villes fortes de la Judée. Le sénat les accueillit avec faveur et émit un décret enjoignant à Antiochus de rendre aux Judéens les places fortes qu'il avait prises. Défense lui fut faite de faire passer ses troupes à travers la Judée et d'en traiter les habitants comme ses sujets (vers l'an 133). Antiochus parait avoir obéi à cet ordre et il dut même montrer bon visage à Hyrcan. En effet, il projetait une expédition contre les Parthes, qui avaient fait partie de son royaume et qui s'en étaient détachés. Son frère Démétrius Nicator, qui avait également entrepris une expédition contre ce peuple, avait essuyé une défaite et était resté prisonnier des Parthes pendant dix ans. Antiochus espérait être plus heureux. Or, malgré l'armée considérable qu'il rassembla, il ne pouvait se passer du concours des guerriers judaïtes et des autres peuples voisins. Il sollicita donc Hyrcan de venir avec son armée, pour faire campagne avec lui. Le roi de Syrie témoigna beaucoup d'égards à l'armée judaïte, durant cette expédition. À la prière de Hyrcan, au lendemain d'une victoire remportée près du fleuve Zab, il fit reposer les troupes le jour de la fête de la Pentecôte et la veille, qui était un sabbat (129).

Antiochus mourut dans cette expédition et laissa la Syrie en proie à de grands troubles. Plusieurs prétendants à la couronne se disputèrent le pouvoir. Hyrcan sut profiter de cet état de faiblesse où la Syrie se trouva pendant plusieurs années, pour agrandir les limites de la Judée et leur donner l'étendue qu'elles avaient eue dans des temps plus heureux. Aussitôt après la mort d'Antiochus, Hyrcan rompit les liens de vasselage qui enchaînaient la Judée à la Syrie depuis le siège de Jérusalem. Il ne voulut même pas conserver avec ce pays de traité d'alliance. Son rival s'estima assez heureux d'être reconnu par lui comme roi de Syrie. Vers cette époque (124), les Judéens de Jérusalem, et surtout les membres du Grand Conseil, adressèrent, pour la seconde fois, une missive aux communautés d'Égypte et à leur chef, Juda Aristobule, de la famille des grands prêtres, qui avait été le maître du roi, les exhortant à célébrer également les jours de la consécration du temple, en souvenir du triomphe remporté sur les infidèles. Ils rappelaient la délivrance miraculeuse que Dieu avait envoyée à son peuple, aux mauvais jours du règne d'Antiochus, et qui avait permis de rétablir le sanctuaire dans sa pureté primitive. Par cette lettre, on invitait, en quelque sorte, la communauté si importante d'Alexandrie à reconnaître le nouvel ordre de choses établi à Jérusalem.

Après la mort de l'usurpateur syrien Alexandre Zebina (123), Jean Hyrcan, qui jusqu'à ce moment s'était tenu sur la défensive, prit une attitude agressive à l'égard de la Syrie. La Judée était enserrée de trois côtés par des peuplades étrangères : au sud, par les Iduméens ; à l'est par les Samaritains, cette nation odieuse qui s'était toujours montrée hostile aux Judéens ; et sur les côtes de la mer Méditerranée ainsi qu'au-delà du Jourdain, par les demi Grecs, dont les dispositions n'étaient guère plus amicales.

Hyrcan considérait comme un devoir qui s'imposait à lui de rendre tous ces territoires à la Judée et d'en chasser la population ou de la fondre avec les Judéens. Pour atteindre un but si important, il lui fallait déployer toutes ses forces et surtout disposer de moyens d'action suffisants. Hyrcan se vit obligé de prendre à son service des troupes de mercenaires. On raconte que, pour payer ces soldats, Hyrcan employa de l'argent tiré du prétendu trésor trouvé dans le tombeau de David.

Hyrcan tourna d'abord ses armes vers l'est, c'est-à-dire vers la contrée du Jourdain et principalement contre le bourg de Médaba. Sichem, la capitale des Samaritains, et le temple du Garizim, qui avait toujours été un objet d'horreur pour la nation judaïque, furent détruits (21 kislew). On célébrait chaque année le souvenir de cet événement (Yom har-Garizim). De ce jour date la décadence des Samaritains ; car si, pendant des siècles, ils ont encore conservé leur caractère propre, s'ils ont survécu jusqu'à nos jours et continué d'apporter des sacrifices sur le Garizim, ils s'affaiblissent de plus en plus par suite de l'absence d'un centre religieux.

Après sa victoire sur les Samaritains, Hyrcan marcha contre les Iduméens. Cette nation, quoique fortement abaissée par les vicissitudes des diverses dynasties asiatiques et macédoniennes qui se succédèrent, et chassée de ses demeures par les Nabatéens, était la seule des peuplades de même souche qu'Israël qui eût su se maintenir, conservant sa haine contre Israël. Hyrcan se vit donc obligé de les réduire à l'impuissance. Il assiégea leurs deux villes fortes, Adora et Marissa (Marèscha), dans le district de Gabalène, qu'il rasa entièrement, après quoi il laissa aux Iduméens le choix entre l'émigration et la conversion au judaïsme. Ils prirent ce dernier parti. Naturellement les temples consacrés aux idoles furent détruits ; cependant les prêtres continuèrent à rester attachés secrètement à leur culte. Ainsi les deux frères ennemis, Jacob et Ésaü, divisés par une haine dix fois séculaire, s'étaient rapprochés, le plus âgé des deux, Édom, s'étant soumis au plus jeune. Pour la première fois, le judaïsme, en la personne de son prince, Jean Hyrcan, se montrait intolérant vis-à-vis d'autres cultes et s'imposait par la violence. Mais il devait bientôt reconnaître à ses dépens le danger qu'il y a à pousser l'esprit de conservation jusqu'au prosélytisme. La fusion des fils d'Édom avec les fils de Jacob n'apporta à ces derniers que des malheurs. Ce furent des Iduméens et des Romains qui détrônèrent la dynastie des Hasmonéens et causèrent la ruine de l'État judaïque.

La guerre avec l'Idumée et la conversion des Iduméens amenèrent une nouvelle expédition de Hyrcan contre Samarie, qui était habitée, en grande partie, par des Macédoniens et des Syriens. Près de cette ville, il avait transplanté des colons iduméens, enlevés au district de Marissa. Ceux-ci se virent inquiétés et maltraités par leurs voisins, à l'instigation d'Antiochus Cyzicène, un des prétendants au trône de Syrie. Ce dernier avait hérité d'Antiochus Épiphane sa haine pour les Judéens, et cherchait à leur susciter mille embarras. Ses généraux faisaient des incursions en Judée ; ils s'emparèrent de quelques places fortes dans le voisinage de la côte et mirent une garnison dans Joppé. Hyrcan s'en plaignit au sénat romain, qui avait promis autrefois à la Judée la libre possession de ce port et des autres villes fortes. Cinq ambassadeurs allèrent porter à Rome les doléances de Hyrcan. Le sénat lui donna raison avec force paroles mielleuses. Un décret enjoignit à Antiochus, fils d'Antiochus Cyzicène, de ne pas traiter en ennemis les Judéens, alliés de Rome, et de leur rendre les villes fortes et les districts qu'il leur avait enlevés. Enfin les Judéens eurent le droit d'exporter librement des marchandises par leurs ports, et la garnison syrienne de Joppé dut se retirer. Était-ce par soumission à la volonté de Rome ou pour toute autre raison ? C'était toujours un avantage pour Hyrcan de ne pas avoir Rome contre lui et de la voir protester contre les empiétements d'Antiochus Cyzicène.

Mais lorsque Hyrcan, voulant châtier Samarie de son hostilité envers les colons de Marissa, ceignit la ville de fossés et de retranchements et l'assiégea si étroitement que, toutes ses communications se trouvant coupées, la famine commença à s'y faire sentir, Antiochus vint à son secours. Battu dans une rencontre par Aristobule, le fils aîné de Hyrcan, qui dirigeait les opérations du siège avec son frère cadet Antigone, Antiochus dut s'enfuir à Bethsan (Scythopolis). Se sentant trop faible pour vaincre les Judéens, il appela à son aide un des princes régnants d'Égypte, Ptolémée VIII Lathuros. Celui-ci se laissa facilement entraîner ; car il haïssait les Judéens. Sa mère Cléopâtre, que le peuple avait forcée de partager le pouvoir avec lui, lui faisait sourdement la guerre. À l'exemple de ses parents, elle favorisait les Judéens. Elle avait à ses côtés deux fils d'Onias IV, Helcias et Ananias, qu'elle avait nommés gouverneurs du district d'Onion. Ce fut là précisément le motif de l'aversion que son fils avait conçue pour le judaïsme en général. Aussi se rendit-il à l'invitation d'Antiochus, de combattre Hyrcan et de faire lever le siège de Samarie. Malgré l'opposition de sa mère, Ptolémée se rendit en Judée avec une armée de 6.000 hommes. Se sentant trop faible pour oser se mesurer en rase campagne avec l'armée judaïque, il dut se borner à dévaster le pays, espérant par là arracher les Judéens au siège de Samarie. Mais ceux-ci ne levèrent pas le siège et, par un coup de main, ils forcèrent Antiochus à quitter le théâtre de la guerre. Une voix sortie du Saint des saints annonça à Hyrcan, dit-on, la victoire remportée sur Lathuros, au moment même où ses fils venaient de gagner la bataille. Il entendit ces mots prononcés en langue araméenne : Les jeunes princes ont vaincu Antiochus.

Callimandre et Épicrate, les deux lieutenants que Lathuros laissait en Judée pour continuer les hostilités, ne furent pas plus heureux que leur maître. Callimandre succomba dans une rencontre ; Épicrate, gagné à prix d'argent, livra aux princes judéens Bethsan et les villes de la plaine, de Jezréel jusqu'au mont Carmel, qui avaient appartenu aux Grecs ou aux Syriens. Les habitants païens de ces villes en furent aussitôt expulsés. Les jours où les Judéens avaient repris Bethsan et la plaine, les 15 et 16 sivan (juin 109), furent mis au nombre des jours de victoire. Au bout d'un an, les Samaritains, n'ayant plus de secours à attendre du dehors, durent capituler et rendre la ville aux vainqueurs. Soit désir de vengeance, soit mesure de précaution, Hyrcan fit détruire Samarie de fond en comble, y creusa des fossés et des canaux, n'y laissa pas subsister trace de son ancienne splendeur. Le jour où elle tomba aux mains des Judéens (25 marhesvan, novembre 109) devint un jour de fête. C'est ainsi que Hyrcan réalisa les vastes projets des Hasmonéens et acheva leur œuvre. Il avait assuré l'indépendance de la Judée et l'avait mise au niveau des États voisins. Grâce à lui, les ennemis qui la menaçaient de tous côtés, Syriens, Iduméens, Samaritains, étaient vaincus pour la plupart, et le pays était délivré des entraves qui arrêtaient son essor. Les beaux jours des règnes de David et de Salomon semblaient revenus : des étrangers obéissaient au sceptre judaïque. La vieille haine entre ces races sœurs, la Judée et l'Idumée, avait disparu ; Jacob et Ésaü étaient réconciliés. La Moabie, fille de l'Arnon, dut envoyer de nouveau des présents vers la montagne de la fille de Sion. La rive du Jourdain, les côtes de la mer, les routes qui conduisaient les caravanes d'Égypte en Syrie étaient entièrement au pouvoir de la Judée. Hyrcan eut même la joie de voir l'abaissement de son ennemi Ptolémée Lathuros. Celui-ci, qui vivait en mésintelligence avec sa mère, se rendit à la fin si insupportable à cette dernière, qu'elle souleva contre lui la population d'Alexandrie et le fit chasser de la ville (108). Comme il fuyait sur un vaisseau à destination de Chypre, Cléopâtre envoya une armée à sa poursuite, mais les soldats se rangèrent de son côté ; seule la troupe judaïque du district d'Onion, commandée par les lieutenants Helcias et Ananias, fils d'Onias, resta fidèle et essaya de le chasser de l'île. À Alexandrie comme en Palestine, les Judéens jouaient alors un grand rôle, se prêtant un appui mutuel, combattant ensemble l'ennemi commun, Lathuros, et son allié Antiochus Cyzicène.

Hyrcan, lui aussi, eut ses monnaies avec des inscriptions en vieil hébreu. Mais il n'imita point la retenue de son père et il y mit son titre : Johanan, grand prêtre. Toutefois, une partie de ses monnaies porte cette addition à la légende ordinaire : et la communauté des Judéens, comme s'il avait senti la nécessité d'indiquer qu'il n'exerçait le droit de battre monnaie qu'au nom du peuple. D'autres monnaies portent une inscription différente : Johanan, grand prêtre et chef de la communauté des Judéens. Quant à l'emblème, ce n'était pas le lis des monnaies de son père Siméon. À l'imitation des princes macédoniens, celles de Hyrcan portaient une corne d'abondance.

Vers la fin de son règne, Hyrcan prit de plus en plus des allures de prince temporel. Tous ses efforts tendirent à agrandir son territoire et à fortifier son pouvoir. Il paraît même avoir jeté des regards de convoitise sur la vaste contrée qui commande la route de Damas. La conquête de l'Iturée (à l'est de l'Hermon), conquête achevée par son successeur, avait été préparée par lui. Un mouvement puissant qui se produisit à l'intérieur et qu'il ne put maîtriser, puis sa mort qui suivit de près, l'empêchèrent de mettre son projet à exécution. Ce mouvement, peu apparent à son début prit une tournure si malheureuse que l'édifice péniblement construit par les Hasmonéens en fut ébranlé. Pour la seconde fois, l'État judaïque, parvenu à son plus haut degré de puissance, dut voir que le pouvoir matériel lui échapperait toujours.

Chapitre X

Les institutions et les sectes

Les événements politiques de la Judée, sous Jean Hyrcan et ses prédécesseurs, ne pouvaient manquer d'avoir leur contrecoup dans l'âme même de la nation et d'y provoquer un réveil intellectuel. Par sa lutte demi séculaire, par ses défaites et ses victoires, par son contact avec des populations amies ou ennemies, enfin par le bien-être succédant à la simplicité des mœurs, la nation était parvenue à un haut degré de maturité, maîtresse d'elle-même, grâce à de pénibles efforts, elle pouvait tourner ses regards vers le dedans et, sans renoncer aux résultats acquis, s'assimiler tous les éléments étrangers compatibles avec son caractère. Si jadis les purs avaient protesté contre tout ce qui portait l'empreinte hellénique, beaucoup d'entre eux étaient arrivés maintenant à la conviction que l'hellénisme renfermait bien des éléments qu'on pouvait adopter, sans préjudice des idées nationales. Les Hasmonéens apprirent de leurs voisins, non seulement l'art de la guerre, de l'armement et de la fortification des places, mais encore l'art pacifique de frapper des monnaies aux empreintes élégantes, et aussi l'architectonique des Grecs. Ils avaient fait construire, à Jérusalem, un magnifique palais dans le style hellénique. En avant de ce palais se trouvait un vaste espace couvert, à plusieurs colonnades, appelé le Xyste et destiné aux assemblées populaires. Il était situé près de la vallée qui séparait le temple de la ville haute. Dans cette dernière, il y avait aussi un bâtiment de style grec, renfermant la salle du conseil et les archives.

Jean Hyrcan fit ériger un mausolée de famille à Modin, le berceau de sa famille. C'était un grand bâtiment dans le style grec, en marbre blanc et poli. Tout autour couraient des colonnades artistement travaillées ; des armes de toute espèce, surmontées de navires, étaient sculptées dans la pierre des colonnes. Sur le faite de l'édifice s'élevaient sept pyramides en souvenir des fondateurs de la famille et de leurs cinq fils. Le mausolée avait une hauteur si considérable qu'on l'apercevait de la haute mer.

Mais cette époque se distingue plus encore par la prépondérance et le développement des éléments propres à la nation que par l'assimilation d'éléments étrangers. La langue hébraïque, qui, depuis le contact avec des peuples asiatiques, avait été remplacée par la langue araméenne, ressuscita en quelque sorte comme langue populaire. Les monuments sacrés que la nation put sauver de la ruine, et dont elle s'inspira souvent, la rendirent chère à son cœur. La langue sainte fut employée pour la composition des nouveaux psaumes, pour les inscriptions des monnaies, pour la rédaction des actes publics ; elle fut aussi usitée pour les chants du peuple. La langue hébraïque, bien qu'elle empruntât à l'araméen ou au grec bon nombre d'expressions usuelles, montra tellement de vigueur et de sève qu'elle s'enrichit encore de mots nouveaux et s'appropria les éléments étrangers en y mettant sa marque personnelle. À partir de cette époque, la langue porte le nom d'hébreu moderne, qui se distingue de l'hébreu ancien par la clarté et le naturel, s'il lui est inférieur pour l'élévation et l'élan poétique. Les chefs de la communauté et les hommes d'État comprenaient, du reste, le grec. Les premiers en avaient besoin pour leurs rapports avec les rois de Syrie ; et les ambassadeurs envoyés auprès de ces princes ou auprès du sénat romain étaient obligés de s'exprimer en grec. Les noms propres grecs refleurirent plus que jamais.

Le changement survenu dans les esprits à la suite des événements politiques se manifesta plus clairement sur le terrain religieux que dans le domaine des mœurs et de la littérature. Toutes les conquêtes faites depuis Jonathan peuvent être envisagées comme faites dans l'intérêt de la religion. Les revers des Syriens, l'expulsion des Hellénistes, la soumission des Iduméens et notamment la destruction du temple de Garizim, comptèrent comme autant de triomphes du judaïsme sur ses ennemis, sanctionnés par les représentants de la religion et transmis aux générations futures par des solennités semblables à celles qui devaient rappeler le souvenir de la dédicace du temple. Le sentiment religieux se maintint toujours au fond de toutes les manifestations, jusque dans l'abus qu'on en fit en imposant par la force le judaïsme aux païens. Cependant les convictions religieuses s'éclairèrent au libre contact du monde réel. L'expérience acquise des habitudes de la vie sociale produisit des scissions. Les Hassidéens s'étaient retirés du théâtre des événements et, afin de ne pas rester en contact avec le monde, vivaient dans des solitudes où ils pouvaient se livrer tranquillement à la vie contemplative. Ils y formèrent un ordre spécial, ayant des mœurs et des idées particulières, et ils reçurent le nom d'Esséniens. Cependant tous les Hassidéens ne suivirent pas cet exemple. La plupart d'entre eux considéraient comme un devoir, tout en observant rigoureusement les prescriptions religieuses, de consacrer leurs forces à l'indépendance nationale. De là naquit une scission : une fraction des Hassidéens se forma en parti national religieux, qui se sépara des Esséniens en tant que ses membres ne craignaient pas de vivre au cœur des événements et d'y prendre une part active. Ce parti, plus nombreux, commença dès cette époque à porter le nom de Pharisiens (Parouschim). Mais ces hommes, qui étaient l'âme de la nation, et qui avaient surtout à cœur la conservation du judaïsme dans sa forme traditionnelle, devaient apprécier les affaires publiques, les mesures politiques, enfin toutes les manifestations de l'activité nationale, au point de vue des exigences religieuses. Ceux qui se trouvaient à la tête des affaires militaires ou diplomatiques et qui avaient acquis la conviction que les intérêts temporels ne peuvent pas toujours se plier aux lois de la religion, ne pouvaient guère entrer dans ces vues. Ainsi se forma un tiers parti, le parti des Sadducéens (Tsadoukim), qui, tout en restant fidèles à la religion, donnaient le pas à l'intérêt national. De ces trois partis, les Esséniens, les Pharisiens et les Sadducéens, les deux derniers seuls exercèrent dès le début une influence considérable sur la marche des événements. — On ne peut guère déterminer le moment précis où se dessina l'antagonisme de ces partis.

D'ailleurs la genèse des mouvements intimes des âmes reste toujours ignorée. D'après une relation, ce mouvement commença dès l'époque de Jonathan.

Pour les Pharisiens, le terme de parti est impropre et ne peut guère s'appliquer que par opposition aux deux autres sectes. En effet, les sentiments des Pharisiens étaient ceux de la majorité de la nation, dont ils ne se distinguaient que par une originalité plus grande. Ils devaient leur nom à leur façon particulière d'interpréter l'Écriture et d'en tirer des lois nouvelles. En leur qualité de légistes, les Pharisiens formaient le parti des savants, par opposition à la masse ignorante. Le principe fondamental de leur conduite et de leurs sentiments, c'était que la conservation du judaïsme, c'est-à-dire de la Loi et des coutumes des ancêtres, devait être l'unique règle de la société et des individus. Aux Sadducéens, qui soutenaient contre eux que, dans les affaires politiques, il fallait se guider d'après un principe différent si on ne voulait pas sacrifier de graves intérêts d'État aux scrupules religieux, le pharisaïsme répondait que la destinée d'un pays, comme celle des individus, ne dépend pas de l'homme, mais de la volonté divine.

Ni la force, ni la prudence, ni la puissance des armes ne pouvaient, selon eux, déterminer le bonheur ou le malheur de la nation judaïque : c'est là l'œuvre de la Providence, dont la volonté éternelle règle tous les événements. Seules, les actions de chaque individu, sa conduite morale, sont du domaine de la liberté humaine, mais les résultats et les conséquences du travail humain en général sont en dehors de nos prévisions. Cette doctrine des Pharisiens, que leurs adversaires, les Sadducéens, rejetaient entièrement, était encore exagérée par les Esséniens.

Les Pharisiens professaient encore une autre doctrine, qui répondait sans doute à une objection soulevée par les Sadducéens. Si la destinée de l'individu ou d'une nation ne dépend pas de sa conduite, la justice divine n'existe pas, puisque le juste a souvent à lutter contre l'infortune, tandis que le méchant jouit d'un bonheur parfait et inaltérable. Les Pharisiens résolvaient cette difficulté en enseignant que la justice divine ne s'exerce pas dans la vie présente, mais après la mort. Dieu réveillera un jour ceux qui dorment dans la poussière, pour récompenser les bons selon leurs œuvres, pour punir les méchants selon leurs méfaits : les uns ressusciteront pour la vie éternelle, les autres pour l'ignominie perpétuelle. — Mais ces doctrines, qui ne visaient que les convictions intimes, ne donnaient pas lieu à une opposition aussi tranchée que la troisième doctrine des Pharisiens sur l'étendue et l'autorité des prescriptions religieuses. Chez une nation comme celle-ci, dont la religion était en quelque sorte l'âme, qui lui subordonnait tous ses actes, il devait se former, à côté de la loi écrite, des usages et des coutumes dont l'origine, aujourd'hui, se perd dans la nuit des temps. Quand ces pratiques n'étaient pas clairement indiquées par la lettre de la Loi, on les attribuait aux grands docteurs (Sopherim) ou à la Grande Assemblée (Kéneseth ha-ghedola) qui, lors du retour de l'exil, avait raffermi la religion ébranlée. Ces coutumes religieuses étaient désignées sous le nom d'ordonnances des scribes (Dibré Sopherim). Implantées au cœur de la nation et grandissant avec elle, toutes ces coutumes avaient acquis une importance extraordinaire aux yeux du peuple, qui avait bravé pour elles bien des dangers, exposé sa vie et ses biens. Le souvenir des martyrs et l'horreur pour les hellénisants apostats avaient exalté d'une façon extraordinaire, chez les fidèles, l'attachement à chacune de leurs pratiques. Le temple surtout, qui avait été profané sans pitié et, depuis, si merveilleusement rétabli dans sa pureté, était devenu l'objet de prédilection de la nation, qui le voulait à l'abri de toute souillure. Les prescriptions relatives à la pureté des Lévites, en tant qu'elles concernaient le temple, étaient observées par les Pharisiens avec un redoublement de scrupule et de sévérité.

Cependant la piété extérieure n'excluait pas chez les Pharisiens la piété intérieure. Ils avaient la réputation d'être de mœurs austères, chastes, sobres, doux et bienveillants envers chacun. Dans l'application des lois pénales, ils faisaient prévaloir l'indulgence et ne jugeaient pas les accusés en considérant leur perversité morale, mais en invoquant la faiblesse humaine en général. Un des chefs de leur parti, Josué, fils de Perachia, qui vivait sous Hyrcan, est l'auteur de cette sentence : Procure-toi un maître, fais-toi un ami, et juge tout homme avec bienveillance. En raison de leur piété rigide et de leur extrême bonté, le peuple voua aux Pharisiens un attachement profond et respectueux.

Le parti directement opposé à celui-là poursuivait, comme nous l'avons déjà fait remarquer, une politique nationale. Les Sadducéens comptaient dans leurs rangs toute l'aristocratie judaïque, les hommes de guerre, les chefs militaires, les hommes d'État, ceux qui avaient acquis des honneurs et de la fortune, ou que leurs fonctions d'ambassadeurs auprès des cours étrangères avaient mis en rapport plus intime avec le dehors et qui avaient adopté ainsi des habitudes plus mondaines. Véritable noyau du parti des Hasmonéens, ce sont les Sadducéens qui le servirent le mieux dans les luttes et dans les négociations. Il y avait aussi parmi eux des hellénisants qui s'étaient effrayés de la défection et qui s'étaient amendés.

Ce nom de Sadducéens leur venait sans doute d'un de leurs chefs, Tsadok (Saddouk). Pour les Sadducéens, l'intérêt de l'État primait l'intérêt de la doctrine et de la loi judaïques. Leur passion dominante, c'était un ardent patriotisme. La piété n'occupait que la seconde place dans leur esprit. En véritables hommes d'État, ils avaient acquis la persuasion que la confiance en Dieu et la pratique scrupuleuse des lois religieuses ne pouvaient suffire à assurer l'indépendance de l'État judaïque. Ils posèrent en principe que chacun devait consacrer toute sa force physique et toute son influence morale à cette œuvre nationale ; qu'il ne fallait pas se laisser arrêter par des considérations religieuses, lorsqu'il s'agissait d'alliances politiques à conclure ou de guerres à entreprendre, quand même elles auraient pour conséquence inévitable la violation des prescriptions du culte. L'homme, disaient-ils, a reçu le libre arbitre en partage, afin qu'il travaille lui-même à son bonheur, qu'il soit le maître de son sort. Dieu ne se mêle en aucune façon des affaires humaines. La récompense et le châtiment de la bonne ou de la mauvaise conduite résultent des actes mêmes, et il est inutile d'admettre la résurrection. Ainsi, sans nier précisément l'immortalité de l'âme, les Sadducéens rejetaient absolument la croyance à une justice réparatrice, s'exerçant après la mort. — Gêné et paralysé par la masse des préceptes religieux, le parti sadducéen en contestait le degré de validité et d'obligation. Mis en demeure de donner un critérium pour fixer l'importance relative des lois, ils donnèrent celui-ci : Les dispositions légales, clairement énoncées dans la loi mosaïque, sont seules obligatoires ; toutes les autres, émanant de traditions orales ou émises postérieurement, n'ont pas de titres à une observance rigoureuse. Cependant les Sadducéens ne purent s'empêcher d'admettre certaines interprétations traditionnelles des lois du Pentateuque.

L'opposition entre les Sadducéens et les Pharisiens ressort très nettement de l'examen de quelques questions isolées au sujet desquelles ils étaient en désaccord. Elle embrassait les questions judiciaires et les questions rituelles ; les rites du temple étaient particulièrement, pour eux, un sujet de vive contestation. Ainsi les Sadducéens admettaient à la lettre les dispositions pénales édictées par le Pentateuque, au sujet des blessures corporelles : œil pour œil, dent pour dent. Ils acquirent, de la sorte, une réputation de sévérité excessive dans l'exercice du droit pénal, tandis que les Pharisiens, invoquant dans ces cas des interprétations traditionnelles, usaient d'indulgence et se bornaient à imposer des indemnités pécuniaires.

Parmi les questions de rite qui divisaient les Sadducéens et les Pharisiens, plusieurs furent discutées avec beaucoup d'acharnement. De ce nombre était la question de la fixation de la Pentecôte, qui, selon les Sadducéens, devait toujours tomber le dimanche, c'est-à-dire le cinquantième jour après le sabbat qui suit la fête de Pâque. De même la question des libations d'eau sur l'autel, pendant les sept jours de la fête des Tabernacles, et des processions autour de l'autel avec des branches de saule, rites que les Sadducéens rejetaient entièrement. Ils prétendaient également que les sacrifices quotidiens pour le peuple ne devaient pas être payés par la caisse du temple, mais qu'il dépendait du bon vouloir de chacun de fournir les victimes nécessaires. La question de savoir s'il fallait briller l'encens, au jour des Expiations, avant ou après l'entrée du grand prêtre dans le sanctuaire, devint aussi le sujet d'une querelle très vive. Les Sadducéens invoquaient toujours la lettre de la Loi. L'application logique de ce principe les amena parfois à un rigorisme bien plus accentué que celui des Pharisiens, réputés si sévères. Cependant ils attachaient peu d'importance au contact des personnes ou des choses impures. Quand ils voyaient leurs adversaires occupés à purifier les vases du temple souillés par quelque attouchement, ils les raillaient en disant : Bientôt les Pharisiens voudront purifier le soleil lui-même.

Malgré les adoucissements que les Sadducéens apportaient à la religion, ce parti n'était pas aimé du peuple. La tendance de l'époque, tout à fait favorable à la dévotion, leur était contraire. En outre, les Sadducéens rebutaient le peuple par leurs manières arrogantes et dures, et par la sévérité avec laquelle ils appliquaient les lois. De là vint qu'ils ne surent jamais gagner les faveurs de l'opinion publique et qu'ils ne purent faire triompher leurs principes que par la force. À l'époque qui suivit les luttes des Maccabées, la religion avait tellement pris le dessus qu'un véritable ordre religieux put se fonder, qui dépassait, par sa sévérité dans les principes et par son caractère timoré, les Pharisiens eux-mêmes, et qui constituait un phénomène historique tout nouveau. Cet ordre, qui était appelé à exercer une influence puissante, et qui devait sa naissance à des causes tout à fait insignifiantes, c'étaient les Esséens ou Esséniens.

L'origine de ce curieux ordre des Esséniens, qui excita l'admiration des Grecs et des Romains, remonte au mouvement énergique qui se produisit lors de la résistance à la tyrannie des Syriens et à l'oppression religieuse. Les Esséniens ne formaient pas originairement un parti politique : ils fuyaient le tumulte du monde. Ils n'étaient pas directement en opposition avec les Pharisiens, et ils représentaient plutôt l'exagération de leurs doctrines. Sans aucun doute, ils procédaient des Hassidéens, dont ils imitaient d'ailleurs la scrupuleuse dévotion au sabbat. En outre, ils vivaient dans un naziréat perpétuel et poursuivaient l'idéal d'une sainteté toute sacerdotale. Au moyen et à côté de la pratique extérieure des prescriptions lévitiques, ils cherchaient à réaliser la sainteté et la pureté de l'âme, à étouffer les passions et à mener une vie édifiante. Mais les prescriptions lévitiques concernant la purification s'étaient si bien développées, sous l'influence d'idées étrangères ou par le changement des mœurs, que tout contact avec des personnes ou des choses aurait terni la pureté du nazir, qui ne pouvait la recouvrer que par le bain légal ou même par des sacrifices. L'Essénien était donc forcé d'éviter tout commerce avec des personnes de vie moins austère, à cause des souillures que leur contact pouvait causer. Les mêmes raisons les obligeaient à ne frayer qu'avec ceux qui partageaient leurs idées. Ils se trouvaient donc dans la nécessité de se grouper et de former un ordre dont la première règle fût la stricte observance des soins de la pureté la plus absolue. Pour être plus sûrs que les lois de pureté avaient été observées dans la préparation des aliments, dans la fabrication des vêtements, des outils ou des autres objets qu'ils achetaient, ils ne pouvaient en accepter que de la main des membres de leur ordre. Mis en rapports continuels les uns avec les autres par la règle même de leur ordre, ils jugèrent avantageux de prendre leurs repas en commun, afin de pouvoir se passer plus facilement de toute assistance étrangère. Il y avait là aussi, sans doute, le désir d'imiter, comme un idéal typique, le repas pascal, qui ne pouvait être consommé qu'en famille (haboura). La société des femmes était presque impossible aux Esséniens, à cause du danger qu'ils auraient couru, à chaque instant, de contracter la souillure légale, qu'un simple contact pouvait produire. Ainsi, de conséquence en conséquence, les Esséniens arrivèrent à mépriser le mariage, ou du moins à le fuir. Mais comment sauront-ils se maintenir dans la société, avec leurs scrupules excessifs, pendant les périodes de guerre ? Amis ou ennemis, Judéens comme païens, n'étaient-ils pas souillés par le contact des morts tombés dans les combats, et toutes leurs précautions ne se trouvaient-elles pas ainsi réduites à néant ? Cette crainte peut avoir inspiré aux Esséniens la pensée de se retirer dans la solitude, où le tumulte de la guerre et ses suites funestes à leur état de pureté, ne pourraient les atteindre. Ils choisirent pour leur résidence l'oasis d'En-Gadi, à l'ouest de la mer Morte. Les dattiers qui foisonnaient dans cette contrée leur procuraient une partie de leur nourriture, d'ailleurs très simple et très frugale. Cependant tous les Hassidéens ne suivaient pas la règle des Esséniens. En dehors des membres de l'ordre établis à En-Gadi, il y avait un certain nombre de non-affiliés qui vivaient dans leurs familles. À ceux-ci le mariage était permis; mais, par suite de leurs idées rigoristes, ils se heurtaient à maintes difficultés.

Ainsi se développèrent les traits caractéristiques de l'essénisme, qui excitèrent tant d'étonnement : la communauté des repas et le célibat. La vie en commun amena les Esséniens à renoncer à tous leurs biens. Car que servait à un membre de l'ordre d'avoir un patrimoine ? Chacun abandonna donc sa fortune à la caisse de l'ordre, laquelle subvenait aux besoins des affiliés. De là cette maxime : Le Hassid dit : Le mien et le tien t'appartiennent. Il n'y eut donc parmi eux ni riches ni pauvres. Indifférents à tout intérêt matériel, les Esséniens, dont la pensée était uniquement tournée vers la religion, se détachèrent de plus en plus de toute préoccupation terrestre pour s'abandonner au rêve et à l'extase. Les Esséniens se signalaient encore par d'autres particularités. Comme les Israélites pendant leur marche à travers le désert, chaque affilié portait sur soi une pelle pour creuser la terre, avant de satisfaire ses besoins naturels ; l'acte accompli, il en faisait disparaître les traces en les recouvrant de terre. Les Esséniens portaient aussi une espèce de tablier de cuir ou de serviette, qui leur servait à s'essuyer les mains après les ablutions. Chaque matin ils prenaient un bain froid, comme les prêtres avant le service du temple, afin de se purifier des souillures même inconscientes. De leur coutume de prendre ainsi un bain tous les matins, on les appela baigneurs du matin. Il semble même que leur nom d'Esséniens vient de là, ce mot signifiant en chaldéen baptistes au bain (As'chaï, prononcez Assaï).

Cependant ces pratiques extérieures n'étaient pour eux que le premier degré de la piété intérieure et de l'union intime avec Dieu qui, d'après les idées des anciens, ne peuvent être réalisées qu'en fuyant le monde, qu'en vivant dans le silence de la solitude et dans l'ascétisme. La simplicité dans la nourriture et le vêtement, la sobriété, la chasteté, l'esprit de dévouement toujours en éveil, étaient des vertus chères aux Esséniens ; mais elles ne leur étaient pas particulières et les Pharisiens les professaient également. Ce qui distinguait les Esséniens, c'était l'horreur qu'ils éprouvaient à prêter serment, leurs prières fréquentes et la méditation d'une espèce de doctrine secrète. Avant la prière, ils évitaient de prononcer une seule parole profane. Aux premières lueurs du jour, ils lisaient la prière du Schema ; ensuite ils se réunissaient, silencieux et recueillis, pour la véritable prière, qui devait être une libre effusion du cœur. Chez les Esséniens, le repas était considéré comme un service divin : pour eux, la table devint un autel et les mets des offrandes sacrées, qui exigeaient un pieux recueillement. Pendant le repas, ils ne prononçaient pas un seul mot profane, et le plus souvent ils y observaient un silence absolu. Ce silence dut faire sur l'esprit des non-affiliés une impression d'autant plus forte que le véritable caractère de cet ordre était inconnu des contemporains et semblait receler quelque redoutable mystère.

Sans doute, ce n'était pas par système préconçu que les Esséniens se mirent à professer une sorte de doctrine secrète : leur vie ascétique, silencieuse, qui offrait tant d'aliments à la contemplation, leur indifférence pour la famille, enfin leur exaltation religieuse devaient les amener à chercher dans le judaïsme d'autres vérités que celles qui se découvrent aux yeux de la froide raison. Le nom de Dieu parait surtout leur avoir fourni matière à des méditations profondes, que la défense de prononcer le saint tétragramme provoquait dans une certaine mesure. En effet, si le nom divin est sacré à ce point, les lettres qui le composent doivent renfermer des mystères. Les Esséniens, à qui la solitude créait des loisirs, se mirent à les approfondir. La vénération que ce saint nom leur inspirait était telle, qu'ils ne voulaient pas prêter un serment dans lequel il aurait fallu l'invoquer. Au lieu d'appuyer leurs affirmations par un serment, ils en attestaient la véracité par un simple oui ou non. La signification du nom des anges était pour eux en rapport intime avec le mystère du nom divin. Ces noms, avec leur signification et leur place dans leur système théosophique, les Esséniens les transmettaient fidèlement à leurs disciples. Que de vues nouvelles et d'aspects inconnus allaient se découvrir aux yeux troublés de ces hommes, qui apportaient à l'examen des Écritures leurs idées originales et fantastiques ! Chaque mot, chaque tour de phrase allait leur révéler un sens inattendu. Les problèmes les plus ardus sur l'essence divine et sur les rapports de Dieu avec les puissances célestes et les créatures terrestres allaient se résoudre pour eux. En se plongeant dans l'étude du texte sacré, les Esséniens éprouvèrent une illusion d'optique qui leur fit croire que les pensées qu'ils prêtaient aux Saintes Écritures y avaient été déposées dès l'origine. En se désintéressant des affaires du pays et même de la vie de tous les jours, ils initièrent le judaïsme, — qui repose sur la participation de tous à la prospérité nationale, — aux mystères extatiques d'une doctrine secrète. Ce qu'il y avait de plus étonnant chez eux, c'était leur profonde vénération, mêlée de terreur, pour le prophète et législateur Moïse. Son souvenir et son nom étaient chers à tous les Judéens du dedans et du dehors. On jurait par Moïse et on ne donnait ce nom à aucun autre. Les Esséniens poussèrent ce respect à l'extrême et ils firent de Moïse une sorte d'être divin. Celui qui osait profaner son nom méritait à leurs yeux la peine de mort, comme s'il avait blasphémé Dieu.

Le but suprême des Esséniens, c'était d'arriver à l'extase prophétique et d'être favorisés de l'esprit saint (rouah, ha-kôdesch). Ils croyaient avoir, grâce à leur austérité, le moyen de réveiller l'écho divin depuis si longtemps muet. Et puis, quand ce but sera atteint, quand les prophètes auront reparu, quand des hommes et des jeunes gens auront obtenu des visions célestes et, dans leur extase, auront su soulever le voile de l'avenir, le règne du Messie sera proche, la royauté céleste commencera et mettra du coup un terme aux peines et aux misères du présent.

Par suite de leurs habitudes bizarres et de leurs tendances mystiques, les Esséniens n'étaient pas seulement considérés par le peuple comme des saints, mais on les admirait aussi comme des thaumaturges. Le peuple écoutait leur voix et attendait d'eux la fin de ses maux. Quelques-uns parmi les Esséniens avaient la réputation de savoir dévoiler l'avenir et expliquer les songes. Ce qui augmentait encore chez les ignorants le respect pour les Esséniens, c'étaient les cures merveilleuses qu'ils opéraient sur la personne de prétendus possédés. Le contact des Persans avait implanté chez les Judéens, à côté de la croyance aux anges, la foi superstitieuse aux démons (schédim, mazikin). Tout individu aliéné passait pour un possédé, dont le corps et l'âme étaient dominés par un démon, qui ne pouvait être chassé que par la parole magique d'un habile exorciste. Toute maladie extraordinaire, comme la paralysie persistante, la lèpre, une hémorragie chronique, était attribuée à une influence démoniaque, et, pour s'en guérir, on n'avait pas recours à la médecine, mais à l'exorcisme. Les Esséniens s'occupaient de ces cures de ces conjurations magiques, et, dans ce but, ils étudiaient un livre (Séfer Refohoth) qu'ils faisaient remonter jusqu'au roi Salomon, qui passait dans l'opinion populaire pour avoir su chasser les esprits malins. Les remèdes qu'ils employaient consistaient soit en formules prononcées à voix basse et en versets tirés de l'Écriture sainte (lechischa), soit dans l'emploi de certaines racines et pierres douées de prétendues vertus magiques. C'est ainsi que les Esséniens unissaient en eux les idées les plus élevées et les plus basses, mêlant la superstition la plus grossière aux aspirations vers la piété et l'extase sacrée. Leur continence excessive et le soin qu'ils mettaient à éviter le contact des personnes dont le genre de vie différait du leur avaient produit chez eux des abus étranges.

En raison de ces abus, les Pharisiens sensés refusaient leur admiration aux Esséniens. Bien mieux, ils raillaient souvent ce fou de Hassid. Contre les ablutions que les Esséniens pratiquaient avant d'oser prononcer le nom de Dieu, les Pharisiens faisaient observer qu'en bonne logique leurs adversaires devaient s'abstenir entièrement d'invoquer ce saint nom, le corps humain étant un vrai réceptacle d'impureté. Quoique issus des mêmes causes et poursuivant le même but, le pharisaïsme et l'essénisme se séparèrent de plus en plus, à mesure qu'ils se développèrent. Celui-là considérait le mariage comme une institution sacrée, utile à l'humanité ; celui-ci y voyait un obstacle à l'état de pureté absolue. Les Pharisiens admettaient chez l'homme la liberté de volonté et d'action, en vertu de laquelle il est responsable de sa conduite morale. Les Esséniens, au contraire, conflués dans la sphère étroite d'une existence uniforme où chaque jour les mêmes actes s'accomplissent, arrivèrent à croire à une espèce de fatalisme divin, réglant non seulement la destinée des individus, mais encore leurs actes et leur conduite. L'essénisme renfermait en germe une opposition au judaïsme existant, que ne soupçonnaient ni ses partisans ni ses adversaires.

Les Esséniens n'avaient aucune espèce d'influence sur les fluctuations politiques. Ils étaient en petit nombre ; à son époque la plus brillante, l'ordre ne comptait que quatre mille adhérents. Voués au célibat et ne pouvant remplacer les vides de leurs rangs par la filiation naturelle, ils cherchèrent à recruter des novices et à faire des prosélytes afin de ne pas disparaître peu à peu par extinction.

L'admission des novices se faisait avec une certaine solennité. On leur remettait le vêtement blanc, la pelle et le tablier qui étaient les symboles de l'ordre. Mais le novice n'entrait pas de plain-pied dans la communauté. Il passait par divers degrés de continence, et on lui imposait des règles de plus en plus sévères concernant les lois de pureté. Il lui fallait franchir trois grades ou épreuves successives avant d'être admis à faire définitivement -partie de l'ordre. Il devait s'engager par serment à mener une vie conforme à la règle de la secte et à transmettre fidèlement à ses successeurs les doctrines secrètes. Le membre reconnu indigne était exclu de l'ordre.

À l'époque de Hyrcan, la scission entre les Pharisiens et les Sadducéens n'était pas encore accomplie. Hyrcan se servait des uns et des autres, suivant leurs capacités : des Sadducéens, comme généraux et diplomates ; des Pharisiens, comme légistes, juges et fonctionnaires. Les premiers honoraient en Hyrcan le chef de l'État et le général ; les seconds voyaient en lui le pieux grand prêtre. Du reste, Hyrcan, qui, pour son compte personnel, observait scrupuleusement les principes des Pharisiens, avait à cœur de conformer l'organisation intérieure de l'État à ces mêmes principes. Les mesures ordonnées par lui montrent qu'il était entièrement pénétré de leur esprit. Hyrcan était vraiment le pontife selon le cœur des Pharisiens, le protecteur et le soutien de leur doctrine.

Mais Hyrcan était prince, et, comme tel, ne pouvait rompre avec les Sadducéens, ses compagnons de lutte, ses lieutenants et ses conseillers. Jonathan, leur chef, était l'ami intime du prince. Jusqu'à son âge avancé, Hyrcan sut résoudre le difficile problème de maintenir la trêve entre les deux partis ennemis. Grâce à son habileté, aucun ne put jamais acquérir de prépondérance et opprimer son adversaire. Mais, comme il arrive souvent dans des situations aussi délicates, un mot, un souffle pouvait déjouer les meilleurs calculs et l'édifice de plusieurs années s'écrouler en un jour. C'est une parole imprudemment lancée qui fit du zélé partisan des Pharisiens leur adversaire le plus farouche. Dans les dernières années de sa vie, Hyrcan pencha pour les Sadducéens.

Ce changement de dispositions, qui fit à la nation judaïque un mal indicible, fut déterminé par des causes très minimes, relativement à ses conséquences. Mais le dissentiment mal contenu des deux partis leur donna une importance considérable. Hyrcan, revenu vainqueur d'une expédition contre une des nombreuses peuplades du nord-est de la Pérée, heureux du succès de ses armes et de la prospérité du pays, fit préparer un banquet auquel il convia indistinctement les chefs des Pharisiens et des Sadducéens. Les mets, servis sur des tables d'or, se composaient entre autres de plantes sauvages, en souvenir de la calamiteuse époque de la domination syrienne. Au milieu de l'animation joyeuse de ses convives, Hyrcan vint à demander aux Pharisiens s'ils avaient à lui reprocher quelque infraction à la Loi, les invitant à lui parler librement. Cette humilité provocante n'était peut-être que le résultat d'un plan habilement prémédité pour connaître la pensée intime des Pharisiens à son égard. Peut-être ses amis sadducéens lui avaient inspiré des soupçons au sujet de l'attachement de leurs adversaires, et lui avaient conseillé de s'en assurer. À cette demande, un certain Éléazar, fils de Poïra, se leva et déclara sans détour que Hyrcan devait renoncer à la tiare pontificale en faveur d'un plus digne et se contenter de la couronne de nassi ; car nous savons, dit-il, que, lorsque les Syriens envahirent Modin, ta mère fut faite prisonnière : or le fils d'une esclave est impropre au sacerdoce, à plus forte raison ne peut-il devenir grand prêtre. Quoique profondément blessé par ce propos injurieux, Hyrcan sut garder assez de sang-froid pour se contenir et ordonner une enquête à ce sujet. Il fut prouvé que c'était un bruit faux, sans fondement. Le ressentiment de Hyrcan contre les Pharisiens s'exaspéra lorsque les Sadducéens et surtout son ami Jonathan lui persuadèrent que c'était un coup monté par ces docteurs pour le rabaisser aux yeux du peuple. Cependant il voulut s'assurer si l'accusation d'indignité lancée contre lui était la pensée de tout le parti ou le fait de la médisance d'un seul. Il demanda donc aux chefs des Pharisiens de punir le calomniateur selon la rigueur de la loi. Il espérait que le châtiment serait proportionné à la qualité de l'offensé. Mais les Pharisiens n'avaient pas de loi visant le crime de lèse-majesté et ne purent condamner Éléazar qu'à la peine des verges. Le chef des Sadducéens, Jonathan, ne manqua pas d'exploiter cette circonstance et d'attiser la haine dans le cœur de Hyrcan. Il lui fit voir, dans cette indulgence du tribunal, le mépris des Parisiens pour son autorité, et l'amena ainsi à rompre avec eux et à se rallier aux Sadducéens. Les Pharisiens furent chassés des hauts emplois qu'ils occupaient. Dans le temple, au Grand Conseil et dans les tribunaux, les fonctions furent confiées aux Sadducéens. Ce coup d'État eut les suites les plus douloureuses. Les Pharisiens et le peuple qui leur était attaché vouèrent dès lors à la famille des Hasmonéens une haine profonde, qui fut le germe de la guerre civile et de la ruine de la nation.

Hyrcan ne survécut pas longtemps à cet événement, il mourut dans la trente et unième année de son règne, à l'âge de soixante ans (106), laissant cinq fils : Aristobule, Antigone, Alexandre, Absalon et un cinquième dont le nom ne nous est point parvenu. Son règne offre encore ce point de ressemblance avec celui de Salomon, qu'il fut suivi immédiatement de déchirements intérieurs.

Troisième époque

La décadence

HEINRICH GRAËTZ

Chapitre XI

Les rois Hasmonéens — (106-40)

Jean Hyrcan, en mourant, avait laissé le pouvoir à sa femme et donné le grand cohénat à son fils Juda, plus connu sous le nom grec d'Aristobule. Mais la coutume, empruntée à la Grèce, de confier le gouvernement à des femmes n'avait pas encore pris racine en Judée, et l'événement le fit bientôt voir. Aristobule enleva le pouvoir à sa mère, sans qu'il s'ensuivit des troubles, et il réunit de nouveau en lui la double dignité de grand prêtre et de prince. On prétend qu'il est le premier Hasmonéen qui ait pris le titre de roi, titre qui d'ailleurs n'ajouta rien à sa puissance ni à son autorité. Cependant ses monnaies n'en font pas mention; elles portent simplement comme inscription : Le grand prêtre Juda et la communauté des Judéens. — La semence de discorde jetée par Hyrcan se développa sous le règne de ses successeurs. C'est en vain que ceux-ci cherchaient à placer leur pouvoir au-dessus de toute atteinte; c'est en vain qu'ils s'entouraient d'une garde du corps composée de fidèles mercenaires ; en vain ils accomplissaient de brillants faits d'armes : la scission était irréparable, et tous leurs efforts ne servirent qu'à l'élargir encore.

Non seulement Aristobule chassa sa mère du trône, mais il la fit jeter en prison avec trois de ses frères. Seul, son frère Antigone, qu'il chérissait, qui avait été son compagnon de luttes et qui partageait ses idées, fut associé par lui au pouvoir. Par suite de la courte durée de son règne, il ne nous reste que peu de détails, d'ailleurs fort incohérents, à son sujet. Cependant il en ressort qu'il suivit fidèlement la ligne de conduite adoptée par son père vis-à-vis des deux partis et qu'il se rangea du côté des Sadducéens, en écartant les Pharisiens de toute influence. Mais Aristobule n'avait pas plus d'amis parmi le peuple qu'il n'en avait dans sa famille. Il avait de la prédilection pour l'hellénisme, ce qui lui valut le surnom de Philhellène et suffit à le faire détester du parti populaire. Tandis que les Grecs le représentent comme un homme sensé et de goûts simples, les Judéens lui reprochent sa dureté et son insensibilité de cœur. Sa mère était sans doute morte de vieillesse dans sa prison : la malignité publique fit courir le bruit que le fils dénaturé l'avait laissée mourir de faim. Son frère qu'il chérissait, Antigone, avait probablement été assassiné à l'instigation du parti hostile à la famille des Hasmonéens. La rumeur populaire attribua ce meurtre au roi, sous prétexte de jalousie. Pour inspirer plus d'horreur pour la perversité d'Aristobule, la légende a brodé autour de cette mort tout un tissu d'événements tragiques.

Aristobule, qui avait hérité de son père sa valeur guerrière, .reprit aussi son projet d'étendre la Judée vers le nord-est. Il fit une expédition contre les Ituréens et les Trachonites, peuplades à demi barbares. Son frère Antigone, avec lequel il avait conquis ses premiers lauriers sur les Samaritains et les Syriens, l'accompagnait. La fortune des armes sourit à Aristobule comme elle avait fait à son père. Il agrandit la Judée et força les peuples vaincus à embrasser le judaïsme. En poursuivant ses conquêtes dans cette direction, la Judée aurait pu devenir maîtresse des routes de caravanes, des bords de l'Euphrate jusqu'à l'Égypte. Grâce à cette extension de territoire, disposant d'une armée valeureuse et de forteresses en excellent état de défense, elle aurait pu prendre une place notable dans le système politique de l'époque. Mais, comme si la Providence avait décidé que la Judée ne devait pas acquérir de prépondérance dans cette voie, Aristobule fut arrêté dans ses conquêtes par une grave maladie qui l'obligea à retourner à Jérusalem. Antigone continua quelque temps la guerre avec un grand bonheur; mais, étant revenu à Jérusalem à cause de l'approche des fêtes de tisri, il ne revit jamais le champ de bataille. Il mourut assassiné, comme nous l'avons dit, et Aristobule succomba à son mal après un règne d'un an.

À la mort de ses deux frères, le pouvoir revint à Alexandre Jannée (Jonathan). On prétend qu'il fut tiré de la prison où il était détenu, pour aller ceindre le diadème. Au début de son règne, il semble avoir recherché la faveur populaire. Sa femme, Salomé Alexandra, était dévouée aux Pharisiens, qui avaient à leur tête Siméon ben Schétach, frère de la reine. Alexandre, qui, lorsqu'il fut appelé au trône, n'était âgé que de vingt-trois ans, avait les goûts belliqueux de sa famille, mais n'avait hérité de ses ancêtres ni les talents militaires ni la prudence. Il se lança dans des entreprises guerrières où il gaspilla les forces de la nation et mena plus d'une fois le pays au bord de l'abîme. Son règne, qui dura vingt-sept ans (105-70) et qui s'écoula au milieu des guerres, au dehors et au dedans, ne pouvait guère rehausser le bien-être matériel de la nation. Cependant son étoile le servit mieux que sa prudence et ne l'abandonna pas dans les situations critiques où il s'était mis. Il put même étendre les frontières de la Judée vers le nord. Comme son père, il se servait pour la guerre de troupes mercenaires, tirées de la Pisidie et de la Cilicie. Il n'osait employer à cet effet des Syriens ; l'aversion mutuelle qui régnait entre eux et les Judéens était trop profondément enracinée pour qu'on pût compter sur une coopération sincère. Les vues d'Alexandre se portaient surtout sur les villes maritimes. Pour les réduire, il fallut guerroyer non seulement contre les habitants, mais encore contre le prince égyptien Ptolémée Lathuros, qu'ils avaient appelé à leur secours. Ptolémée, qui était en guerre ouverte avec sa mère, la reine Cléopâtre, saisit avec empressement l'occasion d'accroître sa puissance, afin de pouvoir détrôner sa mère. D'ailleurs, Lathuros était hostile aux Judéens parce que Cléopâtre les favorisait. Un jour de sabbat, il attaqua avec ses troupes l'armée des Judéens, qui comptait au moins cinquante mille hommes et qui campait, près de Sepphoris. Trente mille Judéens jonchèrent de leurs cadavres le champ de bataille. Le reste fut fait prisonnier ou mis en fuite. Lathuros parcourut la Judée avec son armée, massacrant tout sur son passage. Il n'épargna même pas les femmes et les enfants. Il voulait se venger non seulement d'Alexandre, mais des Judéens en général, qu'il trouvait ligués contre lui en Égypte. Un honteux asservissement pouvait être pour la Judée le résultat de cette défaite. Mais Cléopâtre, inquiète des succès de son fils, s'apprêta à lui enlever le fruit de sa victoire avant qu'il pût en profiter pour se retourner contre elle-même. Elle réunit une armée qu'elle envoya en Judée et en Syrie, sous la conduite des généraux judéens Helcia et

Anania, ces deux fils d'Onias auxquels elle devait d'avoir pu conserver la couronne. Helcia mourut dans cette expédition contre Lathuros, qu'il avait suivi pas à pas. Son frère le remplaça à la tête de l'armée et dans le conseil de la reine. La situation d'Anania, à ce moment-là, fut décisive pour ses compatriotes de Judée. Quelques-uns des conseillers de Cléopâtre lui avaient inspiré la pensée de profiter de la nécessité où se trouvait la Judée de recourir à sa protection, pour détrôner Alexandre, s'emparer de son pays et le réunir de nouveau à l'Égypte. Anania combattit ce projet avec indignation. Non seulement il fit ressortir l'injustice de cette violation des traités, mais il fit voir à la reine les conséquences funestes qui en résulteraient. Les Judéens d'Égypte, qui étaient les soutiens de son trône menacé par son fils, ne se joindraient-ils pas à ses ennemis, si, par une tentative déloyale, elle menaçait l'indépendance de la Judée ? Le discours d'Anania indiquait aussi, comme une menace implicite, qu'il cesserait de mettre au service de la reine son influence politique et ses talents militaires, ou qu'il se prononcerait même nettement contre elle. Ce langage ne manqua pas de faire une profonde impression sur Cléopâtre. Elle rejeta le perfide conseil des ennemis des Judéens et conclut avec Alexandre un traité d'alliance offensive et défensive. Grâce à cette alliance, Alexandre put achever ses conquêtes et s'emparer, entre autres, de la ville maritime de Gaza.

Pendant les neuf années qui s'écoulèrent entre son avènement et la prise de Gaza (105-96), Alexandre, aux prises avec des dangers et des embarras de toute sorte, n'avait guère troublé la paix à l'intérieur. Il semble avoir observé la plus complète neutralité au sujet de la grave querelle qui divisait les Pharisiens et les Sadducéens. Sa femme Salomé, qui était très attachée aux premiers, contribua grandement sans doute à lui faire conserver cette attitude pacifique. Siméon, frère de la reine, paraît avoir servi d'intermédiaire à Alexandre auprès des Pharisiens, toujours maintenus à l'écart, et des Sadducéens, qui occupaient les emplois. Depuis que Hyrcan avait rompu avec les Pharisiens, le Grand Conseil ne comptait plus dans son sein que des Sadducéens. Tant que durerait la situation privilégiée de ces derniers, la réconciliation et la concorde étaient impossibles entre les deux partis. Alexandre eut la bonne pensée d'apaiser leur différend en leur conférant des droits égaux à occuper les emplois et les dignités. Mais les Pharisiens refusèrent de partager les fonctions avec leurs adversaires et firent une résistance passive. Seul, Siméon ben Schétach se fit recevoir dans le sein du collège sadducéen, mais avec l'arrière-pensée d'en chasser peu à peu les membres de ce parti. Dans la suite, il put mettre son projet à exécution.

Tant que sa situation critique détourna Alexandre des affaires intérieures, il persista dans sa neutralité. Mais les choses changèrent de face, lorsqu'il revint en vainqueur après avoir conquis des villes et des territoires en nombre. Était-ce parce qui Alexandre voyait dans l'influence qui était revenue aux Pharisiens un obstacle à sa puissance, ou parce qu'il voulait s'attacher les Sadducéens, qui étaient plus aptes à la guerre ? ou bien Diogène, le favori du prince, dont les conseils lui furent aussi funestes que ceux du Sadducéen Jonathan l'avaient été pour Hyrcan, avait-il circonvenu son esprit en faveur de son parti ? Quoi qu'il en soit, Alexandre se posa tout à coup en adversaire déclaré de la doctrine pharisaïque et manifesta ses intentions de la façon la plus blessante. À la fête des Tabernacles, le prince, en sa qualité de grand prêtre, devait, conformément à un vieil usage, répandre sur l'autel de l'eau contenue dans une coupe d'argent, comme présage symbolique de fertilité. Afin de bien montrer son mépris pour cet usage inventé par les Pharisiens, il répandit l'eau à terre. Il n'en fallait pas davantage pour soulever le peuple massé dans le parvis extérieur. Enflammés de colère et sans réfléchir aux conséquences, les assistants lancèrent contre Alexandre les cédrats qu'ils portaient à la main et l'accablèrent d'injures, l'accusant d'être indigne du grand pontificat. Le prince, en danger de mort, ne put se sauver qu'en appelant à son secours ses Pisidiens et ses Ciliciens, qui accoururent aussitôt, comme s'ils n'eussent attendu qu'un signe pour intervenir, et se précipitèrent sur les émeutiers. Environ six mille hommes tombèrent sous leurs coups (95). Pour prévenir le retour de pareilles scènes, Alexandre fit poser une barrière autour du parvis des prêtres, et en fit interdire l'accès au peuple. Cet incident fit naître une haine implacable entre le roi et les Pharisiens. Ainsi, dès la troisième génération, les Hasmonéens, par l'effet de leur caractère aveuglément passionné, avaient ébranlé l'édifice que leurs pères avaient élevé au prix de leur sang, et à semble merveilleux que celui-ci ait pu résister si longtemps aux coups qui lui étaient portés. La scission du royaume en deux pays, Juda et Israël, qui s'était produite sous Roboam et Jéroboam, s'accomplit de nouveau, grâce aux dissensions des Pharisiens et des Sadducéens.

Mais Alexandre ne vit pas le désordre qu'il avait jeté dans l'État par son puéril aveuglement. Il continua à caresser de vastes projets de conquête, oubliant que, lorsque l'harmonie entre le prince et le peuple, cette condition vitale d'un pays a cessé d'exister, les agrandissements de territoire servent plutôt à l'affaiblir qu'à le fortifier. Mais Alexandre ne songeait qu'à satisfaire ses goûts belliqueux. Il dirigea ses entreprises vers le pays, situé au-delà du Jourdain, qui portait encore le nom de Moabitide, et vers le sud-est du lac de Tibériade, qui s'appelait le Galaad ou la Gaulanitide. Comme il poursuivait ses conquêtes, le roi des Nabatéens, Obéda (ou Oboda), sortit de Pétra, sa capitale, se jeta à sa rencontre, et l'attira dans un terrain sans routes praticables et coupé de ravins : l'armée d'Alexandre fut complètement exterminée. Seul le prince put s'échapper et arriver sain et sauf à Jérusalem (vers l'an 94). Il y trouva ses ennemis, les Pharisiens, qui soulevèrent contre lui la population. Pendant six années (94-89), les révoltes et les luttes intestines se succédèrent. Alexandre réprimait les soulèvements à l'aide de ses mercenaires ; mais chaque massacre servait de prétexte à de nouvelles émeutes. À la fin, Alexandre se sentit tellement épuisé par toutes ces luttes qu'il se vit forcé de demander la paix aux Pharisiens. Cette fois, ce furent les Pharisiens qui, dans leur rage aveugle, repoussèrent les offres de conciliation et se rendirent coupables d'une trahison envers leur pays, qui sera pour leur parti une honte éternelle.

À Alexandre, qui leur demandait de lui fixer les conditions de la paix, les chefs du parti répondirent : La première condition d'une paix durable, c'est ta mort. Ils entamèrent même des négociations secrètes avec Eukaïros, qui était alors roi de Syrie. Celui-ci s'avança jusqu'au cœur de la Judée avec une armée de 40.000 fantassins et de 3.000 cavaliers. À cette nouvelle, Alexandre marcha à sa rencontre jusqu'à Sichem, avec 2.000 hommes d'infanterie et mille cavaliers. Ce fut une bataille sanglante où des Judéens combattaient contre des Judéens, et des Grecs contre des Grecs.

Les deux armées restèrent fidèles à leurs chefs et ne se laissèrent entraîner à aucune défection. L'issue du combat fut heureuse pour Eukaïros. Alexandre, qui avait perdu tous ses mercenaires, dut se réfugier dans les montagnes d'Éphraïm.

Sa chute lamentable réveilla pour lui la pitié du peuple. Six mille Pharisiens, de ses anciens adversaires, abandonnèrent le camp syrien, et vinrent se ranger à ses côtés. Eukaïros dut quitter la Judée. Cependant les plus acharnés parmi les Pharisiens n'en continuèrent pas moins la lutte. Vaincus dans un combat, ils se jetèrent dans une forteresse ; mais Alexandre les obligea de se rendre. Cédant à son désir de vengeance et aux conseils de son favori sadducéen Diogène, Alexandre fit mettre en croix, le même jour, 800 de ses prisonniers pharisiens. Plus tard, ce fait donna lieu à un récit fort exagéré : on raconta que le prince, assis avec ses concubines au milieu d'un festin, avait fait égorger les femmes et les enfants des condamnés à mort en leur présence. Du reste, cet excès de cruauté n'était pas nécessaire pour stigmatiser Alexandre du surnom de Thrace. Le supplice de la croix infligé à 800 prisonniers le condamne suffisamment comme un bourreau sans entrailles ; et les Sadducéens, qui avaient conseillé cet acte de cruauté, en recueillirent les fruits amers. Plus de cinquante mille hommes des deux partis avaient perdu la vie au milieu de ces discordes. Les Pharisiens éprouvèrent les pertes les plus considérables ; ne se sentant plus en sûreté dans le pays, ils s'enfuirent aussitôt après le supplice des huit cents et se réfugièrent, les uns en Syrie, les autres en Égypte.

Le degré de faiblesse où Alexandre avait été réduit par ces luttes intestines devint manifeste lorsque les rois de Nabatée et de Syrie, Arétas et Antiochus XII, firent de la Judée leur champ de bataille sans que le roi de ce pays pût s'y opposer.

Cependant la fortune ne délaissa pas complètement Alexandre. Un changement qui se produisit en Syrie lui procura quelques avantages. Il put rattacher à la Judée quelques territoires situés au-delà du Jourdain et au nord-est. Après avoir passé trois ans à guerroyer au-delà du Jourdain (83-80), il retourna à Jérusalem, où il fut acclamé comme vainqueur. Il avait réussi en partie à faire oublier ses méfaits. Sur un mont isolé, non loin du Jourdain, Alexandre avait fait bâtir une citadelle qui porta son nom, Alexandrion. De l'autre côté du Jourdain, près de la mer Morte, il avait élevé Machérous (Machvar), sur une hauteur escarpée protégée de tous côtés par des ravins. Comme Hyrcanion, bâtie par Jean Hyrcan, ces deux forteresses de montagne, grâce à la nature et à l'art, étaient presque imprenables.

Dans la dernière année de son règne, quoiqu'il souffrit depuis longtemps d'une fièvre intermittente, contractée à la suite de ses orgies, Alexandre reprit ses expéditions dans la contrée transjordanique. Pendant le siège de la forteresse de Ragaba (Argob), sa maladie empira si bien qu'il dut se préparer à la mort. À cette heure solennelle, les actes de sa vie lui apparurent sous un nouveau jour. Il reconnut avec horreur qu'il avait montré autant d'imprudence que d'injustice en persécutant les Pharisiens et en s'aliénant les sympathies du peuple. Il recommanda de la manière la plus pressante à la reine sa femme de s'entourer de conseillers pharisiens et de ne rien entreprendre sans leur avis. Il l'engagea aussi à cacher sa mort aux troupes jusqu'à la prise de Ragaba, et à remettre ensuite son corps aux mains des Pharisiens, qui pourraient à leur gré exercer leur vengeance ou leur générosité à son égard, en lui faisant ou non de dignes funérailles. D'après une source plus autorisée, Alexandre aurait calmé les inquiétudes de la reine au sujet de la querelle des partis par ces mots : Ne crains ni les véritables Pharisiens ni ceux de leurs adversaires qui sont sincères ; mais garde-toi des hypocrites de l'un et de l'autre parti, qui, pécheurs comme Zimri, veulent être récompensés comme Phinéas. — Alexandre mourut à l'âge de quarante-neuf ans (79), laissant deux fils, Hyrcan et Aristobule. Les Pharisiens commirent la petitesse de faire du jour de sa mort un jour de fête publique.

Ce fut un bonheur pour la nation judaïque de se voir gouvernée par une femme douce et sincèrement pieuse, après avoir été troublée par les violences d'un despote. Son action fut bienfaisante comme celle de la rosée sur les moissons desséchées et brûlées par le soleil. Les passions surexcitées et la haine homicide des deux partis s'apaisèrent sous son règne. Salomé Alexandra, tout en étant entièrement dévouée aux Pharisiens, à qui elle abandonnait la direction des affaires intérieures, était loin de se montrer intolérante vis-à-vis du parti adverse. Elle imposa si bien aux princes, ses voisins, qu'ils n'osèrent pas faire la guerre à la Judée, et par sa prudence elle sut empêcher un puissant conquérant, qui s'était emparé de la Syrie, de franchir les frontières de son pays. Pendant les neuf années de son règne, le ciel lui-même se montra favorable, et la contrée jouit d'une heureuse abondance. On conserva longtemps les grains de blé, d'une grosseur extraordinaire, qui furent récoltés alors dans les champs de la Judée. Comme ses prédécesseurs, Salomé fit frapper des monnaies avec les mêmes emblèmes et avec la légende : Alexandra, reine, en caractères grecs.

En somme, son règne fut paisible et heureux. La loi, qui avait beaucoup souffert de la division des partis, eut désormais son cours régulier. Si parfois ses rigueurs atteignaient les Sadducéens, habitués à la transgresser, ils ne tombaient pas, du moins, victimes de l'arbitraire. Les prisons, qui s'étaient remplies sous Alexandre, se rouvrirent ; les Pharisiens exilés furent rappelés, et ils revinrent avec des idées bien modifiées par leur séjour à l'étranger. Salomé Alexandre institua comme grand prêtre son fils aîné Hyrcan. C'était un être faible, doué de beaucoup de qualités privées, mais dépourvu de toute aptitude pour les affaires publiques.

Autant par goût personnel que par respect pour les dernières volontés de son époux, Salomé favorisa particulièrement le parti pharisien et lui confia les fonctions les plus importantes. La direction des affaires intérieures était presque entièrement entre leurs mains. Siméon ben Schétach, qui était l'organe du parti, était le frère de la reine et, comme tel, jouissait de la plus grande influence. Son action fut si puissante sur les événements de cette époque que son nom y fut attaché comme celui de la reine : au temps de Siméon ben Schétack et de la reine Salomé, disait-on. À partir de cette époque, ce fut le principal personnage parmi les Pharisiens ou les docteurs de la Loi qui devint président (nassi) du Grand Conseil. Naturellement, cette dignité, qui avait été enlevée au grand prêtre, devait échoir à Siméon ben Schétach. Cependant celui-ci ne se montra pas ambitieux et il appela à ce poste Juda ben Tabbaï, qui séjournait à Alexandrie.

Le savoir et le caractère de cet homme lui inspiraient une estime si haute qu'il voulut bien s'effacer devant lui et lui laisser la préséance. Une missive conçue en termes flatteurs fut adressée à Juda ben Tabbaï pour l'inviter à revenir. Voici la teneur de cette lettre, assurément fort originale : De moi Jérusalem, la ville sainte, à toi Alexandrie : Mon époux (Juda ben Taboar) habite près de toi, et moi je suis abandonnée. Sans doute la communauté d'Alexandrie avait confié à ce célèbre docteur palestinien quelque fonction importante. Juda ben Tabbaï ne tarda pas à se rendre à cette invitation. Il entreprit, avec la coopération de Siméon ben Schétach, de réorganiser le Conseil supérieur, de réformer l'administration de la justice, de rétablir l'autorité ébranlée des lois religieuses, de développer renseignement ; il adopta enfin, de concert avec lui, toutes les mesures exigées par les circonstances. Si parfois ces deux docteurs durent recourir à des mesures violentes, ce ne fut pas un effet de leur caprice, mais des difficultés du temps. Au reste, ils avaient, pour eux-mêmes et pour les leurs, la même sévérité inflexible, quand il s'agissait de faire valoir l'autorité de. la Loi. Avec Juda ben Tabbaï et Siméon ben Schétach commence la prépondérance du judaïsme légal dans le sens du pharisaïsme, qui l'enrichit et le développa d'âge en âge. On les appelle les restaurateurs de la Loi, qui ont rendu à la couronne (de la Thora) son antique éclat.

Ils commencèrent par épurer le Grand Conseil en en expulsant les Sadducéens. Le code pénal, qu'ils avaient introduit comme supplément aux lois pénales du Pentateuque, fut abrogé et, à sa place, les lois traditionnelles furent remises en vigueur. Le peuple n'eut pas à se plaindre de ce changement, car les lois pénales des Sadducéens et notamment la loi du talion lui étaient odieuses à cause de leur dureté. La procédure fut modifiée en ce sens que les questions posées aux témoins ne portaient plus seulement sur le lieu et l'époque du crime, mais aussi sur les circonstances de détail, afin que le juge fût en état de mieux apprécier le fait et pût, au besoin, convaincre les témoins de contradiction. Cette mesure semble avoir été dirigée spécialement contre les dénonciations qui ne pouvaient manquer de se produire, en un temps où les rôles de vainqueurs et de vaincus changeaient si souvent. Siméon recommanda aux juges d'être très minutieux dans l'interrogatoire des témoins et très circonspects dans la manière de poser les questions, afin d'empêcher les accusateurs de s'emparer, avec mauvaise foi, des paroles échappées aux juges. Contre les divorces, qui se produisaient fréquemment et que facilitait l'interprétation littérale de la loi mosaïque sur la matière, telle que l'entendaient les Sadducéens, les Pharisiens prirent une mesure efficace. Le Grand Conseil publia une ordonnance établissant que l'époux devait remettre à la femme un contrat de mariage (kétoubah) par lequel il lui assurait un douaire garanti par la totalité de ses biens. Vu la rareté de l'argent chez un peuple dont la fortune consistait principalement en biens-fonds, cette mesure devait être un obstacle puissant contre le divorce. Les maris peu fortunés avaient souvent beaucoup de difficultés pour retirer une somme de leur commerce : ils se trouvaient ainsi forcés de triompher, par la froide réflexion, d'un instant d'entraînement et d'irritation.

Une autre mesure de cette époque, qui avait également pour auteur Siméon ben Schétach, concernait la réforme de l'enseignement public. Dans toutes les villes importantes, on institua des écoles supérieures pour les jeunes gens au-dessus de seize ans. Les matières de l'enseignement se réduisaient probablement à l'Écriture sainte, et surtout au Pentateuque.

Tout en travaillant ainsi pour l'avenir, le Grand Conseil ne négligea pas les besoins du moment, et il y imprima aussi le sceau du pharisaïsme. Toutes les prescriptions légales qui avaient été oubliées ou négligées pendant la longue domination des Sadducéens, depuis la rupture de Hyrcan avec les Pharisiens jusqu'à l'avènement de Salomé, furent renouvelées et remises en vigueur. À l'approche de chaque époque où l'on devait célébrer les coutumes en litige, les Pharisiens y procédaient, à dessein, avec pompe et solennité. Le jour où elles avaient été rétablies devint pour eux un jour de fête annuelle, où tout deuil était proscrit, où tout jeûne public était suspendu. La fête des libations d'eau sur l'autel, que le roi Alexandre avait profanée d'une façon si méprisants, fut particulièrement célébrée par des réjouissances publiques.

Dans la suite, ce jour devint une fête populaire d'un caractère spécial (Simchat Bet ha-Shobéha), au sujet de laquelle on disait que celui qui ne l'avait pas vue n'avait jamais vu une vraie fête populaire. Le soir du premier jour de fête, le parvis des femmes était si brillamment illuminé que la ville entière étincelait de feux et que les rues étaient éclairées comme en plein jour. Le peuple se portait en foule vers la colline du temple pour assister au spectacle ou prendre part aux réjouissances. Au milieu de l'allégresse générale, retentissaient de temps en temps des chants solennels : debout sur les quinze marches de l'escalier conduisant du parvis des femmes à l'intérieur du temple, des chœurs de Lévites chantaient des psaumes en s'accompagnant de harpes, de guitares et de cymbales. À la fin des quinze psaumes qui avaient été choisie, pour la circonstance (Cantiques des Degrés), les Lévites engageaient le peuple à s'associer à leurs chants par des cantiques de louanges :

> Louez le Seigneur, Ô serviteurs de Dieu
> Qui séjournes dans sa maison pendant ces nuits...
> La communauté répondait en reprenant le refrain :
> Louez Dieu, car sa bonté est éternelle.

Au lever de l'aurore, les prêtres donnaient avec des trompettes le signal de la cérémonie du puisage de l'eau. La foule se rendait à la fontaine de Siloé ; à chaque arrêt du cortège, les trompettes retentissaient, jusqu'à ce que tout le peuple fût rassemblé près de la fontaine, où l'on puisait avec une coupe d'or l'eau nécessaire pour la libation. Le cortège se remettait alors en marche et, à pas lents, on portait la coupe d'eau jusqu'à la porte des Eaux, à l'ouest du mur intérieur du temple; arrivés là, les trompettes retentissaient de nouveau. L'eau était répandue sur l'autel au son de la frite, qui ne se faisait entendre que dans les solennités extraordinaires.

Une fête populaire du même genre avait lieu le 15 ab (août) : c'était la fête du bois, qui était surtout célébrée par les jeunes filles, au milieu des chants et des danses. Dans un carrefour, au milieu des vignobles, les jeunes filles se réunissaient par bandes ; elles étaient toutes habillées de blanc et dansaient en chœur, en chantant des couplets hébreux. Des jeunes gens assistaient à ces réunions, et souvent y faisaient choix d'une épouse. Cette fête-là aussi était certainement une démonstration contre les Sadducéens, qui défendaient d'offrir du bois pour le service du temple (Korban étsim).

Le Grand Conseil, profitant de l'empressement mis par le peuple à apporter des offrandes, prit une mesure qui devait réveiller tout particulièrement le sentiment national et combattre efficacement les idées des Sadducéens. Ceux-ci avaient prétendu que les sacrifices quotidiens et les frais du temple en général ne devaient pas être, payés par la caisse publique, mais qu'il fallait laisser à la piété des fidèles le soin d'y pourvoir. Le Grand Conseil décida au contraire que tous les Israélites (y compris les prosélytes et les esclaves affranchis) auraient à payer un impôt annuel d'un demi sicle. Grâce à cet impôt, le sacrifice quotidien prit un caractère national : c'était, en effet, la nation entière qui y contribuait. Des collectes furent organisées à trois époques différentes. En Judée elles avaient lieu au printemps. Au premier adar, des hérauts parcouraient le pays et faisaient savoir que le moment de payer l'impôt était proche. La collecte commençait le 15 du même mois. Ensuite arrivaient les impôts du dehors, des pays au-delà du Jourdain, de l'Égypte, de la Syrie : ceux-ci ne rentraient que vers l'époque de la fête des Semaines. Les impôts des pays plus éloignés, comme la Babylonie, la Médie, l'Asie Mineure, n'étaient payés qu'à l'approche de la fête des Tentes. Ceux-ci étaient les plus abondants, grâce à la richesse et à la générosité des Judéens de l'étranger : au lieu des sicles d'argent ou de cuivre, ceux-ci envoyaient des statères et des doriques, monnaies d'or. Dans les pays où les Judéens se trouvaient en nombre, on choisissait des centres où l'on déposait les offrandes destinées au temple, en attendant leur transport à Jérusalem. On désignait à cet effet les hommes les plus considérés ; ces personnages chargés de remettre les offrandes à la caisse du temple portaient le nom d'ambassadeurs sacrés. En Mésopotamie et en Babylonie. les villes de Nisibis et de Nahardea (Naarda) sur l'Euphrate, dont la population était en majeure partie judaïque, renfermaient des trésoreries pour les offrandes destinées au temple ; c'est de là qu'on les expédiait à Jérusalem, sous bonne escorte, à cause des pillards parthes on nabatéens. Les communautés de l'Asie Mineure avaient également leurs lieux de centralisation pour la recette de cet impôt : Apamée et Laodicée en Phrygie, Pergame et Adramyttium dans l'Éolide. Environ vingt ans après rétablissement de l'impôt, cette contrée fournissait près de 200 livres d'or (210.000 francs). On peut conclure de ce fait quelles recettes colossales furent perçues par le temple, et on comprend que, malgré les dépenses considérables réclamées par les besoins du culte, il restât encore un excédent assez important qui fut versé dans le trésor sacré. Aussi le temple de Jérusalem passa-t-il pour le sanctuaire le plus riche et devint-il souvent un objet d'envie.

Jusque-là, la restauration entreprise par Juda ben Tabbaï et Siméon ben Schétach avait encore un caractère inoffensif : ils remirent en vigueur les anciennes lois, en créèrent de nouvelles et cherchèrent à les graver dans le souvenir et dans le cœur du peuple. Mais une réaction ne peut se maintenir dans des limites aussi sages : sa nature même l'entrain à des empiétements, comme un choc produit nécessairement un contre-coup. Ceux des Sadducéens qui refusaient de se soumettre à l'interprétation pharisaïque de la Loi furent traduits devant les juges. Le zèle déployé pour rehausser l'autorité de la Loi et pour arracher les Sadducéens à leur esprit d'opposition fut si grand, que Juda ben Tabbaï fit exécuter un jour un témoin qui avait été convaincu de faux témoignage dans une accusation capitale. Il voulait réfuter par un fait l'opinion des Sadducéens sur la question. Mais telle était la pureté des intentions qui les animaient, que Siméon ben Schétach n'hésita pas à reprocher à son collègue sa précipitation ; et Juda ben Tabbaï éprouva un si profond repentir d'avoir commis un meurtre juridique, qu'il renonça aussitôt à ses fonctions de président et manifesta hautement sa contrition. Une maxime de Juda ben Tabbaï qui révèle bien la douceur de son caractère, c'est la suivante : Tant que les accusés sont encore devant le tribunal, tu peux les considérer comme des coupables ; mais quand ils se sont retirés, ils doivent paraître des innocents à tes yeux. Siméon ben Schétach, qui, après le départ de Juda ben Tabbaï, occupa la présidence du Conseil, ne paraît pas s'être relâché de sa sévérité contre ceux qui transgressaient la Loi. Cette conduite lui attira la haine de ses adversaires, qui songèrent même à se venger en lui portant le coup le plus sensible. Ils produisirent deux faux témoins qui accusèrent son fils d'un crime digne du dernier supplice. Celui-ci fut en effet condamné à la peine de mort. Sur le chemin du supplice, le jeune homme affirma son innocence en termes si touchants que les témoins eux-mêmes en furent émus et reconnurent la fausseté de leurs allégations. Là-dessus, les juges ayant fait mine de prononcer son acquittement, la victime releva elle-même l'illégalité, de leur conduite en faisant remarquer que, d'après la Loi, les témoins qui reviennent sur leur déposition ne peuvent être crus. Et se tournant vers son père : Veux-tu, dit-il, que le salut d'Israël soit raffermi par ta main, considère-moi comme le pas d'une porte qu'on foule aux pieds. Et le père et le fils se montrèrent dignes de la haute mission de gardiens de la Loi : celui-ci sacrifia sa vie, celui-là sacrifia son amour de père. Siméon, le Brutus juif, laissa la justice suivre son cours, bien qu'il fut convaincu de l'innocence de son enfant, comme l'étaient, du reste, tous les juges.

La sévérité du tribunal pharisien n'avait pas épargné les chefs des Sadducéens, qui furent même les premiers frappés. Ainsi Diogène le Sadducéen, favori d'Alexandre, et plusieurs autres avec lui, qui avaient conseillé ou approuvé le massacre des huit cents Pharisiens, expièrent leur crime par la mort.

En voyant ainsi persécuter leur parti, les principaux d'entre les Sadducéens ne se sentirent plus en sûreté : le glaive de la justice était toujours suspendu sur leur tête, menaçant de les frapper à la moindre infraction religieuse. Dans leur inquiétude, ils se tournèrent vers Aristobule, le second fils de Salomé, qui, tout en n'étant pas attaché au sadducéisme, se constitua leur protecteur. Il s'intéressa chaudement à eux et les recommanda à la clémence de la reine. Lorsque les chefs des Sadducéens comparurent devant Alexandra, ils rappelèrent les services rendus au feu roi, la terreur que leur seul nom inspirait aux voisins de la Judée, ses ennemis. Ils menacèrent d'aller offrir leurs services à Arétas, le roi des Nabatéens, ou aux princes syriens. Ils demandèrent à pouvoir demeurer en sûreté dans quelque forteresse du pays, où ils fussent à l'abri de la surveillance. Le bon cœur de la reine ne put résister aux larmes de ces guerriers blanchis sous le harnais. Elle choisit les plus méritants pour en faire les gouverneurs de ses places fortes. Il n'y eut que trois forteresses, les plus importantes. il est vrai, qu'elle refusa de leur confier : Machérous à l'est de la mer Morte, bâtie par le roi son époux, sur une hauteur escarpée, entourée de précipices ; Alexandrion, à l'ouest du Jourdain, sur une colline nommée Sartoba ; Hyrcanion (ou la montagne du roi), à l'ouest, près de la Méditerranée, bâtie par Hyrcan. Probablement ces forteresses renfermaient d'importants dépôts d'armes.

Tigrane, roi d'Arménie, qui commandait à la Syrie presque entière, songea à soumettre à sa puissance tous les pays qui avaient appartenu à ce royaume. Effrayée de ce redoutable voisinage, la reine Alexandra chercha à éviter un conflit avec le roi d'Arménie, en lui envoyant des présents. Tigrane accueillit avec bonté les présents et les envoyés de la reine. Cependant il n'aurait pas renoncé à attaquer la Judée, si l'hostilité de Rome ne l'avait forcé de lever le siège d'Acco et de songer à la sûreté de son propre royaume. En effet, le général romain Lucullus avait envahi son pays (69). La Judée était momentanément débarrassée de son puissant voisin. Mais bientôt de nouveaux dangers vinrent l'assaillir et l'ébranler jusque dans ses fondements.

En effet, Alexandra avait été atteinte d'une maladie mortelle, et aussitôt surgirent de fâcheuses complications. L'ambitieux et violent Aristobule, prévoyant que son frère aîné, le faible Hyrcan, serait désigné comme successeur au trône, quitta secrètement la capitale et se rendit à la forteresse de Gabata, en Galilée, près de Sepphoris, dont le gouverneur, le Sadducéen Galaïste, qui lui était dévoué, lui remit les clefs. En quinze jours, vingt et un bourgs fortifiés étaient entre ses mains : leurs gouverneurs, tous Sadducéens, les lui avaient livrés. Il leva une armée chez les petits princes de la Syrie, ceux de la Transjordanie et les Trachonites. De la sorte, il put mettre en ligne des forces imposantes. En vain Hyrcan et les principaux membres du

Conseil prièrent la reine de prendre un parti décisif pour détourner le danger imminent d'une guerre civile : elle les engagea à songer à l'armée, aux trésors et aux villes fortes qui lui restaient, en leur laissant le soin d'en disposer à leur gré pour le salut de l'État. Quant à elle, elle ne songea plus qu'à mourir. Elle s'éteignit bientôt, laissant son pays et son peuple en proie aux fureurs de la guerre civile qui devait lui coûter son indépendance, acquise au prix de tant de peines. Salomé n'avait régné que neuf ans et elle mourut, dit-on, à l'âge de soixante-treize ans. Elle avait encore vu les beaux jours de l'indépendance de sa nation et, sur son lit de mort, elle dut avoir le sombre pressentiment de sa servitude prochaine. C'est la seule reine de la nation judaïque dont la postérité ait honoré le nom, et elle en fut aussi la dernière princesse indépendante.

Quand la Providence a décidé la chute d'un État, rien ne précipite sa ruine comme les luttes de prétendants, parce qu'elles surexcitent les forces vives d'une nation, la poussent à s'entre-détruire et finissent par lui imposer le joug de l'étranger, joug d'autant plus pesant que l'étranger se présente en sauveur et en pacificateur. La mort de la reine Salomé fut le signal d'une guerre sanglante entre les deux frères, qui divisa la nation en deux camps. Avant de mourir, elle avait remis la couronne à son fils aîné, Hyrcan II. Celui-ci, qui possédait du reste toutes les vertus de l'homme privé, était d'un caractère faible et irrésolu, et, même à une époque plus calme, il n'aurait été qu'un médiocre gouvernant. il n'était pas taillé pour régner dans des temps troublés, et sa bonté causa plus de mal que n'eût fait la violence d'un tyran. Son jeune frère Aristobule était d'un caractère tout opposé. Hyrcan était pusillanime ; Aristobule, au contraire, se distinguait par la fougue de son courage allant jusqu'à la témérité, et en cela il ressemblait à son père Alexandre. Il y joignait une ambition démesurée, qui ne l'abandonna jamais et qui l'exposa comme un aveugle à tous les chocs de la réalité. Son but était de devenir un prince puissant et de soumettre à son pouvoir les pays voisins. Mais sa fougue l'emporta au-delà du but, et au lieu de lauriers il ne récolta que de la honte pour lui et sa nation. À peine la reine Salomé eut-elle fermé les yeux et Hyrcan fut-il monté sur le trône, qu'Aristobule marcha sur la capitale, avec ses mercenaires et ses partisans sadducéens, pour détrôner son frère. Du côté de Hyrcan se rangèrent les Pharisiens, le peuple et les mercenaires engagés par la feue reine. Pour plus de sûreté, les partisans de Hyrcan, ayant pris comme otages la femme et les enfants d'Aristobule, les enfermèrent dans la citadelle de Baris, au nord-ouest du temple. Les deux frères ennemis et leurs armées se trouvèrent face à face à Jéricho. Hyrcan perdit la bataille et s'enfuit à Jérusalem, dans la citadelle de Baris : ses mercenaires l'avaient abandonné et s'étaient joints à Aristobule. Ce dernier assiégea le temple, où s'étaient réfugiés beaucoup de ses adversaires, et il s'en empara. Lorsqu'il fut maître du sanctuaire et de la ville, Hyrcan dut se rendre. Une réconciliation eut lieu entre les deux frères, qui se jurèrent alliance dans le temple — Aristobule aurait la couronne royale et Hyrcan la tiare de grand prêtre. Le règne de Hyrcan avait duré trois mois. Pour sceller le traité, le fils d'Aristobule épousa la fille de Hyrcan, Alexandra.

Aristobule, devenu roi grâce à son heureux coup de main, ne paraît pas avoir entrepris de réformes qui eussent pu indisposer les Pharisiens contre lui. La situation respective des partis prit dès lors un caractère nouveau ; peut-être leur hostilité aurait-elle complètement disparu, si un homme n'avait surgi qui, poussé en avant par son ambition démesurée, devint le vampire de la nation judaïque et en suça le sang le plus généreux. Cet homme, c'était Antipater, issu d'une noble famille de l'Idumée, qui avait été contrainte par Jean Hyrcan d'embrasser le judaïsme, comme tous les autres Iduméens. Jamais mauvaise action ne fut si promptement et si durement vengée. Le fanatisme de Hyrcan allait causer le malheur de sa famille et de sa nation. Grâce à sa fortune et à ses capacités de diplomate, Antipater avait occupé les fonctions de gouverneur de l'Idumée sous le règne d'Alexandre et de sa veuve. Il avait su s'attirer l'amitié de ses compatriotes et même celle de ses voisins, les Nabatéens, et des habitants de Gaza et d'Ascalon, grâce à des présents et à des services rendus. Hyrcan II, à qui sa faiblesse rendait un guide nécessaire, avait accordé sa confiance à Antipater, et celui-ci en abusa avec la déloyauté d'un favori qui veut exploiter son influence à son profit. Il ne négligea pas une seule occasion de reprocher à Hyrcan sa position subalterne et l'humiliation d'avoir dû céder la couronne à son frère. Grâce à ces moyens, Antipater amena le craintif Hyrcan à violer son serment et à se rallier au projet infernal d'appeler une puissance étrangère comme arbitre du sort de la Judée. Antipater avait tout arrangé d'avance avec Arétas Philhellène, le roi des Nabatéens, en homme prudent qui a prévu toutes les éventualités. Hyrcan n'eut qu'à se laisser guider passivement. Une nuit, Hyrcan et Antipater s'échappèrent de Jérusalem et atteignirent par des chemins difficiles Pétra, la capitale d'Arétas. Celui-ci était tout disposé à soutenir la cause de Hyrcan. Antipater l'avait gagné par des présents et il avait promesse de rentrer en possession des douze villes à l'est et au sud-ouest de la mer Morte, dont la conquête avait coûté tant de luttes aux Hasmonéens. Arétas se rendit donc en Judée avec une armée de 50.000 hommes, auxquels vinrent se joindre les partisans de Hyrcan. On en vint aux mains ; Aristobule vaincu s'enfuit à Jérusalem (66). La tranquillité, dont la Judée avait joui pendant trois ans, était compromise pour longtemps par l'ambition d'Antipater et l'imprévoyance de Hyrcan.

Au printemps, Arétas vint assiéger Jérusalem. Pour échapper à ce triste spectacle, beaucoup d'habitants des plus considérés, sans doute aussi des chefs des Pharisiens, s'enfuirent de la ville et prirent, pour la plupart, la route de l'Égypte. Le siège dura plusieurs mois, la solidité des murs suppléant à la faiblesse des guerriers d'Aristobule. Mais les vivres vinrent à manquer et, ce qui était plus grave aux yeux des purs, il n'y avait pas de victimes pour les sacrifices de la fête de Pâque qui approchait.

Aristobule, faisant appel aux sentiments de piété des assiégeants, leur demanda de lui livrer des bêtes pour les sacrifices contre payement. Chaque jour, on descendait du mur, au moyen d'une corde, des paniers contenant l'argent et servant à monter les agneaux pour la Pâque. Comme le siège traînait en longueur et qu'on ne pouvait encore en prévoir la fin, un rusé conseiller, inspiré sans doute par Antipater, persuada à Hyrcan de profiter du manque de victimes dont souffrait la ville, pour la forcer à se rendre. Là-dessus, dit-on, les gens de Hyrcan placèrent un jour un porc dans le panier, au lieu d'agneaux. Cet outrage à la Loi causa une indignation si vive et une impression si profonde que le Grand Conseil défendit plus tard d'élever des porcs. Les gens de Hyrcan se rendirent coupables d'un second méfait. Parmi ceux qui avaient abandonné la ville assiégée se trouvait un homme pieux, nommé Onias, qui, par ses prières, avait un jour obtenu du Ciel la pluie pour les champs d'Israël et qui, pendant le siège de Jérusalem, vivait aux environs, dans un endroit solitaire. Les soldats de Hyrcan vinrent l'arracher à sa retraite et le conduisirent au camp. Espérant que le Ciel l'exaucerait encore une fois, on le somma d'invoquer Dieu contre Aristobule et ses partisans. Mais, au lieu d'élever la voix pour maudire, ce juste s'écria avec l'énergie d'une âme noble et vertueuse : Ô Seigneur, maître du monde, assiégeants et assiégés sont également ton peuple, et je te supplie de n'exaucer les prières ni des uns ni des autres. La soldatesque barbare, insensible à cette grandeur d'âme, massacra Onias comme un malfaiteur. Elle croyait étouffer ainsi la voix de la conscience qui se faisait entendre dans le cœur d'Israël, protestant contre cette lutte insensée de frères à frères.

Cependant un nouveau malheur, plus terrible que tous les autres, menaçait la Judée et amoncelait, sur elle de sinistres nuages. La bête aux dents de fer, aux griffes d'airain, au cœur de pierre, qui allait dévorer beaucoup et fouler le reste aux pieds, envahit les champs de la Judée pour boire son sang, ronger sa chair et sucer sa moelle. L'heure avait sonné où l'aigle romain allait se précipiter d'un vol rapide sur l'héritage d'Israël, tournoyer autour de la nation judaïque saignant de mille blessures et s'acharner sur elle jusqu'à ce qu'elle fût devenue un cadavre glacé. Comme l'inexorable destin, Rome régnait alors sur les peuples de l'Asie Mineure, pillant, déchirant, exterminant ; la Judée devait subir le sort commun. Avec un flair remarquable, l'oiseau de proie sentit de loin sa victime et accourut pour lui arracher la vie. Il apparut, la première fois, sous la figure de Scaurus, légat de Pompée, qui avait cherché à faire oublier sa nullité en allant cueillir des lauriers en Asie. Scaurus espérait trouver en Syrie l'occasion de conquérir des honneurs et la fortune pour lui et son maître ; mais, comme il vit ce pays déjà en proie à d'autres sangsues, il se tourna vers la Judée. Les frères ennemis saluèrent son arrivée comme celle d'un sauveur. Tous deux lui envoyèrent des députations ; connaissant le caractère des Romains et sachant qu'ils n'étaient pas insensibles à l'appât de l'argent, tous deux aussi lui offrirent des présents. Les présents d'Aristobule l'emportèrent. En effet, il lui avait apporté quatre cents talents, tandis que Hyrcan, ou plutôt Antipater, s'était borné à des promesses.

Cette fois encore l'intérêt de Rome se trouvait d'accord avec la cupidité du Scaurus, car cet intérêt exigeait que le roi des Nabatéens, qui disposait d'une puissance considérable et commandait à une grande étendue de pays, n'accrût pas davantage encore son pouvoir, en s'immisçant dans la guerre civile de la Judée.

Scaurus enjoignit donc à Arétas de lever aussitôt le siège de Jérusalem, le menaçant, en cas de refus, de la colère de Rome. Arétas obéit et retourna dans son pays avec son armée, poursuivi par les troupes d'Aristobule, qui l'atteignirent près de Capyron (?) et le défirent complètement (65). Aristobule put s'abandonner un instant à l'illusion de croire qu'il était vraiment le roi victorieux de la Judée. La marche de la politique romaine et la lenteur calculée des opérations de Pompée contre Mithridate, l'entretinrent dans la croyance que sa royauté était affermie pour toujours. Belliqueux comme son père, il envahit des territoires, voisins, et il équipa même des corsaires pour faire des courses sur mer en vue du pillage. L'illusion Aristobule dura deux ans (65-63). À cette même époque, il émit des monnaies, pour bien affirmer son indépendance.

Cependant Antipater sut le tirer bientôt de cette fausse sécurité. En fait de corruption et de ruses diplomatiques, Aristobule ne pouvait guère rivaliser avec lui. Déjà il avait gagné Scaurus et l'avait décidé à se prononcer en faveur de Hyrcan et à le recommander auprès de Pompée, qui guerroyait alors eu Syrie.

Celui-ci voyait dans la lutte des deux frères une occasion propice pour inscrire une nation de plus sur la liste de ses conquêtes et pour la faire figurer dans son prochain triomphe à Rome. Aristobule, il est vrai, lui avait envoyé un présent fort riche et d'une grande valeur artistique, que Pompée avait accepté, sans en devenir plus favorable. Ce présent consistait en une vigne d'or, d'une valeur de 500 talents, que le roi Alexandre avait fait faire pour orner le temple. Cette œuvre d'art excita l'admiration générale. Aussi Pompée se hâta-t-il de l'envoyer à Rome, où on la plaça dans le temple de Jupiter Capitolin. Les Judéens pieux, ne pouvant supporter la perte de la vigne d'or, en firent faire une autre, grâce à des offrandes partielles ; les uns donnèrent une grappe en or, les autres des feuilles, et bientôt le cep de vigne brilla de nouveau à l'entrée du saint portique.

Bien que flatté dans sa vanité par la magnificence de ce cadeau, Pompée était loin de vouloir se prononcer en faveur du donateur. Avec une hauteur insolente, il déclara aux envoyés des frères ennemis, Antipater et Nicodème, que leurs maîtres devaient comparaître en personne devant lui à Damas, où il examinerait leur querelle et ferait justice. Quoique profondément humiliés de ce procédé, les deux princes obéirent à la sommation et défendirent chacun éloquemment leur cause. Hyrcan invoqua son droit d'aînesse ; Aristobule prétendit être le plus digne du pouvoir. Un troisième parti s'était présenté devant Pompée : il venait défendre les droits du peuple vis-à-vis des princes ennemis. Fatigués des querelles des Hasmonéens, les gens de ce parti voulaient mettre fin à leur pouvoir héréditaire et placer le pays uniquement sous le régime de la Loi. Ils se plaignaient surtout des derniers Hasmonéens, qui avaient changé la constitution judaïque et remplacé le pontificat par une monarchie oppressive.

Pompée n'écouta ni les plaintes de ces républicains ni les raisons alléguées par les deux frères. Indifférent, au fond, à leur querelle, il voulait uniquement, sous couleur d'arbitrage, réduire la Judée en province vassale de Rome. Il lui fallait peu de pénétration pour s'apercevoir que le faible Hyrcan, qui était pour ainsi dire sous la tutelle de son ministre, était mieux fait pour le rôle de protégé de Rome que le fougueux Aristobule. Aussi penchait-il secrètement pour Hyrcan. Mais, craignant de s'engager, par une décision prématurée, dans une guerre longue et difficile en un tel pays, et qui retarderait son entrée triomphale à Rome, il préféra leurrer Aristobule de belles promesses. Aristobule vit le piège et chercha à l'éviter à temps : il se fortifia dans la citadelle d'Alexandrion, espérant pouvoir arrêter la marche des Romains. Bientôt l'ambition et la cupidité de Rome se montrèrent à nu. Le général romain traita Aristobule, qui n'avait pourtant usé que de son droit de défense, de rebelle et de conspirateur. Il marcha contre lui, le somma de se rendre à merci, et usant tour à tour de promesses mensongères et de menaces sérieuses, il l'amena à cet état de crainte et d'indécision qui entraîne les esprits les mieux trempés à des faux pas. Le malheureux Aristobule, se rendant à la sommation de Pompée, descendit de sa forteresse ; mais il regretta aussitôt cette imprudence et se retira à Jérusalem pour s'y défendre, jusqu'à ce qu'il eut obtenu des conditions favorables. Pompée le suivit et, à son arrivée à Jéricho, il reçut l'agréable nouvelle du suicide de Mithridate. Cette victoire, si facilement remportée sur un des plus dangereux ennemis de Rome, remplit Pompée d'une orgueilleuse satisfaction de lui-même. Il ne voulait plus que briser encore un faible et dernier obstacle, — la résistance d'Aristobule, — pour aller goûter à Rome les fruits de ses incroyables succès. Pour le moment, la victoire lui semblait d'autant plus facile qu'Aristobule, cédant à la crainte, s'était rendu auprès de lui, l'avait comblé de présents et lui avait promis de lui livrer Jérusalem. Gabinius, légat de Pompée, partit avec Aristobule pour prendre possession de la ville et se faire délivrer des sommes d'argent plus considérables encore. Mais les patriotes judéens s'opposèrent à ces projets et fermèrent les portes à Gabinius.

Ainsi, à peine trois ans s'étaient écoulés, que Jérusalem eut à subir de nouveau les horreurs d'un siège. Pompée s'avança avec son armée et la ville lui fut livrée par un parti qui s'y était formé, le parti de la paix à tout prix. Mais les patriotes se retirèrent sur la colline du Temple, coupèrent le pont qui le reliait à la ville et s'y défendirent avec une fermeté admirable. Pompée dut faire un siège en règle. Il fit venir des machines de Tyr, pour battre les murailles en brèche. Il fit combler les fossés avec des arbres amenés de forêts lointaines. Le siège traîna en longueur. Peut-être se serait-il prolongé encore si les assiégés, par suite de leur respect pour la sainteté du sabbat, n'avaient facilité l'assaut. Grâce à une interprétation pharisaïque ou sadducéenne de la Loi, les assiégés croyaient qu'il est permis de se défendre le jour du sabbat, mais non de repousser un assaut. Instruits de cette particularité, les Romains en profitèrent, et, les jours de sabbat, ils cessaient tout combat et ne travaillaient qu'à ébranler la muraille.

Ce fut à un jour de sabbat (mois de sivan, juin 63) qu'une des tours du temple fut jetée bas et qu'une brèche fut ouverte, par où les Romains se précipitèrent. Les légions et les troupes alliées pénétrèrent dans le parvis, massacrant tout sur leur passage les prêtres furent égorgés à côté de leurs victimes. Parmi les assiégés, beaucoup se précipitèrent du haut des terrasses du temple ; d'autres allumèrent des bûchers où ils se jetèrent. En ce jour, environ 12.000 hommes de Juda périrent.

Que servait donc à Hyrcan d'avoir recouru à l'arbitrage de Pompée ? Celui-ci lui enleva le titre de roi, ne lui laissant que le dignité de grand prêtre et le titre d'ethnarque. Il le plaça en quelque sorte sous la curatelle d'Antipater, qui fut nommé administrateur du pays. Les murailles de Jérusalem furent rasées et la Judée, traitée en pays conquis, redevint tributaire de l'étranger. En outre, la Judée rentra dans les étroites frontières qu'elle avait avant les Hasmonéens. Les cités et les districts de la côte, habités par les Grecs, Pompée les érigea eu villes libres, les abandonnant à leurs anciens habitants. Les villes de l'intérieur et celles de la Transjordanie, que Hyrcan Ier et Alexandre avaient incorporées à la Judée après de pénibles luttes, eu furent de nouveau détachées et déclarées villes libres, placées sous la juridiction du gouverneur de la Syrie. Quant aux prisonniers, Pompée fit massacrer les plus dangereux, c'est-à-dire les patriotes exaltés, et emmena le reste à Rome. On vit à son triomphe, mêlés aux autres monarques asiatiques, Aristobule, son fils Antigone, ses deux filles et son oncle Absalon (61). Tandis que Sion voilait sa tête de deuil, Rome était dans l'allégresse. Mais les captifs judéens allaient former la noyau d'une communauté qui devait reprendre sous une autre forme la lutte contre les institutions romaines et en triompher dans une certaine mesure.

Avant l'intervention de Pompée en Judée, il y avait déjà des Judéens qui habitaient Rome et d'autres villes de l'Italie. Sans doute ils y avaient émigré de l'Égypte et de l'Asie Mineure ; grâce aux nécessités des relations commerciales, ils avaient dû s'y établir. Les premiers habitants judaïtes de Rome n'étaient donc pas des prisonniers de guerre, mais plutôt des négociants qui étaient en relations avec les grands pour l'importation du blé d'Égypte et le fermage des impôts de l'Asie Mineure. Ces émigrants ne pouvaient guère former une communauté régulière, vu l'absence de docteurs de la Loi parmi eux. Mais, au nombre des captifs que Pompée traîna à Rome, se trouvaient des hommes versés dans la Loi, qui furent rachetés par leurs riches coreligionnaires et qu'on décida à se luxer dans cette ville. Les descendants de ces prisonniers conservèrent dans la suite le nom d'affranchis (libertini). Le quartier des Judéens à Rome était situé sur la rive droite du Tibre, sur le versant du mont Vatican. Un pont du Tibre conduisant au Vatican porta encore longtemps après le nom de Pont des Judéens (pons Judœorum). Une partie de la population judaïque de Rome alla se fixer dans d'autres villes de l'Italie. Théodos, un de ceux qui avaient émigré à Rome, introduisit dans la communauté judaïque l'usage de remplacer l'agneau pascal, qui ne pouvait être consommé hors de la Palestine et que les exilés regrettaient beaucoup, par un mets analogue. Le mécontentement fut vif à Jérusalem ; il semblait que les Judéens de Rome se permissent, sur la terre étrangère, l'usage d'une viande sacrée. Une lettre de blâme fut envoyée de Jérusalem à Théodos, où il était dit : Si tu n'étais Théodos, nous te mettrions en interdit.

Les Judéens de Rome ne furent pas sans exercer une certaine influence sur la marche des affaires romaines. Comme ils avaient tous, les anciens émigrés et les affranchis, le droit de vote dans les assemblées populaires, leur avis y pesa souvent d'un grand poids, grâce à leur union mutuelle, à leur activité et à leur sang-froid dans la manière d'envisager les affaires, et peut-être aussi à leur sagacité. Cette influence latente était si forte que Cicéron, qui était aussi égoïste qu'éloquent et qui avait appris à haïr les Judéens chez son maître Apollonius Molo, ayant un jour à parler contre eux, craignit de trahir ses dispositions hostiles à leur égard et de s'attirer leur ressentiment. Il s'agissait pour lui de défendre la cause fort injuste du préteur Flaccus, accusé de concussions pendant son gouvernement en Asie Mineure. Flaccus avait, entre autres, mis la main sur l'impôt religieux des communautés judaïques de ces contrées, s'élevant environ à deux cents livres d'or, qui avait été recueilli à Apamée, Laodicée, Adramyttium et Pergame (62). Il avait invoqué un décret du sénat qui défendait les sorties d'or des provinces romaines. Or la Judée, bien que soumise à la puissance de Rome, n'était pas encore admise à l'honneur de faire partie de ses provinces. Les Judéens romains, qui s'intéressaient vivement au procès de Flaccus, vinrent se mêler à la foule des assistants. Cicéron en eut une telle peur, qu'il aurait bien voulu pouvoir parler à voix basse, de façon à n'être entendu que des juges. En présentant sa défense, il eut recours à de puérils sophismes, qui auraient peut-être produit quelque impression sur des Romains de la vieille roche, mais qui n'en pouvaient produire sur des esprits éclairés. Il faut, dit-il entre autres, mettre un soin particulier à combattre les superstitions barbares des Judéens, et c'est le fait d'un homme de grand caractère de témoigner son mépris à ces agitateurs de nos assemblées populaires. Si Pompée n'a pas usé de son droit de vainqueur et a respecté le trésor du temple des Judéens, il ne l'a pas fait par égard pour le sanctuaire, mais par prudence. Il ne voulait pas donner à cette nation, portée au soupçon et à la calomnie, le prétexte d'une accusation. Lorsque Jérusalem n'était pas encore soumise à notre pouvoir et que les Judéens vivaient encore en paix, ils montraient un profond mépris pour la splendeur de l'empire romain, pour la dignité qui s'attache à notre nom, pour les lois de nos ancêtres. Dans la dernière guerre, la nation judaïque a montré tout particulièrement de quels sentiments hostiles elle est animée à notre égard. L'événement a fait voir que les dieux immortels haïssent les Judéens, puisque leur pays a été conquis par nous. Nous ne savons quelle fut l'impression produite par ce discours, ni comment ce procès se termina pour Flaccus. Un an plus tard, Cicéron était condamné à l'exil ; il ne pouvait séjourner dans un rayon de 80 milles de la ville ; sa maison et ses villas furent entièrement rasées.

Après le départ de Pompée, la Judée morcelée sentit son joug s'appesantir par le fait de sa position équivoque, qui n'était ni l'asservissement complet ni l'indépendance. Le puissant ministre de Hyrcan contribua à prolonger ce triste état de choses. Au prix des plus grands sacrifices, il maintint l'alliance avec Rome afin d'avoir un appui contre la haine du peuple, qui voyait en lui l'assassin de sa liberté.

Grâce à l'or judaïque, il put secourir le général romain, Scaurus, qui avait quitté la Judée pour aller faire une expédition contre Arétas, le roi des Nabatéens. Sur ces entrefaites, Alexandre II, l'aîné des fils d'Aristobule, s'enfuit de Rome, où il était retenu captif, et arriva en Judée. Il appela à lui les patriotes et réunit environ 10.000 fantassins et 1.500 cavaliers, qu'il mena contre Jérusalem. Hyrcan, ou, pour mieux dire, son maître Antipater, ne put tenir contre Alexandre et quitta la ville, où celui-ci se fortifia. Pour se mettre en sûreté, Alexandre fortifia encore les citadelles d'Alexandrion, d'Hyrcanion en deçà du Jourdain et de Machérous au-delà (59-58). Sans doute Lentulus Marcellinus, proconsul de Syrie, était occupé par Arétas ; peut-être aussi Alexandre l'avait-il gagné à prix d'argent. Celui-ci se crut si bien assuré du pouvoir, qu'il fit frapper des monnaies avec celte inscription en grec et en hébreu : Le roi Alexandre et le grand prêtre Jonathan.

Aulus Gabinius, le nouveau gouverneur de la Syrie et le plus féroce des exacteurs romains, se rendant à la prière d'Antipater, mit fin à la puissance d'Alexandre et l'exila à Rome. Pour le sauver du dernier supplice, auquel il était déjà condamné, sa mère Alexandra vint se jeter aux pieds de Gabinius et implora sa grâce. Pour achever d'affaiblir la nation judaïque, Gabinius décréta que la Judée ne devait plus former désormais un corps unique au point de vue administratif et législatif (57). Le pays fut divisé par lui en cinq territoires, qui avaient chacun son conseil d'administration chargé des affaires intérieures. Ce conseil reçut le nom de Sanhédrin (sanhédrion) et siégeait dans chacun des chefs-lieux. Le sud du pays, ou la Judée proprement dite, fut divisé en quatre districts, dont les chefs-lieux étaient Jérusalem, Gazara, Emmaüs et Jéricho. La Galilée, au contraire, où la population judaïque n'était pas si dense, n'avait qu'un chef-lieu, Sepphoris. À la tête de ces sanhédrins, on mit des Judéens dévoués aux Romains, sans doute choisis parmi l'aristocratie sadducéenne, qui avait intérêt à ménager Rome.

Quoique cette mesure de Gabinius prouve en faveur de sa clairvoyance, puisqu'il avait parfaitement compris que le cœur de la nation était dans le Grand Conseil, il se trompa pourtant sur son efficacité. Issu des entrailles de la nation, ce corps avait une autorité qui n'était pas facile à briser. Lorsque Gabinius quitta la Judée, la division du pays, qu'il avait établie, disparut aussitôt sans laisser de traces. Le Grand Conseil resta, comme devant, l'âme du peuple, mais les difficultés de l'époque firent tort à sa puissance. C'est depuis lors qu'il paraît avoir pris le nom de Sanhédrin et, pour se distinguer des petits tribunaux, celui de Grand Sanhédrin. Il n'avait plus, du reste, aucun pouvoir politique, celui-ci appartenant entièrement aux Romains. À la mort de Siméon ben Schétach, ses deux disciples les plus distingués, Schemaïa et Abtalion, lui succédèrent comme présidents du Sanhédrin. Dans les sentences qui nous sont restées d'eux se reflète toute la tristesse de l'époque : Aime les professions manuelles, disait Schemaïa, fuis le pouvoir et ne recherche pas la puissance temporelle. Abtalion recommandait aux docteurs : Soyez circonspects dans vos paroles ! vous pourriez encourir la peine de l'exil ; vos disciples vous suivraient dans une contrée séduisante dont le charme les corromprait, et le nom divin serait profané. Schemaïa et Abtalion conservèrent leurs fonctions environ vingt-cinq ans (60-35) ; voyant disparaître de plus en plus l'influence politique du Sanhédrin, ils tournèrent leur activité vers les affaires intérieures. Ils groupèrent autour d'eux un cercle de disciples studieux auxquels ils enseignaient la Loi dans ses principes et dans ses applications. Dans la suite, grâce à leur étude assidue des traditions légales, ils acquirent une autorité telle que toute interprétation qui pouvait leur être attribuée passait par cela même pour certaine. Un de leurs disciples les plus éminents les appela dans sa reconnaissance : les deux grands hommes de l'époque. Avec Schemaïa et Abtalion commence la nouvelle tendance du pharisaïsme, qui dès lors se détourne entièrement des affaires de l'État pour s'absorber uniquement dans l'étude de la Loi. Aussi les Pharisiens seront-ils réputés désormais, non seulement comme des sages, mais comme de savants interprètes de la Loi (darschanim). Peut-être avaient-ils emprunté leur science d'interprétation à Alexandrie, où les connaissances grammaticales étaient plus répandues, pour l'implanter en Judée.

Pendant longtemps, l'histoire extérieure de la Judée n'a à enregistrer que des soulèvements contre la tyrannie de Rome et ses suites funestes, les actes d'oppression, de pillage et de profanation du temple perpétrés par les gouverneurs et leurs complices. Aristobule avait réussi à s'enfuir de Rome avec son fils Antigone et à gagner la Judée. Telle était l'horreur du joug romain que la nation accueillit avec enthousiasme et salua comme un libérateur ce prince, qui auparavant n'était guère aimé. Chacun se mit à sa disposition, si bien qu'il n'y eut pas assez d'armes pour tous ceux qui se présentèrent. Un général judéen, qui jusque-là avait combattu Aristobule, vint mettre son épée à son service. Ce prince put, de la sorte, disposer d'une armée de 8.000 hommes. Il chercha avant tout à rétablir la forteresse d'Alexandrion, d'où il voulait harceler les Romains par une guerre de partisans. Mais la fougue de son tempérament l'entraîna à se mesurer avec eux dans une bataille rangée, où périt la majeure partie de son armée. Le reste de ses troupes se dispersa. Toujours intrépide, Aristobule, avec mille partisans qui lui restaient, se jeta dans la forteresse de Machérous, qu'il chercha à mettre en état de défense. Les Romains arrivèrent devant la citadelle avec leurs engins de siège, et, au bout de deux jours, Aristobule dut se rendre. Il fut pris pour la seconde fois et conduit à Rome avec son fils.

Un autre soulèvement, tenté par son fils Alexandre, qui, sur les instances de Gabinius, avait obtenu sa mise en liberté du sénat ou, pour mieux dire, de Pompée, alors tout-puissant, eut la même issue malheureuse. Alexandre avait réuni plus de 30.000 hommes et, avec leur aide, il massacra tous les Romains qui lui tombèrent entre les mains. Gabinius n'avait pas assez de troupes pour marcher contre lui, et il dut recourir au rusé Antipater pour détacher d'Alexandre quelques-uns de ses partisans. Avec ceux qui lui restaient, Alexandre marcha au-devant de l'armée de Gabinius et, entraîné par son ardeur irréfléchie, engagea la bataille près du mont Thabor. Il subit une effroyable défaite (55).

Sur ces entrefaites, les trois personnages les plus considérables de Rome, Jules César, Pompée et Crassus, tous trois remarquables, le premier par la supériorité de son génie, le second par sa réputation guerrière, le dernier par sa fortune colossale, s'étaient unis d'une alliance étroite pour briser le pouvoir du sénat et des grands et diriger à leur gré les affaires de l'État. Les triumvirs se partagèrent les possessions romaines et en tirent leurs provinces respectives. Crassus, qui était fort avare en dépit de sa grande fortune, devenue proverbiale, reçut en partage la Syrie, dans laquelle la Judée fut désormais comprise. Pendant une nouvelle expédition entreprise contre les Parthes, Crassus fit un détour pour se rendre à Jérusalem, où l'attirait le trésor du temple. Il ne cacha pas qu'il venait enlever les deux mille talents auxquels Pompée n'avait pas voulu toucher. Pour satisfaire sa cupidité, le pieux Éléazar, le trésorier, lui remit une poutre d'or du poids de trois cents mines, qui, grâce à un revêtement de bois habilement travaillé, était restée ignorée des autres prêtres. Crassus promit solennellement de ne pas toucher au reste du trésor. Mais qu'était-ce, pour un Romain, qu'un serment fait à des Judéens ? Il prit la poutre, les deux mille talents et, par-dessus le marché, les vases d'or du temple, qui valaient environ huit mille talents (54). Crassus, avec ces trésors volés au temple, put commencer son expédition contre les Parthes. Mais la puissance romaine vint se briser contre cette nation, chaque fois qu'elle s'y attaqua. Crassus périt dans la bataille et son armée fut tellement décimée que son lieutenant, Cassius Longinus, ne put ramener en Syrie que dix mille hommes sur cent mille qu'elle comptait (53). Les Parthes poursuivirent le reste de l'armée romaine, avec la tacite complicité des Syriens, fatigués du joug romain. La nation judaïque, elle aussi, crut le moment favorable pour secouer ce joug odieux ; mais aucun des princes judéens n'étant là, et Hyrcan se trouvant réduit à l'impuissance et sous la domination absolue d'Antipater, Pitholaüs réunit une armée nombreuse pour marcher contre Cassius. Mais le destin trahissait les armes de la Judée chaque fois qu'elle se mesurait avec Rome. L'armée de Pitholaüs, enfermée dans Tarichée, près du lac de Tibériade, dut se rendre. Cassius, cédant aux prières d'Antipater, fit mettre à mort Pitholaüs et vendre comme esclaves trente mille guerriers judéens (52).

Aristobule captif voyait luire de nouveau l'espérance de remonter sur le trône de ses pères et de rejeter le traître Antipater dans son obscurité. Jules César, le plus grand homme que Rome ait produit, avait jeté le gant au sénat et rompu avec Pompée, son allié. La rivalité des deux chefs alluma un incendie qui gagna les pays les plus reculés de l'empire romain. Pour affaiblir l'influence de Pompée, César avait donné la liberté à Aristobule et lui avait confié deux légions, afin qu'il allât travailler la Judée et la Syrie en sa faveur. Mais les partisans de Pompée le débarrassèrent d'Aristobule au moyen du poison. Ses amis ensevelirent son corps dans du miel, en attendant qu'il pût être conduit à Jérusalem et placé dans le tombeau des rois. Vers la même époque, son fils aîné, Alexandre, fut décapité, sur l'ordre de Pompée, par les soins de Scipion. Les membres survivants de la famille d'Aristobule, sa femme et son fils Antigone trouvèrent un asile auprès de Ptolémée, prince de Chalcis, dont le fils, Philippion, tomba éperdument amoureux de l'une des filles d'Aristobule, Alexandra, et la prit pour femme. Mais Ptolémée, qui avait conçu pour sa bru un amour violent, fit assassiner son propre fils, pour posséder sa veuve. La mauvaise fortune avait tellement dégradé les Hasmonéens, qu'ils ne craignaient, pas de s'allier par mariage à des païens et de s'abandonner à des unions incestueuses.

Tant que Pompée vécut, Antipater, qui était devenu une puissance, lui resta fidèle et serviable. Mais lorsque la fortune l'eut trahi et qu'il eut trouvé une mort honteuse en Égypte, Antipater n'hésita pas à se ranger du côté de César et à le soutenir contre les partisans de Pompée. Dans la situation critique où César se trouvait en Égypte, sans une armée suffisante, sans nouvelles de Rome, au milieu d'une population ennemie, Antipater déploya une grande activité, qui devait trouver sa récompense. Il pourvut à tous les besoins de l'armée de secours amenée par Mithridate, roi de Pergame, auquel il se joignit lui-même avec 3.000 Judéens pour l'aider à conquérir Péluse ; il gagna au parti de César les Judéens d'Égypte, formant la garnison d'Onion, en leur montrant une lettre du grand prêtre Hyrcan, et contribua tout particulièrement à la victoire finale (48). En récompense de ses services, César le créa citoyen romain, l'exempta, lui et sa famille, de tout impôt et le nomma gouverneur de la Judée. Il pouvait se passer désormais de la faveur de Hyrcan et se considérer sérieusement comme son protecteur. En vain le dernier survivant des fils d'Aristobule, Antigone, rappela-t-il à César le dévouement de son père et de son frère à sa cause. Antipater était là : il montra les blessures qu'il avait reçues au service de César et il eut gain de cause.

César, qui se connaissait en hommes, appréciait trop le dévouement et l'énergie d'Antipater pour songer à appuyer les revendications légitimes d'Antigone. N'était-il pas lui-même sorti des bornes de la légalité ? — Par complaisance pour Antipater, César confirma Hyrcan dans sa dignité de grand prêtre et d'ethnarque et accorda quelques faveurs à la Judée elle-même. Il lui permit de reconstruire les murs de Jérusalem et de reprendre les territoires qui lui avaient appartenu, comme la Galilée, les villes de la plaine de Jezréel et Lydda. Les Judéens furent dispensés des lourdes charges que leur imposait le cantonnement des légions romaines dans leurs quartiers d'hiver. Cependant les propriétaires de biens-fonds étaient obligés, tous les deux ans, de fournir le quart de leur récolte pour les besoins des troupes. Ils n'étaient dispensés de cet impôt en nature qu'à l'année sabbatique, pendant laquelle, comme on sait, les champs restaient sans culture.

En général, César se montra bienveillant pour les Judéens et les récompensa de leur fidélité. En souvenir des services qu'ils lui avaient rendus, les Judéens d'Alexandrie obtinrent de lui la confirmation de leurs droits politiques et de leurs privilèges, entre autres notamment celui d'être gouvernés par un chef de leur nation (ethnarque, alabarque) et d'être placés sous sa juridiction. Le décret de César qui confirmait ces privilèges fut gravé, par son ordre, sur une colonne. Des ordonnances spéciales autorisèrent aussi le transport des impôts du temple, qui avait éprouvé certaines difficultés, quelques années auparavant. Les Judéens de l'Asie Mineure, à qui leurs concitoyens grecs voulaient défendre le libre exercice de leur religion, se virent également confirmés dans leurs droits de ne pas comparaître en justice le jour du sabbat, de tenir des réunions (ce qui était défendu ailleurs par crainte des soulèvements), de construire de nouvelles synagogues et de se livrer aux pratiques de leur culte (47-44). La communauté judaïque de Rome jouit sans doute aussi des faveurs de César, puisqu'elle conserva son souvenir avec une religieuse fidélité. Mais toutes ces immunités dues à la faveur touchèrent peu la masse da la nation judaïque. Si les Judéens vivant hors de la Palestine bénissaient le nom de César comme celui d'un bienfaiteur, ceux de Palestine ne voyaient en lui que le Romain, que le protecteur de l'odieux Iduméen.

Inquiet de l'attitude du peuple, Antipater crut devoir l'intimider en le menaçant à la fois de son châtiment, de la colère de Hyrcan et de celle de César. À ceux qui se soumettraient, il promit de grandes récompenses. — Une bande, échappée à la déroute de l'armée d'Aristobule, s'était réfugiée, sous la conduite d'un chef nommé Ézékias, dans les montagnes de la Galilée, où elle sut se maintenir et faire beaucoup de mal aux Romains et aux Syriens. Elle n'attendait qu'une occasion pour provoquer un soulèvement général contre Rome. Les Romains, appelaient cette bande une troupe de bandits et leur chef Ézékias un chef de brigands. Mais les Judéens les considéraient comme les vengeurs de leur liberté et de leur honneur national. En effet, leur mécontentement avait été vif, en voyant Antipater confier le gouvernement du pays à ses fils et ne songer qu'à accroître la puissance de sa famille. De ses quatre fils, qu'il avait eus de la Nabatéenne Kypros, l'aîné, Phasaël, fut nommé par lui préfet de Jérusalem et de la Judée, et le second, Hérode, âgé seulement de vingt-cinq ans, reçut le gouvernement de la Galilée.

Ce jeune homme fut le mauvais génie de la nation judaïque. Il semblait destiné à livrer la Judée pieds et poings liés entre les mains de Rome et à lui mettre son talon sur la nuque. Dès son apparition, comme un nuage orageux et menaçant, il projette une ombre sinistre sur la vie de la nation ; l'obscurité croit de plus en plus, toute lueur disparaît dans les ténèbres, et l'on ne marche plus qu'en chancelant et en trébuchant, comme dans l'obsession d'un rêve. Fidèle à la politique astucieuse de son père, Hérode commence par flatter bassement les Romains et par blesser le sentiment national. Pour se concilier la faveur de Rome et pour assurer en même temps le sort de sa famille, Hérode entreprit une expédition contre la bande d'Ézékias. Celui-ci fut fait prisonnier, et Hérode le fit décapiter avec quelques-uns de ses compagnons, sans autre forme de procès. Les Syriens et les Romains ne trouvèrent pas assez de termes pour remercier le dompteur de bandits, comme ils l'appelaient. Sextus César, que le dictateur romain avait nommé gouverneur de la Syrie (47-46), combla Hérode de faveurs, en récompense de cet exploit. Mais les patriotes étaient attristés ; ils voyaient avec terreur que de l'œuf du basilic, Antipater, était éclos un serpent venimeux. L'humiliation infligée à Hyrcan et à la nation par la famille iduméenne causa une douleur si vive, que quelques hommes de cœur osèrent aller trouver le prince pour l'éclairer sur sa triste situation. Ils lui représentèrent que sa dignité n'était plus qu'un mot et que le pouvoir appartenait réellement à Antipater et à ses fils. Ils rappelèrent le meurtre d'Ézékias et de ses compagnons, qui était un défi jeté à la Loi. Mais ces observations n'auraient sans doute produit aucun effet sur le prince, si les mères de ceux qu'Hérode avait massacrés ne lui avaient déchiré le cœur par leurs lamentations. Chaque fois qu'il paraissait dans le temple, elles se jetaient à ses pieds et le suppliaient de venger la mort de leurs enfants.

À la fin, Hyrcan permit au tribunal d'appeler Hérode à comparaître devant lui. Le tribunal, composé en majeure partie des mêmes hommes qui avaient accusé Hérode près de Hyrcan, ne tarda pas à citer l'orgueilleux Iduméen à comparaître devant lui dans un délai fixé, pour se justifier au sujet de l'exécution d'Ézékias et de ses hommes. Mais Antipater ne manqua pas de prévenir son fils et de lui faire savoir quelles grandes colères il avait amassées sur sa tête. Il lui recommanda de ne venir à Jérusalem qu'avec une bonne escorte, l'engageant toutefois à ne pas amener trop de troupes, pour ne pas éveiller les soupçons de Hyrcan. Hérode se présenta dans le délai fixé, escorté d'une troupe armée, muni d'une lettre de Sextus César pour le roi Hyrcan, par laquelle celui-ci était rendu responsable de la vie du favori. Le jour du jugement qui remplissait Jérusalem d'une attente fiévreuse était arrivé. Lorsque les membres du tribunal eurent pris place, l'accusé apparut habillé de pourpre, couvert de ses armes, entouré de ses gardes, avec une attitude de défi. À cette vue, le courage manqua à la plupart des juges ; ceux-là mêmes qui avaient montré le plus d'animosité baissaient les yeux. Hyrcan lui-même était abattu. L'assemblée était muette et anxieuse ; on n'osait respirer. Un seul des juges, l'illustre Schemaya, eut le courage de parler et de sauver ainsi l'honneur outragé du tribunal. Et calme, il prononça ces mots : L'accusé n'est-il pas devant nous, prêt à nous vouer à la mort, si nous le déclarons coupable ? Certes, je ne puis le blâmer autant que je vous blâme, vous et le roi, de tolérer un pareil outrage à la justice. Sachez donc que celui qui vous fait trembler maintenant, vous livrera au bourreau, Hyrcan et vous. Ces paroles énergiques réveillèrent le courage dans le cœur des juges, et ils témoignèrent autant de sévérité qu'ils avaient montré de lâcheté un instant auparavant. Hyrcan, craignant leur colère, ordonna la remise du jugement. Dans l'intervalle, Hérode, se dérobant à la sentence, s'enfuit à Damas, où Sextus César lui fit le meilleur accueil et le nomma gouverneur de la Cœlésyrie (46). Comblé d'honneurs, Hérode se disposa à prendre une sanglante revanche sur Hyrcan et sur les membres du tribunal. Son père et son frère, Phasaël, dont les sentiments étaient plus généreux, eurent de la peine à le détourner de son projet. Hérode renferma en lui-même sa vengeance, se réservant de la faire éclater plus tard.

Le meurtre de César (44), qui produisit dans l'empire romain une agitation si profonde, fut pour la Judée la source de nouveaux ennuis. C'est à bon droit que les Judéens de Rome pleurèrent sa mort et passèrent plusieurs nuits à se lamenter auprès de son bûcher. Pour Rome, les convulsions intérieures, les guerres, les proscriptions n'étaient, au fond, que les douleurs de l'enfantement d'un nouvel état de choses. Pour la Judée, au contraire, elles étaient les signes d'une décomposition prochaine. Comme sur beaucoup de points de l'empire romain, les gouverneurs républicains de la Judée opprimèrent le parti de César pour reculer à leur tour devant lui. Le républicain Cassius Longinus était venu en Syrie (automne de 44) pour réunir des légions et de l'argent. De la Judée, il exigea sept cents talents. Cassius était pressé, car, à chaque instant, le pouvoir discrétionnaire dont il jouissait pouvait lui échapper. Aussi fit-il saisir et vendre comme esclaves les habitants de quatre villes du sud de la Judée, Gophna, Emmaüs, Lydda et Thamna, parce qu'ils n'avaient pu payer assez vite la taxe imposée.

Le malheureux fantôme de roi qui régnait en Judée comprit enfin que les Iduméens, sous les dehors d'un ardent dévouement, ne servaient que leur propre ambition. Il commença à se montrer méfiant à leur égard et, comme il avait toujours besoin d'un appui, il se tourna vers Malick, qui avait pénétré depuis longtemps la fourberie de la famille iduméenne. Et pourtant Hyrcan ignorait encore le projet d'Hérode de le détrôner et de se faire reconnaître des Romains comme roi de la Judée, en se faisant appuyer par leurs légions contre une résistance éventuelle. Il ne servit de rien à Malick de faire empoisonner Antipater. Il croyait, en supprimant le vieil intrigant, couper le mal à sa racine ; mais Hérode surpassait de beaucoup son père en dissimulation, autant qu'en énergie et en audace. Une tentative faite par Antigone, le dernier fils survivant d'Aristobule, pour dépouiller les Iduméens de leur pouvoir, échoua également, et Hérode, à son entrée dans Jérusalem, reçut les palmes triomphales des mains de Hyrcan. Pour se débarrasser de la crainte que lui inspirait sa puissance, Hyrcan résolut d'attacher Hérode à sa maison et le fiança avec sa petite-fille Mariamne (Mariamme), si célèbre par sa beauté. La mère, Alexandra, poussait à ce mariage, qui devait être si funeste à la fille. Du reste, la fortune favorisait si bien les Iduméens que toutes les révolutions de ce temps, même celles qui semblaient menaçantes pour leurs intérêts, contribuaient encore à augmenter leur puissance. L'armée républicaine avait été vaincue à la bataille de Philippes (automne de 42) ; Brutus et Cassius s'étaient tués ; l'empire romain était aux pieds des nouveaux triumvirs, Octave, le neveu de César, Antoine et Lépide. Hérode et Phasaël tremblaient pour eux-mêmes des suites de ces changements. N'avaient-ils pas montré du zèle en faveur des adversaires du second triumvirat ? En outre, les grands de Judée s'étaient rendus en Bithynie auprès du vainqueur, Antoine, et s'étaient plaints des prétentions des deux frères iduméens. Mais Hérode sut dissiper ces nuages. Lui aussi se présenta devant Antoine, la flatterie aux lèvres et les mains pleines d'or, et Antoine se souvint qu'il avait reçu jadis l'hospitalité d'Antipater. Il renvoya les plaignants et combla Hérode de distinctions honorifiques. À plusieurs reprises, la nation judaïque chercha, mais en vain, à faire entendre sa voix auprès d'Antoine. Celui-ci fit jeter en prison une partie des ambassadeurs et décapiter les autres. Quant aux deux frères, Phasaël et Hérode, Antoine les nomma gouverneurs de la Judée, sous le titre de tétrarques.

Une seule fois la fortune parut vouloir trahir les frères iduméens et relever la maison hasmonéenne. À l'instigation d'un proscrit romain, le républicain Labiénus, les Parthes avaient fait une incursion heureuse en Asie Mineure et en Syrie. Cette expédition eut lieu sous le commandement du prince royal Pacorus et du général Barzapherne. À ce moment, Marc-Antoine s'abandonnait aux séductions de la voluptueuse Cléopâtre. Les Parthes, qui en voulaient déjà aux Iduméens, à Hérode et à Phasaël, parce que ceux-ci étaient les alliés de Rome, furent encore excités contre eux par un membre de la famille d'Aristobule. Celui-ci promit au général des Parthes de fortes sommes d'argent, s'il voulait supprimer les deux Édomites, détrôner Hyrcan et donner la couronne à Antigone. Les Parthes consentirent et s'avancèrent en deux corps, le long de la côte et à travers l'intérieur du pays, sur Jérusalem. Au mont Carmel, beaucoup de Judéens se joignirent à l'armée des Parthes et s'offrirent pour prendre part à la lutte contre les étrangers. La troupe judaïte s'accrut à chaque pas, et comme la marche de l'avant-garde des Parthes leur paraissait trop lente, les Judéens prirent les devants, entrèrent à Jérusalem et, avec l'aide d'une grande partie des habitants, assiégèrent le palais des Hasmonéens. Même le bas peuple, quoique sans armes, soutint les combattants dévoués à la cause d'Antigone. La fête des Semaines avait amené à Jérusalem, de toutes les parties de la Judée, une masse de peuple qui tout entière prit parti pour le fils d'Aristobule. Sur ces entrefaites, Pacorus entra dans la ville ; il persuada à Hyrcan et à Phasaël de se rendre en ambassade chez les Parthes, afin d'aller discuter et arranger les points litigieux avec le général Barzapherne. Quant à Hérode, il ne voulut pas le perdre de vue. Phasaël se suicida et Hyrcan fut retenu prisonnier. Pour le rendre désormais impropre aux fonctions de grand prêtre, les Parthes le mutilèrent en lui coupant les oreilles. On songea aussi à s'emparer d'Hérode par ruse, mais il s'enfuit nuitamment avec sa fiancée Mariamne et sa famille et gagna la forteresse de Massada, poursuivi par les imprécations du peuple. Antigone fut aussitôt institué comme roi de la Judée (40). Hyrcan fut emmené par les Parthes et conduit en Babylonie. Antigone, dont le nom hébreu était Mattathias, crut son pouvoir si affermi qu'il fit frapper des monnaies portant son nom en grec et en hébreu ; les unes ont pour légende : Mattathias le grand prêtre et la communauté des Judaïtes, les autres : le roi Antigone ; pour emblème, soit une tige fleurie, soit une corne d'abondance.

Après le départ des Parthes, Antigone chassa les garnisons romaines des forteresses qu'elles occupaient. La Judée était délivrée de l'étranger et pouvait de nouveau s'abandonner à la joie de l'indépendance reconquise, après trente ans de troubles et de luttes sanglantes.

Chapitre XII

Antigone et Hérode — (40-4)

Les premiers Hasmonéens, grâce à leur habileté plutôt qu'à leurs talents militaires, avaient assuré la grandeur et l'indépendance de la Judée. Le dernier prince de cette famille ne sut guère profiter des avantages de sa situation, et son impéritie ne valut au pays que des humiliations. Les circonstances étaient pourtant favorables à Antigone et lui auraient permis d'acquérir un haut degré de puissance. Les chefs romains étaient en guerre. L'Orient, dédaigné par Octave et échu à Marc-Antoine, était devenu pour celui-ci une résidence de plaisir. Dans les bras de Cléopâtre, il avait appris à prendre la guerre en dégoût. Les Parthes, dont Rome convoitait avidement le territoire, avaient repoussé vaillamment ses attaques. Si Antigone avait su entretenir la colère de ce peuple contre la famille iduméenne et les Romains, ceux-ci, au lieu de le traiter en ennemi, en auraient fait leur ami et leur allié, afin de susciter, avec son aide, des difficultés aux Parthes. Les vaillants montagnards de la Galilée tenaient pour lui. Ses partisans avaient changé Sepphoris en une place de guerre. Les cavernes d'Arbéla recelaient d'intrépides soldats de corps francs, qui pouvaient prendre l'ennemi à revers et lui faire beaucoup de mal. Mais Antigone n'avait aucune des qualités de l'homme d'État et du capitaine. Il ne sut même pas employer avantageusement les moyens dont il disposait. Il se dispersa dans une foule de petites entreprises. Sa passion dominante, c'était le désir de se venger d'Hérode et de ses frères. Ce sentiment paralysa plutôt qu'il n'accrut son activité. Il ne put jamais s'élever à cette hauteur de vues, digne d'un véritable roi, qui lui aurait permis de traiter les parvenus iduméens avec plus de mépris que de haine. Rien d'heureux ni de grand ne fut entrepris sous son règne de trois ans et demi, bien que les chefs romains, en apparence soutiens d'Hérode, gardassent le plus souvent une attitude de neutralité.

Il ne sut pas même s'attacher les personnages influents de la nation judaïque et les décider à faire cause commune avec lui. Quoique blessés par l'impudence d'Hérode, les chefs du Sanhédrin, Schemaya et Abtalion, étaient contre Antigone. D'où provenait L'antipathie qu'inspirait aux docteurs le dernier, des Hasmonéens ? Antigone s'était-il prononcé en faveur des Sadducéens, ou était-ce jalousie des dépositaires de la Loi contre le dépositaire de la puissance royale ? S'il est difficile de l'affirmer, certain incident permet de croire à ce dernier motif.

Un jour de Kippour, après le service divin, le peuple avait accompagné le roi, grand prêtre du temple, jusqu'à sa demeure. Mais, chemin faisant, on rencontra les synhédristes Schemaya et Abtalion, et le peuple quitta le grand prêtre pour leur faire une escorta d'honneur. Irrité, le roi témoigna ses sentiments aux deux docteurs, en leur adressant une salutation ironique que, de leur côté, ils rendirent à Antigone. Cette division entre le prince et les autorités les plus influentes de la nation, l'inexpérience d'Antigone dans les choses de la guerre et de la politique, causèrent les plus grands malheurs.

Hérode ne ressemblait en rien à son rival et avait toutes les qualités qui lui manquaient. Il sut toujours contraindre la fortune à lui sourire de nouveau, quand elle l'avait abandonné un instant. Après sa fuite nocturne de Jérusalem, se voyant poursuivi par les habitants judaïtes, il eut un moment la pensée du suicide. Son projet de gagner à sa cause Malick, le roi des Nabatéens, échoua. Après avoir traversé le désert judéo-iduméen, presque seul, dénué de tout, mais conservant son indomptable énergie et nourrissant toujours de vastes projets, il se rendit en Égypte. Cléopâtre lui proposa le commandement de ses armées. Hérode refusa. C'est la couronne de Judée que visaient ses rêves. Il s'embarqua pour Rome. Surpris en route par une tempête, il arriva, à Rome au moment où Octave et Antoine venaient de se réconcilier. Il n'eut pas de peine à persuader Antoine de l'importance des services qu'il pourrait lui rendre, en le servant contre les Parthes, en lui représentant Antigone comme l'ennemi juré de Rome, parce qu'il devait son trône aux Parthes. Antoine parla en sa faveur à Octave, qui n'avait rien à lui refuser.

Un décret du sénat le proclama roi de Judée et déclara Antigone ennemi de Rome (hiver de l'an 40). En sept jours, il avait su obtenir ce résultat. C'était la seconde fois que Rome portait un coup mortel à la nation judaïque en lui imposant un étranger, un demi juif d'Idumée, qui avait des offenses personnelles à venger. Bien entendu, la Judée dut encore payer tribut aux Romains.

Hérode, voyant son ambition satisfaite, se déroba aux égards dont l'entourait Antoine pour aller prendre possession de sa nouvelle royauté. Débarqué à Acco (39), ses amis et notamment Saramalla, le plus riche Judéen d'Antioche, lui fournirent l'argent nécessaire pour soutenir une guerre de prétendant. Comme les Romains refusèrent de prendre une part active à cette campagne, la guerre traîna en longueur. Hérode se vit obligé de se rendre au camp d'Antoine, qui assiégeait alors Samosate. Grâce aux services qu'il rendit au Romain en cette occasion, et surtout à son éloquence, Antoine chargea un de ses généraux, Sosius, d'aller combattre Antigone avec deux légions et d'installer le roi choisi par Rome. Hérode mena cette guerre avec une cruauté implacable. Ivre de vengeance, il fit périr dans les flammes cinq villes des environs de Jéricho avec leurs habitants, au nombre de deux mille, qui avaient pris parti pour Antigone. À l'approche du printemps (37), il marcha sur Jérusalem et en fit le siège. Il venait de célébrer à Samarie son mariage avec sa fiancée Mariamne.

Aussitôt que Sosius fut arrivé en Judée avec une nombreuse armée romaine et une armée de secours, composée de troupes syriennes, le siège de Jérusalem fut poussé avec vigueur. L'armée des assiégeants comptait environ cent mille hommes. Ils élevèrent des retranchements, comblèrent les fossés de la ville et, avec leurs machines de guerre, commencèrent à en battre les murailles. Les assiégés, quoique dénués de tout, se défendirent héroïquement. Ils faisaient de fréquentes sorties, chassaient ceux qui travaillaient aux tranchées, détruisaient les ouvrages de siège, bâtissaient une muraille nouvelle derrière celle qui tombait, si bien qu'au bout de deux mois les assiégeants n'étaient encore guère avancés. Schemaya et Abtalion, les deux chefs du Sanhédrin, prêchèrent contre la résistance, conseillant d'ouvrir les portes de la ville à Hérode, et Antigone n'était pas assez fort ou assez courageux pour réprimer leurs menées. Grâce à ces dissensions intestines et à des assauts redoublés, les Romains parvinrent à faire crouler le mur extérieur du nord-est de la ville. Ils pénétrèrent aussitôt dans la ville basse et dans les ouvrages extérieurs du temple. Les Judéens, avec le roi Antigone, se réfugièrent dans la ville haute et sur la colline du temple.

Pendant quinze jours, les Romains donnèrent l'assaut à la deuxième enceinte de murs. Malgré leur défense héroïque, les Jérusalémites durent succomber. Un jour de sabbat, où les Judéens ne s'attendaient pas à une attaque, croula un pan de la deuxième muraille, qui livra passage aux Romains. Ceux-ci se précipitèrent comme des furieux dans la ville haute et le temple, massacrant tout, sans distinction d'âge ni de sexe, égorgeant les prêtres à côté de leurs victimes. Par une fatale coïncidence, Jérusalem tomba le même jour où, vingt-sept ans auparavant, elle avait été prise par Pompée (sivan, juin 37).

Hérode réussit à peine, à force de présents distribués à chaque soldat romain, à empêcher le pillage du temple et la ruine totale de la ville. Antigone fut pris et envoyé auprès d'Antoine qui, à la prière d'Hérode, le fit battre de verges et le livra ensuite à la hache du bourreau, supplice infamant qui excita l'horreur des Romains eux-mêmes. Antigone était le dernier des huit princes et grands prêtres de la famille des Hasmonéens, qui avait régné plus d'un siècle et qui causa la ruine et l'abaissement de la Judée, après lui avoir donné la grandeur et l'éclat.

Hérode, l'esclave iduméen, comme le qualifiait la voix populaire, était arrivé au but de ses visées ambitieuses. Son trône avait pour base des cadavres et des ruines, mais il se sentait de force à le maintenir, fallait-il l'entourer d'un fleuve de sang. Que lui importait la haine de la nation judaïque, à laquelle il s'était imposé sans le moindre mérite, sans titre aucun ? N'avait-il pas la faveur de Rome et l'amitié d'Antoine ? Il embrassa d'un regard sûr et clair la politique qu'il avait à suivre ; elle lui était en quelque sorte commandée par les circonstances : s'attacher entièrement à Rome, afin d'avoir en elle un ferme appui contre la défaveur populaire; chercher à apaiser les ressentiments de la nation par des concessions apparentes et sans grande portée, ou les réprimer par une sévérité implacable, telle fui la politique qu'il suivit froidement, inexorable comme le destin, pendant un règne de trente-quatre ans. Même dans le premier moment de trouble qui suivit la prise du temple, Hérode conserva tout son sang-froid et ordonna à son serviteur Costobar de faire garder les issues de Jérusalem et arrêter tous les fuyards. Les partisans d'Antigone furent égorgés en masse; parmi eux se trouvaient quarante- cinq hommes appartenant aux meilleures familles. Cependant la haine d'Hérode n'était pas encore assouvie. Pour se venger des synhédristes qui, douze ans auparavant, avaient été sur le point de le condamner pour le meurtre d'Ézékias, il les fit massacrer tous, à l'exception de Schemaya et d'Abtalion, qui s'étaient montrés hostiles à Antigone. Imitant les procédés des Romains, qui confisquaient les biens des proscrits, il s'empara de la fortune de ses victimes. Un certain Ananel, qui était, il est vrai, un descendant d'Aaron, mais qui n'était ni de la famille des Hasmonéens ni d'une autre lignée de grands prêtres, fut élevé par Hérode aux fonctions pontificales. À partir de ce moment, celles-ci ne furent plus héréditaires. Hérode prétendait être issu lui-même d'une famille judaïque très ancienne, qui avait émigré de la Babylonie en Idumée. Il voulait ainsi effacer la tache de son origine. N'était-il pas le descendant de ces Iduméens qui avaient été convertis au judaïsme par la force ? Les gens du pays qui avaient bonne mémoire et qui connaissaient sa véritable origine ne le croyaient guère, mais les étrangers s'y trompèrent. Son ami intime, l'historien grec Nicolas de Damas, répéta cette fable telle qu'il l'avait entendue de la bouche d'Hérode. Après la mort de Schemaya et d'Abtalion, Hérode appela à la présidence du Sanhédrin des étrangers et, à ce qu'il semble, des Babyloniens de la famille des Bené-Bathyra.

Deux personnages étaient seuls désormais capables de troubler la quiétude d'Hérode, un vieillard et un adolescent : Hyrcan, qui avait été roi et grand prêtre, et son petit-fils, Aristobule, qui visait à être l'un et l'autre. Tant que ceux-ci n'auraient pas été réduits à l'impuissance, Hérode ne pouvait s'abandonner à la jouissance paisible de ses conquêtes. Hyrcan avait été, il est vrai, prisonnier des Parthes ; en outre, il était mutilé, ce qui le rendait impropre au pontificat. Les Parthes avaient eu la générosité de lui rendre la liberté, et les Judéens de Babylone l'entouraient d'honneurs pour lui faire oublier ses tristesses. Malgré cela, Hyrcan avait la nostalgie de la Judée, et Hérode craignait que lui ou les Judéens de Babylone ne missent les Parthes dans leurs intérêts et ne les décidassent à lui rendre la couronne qu'ils lui avaient arrachée. Afin de prévenir ce danger et de soustraire Hyrcan à l'influence des Parthes, Hérode songea à l'attirer auprès de lui. Avec la dissimulation qui lui était habituelle, il lui fit dire par Saramalla qu'il désirait partager le trône avec lui et qu'il le priait de revenir à Jérusalem, pour y recevoir la récompense des nombreux bienfaits qu'il lui devait. En vain les Judéens de Babylone essayèrent de l'en dissuader et l'engagèrent à ne pas s'exposer pour la seconde fois au tourbillon des affaires publiques : Hyrcan alla au-devant de sa destinée. Dès qu'il arriva à Jérusalem (36), Hérode accourut au-devant de lui, lui fit l'accueil le plus amical, lui donna à sa table, ainsi qu'au conseil, la place d'honneur. Le faible vieillard se laissa duper par ces marques de prévenance et ne vit pas l'astucieux regard de l'Iduméen qui l'observait.

Hyrcan était désarmé et réduit à l'impuissance : il était enfermé dans une cage dorée. Aristobule, son petit-fils, à qui son origine, sa jeunesse, sa noble prestance avaient gagné tous les cœurs, était un ennemi plus redoutable pour Hérode. Celui-ci avait cru lui enlever toute influence, en lui refusant le souverain pontificat, mais ce but fut manqué. Du reste, Alexandra, sa mère, dont l'habileté en intrigue valait bien celle d'Hérode, avait su capter la bienveillance d'Antoine en faveur d'Aristobule. Persuadée que ce Romain efféminé serait plutôt touché par des excitations sensuelles, elle lui envoya le portrait de ses deux enfants, Mariamne et Aristobule, les deux plus ravissantes têtes d'Israël. Antoine, séduit par la vue de ces images, demanda à voir le jeune homme. Pour le tenir éloigné du Romain, Hérode se vit forcé de le nommer grand prêtre (35). Bien entendu, Ananel fut destitué.

Peu satisfaite encore de ce résultat, l'ambitieuse Alexandra essaya de faire donner le trône à son fils. Elle commanda secrètement deux cercueils dans lesquels elle voulait se faire transporter, elle et son fils, afin de quitter la ville sans exciter de soupçons et de gagner l'Égypte. Son projet fut dénoncé à Hérode, qui le déjoua, et qui dès lors songea de plus en plus à se débarrasser de ce dangereux jeune homme. Il ne pouvait guère user de violence, à cause de Cléopâtre, sa protectrice. Il eut donc recours à la ruse. Il l'invita à venir à Jéricho et donna l'ordre à ses serviteurs de l'égorger pendant qu'il serait au bain. Ses ordres furent ponctuellement exécutés (automne de l'an 35). Dans la personne d'Aristobule III périt le dernier rejeton de la race des Hasmonéens. Anael devint pour la seconde fois grand prêtre. En vain Hérode simula la plus profonde douleur au sujet de la mort de son beau-frère ; en vain il prodigua les aromates au cadavre : la famille et les amis des Hasmonéens l'accusaient du meurtre, sans toutefois oser manifester leurs soupçons.

Or, ce crime eut pour Hérode les plus tristes conséquences et en fit le plus malheureux des hommes. Rarement le châtiment d'une mauvaise action éclata d'une façon aussi saisissante et avec une logique aussi terrible que le châtiment du forfait d'Hérode. Mais ce qui, dans une âme moins endurcie, aurait provoqué le repentir, fut pour Hérode un aiguillon qui le poussa à commettre de nouveaux crimes. — Alexandra, qui avait placé son ambition sur la tête de son fils, se voyant déçue dans ses espérances, ne manqua pas d'accuser Hérode auprès de Cléopâtre comme son meurtrier. Cette reine, qui convoitait ardemment le royaume d'Hérode, profita de son méfait pour le rendre odieux aux yeux de son adorateur. Antoine manda l'Iduméen à Laodicée, pour qu'il se justifiât de l'accusation portée contre lui. Tremblant pour sa vie, Hérode se rendit à Laodicée ; mais, à force de présents et d'éloquence, il gagna si bien les faveurs d'Antoine que celui-ci lui pardonna son meurtre et même le combla d'honneurs (34). Hérode revint à sa résidence, le cœur joyeux. Cependant il avait perdu une des plus belles perles de sa couronne. Antoine lui avait enlevé la contrée de Jéricho, célèbre par son baume et par ses palmiers, pour la donner à Cléopâtre, qu'il gratifia également de tout le district de la côte méditerranéenne. Hérode dut lui payer annuellement 200 talents pour les revenus de ce territoire. Mais qu'était cette rançon, en comparaison du malheur qui l'avait menacé ? Il pouvait s'estimer heureux.

Cependant, dans son palais même, de nouvelles calamités l'attendaient. Avant de partir, il avait confié Mariamne et sa mère, Alexandra, au mari de sa sœur Salomé, Joseph, avec ordre, s'il devait encourir la disgrâce d'Antoine et perdre la vie, de tuer les deux femmes. Son amour pour sa belle compagne, qu'il ne voulait pas laisser tomber entre les mains d'un autre ; sa haine aussi pour Alexandra et la crainte de lui causer de la joie par sa mort, lui avaient inspiré ce projet. Mais Joseph révéla à Mariamne l'ordre qu'il avait reçu, ce qui augmenta encore l'angoisse de la malheureuse reine. Le bruit de la mort d'Hérode s'étant répandu à Jérusalem. Mariamne songea à se mettre, elle et sa mère, sous la protection des aigles romaines. Salomé la sœur d'Hérode, qui haïssait également son mari et sa belle-sœur, profita, de cette circonstance pour les calomnier auprès de son frère et les accuser même d'un commerce adultère. Hérode resta d'abord incrédule, mais Mariamne se trahit en laissant voir qu'elle était instruite de ses desseins. Sa colère ne connut pas de bornes ; il fit décapiter Joseph, jeter Alexandra en prison, et Mariamne aurait subi le même sort, si son amour pour elle n'avait été plus violent que sa haine. À partir de ce moment (34), la méfiance et l'inimitié étaient entrées dans sa famille et bientôt tous les siens allaient en être les victimes.

Au dehors, la fortune resta fidèle à Hérode et le tira des pas les plus difficiles. Six ans ne s'étaient pas écoulés depuis son avènement que de grands dangers vinrent le menacer. Une sœur du dernier roi des Hasmonéens s'était érigée en vengeresse de son frère et de sa race. Elle rassembla des troupes et s'empara de la forteresse d'Hyrcanion (vers l'an 32). À peine Hérode eut-il vaincu cette femme qu'un nouveau danger bien plus grave vint l'assaillir. Cléopâtre, qui était l'ennemie des Judéens en général au point que, pendant une famine, elle refusa de fournir du blé aux pauvres de cette nation, comme elle le fit pour les autres habitants d'Alexandrie, et qui haïssait Hérode tout particulièrement, se donna beaucoup de peine pour le perdre auprès d'Antoine. Dans son voyage à travers la Judée, elle déploya tous ses charmes pour l'exciter à commettre un acte qui aurait allumé la colère d'Antoine ; mais la prudence d'Hérode déjoua ses calculs. Pour se mettre à l'abri de son ressentiment et de celui du peuple, il songea à se préparer un asile. Il se fortifia dans la citadelle de Massada, située sur une hauteur escarpée, au bord de la mer Morte. Cléopâtre dut recourir à de nouveaux moyens pour amener sa chute, et elle lui suscita des complications avec les Nabatéens.

À peine était-il tranquille de ce côté, qu'une tempête s'éleva qui ébranla le monde romain jusque dans ses fondements et menaça d'entraîner dans son tourbillon le favori des gouvernants de Rome. Depuis que Rome et les peuples soumis à son pouvoir étaient aux pieds des triumvirs, Octave César, Marc-Antoine et Æmilius Lépide, et que ceux-ci cherchaient à se détruire mutuellement afin de régner sans partage, l'atmosphère politique était pleine d'éléments incendiaires qui pouvaient à chaque instant faire explosion. À cela s'ajoutait encore le fait que l'un des trois rivaux était dominé par Cléopâtre et que celle-ci cherchait à profiter de ses charmes pour devenir maîtresse de Rome, dût-on mettre toute la terre en feu. À cette époque troublée, un poète judéen chanta en beaux vers grecs, sous forme de prophétie sibylline, la chute de Rome et du monde grec et l'avènement de l'ère messianique. Le voyant judéo-grec annonçait des temps terribles, l'apparition de Bélial, l'Anti-Messie qui séduira et perdra l'humanité.

On était, il est vrai, à une époque malheureuse ; une sorte de Bélial était apparu, le demi Judéen Hérode, mais on n'apercevait guère l'aurore du règne messianique. La rivalité d'Octave et d'Antoine alluma la guerre entre les deux parties de l'empire romain, l'Orient et l'Occident, l'Asie et l'Europe. Ce fut une guerre de peuples, mais elle prit bientôt fin par la chute d'Antoine, à la bataille d'Actium (2 septembre 31). Cette chute fut pour Hérode un coup terrible. Lui et les siens ne doutaient pas qu'il ne fût entraîné dans la ruine de son protecteur. N'avait-il pas été le fidèle allié d'Antoine ? Il s'attendait aux pires éventualités. Mais, par un trait suprême de perversité, il songeait à entraîner dans sa chute les derniers rejetons des

Hasmonéens, Hyrcan, un vieillard octogénaire, sa femme Mariamne et Alexandra, sa belle-mère. Il accusa Hyrcan d'avoir entretenu des intelligences avec Malick, le roi des Nabatéens. Hyrcan, quoique innocent, fut condamné et exécuté. Avant de se rendre auprès d'Octave, Hérode fit enfermer Mariamne et Alexandra dans la forteresse d'Alexandrion, sous la garde d'un serviteur ituréen, nommé Soëm, qui avait ordre d'égorger les deux femmes, si Hérode ne revenait pas de son entrevue avec César. Avant de se mettre en route, Hérode se vit forcé par les circonstances d'accorder un changement de présidence dans le Sanhédrin, changement auquel il n'aurait certainement pas consenti dans d'autres temps. Grâce à cette mutation, Hillel, un Babylonien jusqu'alors inconnu, devint le chef du Conseil. La direction que celui-ci imprima au judaïsme a laissé des traces qui subsistent encore de nos jours.

Hillel (né vers l'an 75, mort vers l'an 5 après J.-C.) se rattachait par sa mère à la race de David. Nonobstant cette noble origine, il vécut dans la pauvreté. Son frère Schebna, riche négociant, subvenait à son entretien. Il émigra de Babylonie et Jérusalem, sans doute en même temps que Hyrcan (36). Il devint un des auditeurs les plus assidus des synhédristes Schemaïa et Abtalion, dont il transmettait les traditions avec une scrupuleuse exactitude. Les traits dominants du caractère de Hillel, c'était cette douceur inaltérable et sympathique, qui ne permet pas à la colère de dominer un seul instant le cœur ; c'était ce profond amour de l'humanité, qui prend sa source dans l'humble opinion qu'on a de soi-même et dans le jugement favorable qu'on porte sur autrui ; c'était enfin cette égalité d'humeur que fait naître la confiance en Dieu et qui ne se dément pas en face du malheur. Hillel est resté l'idéal de la bonté et de la modestie. À lui appartient la belle parole qui résume tout l'esprit du judaïsme : Ne fais pas à autrui ce qui te serait désagréable à toi-même : c'est là toute la Loi, le reste n'en est que le commentaire. Dans les contradictions qu'il rencontra, Hillel montra constamment la mansuétude de son caractère. Sa confiance en Dieu le rendait inaccessible à la crainte, et il sut si bien l'inculquer aux membres de sa famille, qu'en entendant des cris de douleur il pouvait dire en toute assurance : Je sais que ces cris ne sortent pas de ma maison. Les sentences qu'il a laissées, et qui surpassent en concision celles de ses prédécesseurs, sont toutes conçues dans cet esprit. En voici quelques-unes : Si je ne songe pas à moi (à mon âme), qui y songera ? Si je ne songe qu'à moi, que pourrai-je obtenir ? Si ce n'est maintenant, quand sera-ce ? — Sois des disciples d'Aaron, aime la paix, recherche-la, aime les hommes et tu les amèneras à la Thora. Pénétré de la haute mission confiée à Israël, d'enseigner la foi en Dieu dans toute sa pureté, il exprimait ce sentiment, lors de la fête des Libations d'eau dans le temple, par ces mots : Si moi (Israël), je suis ici, l'univers entier y est. Si je n'y suis pas, qui donc y sera ? — La doctrine du judaïsme avait tant de valeur à ses yeux, qu'il s'affligeait s'il la voyait servir à satisfaire l'ambition ou la soif de la renommée : Celui qui cherche à grandir son nom le rabaisse ; celui qui ne s'occupe pas activement de l'étude ne mérite pas de vivre ; celui qui n'augmente pas ses connaissances dégénère ; celui qui tire profit de l'étude de la Loi périt.

De même que, par ses hautes vertus, Hillel est devenu, aux yeux de la postérité, un idéal de perfection, ainsi le développement qu'il a sa donner au judaïsme légal l'a placé au premier rang et lui a valu l'honneur d'être appelé le restaurateur de la Loi. Son action à la fois réparatrice et vivifiante s'exerça surtout, d'une manière efficace, dans deux directions : il enrichit le fond des traditions orales qu'il devait à Schemaïa et à Abtalion, et il donna aux dispositions légales une extension méthodique. En effet, suivant Hillel, la tradition porte en elle-même les raisons de sa légitimité et de son caractère obligatoire ; elle n'a pas besoin d'invoquer uniquement le principe d'autorité. C'était là une tentative pour réconcilier les pharisiens et les sadducéens, puisque les uns et les autres pouvaient admettre les principes posés par Hillel. Toute dispute d'école au sujet du caractère d'obligation des lois traditionnelles se trouvait ainsi écartée. Hillel concédait aux sadducéens que les lois traditionnelles doivent avoir leur fondement dans la Thora ; mais, d'un autre côté, il déclarait que ce n'est pas seulement la lettre de la Loi qui confère leur valeur aux prescriptions, et que cette valeur peut se déterminer par une série de principes généraux, clairement indiqués par le texte lui-même. Sept règles ou formules d'interprétation forment la base de la loi orale, telle qu'elle découle de la Thora, et lui donnent une valeur égale à celle de la loi écrite.

Grâce à ces sept règles, la tradition orale apparaissait sous un jour tout nouveau : elle n'avait plus rien d'arbitraire, et elle revêtait un caractère à la fois absolu et rationnel. Les nouvelles règles ne servaient pas seulement à légitimer les lois orales déjà existantes ; elles permettaient aussi de les élargir et de les appliquer à des cas nouveaux.

Au début, la méthode d'interprétation de Hillel ne trouva guère de succès. Nous savons de science certaine que, lors d'une discussion devant le Sanhédrin, alors présidé par les Bené-Bathyra, Hillel affirma ces règles, mais que le Sanhédrin ne les goûta pas, Du en contesta l'application. Hillel eut l'occasion d'en faire publiquement usage pour la solution d'une question qui intéressait vivement la nation entière. La veille de la Pâque, où l'on immolait l'agneau pascal, étant tombée un jour de sabbat, les fils de Bathyra et le Sanhédrin ne savaient pas s'il était permis d'offrir. De jour-là, le sacrifice pascal. Hillel, dont la valeur avait : sans doute déjà frappé les esprits judicieux, se mêla à la discussion et prouva, en vertu des règles de sa méthode d'interprétation, que le sacrifice pascal, comme tout autre sacrifice public, primait la sainteté du sabbat. Les débats furent très animés, à cause de la foule des pèlerins venus pour la fête et qui y prirent part ; les paroles d'encouragement étaient adressées à Hillel, entremêlées de vives protestations. C'est le Babylonien qui nous donnera la meilleure décision, disaient les uns. Que peut-il venir de bon de Babel ? criaient les autres. — A partir de ce jour, le nom de Hillel devint si populaire, que les fils de Bathyra (soit volontairement, soit par ordre du peuple) crurent devoir résigner surs fonctions de présidents du Sanhédrin et furent remplacés par Hillel. Loin de s'enorgueillir de cet honneur, Hillel exprima ion mécontentement, en disant aux synhédristes : Qu'est-ce qui n'a élevé, moi, obscur Babylonien, à la présidence du Sanhédrin ? est votre peu d'assiduité aux leçons de Schemaïa et d'Abtalion. Hérode ne paraît pas avoir fait obstacle à cette nomination. Hillel n'était-il pas un étranger ? D'ailleurs, son caractère paisible était une garantie de ses sentiments amicaux à l'égard du prince.

Pour gagner les faveurs d'Octave César, que la victoire d'Actium avait rendu seul maître de tout l'empire romain, Hérode alla le trouver à Rhodes. Orgueilleux et insolent dans son propre pays, il comparut devant le Romain l'âme remplie de crainte, humble et dépouillé de tout ornement, sans toutefois avoir rien perdu de sa mâle énergie. Dans son entretien avec Octave, il avoua hautement son amitié et ses relations avec Antoine. Octave n'avait pas le caractère assez haut pour mépriser la vénalité, et ne se sentait pas assez fort pour se passer du concours des traîtres. Il reçut donc Hérode en grâce, lui ordonna de reprendre son diadème, le combla d'honneurs et le renvoya dans son pays (30). Hérode fut pour Octave un partisan fidèle, comme il l'avait été pendant douze ans pour Antoine. Quand César se rendit en Égypte, Hérode alla à sa rencontre jusqu'à la ville d'Acco ; il eut soin que, dans leur marche à travers un pays aride, les troupes fussent pourvues d'eau et de vin. Ainsi, avant de mourir, Antoine put apprendre que la fidélité d'Hérode n'était pas précisément inébranlable. Hérode eut la joie de voir son ennemie Cléopâtre échouer dans ses tentatives de séduction sur César et se donner la mort. Les Judéens d'Alexandrie se réjouirent aussi de la fin de cette reine, dont ils avaient eu beaucoup à souffrir. Peu de temps avant sa mort, ce monstre couronné avait exprimé le vœu de pouvoir égorger, de sa main, tous les habitants judaïtes de sa capitale qui tenaient pour Octave. Pour récompenser leur attachement, Octave accorda aux Judéens d'Égypte la confirmation de leurs droits politiques et de leurs privilèges. Telle était sa confiance en leur fidélité, qu'il laissa à leurs arabarques la surveillance des douanes fluviales et maritimes dont ils avaient été investis par les rois d'Égypte. C'était là un témoignage de confiance d'autant plus remarquable que César attachait une importance extrême à la possession de l'Égypte, grenier de Rome, et surtout à celle d'Alexandrie, à cause de son port. Il avait en effet défendu aux sénateurs de s'y rendre sans une autorisation spéciale. À la mort de l'arabarque qui commandait alors, Octave permit que son successeur fut choisi parmi les Judéens d'Alexandrie, et lui conserva tous les privilèges de ses devanciers. Tandis qu'il restreignait les droits des habitants grecs d'Alexandrie, à cause de leur perversité, de leur mobilité d'esprit et de leur insubordination, ne leur laissant aucune part d'autorité et les plaçant sous la juridiction d'un juge institué par lui-même, il nomma un conseil exclusivement judaïque et fonctionnant à côté de l'arabarque ou ethnarque. Ce conseil dirigeait la communauté judéenne, décidait les questions litigieuses et veillait à l'exécution des ordonnances royales et des traités.

Aux libertini de Rome, l'empereur permit l'exercice de leur culte, et cet exemple de tolérance servit de règle pour l'avenir. Les Judéens romains purent avoir leurs maisons de prière et tenir leurs assemblées religieuses ; ils eurent le droit d'envoyer tous les ans leurs dons au temple de Jérusalem, bien qu'il fût généralement défendu d'exporter de grosses sommes de Rome à l'étranger. Les Judéens romains recevaient aussi leur part des distributions de blé faites au peuple. Si ces distributions devaient avoir lieu le jour du sabbat, les Judéens recevaient leur part le lendemain. Ainsi l'avait réglé l'empereur.

Octave donna à Hérode les quatre cents Gaulois qui formaient la garde de Cléopâtre et lui restitua les villes maritimes et le territoire de Jéricho, qu'Antoine avait enlevés à la Judée. Samarie, Gadara et Hippos furent également incorporées au territoire judaïque, qui recouvra dès lors l'étendue qu'il avait eue avant la guerre de Hyrcan et d'Aristobule et l'intervention des Romains. À partir de cette époque et sans doute par l'ordre d'Hérode, qui voulait flatter l'empereur, des sacrifices furent offerts dans le temple en l'honneur des césars romains. Auguste et son épouse consacrèrent au sanctuaire des cruches d'or destinées aux libations.

Hérode était parvenu désormais au faite de la puissance loin de s'acharner après lui, le malheur l'avait grandi. Mais il ne devait pas jouir longtemps de ses succès ; le châtiment de ses forfaits l'attendait, s'attachant à ses pas, transformant ses joies en amertume. Dans sa maison même, un drame se déroula, tel que l'imagination d'un poète ne peut en concevoir de plus tragique. Mariamne, qui, pendant l'absence d'Hérode, avait été traitée, ainsi que sa mère, comme une prisonnière, avait appris de son geôlier, Soëm, l'ordre secret donné par Hérode d'égorger les deux femmes si la nouvelle de sa mort lui parvenait. Au retour d'Hérode, Mariamne ne lui cacha pas la haine qu'il lui inspirait. Le cœur de ce prince était torturé à la fois par l'amour qu'il ressentait pour la femme et par la haine qu'il éprouvait pour l'ennemie de sa personne et de son pouvoir. Affolé par ce double sentiment, il n'était que trop disposé à prêter l'oreille aux délations de sa sœur Salomé, qui vint accuser Mariamne d'avoir corrompu un des échansons du roi pour l'empoisonner. Dans l'interrogatoire qui s'ensuivit, il fut prouvé que Mariamne connaissait les ordres secrets donnés à Soëm. Cette trahison d'un de ses serviteurs les plus chers excita au plus haut point la jalousie du prince et déchaîna toute la furie de ses passions. Soëm fut aussitôt mis à mort. Mariamne fut amenée devant un tribunal convoqué par Hérode et accusée par lui d'adultère et de tentative d'empoisonnement. Les juges crurent être agréables au prince en prononçant la peine capitale. La plus ravissante fille de Juda, la belle Hasmonéenne, l'orgueil de la nation, marcha donc du tribunal à l'échafaud. Elle y monta calme et résolue, sans faiblesse et sans crainte, et resta digne de ses aïeux (29). Mariamne était l'image de la Judée, livrée à la hache du bourreau par l'intrigue et la haine.

La mort de Mariamne, loin d'éteindre la soif de vengeance dans le cœur d'Hérode, exalta au contraire son ressentiment jusqu'à la fureur. Il ne put se résigner à la perte de cette femme, et son désespoir ne connut pas de limites. Le trouble de son âme altéra sa santé ; il tomba malade à Samarie, et la gravité de son mal fit craindre pour sa vie. Alexandra voulut profiter de l'occasion pour s'emparer de Jérusalem et détrôner son mortel ennemi. L'imminence du danger ranima l'énergie d'Hérode : Alexandra fut condamnée à mort et promptement exécutée (vers l'an 29). Avec elle s'éteignit le dernier rejeton de la souche des Hasmonéens. Elle avait vu périr successivement son beau-père Aristobule II, son époux Alexandre, Antigone son beau-frère, Aristobule III son fils, Hyrcan II son père et sa fille Mariamne.

Le reste du règne d'Hérode n'offre rien de saillant. Toujours occupé à flatter Auguste et Rome, se livrant à son goût pour les constructions et pour les spectacles, ce prince termina ses jours au milieu des complots sans cesse renaissants, des intrigues de cour suivies de nouveaux crimes et de nouvelles exécutions. Pour conserver les bonnes grâces d'Auguste, il institua à Jérusalem des fêtes quinquennales en mémoire de la bataille d'Actium ; il bâtit un théâtre et un hippodrome, organisa des luttes d'athlètes et des combats d'animaux. Les Judéens virent avec raison dans ces mesures des tentatives faites pour transformer le culte national en religion païenne ; les trophées et les aigles romaines qui décoraient le théâtre, c'étaient, à leurs yeux, les idoles de Rome envahissant la Judée : de là une violente irritation. Hérode donna bientôt au peuple un autre sujet de mécontentement. Non seulement il fit orner (l'an 25) de nouvelles et magnifiques constructions la ville de Samarie, si odieuse aux Judéens, mais il songea même à en faire la capitale du royaume et il manifesta publiquement son projet. Il lui donna le nom de Sebaste, en l'honneur d'Auguste, comme jadis la citadelle de Baris, l'arsenal des Hasmonéens au nord-ouest du temple, avait reçu de lui le nom d'Antonia, pour flatter Antoine. Il remplit la Judée de villes et de monuments portant les noms de ses protecteurs romains ou de membres de sa famille. La tour de Straton, sise au bord de la mer, fut transformée par lui, au prix de dépenses considérables, en une ville maritime de premier ordre, qu'il nomma Césarée (Kisrin). Hérode ne se fit même point scrupule d'ériger un temple romain en Terre sainte. Césarée fut ornée de deux colosses, l'un représentant Auguste en Jupiter olympien ; l'autre, la ville de Rome sous les traits de Junon. Lorsque la cité nouvelle, à laquelle Hérode avait travaillé pendant douze ans (23 à 12), fut inaugurée par des fêtes somptueuses, on put se croire transporté dans une ville païenne : aussi lui donna-t-on le nom de Petite Rome. Plus tard, cette ville devint le site du gouvernement romain, la rivale de Jérusalem et enfin sa maîtresse. Chaque fois que Césarée se réjouissait, Jérusalem pleurait. — Le port voisin de Césarée, qui peu à peu devint lui-même une ville maritime, reçut d'Hérode le nom de Sébastos. À peu près à deux milles au sud-ouest de Jérusalem, il se bâtit à lui-même la ville d'Hérodium, en souvenir de la victoire qu'il y avait remportée sur la populace qui le poursuivait. Évidemment, Hérode a embelli la Judée, mais comme on pare une victime vouée à la mort.

Mais ces constructions, qui satisfaisaient son amour du faste, ne suffisaient pas à son ambition. Renonçant à l'attachement de ses sujets, il voulait forcer l'admiration des nations voisines et rendre son nom populaire parmi elles. Il accabla le peuple d'impôts, multiplia les exactions, fit ouvrir les tombeaux des rois pour y trouver des trésors ; ceux qui étaient accusés de quelque vol, il les vendait comme esclaves à l'étranger. Toutes ces recettes passèrent en prodigalités et furent employées à embellir des villes de Syrie, d'Asie Mineure et de Grèce.

Toutefois, si Hérode jouissait de l'admiration et de la sympathie des Grecs, des Romains et des Judéens de la dispersion, le peuple de la Judée n'éprouvait que de l'aversion pour l'insolent parvenu qui cherchait à détruire les mœurs et les coutumes des ancêtres. En vain, lors d'une famine terrible qui engendra des maladies épidémiques (24), Hérode avait multiplié les secours ; sa conduite fit bientôt oublier ses bienfaits, et la nation entière ne vit en lui que l'usurpateur, le meurtrier des Hasmonéens, l'oppresseur de la liberté. N'avait-il pas déshonoré, en y touchant, les trois plus hautes institutions : la royauté, le pontificat et le sanhédrin ? Usurpateur de la couronne, il avait osé disposer de la tiare pontificale suivant son bon plaisir. Après Ananel, il avait institué, comme grand prêtre, Josué, de la famille des Phabi ; mais, ensorcelé par une belle vierge, une autre Mariamne, fille d'un prêtre obscur, Siméon, il éleva celui-ci au grand pontificat, afin de pouvoir contracter une union moins disproportionnée (24). Siméon, originaire d'Alexandrie, était le fils de ce Boéthos, souche de la grande famille des Roéthusiens, qui donnèrent plusieurs grands prêtres à la Judée. Ces empiétements hardis que se permit Hérode n'étaient pas faits pour lui gagner l'amour de la nation. Connaissant la défaveur dont il était l'objet et ne pouvant la faire cesser, il voulut du moins réduire ses ennemis à l'impuissance. Il exigea du peuple le serment de fidélité (20) et punit sévèrement ceux qui se refusaient à le prêter. Les esséniens seuls, que leur règle empêchait de jurer, furent exemptés du serment. Du reste, comment aurait-il pu les craindre, eux qui vivaient dans une placide contemplation ? C'étaient précisément des sujets tels qu'il les souhaitait, des hommes disposés à supporter patiemment toutes les avanies. Du reste, Hérode avait une espèce de prédilection pour les esséniens. L'un d'eux, nommé Menahem, lui avait prédit, dès son enfance, son avènement futur au trône de Judée. Lorsque cette prédiction se fut réalisée, Hérode manda Menahem auprès de lui et lui donna le second rang dans le Sanhédrin après Hillel. Sans doute, Hérode avait tenu à avoir un homme de confiance au sein de ce conseil. Mais Menahem renonça à cette fonction, ne se trouvant pas à l'aise au milieu de ses collègues. À sa place, un Pharisien, Schammaï, fut élevé à la vice-présidence. Celui-ci voulait faire exécuter les lois religieuses dans toute leur rigueur. Il forma une école particulière, désignée sous le nom d'école de Schammmaï dont les disciples exagérèrent encore la sévérité du maître. Leurs principes étaient précisément l'opposé des principes de l'école de Hillel, qui interprétait les lois avec beaucoup plus d'indulgence. Les Schammaïtes refusèrent de prêter serment à Hérode, qu'ils haïssaient profondément.

Malgré toutes les précautions prises, Hérode ne se fiait pas au peuple. Il prit à sa solde une nuée d'espions qui allaient se mêler aux groupes populaires, attentifs aux conversations. Souvent lui-même, sous un déguisement, pénétrait dans ces réunions, et malheur alors à qui laissait échapper une parole de mécontentement ! Il était arrêté sur-le-champ et enfermé dans une forteresse, ou supprimé par des mains inconnues.

Mais la faveur populaire est douce, même au cœur des tyrans. Hérode y tenait d'autant plus qu'il voulait passer, aux yeux des Romains, pour un prince aimé du peuple. Ce sentiment, joint à son amour pour les constructions, lui inspira la pensée de transformer le temple, vieux de cinq siècles, petit, mesquin et de style démodé, en un sanctuaire neuf et magnifique. Il fit part de son projet aux chefs de la nation, qui en furent effrayés. Ils craignaient qu'Hérode ne voulût seulement démolir l'ancien sanctuaire, ou que la reconstruction ne traînât en longueur. Hérode les rassura en leur promettant de ne pas toucher au vieux temple que les matériaux et les ouvriers ne fussent tous rassemblés. Des milliers de chariots amenèrent sur le chantier d'énormes pierres de taille, des blocs de marbre. Dix mille hommes, experts dans l'art de la construction, se mirent à l'œuvre. Ce travail commença dans la 18e année du règne d'Hérode (janvier 19). L'intérieur du temple fut achevé en un an et demi. La construction des murs, des portiques et colonnades demanda huit ans, et longtemps après, on travaillait encore aux parties extérieures. Le temple d'Hérode était un chef-d'œuvre que les contemporains ne pouvaient assez admirer. Il se distinguait du sanctuaire de Zorobabel par des proportions plus vastes et une splendeur plus grande. Il était bâti en amphithéâtre, ce qui permettait de le voir de loin. En deçà du mur extérieur et dans toute sa longueur, couraient des portiques et des colonnades, recouverts d'une charpente de cèdre et dallés de pierres de couleur. Le premier parvis, entouré par les colonnades, servait de lieu de réunion pour le peuple. Les païens et les personnes impures ne pouvaient pénétrer au-delà de ce parvis. Hérode fit faire des inscriptions en grec et en latin, gravées sur des colonnes, pour avertir les païens de ne pas avancer plus loin. Ces inscriptions, gravées en gros caractères, se composaient de sept lignes et étaient ainsi conçues : Aucun étranger ne peut circuler à l'intérieur de la balustrade et de l'enceinte qui entourent le sanctuaire : quiconque s'y risquerait s'exposerait à perdre la vie ! — Le deuxième parvis (hel), primitivement entouré d'une balustrade en bois (soreq), reçut, sous Hérode, une enceinte de pierre d'une médiocre hauteur.

La distribution du temple même ne fut guère modifiée et resta ce qu'elle était dans l'ancien : le temple se composait toujours de trois cours à ciel ouvert (azarah) et du sanctuaire, couvert d'une toiture. Les murs du sanctuaire étaient de marbre blanc et poli ; bâtis sur le sommet de la colline du Temple et dominant le portique, ils offraient de tous côtés un aspect imposant. L'espace situé devant le sanctuaire était divisé en plusieurs parties réservées aux femmes, au peuple, aux prêtres et au service des sacrifices. Pour l'ornementation des battants, poteaux et linteaux des portes du sanctuaire, Hérode déploya le plus grand luxe. La porte conduisant à la cour des femmes avait des battants en airain de Corinthe ; ce merveilleux monument était le don d'un riche habitant d'Alexandrie, nommé Nicanor, qui était sans doute, à cette époque, l'arabarque des Judéens d'Égypte. Cette porte était désignée sous le nom de porte de Nicanor. De la porte de Nicanor, un escalier de quinze marches conduisait à la cour d'Israël, dans laquelle on pénétrait par une porte appelée la porte haute, à cause de sa position élevée. Le toit du temple était muni de pointes dorées, destinées à empêcher les corbeaux et les autres oiseaux d'y venir nicher. Ces pointes servaient en même temps de paratonnerres, mais les constructeurs n'avaient guère songé à cet emploi.

La dédicace du nouveau temple bâti par Hérode effaça, par sa pompe, les magnificences déployées lors de la dédicace du temple de Salomon. On immola hécatombes sur hécatombes et l'on offrit des festins au peuple. Le jour de l'inauguration tomba précisément vingt ans après qu'Hérode se fut, de ses mains sanglantes, emparé de Jérusalem (juin 18). — Mais celui-là même qui avait construit le temple avait en même temps allumé la torche qui devait le consumer. C'est en effet sous la sauvegarde de Rome qu'Hérode plaça le saint monument. Au-dessus de l'entrée principale, il avait, au grand scandale des pieux Israélites, fixé un aigle d'or, symbole de la puissance romaine. La tour Antonia, destinée à surveiller le temple, fut reliée au sanctuaire par un passage souterrain, pour faciliter la répression des moindres soulèvements qui pouvaient éclater. La défiance vis-à-vis de ce peuple qu'il avait asservi étreignait le cœur d'Hérode.

Dans la dernière période de son règne, un malheur terrible vint frapper Hérode, alors âgé d'environ soixante ans, et le mit dans cet état de sombre désespoir où l'homme finit et où la bête commence. Les cadavres de ses innocentes victimes se dressaient devant lui comme des fantômes, le poursuivant endormi ou éveillé, faisant de son existence un supplice infernal et sans fin. Vainement il chercha un cœur ami pour lui demander conseil ou consolation. Salomé, sa sœur, Phéroras, son frère, ses propres enfants, tous étaient devenus ses ennemis et conspiraient contre son repos et sa vie. Cette existence tourmentée le rendit encore plus implacable et plus féroce pour tout son entourage. La cause première de son malheur, ce fut la mort de Mariamne. Elle lui avait laissé, en même temps que deux filles, deux fils, Alexandre et Aristobule, qui, instruits de la mort de leur mère, refusèrent au meurtrier toute affection. C'étaient eux pourtant qu'en qualité de descendants des Hasmonéens, Hérode avait destinés à lui succéder. Il les avait envoyés à Rome pour qu'ils apprissent de bonne heure à gagner les bonnes grâces d'Auguste et pour les initier à la vie romaine. Il unit Alexandre à Glaphyra, fille d'Archélaüs, roi de

Cappadoce, et Aristobule à Bérénice, fille de Salomé. Dans ce dernier mariage, Hérode semble avoir eu pour objet d'amener le bon accord parmi les membres de la famille royale. Mais la haine de Salomé et de Phéroras contre Mariamne l'Hasmonéenne contrecarra ses projets de conciliation. Ils surent engager Hérode à rappeler auprès de lui le fils de Doris, sa première femme, qu'il avait chassé avec sa mère lors de son mariage avec Mariamne, et à le traiter en prince. Le fils de Doris, Antipater, avait dans le sang toute la perfidie, l'hypocrisie et la dureté de cœur de la famille iduméenne, et il tourna sa perversité contre les siens, contre son père et ses frères. Salomé, Phéroras et Antipater, quoique ennemis mortels, s'unirent dans une haine commune contre les fils de Mariamne. Plus Hérode montrait de prédilection pour Alexandre et Aristobule, plus la sympathie du peuple s'attachait à ces jeunes descendants de la famille des Hasmonéens, plus aussi la haine grandissait dans le cœur des conjurés. Antipater accusa Alexandre et Aristobule de vouloir venger la mort de leur mère sur son meurtrier. Des propos imprudents, échappés aux deux princes dans un moment d'humeur, donnèrent un prétexte à l'accusation. L'âme soupçonneuse d'Hérode accueillit avidement cette calomnie. Il prit ses fils en haine et, pour les punir, accorda à Antipater les mêmes droits à sa succession. Les fils de l'Hasmonéenne, exaspérés, éclatèrent en paroles imprudentes qui furent rapportées à leur père, grossies et dénaturées : on les accusa d'avoir formé une véritable conspiration contre la vie d'Hérode. Antipater eut soin de fournir les preuves de leur prétendu crime. Mis à la torture, les serviteurs et les amis des jeunes princes déclarèrent tout ce qu'on voulut. Un tribunal de cent cinquante membres, tous dévoués à Hérode, réuni à Béryte, condamna ses deux fils, sur ces allégations extorquées. Hérode se hâta dei les faire exécuter : transportés à Samarie, dans la même ville où leur père dénaturé avait, trente ans auparavant, célébré ses noces avec Mariamne, ils firent décapités, et leurs cadavres inhumés à Alexandrie (vers l'an 7).

La mort de ses fils n'avait pas mis fin aux intrigues contre Hérode : au contraire, elles reprirent de plus belle. Hérode avait promis la couronne à Antipater, mais celui-ci ne se croyait pas assuré de la succession au pouvoir, tant que son père serait en vie. Il s'unit secrètement avec Phéroras, pour attenter aux jours de son père et de son bienfaiteur. Mais ses infâmes projets furent découverts. Diverses circonstances, jointes aux déclarations de plusieurs témoins, révélèrent à Hérode la tentative faite par Antipater pour l'empoisonner. Ce fut un coup terrible pour le vieux roi, et sa fureur ne connut pas de bornes. Cependant il dut dissimuler et feindre l'amitié la plus vive pour Antipater, afin de le décider à revenir de Rome à Jérusalem. Lorsqu'il fut de retour, son père l'accabla de reproches ; devant un tribunal présidé par le proconsul romain Quintilius Varus, il l'accusa d'avoir causé la perte de ses deux frères et d'avoir cherché à le faire périr lui-même. Le monstre osa protester de son innocence ; mais Nicolas de Damas, l'ami d'Hérode, reprit le réquisitoire du roi, et Antipater fut condamné à mort. Hérode demanda à Auguste la confirmation de ce jugement.

Accablé sous le poids de tant de douleurs, le vieux roi tomba malade. Toutes ses espérances étaient anéanties. Auquel de ses fils survivants devait-il se fier désormais ? Pour la troisième fois, il changea l'ordre de la succession. — Cependant, loin de le calmer et de lui inspirer la douceur et la pitié, le malheur ne faisait que l'aigrir et aiguiser sa cruauté. Un léger méfait commis par des jeunes gens fut puni par ce vieillard, fatigué de la vie et déjà au seuil de la tombe, avec la dureté implacable qui le distinguait, lorsque d'audacieux rêves d'ambition gonflaient encore son cœur. Les pharisiens, qui ne l'aimaient pas, furent accusés d'avoir pris part à la conspiration dirigée contre sa vie. Aussi en fit-il exécuter un certain nombre, convaincus d'avoir été mêlés au complot, et soumit-il les autres à une surveillance étroite. De leur côté, les Pharisiens ne cessèrent d'exciter la jeunesse des écoles contre l'Iduméen, le courtisan de Rome. Ils surent le faire sans danger, en appliquant, par des artifices de rhétorique, les menaces des prophètes contre le peuple iduméen à Hérode et à sa famille. Sous prétexte d'interprétation de l'Écriture sainte, les docteurs pouvaient exprimer impunément leurs secrètes pensées.

Parmi les pharisiens les plus hostiles à Hérode et aux Romains, se distinguaient surtout Juda ben Tsippori et Matthia ben Margaloth. Lorsque le bruit de l'agonie du roi arriva à leurs oreilles, ces docteurs, aimés de la jeunesse, la poussèrent à jeter bas l'aigle d'or dont il avait surmonté le portail du temple et qu'ils considéraient comme une profanation du sanctuaire. La nouvelle de la mort d'Hérode, qui s'était répandue dans Jérusalem, favorisait l'entreprise. Aussitôt les jeunes disciples accoururent au temple armés de haches, se hissèrent au-dessus de la porte à l'aide de cordages et abattirent l'aigle d'or. À la nouvelle de cette émeute, les soldats d'Hérode marchèrent contre les jeunes gens ; quarante d'entre eux et les deux chefs furent pris. À la vue des victimes offertes à sa colère, l'énergie du vieux roi se réveilla. Pendant l'interrogatoire des coupables, il dut pourtant entendre des paroles qui lui prouvèrent son impuissance à briser la volonté du peuple. Les accusés avouèrent sans crainte ce qu'ils avaient fait et ils s'en vantèrent. On leur demanda qui les avait poussés à cet acte : La Loi, répondirent-ils. Hérode les fit tous brûler vifs.

Mais la justice divine n'allait pas tarder à s'appesantir sur Hérode et à le flageller plus durement que la voix vengeresse des docteurs (le livre de Kohéleth ou l'Ecclésiaste, qui parut à cette époque, n'est autre chose qu'un virulent et ingénieux pamphlet contre Hérode). La dernière joie qu'il éprouva, avant de succomber à son horrible mal, fut en même temps pour lui un véritable supplice. Auguste lui fit savoir qu'il lui permettait de châtier à son gré le misérable Antipater. Le plaisir de la vengeance calma pour un moment les souffrances d'Hérode ; mais aussitôt ses douleurs devinrent si vives qu'il faillit en finir avec la vie en se donnant la mort à coups de couteau. Son parent Achiab lui arracha l'arme des mains. Les gémissements qui éclatèrent dans le palais parvinrent aux oreilles d'Antipater, dans la prison où il était retenu. Antipater se remit à espérer d'avoir la vie sauve ; il supplia son geôlier de le mettre en liberté. Le geôlier, ne voulant pas risquer légèrement sa tête, courut dans les appartements du palais pour s'assurer si le roi vivait encore. Quand Hérode apprit de sa bouche qu'Antipater espérait lui survivre, il ordonna à ses gardes de le mettre à mort sur-le-champ, ce qui fut fait. Bien qu'Antipater eût mérité dix fois ce châtiment, sa mort indigna cependant tous les cœurs : c'était le troisième de ses fils qu'Hérode condamnait au supplice. À la nouvelle de l'exécution d'Antipater, Auguste, dont les sentiments n'étaient guère plus tendres pour sa propre fille Julie, ne put s'empêcher de s'écrier : J'aimerais mieux être le pourceau d'Hérode que son fils.

Plus tard, la légende attribua à Hérode le massacre de tous les enfants de Bethléem et des environs, âgés de moins de deux ans, parce qu'il avait appris que le Messie, fils de David, était né dans ce bourg. Mais ce crime-là, du moins, n'est pas imputable à ce grand criminel.

La dernière pensée d'Hérode fut encore une pensée odieuse il manda à Jéricho les plus notables Judéens, les fit enfermer dans l'hippodrome et ordonna à sa sœur Salomé et au mari de celle-ci, Alexas, de les faire tuer par ses gardes, dès qu'il aurait rendu le dernier soupir : il voulait que la nation pleurât, à ses funérailles, au lieu de manifester de la joie. Il mourut cinq jours après l'exécution d'Antipater (au printemps de l'an 4), à l'âge de soixante-neuf ans, la trente- septième année de son règne. Ses flatteurs l'appelèrent Hérode le Grand, mais le peuple ne vit en lui que l'esclave hasmonéen. Tandis que ses dépouilles étaient transportées en grande pompe à Hérodium, accompagnées de mercenaires thraces, germains et gaulois, et des troupes qu'on nommait les soldats d'Auguste, le peuple célébra sa mort comme un jour de fête.

Chapitre XIII

Les Princes Hérodiens ; les procurateurs romains — (de l'an 4 avant J.C. à l'an 37)

Malgré les malheurs qui désolèrent le règne d'Hérode, cette époque peut s'appeler heureuse, en comparaison du règne suivant. Sous Hérode, l'État judaïque avait une certaine apparence de grandeur extérieure et brillait d'un certain éclat. Les frontières de la Judée étaient plus étendues qu'au meilleur temps du règne de Hasmonéens. Les territoires pour la possession desquels les Hasmonéens Aristobule Ier et Alexandre Ier avaient guerroyé de longues années, sans pouvoir les conquérir entièrement, Hérode les avaient obtenus par un trait de plume. Les villes de la Judée s'élevaient superbes et rajeunies, ornées de tout ce que l'art grec pouvait produire de plus beau ; il est vrai que l'honneur en revenait pli aux gouvernants romains et à la famille d'Hérode qu'à la nation même. Les ports, en particulier celui de Césarée, regorgeaient de vaisseaux ; le commerce se développait, sans toutefois que à revenus qu'il produisait ajoutassent quelque chose à la fortune publique. Le temple, restauré et renouvelé, resplendissait de beauté on pouvait croire, en le voyant, qu'on était revenu au temps de Salomon ; seulement, les prêtres étaient obligés d'y offrir des sacrifices pour le salut de tyrans qu'ils détestaient. Le pays jouissait même d'une certaine indépendance : le joug romain était invisible au premier regard. Mais ce n'étaient là que des apparences qui s'évanouirent aussitôt après la mort d'Hérode, l'auteur de cet prospérité factice. Lorsque les rênes du pouvoir échappèrent ses mains expirantes, il se produisit dans la vie nationale un désarroi profond, avant-coureur de nouvelles et longues calamités. L'édifice péniblement construit se disloqua, écrasant sous ses ruines tout ce qui restait de liberté et de nationalité en Judée.

Des enfants qu'il avait eus de ses dix femmes, Hérode avait laissé vivre six fils et plusieurs filles. Les uns furent favorisés dans son testament, les autres déshérités. Ce testament, qu'il confia aux mains de Ptolémée, frère de l'historien Nicolas de Damas, montre bien le peu de cas que faisait Hérode de la grandeur de la Judée et l'égoïsme qui lui dictait tous ses actes. Au lieu de maintenir l'unité de l'État, il le morcela et distribua les territoires à trois de ses fils. À Hérode, qu'il avait eu de la seconde Mariamne, à un autre fils du même nom né d'une Jérusalémite, Cléopâtre, ainsi qu'à Phasaël, issu de Pallas, il ne laissa rien. À son fils Archélaüs, qu'il avait eu d'une Samaritaine, Malthaké, il laissa la Judée et la Samarie, avec le titre de roi. Un second fils de la Samaritaine, Hérode Antipas, reçut la tétrarchie de la Galilée et de la Pérée. Philippe, un fils de la Jérusalémite, reçut une autre tétrarchie comprenant la Gaulanitide, la Batanée, la Trachonitide et le territoire des sources du Jourdain, appelé Panias. À sa sœur Salomé, pour la récompenser de sa fidélité, Hérode donna les revenus des villes de Jamnia, Azoth et Phasaélis (au nord de Jéricho). Toutefois, Hérode n'avait exprimé ses dernières volontés que sous forme de vœu, dont il laissait la réalisation à l'empereur Auguste, qui pouvait soit les confirmer, soit disposer autrement de la succession. — Les fils d'Hérode n'étaient guère unis par des sentiments fraternels. Chacun enviait la part de l'autre ; Antipas notamment, qui dans le premier testament de son père, avait été désigné comme héritier du trône, ne pouvait pardonner à Archélaüs d'avoir obtenu le territoire le plus étendu et le titre de roi. Salomé haïssait également Archélaüs et songeait à lui disputer son héritage. La discorde de la famille d'Hérode se transmettait ainsi de génération en génération. Comme les dispositions testamentaires du feu roi étaient soumises à la décision souveraine d'Auguste, chacune des parties intéressées s'efforça de gagner la faveur populaire pour s'en faire un appui auprès de l'empereur. Salomé et son époux, Alexas, cherchèrent à empêcher l'exécution des notables judéens emprisonnés par Hérode, en persuadant au capitaine des gardes que le roi, en mourant, avait révoqué l'arrêt de condamnation.

Plus désireux encore de la faveur populaire, Archélaüs, les jours de deuil écoulés, se rendit dans l'avant-cour du temple et, monté sur une tribune en forme de trône, promit de réparer les injustices commises par son père et de tout régler à la satisfaction générale. Mais le peuple, encouragé par cette déférence, ne se contenta pas de promesses aussi vagues : il formula d'une manière précise ses griefs, insistant sur une prompte réparation. Cinq points déterminés formaient l'objet des revendications du peuple diminution des impôts ; abolition des droits sur les achats et les rentes ; élargissement des prisonniers politiques ; punition des membres du conseil qui avaient voté la mort des jeunes gens dans l'affaire de l'aigle ; enfin, la déposition du grand prêtre Joézer et son remplacement par un autre plus digne. Ce qu'on réclamait, à vrai dire, c'était un nouveau système de gouvernement et la condamnation formelle de la tyrannie d'Hérode.

Quoique la mémoire de son père ne lui tint guère à cœur, Archélaüs ne pouvait pourtant pas accéder à de pareilles exigences. Ne voulant pas irriter le peuple, il consentit à tout, renvoyant toutefois l'accomplissement de ce programme à l'époque de la ratification, par Auguste, du testament d'Hérode. Mais les milliers de Judéens qui avaient afflué à Jérusalem, la veille de Pâque, de tous les coins du pays, guidés par les pharisiens qui enflammaient les esprits en rappelant le martyre de Juda, de Matthia et de leurs disciples, ne se laissèrent pas éconduire et persistèrent dans leurs exigences. Archélaüs, craignant une sédition et voulant la prévenir, envoya une cohorte pour dissiper le rassemblement. Mais les soldats furent accueillis à coups de pierres et forcés de fuir. Cependant la journée s'avançait, et le peuple, occupé du sacrifice pascal, oublia momentanément sa colère. Alors Archélaüs, rassemblant tous ses fantassins, les lança contre le peuple avec ordre de tout massacrer ; il avait posté des cavaliers dans la plaine pour saisir les fuyards. Trois mille Judéens périrent sur la colline du Temple et dans les rues avoisinantes de la ville ; le reste se dispersa. Des hérauts publièrent dans Jérusalem que la fête de Pâque était interdite cette année-là (l'an 4) par ordre d'Archélaüs, et que l'approche de la colline du Temple était sévèrement défendue. C'est ainsi qu'Archélaüs inaugura son règne.

Sans doute, à la place d'Archélaüs, ses parents n'auraient guère montré plus de douceur envers la foule ; ils n'en blâmèrent pas moins sa cruauté, dont ils se firent une arme pour l'accuser auprès d'Auguste et pour lui disputer la couronne. Toute la famille entreprit le voyage de Rome pour mettre la Judée aux pieds d'Auguste et lui demander ou la ratification, ou l'annulation du testament. Pendant leur absence, survinrent des événements qui faillirent faire passer à d'autres le fruit de leurs intrigues. La Judée se changea en un champ de bataille où des adversaires acharnés se combattaient avec fureur sur plusieurs points du territoire ; des chefs de bandes surgirent qui se proclamaient rois ou qui s'érigeaient en chefs populaires, combattant pour ou contre la liberté de la nation. Le sang des guerriers tombés dans les combats, les gémissements des victimes, la fumée des villes incendiées remplissaient tous les esprits d'horreur ; la ruine de la Judée semblait imminente. Ces tragiques événements de la première année qui suivit la mort d'Hérode, la chronique les désigne sous le nom de guerre de Varus. Cependant le mal causé par l'intervention du procurateur de la Syrie n'était pas proportionné à la durée de la lutte qui l'avait provoquée. Après le départ de la famille d'Hérode et à la prière d'Archélaüs, Quintilius Varus était resté en Judée, afin de pouvoir étouffer dans l'œuf la moindre tentative de soulèvement. Son rôle n'était pas difficile, car les patriotes ennemis des Hérodiens, agissant sans plan et n'ayant pas d'armes, ne savaient que se livrer à d'aveugles démonstrations. Aussi Varus jugea-t-il son séjour à Jérusalem désormais inutile ; il se rendit à son poste d'Antioche, laissant toutefois une armée suffisante pour résister à toute nouvelle tentative. Aussitôt après le départ du procurateur, un nouvel exacteur romain apparut en Judée, Sabinus, le trésorier d'Auguste, que son maître avait envoyé pour confisquer les trésors d'Hérode et, probablement aussi, le trésor du temple, comme si l'empereur eût été l'héritier légitime du roi judéen. Sans doute, Sabinus avait quelque mauvais dessein, car, au lieu de rester à Césarée jusqu'à la ratification du testament d'Hérode, comme il l'avait promis à Varus, il se hâta d'accourir à Jérusalem. Les gardiens du trésor, installés par Archélaüs, ayant refusé de lui obéir, Sabinus essaya de soulever le peuple, afin d'avoir un prétexte d'intervenir.

Cependant la fête des Semaines approchait. À cette occasion, une multitude de Judéens accoururent à Jérusalem des pays d'en deçà et d'au-delà du Jourdain. La plupart étaient venus avec la pensée d'attaquer les Romains et les Hérodiens. Sous la conduite de chefs improvisés, les Judéens s'emparèrent de la colline du Temple et de l'hippodrome et pressèrent les Romains cantonnés dans le palais d'Hérode, dans la ville haute. Sabinus se crut perdu. Cependant il excita ses soldats à attaquer le temple, après avoir envoyé dire à Varus de lui amener du renfort. Les Judéens qui, du haut des murailles du temple, faisaient pleuvoir sur les Romains une grêle de pierres et de flèches, allaient rester vainqueurs. Mais les Romains jetèrent des matières inflammables sur le toit des colonnades et y mirent le feu. L'incendie se propagea si rapidement que les défenseurs du temple n'eurent plus le temps de se sauver : ils périrent dans les flammes ou sous les coups des Romains, ou se tuèrent volontairement. Aussitôt que le temple fut abandonné de ses défenseurs, les Romains se précipitèrent dans les parvis pour piller le trésor. Sabinus, à lui seul, s'empara, dit-on, de quatre cents talents. Le reste des déprédations commises par les Romains n'est indiqué que fort sommairement par les sources. Le pillage du trésor, la profanation du sanctuaire, l'incendie des galeries du temple, achevées depuis dix ans à peine, allumèrent la fureur du peuple et suscitèrent de nouvelles attaques contre Sabinus. Les troupes hérodiennes elles-mêmes passèrent en grande partie du côté des Judéens, pour les aider à combattre les Romains. Les révoltés assiégèrent le palais d'Hérode, et creusèrent des mines destinées à faire crouler les tours. Sabinus, ballotté entre la crainte d'être vaincu par les Judéens et l'espoir de triompher de la révolte avec le renfort attendu, se retira dans la citadelle du palais.

À la suite de ces événements, toutes les horreurs de l'anarchie se déchaînèrent sur la Judée entière. Si la révolte avait été dirigée par des chefs intelligents, qui lui eussent donné un but capable d'électriser la nation, la querelle des Hérodiens au sujet de la possession de la couronne aurait eu sans doute une issue différente de celle qu'ils attendaient. Mais l'irritation qui régnait dans le pays, n'ayant point de centre de ralliement, et ne servant qu'à satisfaire des ambitions personnelles, fit plus de tort à la nation elle-même qu'à ses ennemis. Deux mille soldats, probablement iduméens, qu'Hérode avait licenciés peu de temps avant sa mort, troublaient la région du Midi. Un certain Siméon, esclave d'Hérode, remarquable par sa taille et sa belle prestance, rassembla une bande de mécontents qui le proclamèrent roi, et incendia le palais de Jéricho et d'autres citadelles royales. Un autre aventurier, originaire de la Pérée, et dont on ne connaît point le nom, mit le feu avec sa horde au palais de Bethramta (Livias), près du Jourdain, où l'on cultivait le baumier. Un troisième aventurier, un berger du nom d'Athrongès, d'une taille colossale et d'une force herculéenne, secondé par ses quatre frères, quatre géants comme lui, ceignit aussi le diadème et osa s'attaquer aux Romains, intercepta leurs approvisionnements, et, plus courageux que tous les autres, fut le dernier à tenir la campagne et à poursuivre ses déprédations.

Un seul de ces chefs de bande avait un but bien arrêté, et, s'il eût été soutenu par de fidèles partisans et favorisé par la fortune, il aurait causé assurément plus de mal que tous les autres aux Hérodiens et aux Romains. Cet homme, c'était Juda le Galiléen, de Gamala en Gaulanitide, fils de cet Ézékia dont le meurtre avait été le premier exploit d'Hérode. Juda le Galiléen, qui avait sucé avec le lait la haine des Hérodiens et de Rome, forma un parti qui, plus tard, devait dominer la nation tout entière et causer aux Romains plus d'embarras que les Gaulois et les Germains : le parti des Zélateurs. Juda était alors dans toute la maturité de l'âge. Il sut communiquer à tous les cœurs sa fièvre patriotique et sa haine des Romains, et recruta de nombreux adhérents dans l'énergique population de la Galilée. À la tête de ce parti, il s'empara des dépôts d'armes de Sepphoris, la capitale de la Galilée put ainsi armer ses gens, leur donner une solde, et devint la terreur de tous ceux qui tenaient pour Rome.

Plus encore que les événements de la Judée, ceux qui se passèrent dans le voisinage même de la Syrie appelèrent l'intervention du procurateur Varus, et le forcèrent de venir au secours des troupes romaines, menacées par les Judéens, comme l'avait demandé Sabinus. Quelle ne dut pas être l'anxiété de Varus en présence de la révolte judaïque, lui qui, non content de ses deux légions et de ses quatre corps de cavalerie, formant une armée de plus de vingt mille hommes, appela encore à son aide des mercenaires des pays voisins ! Le roi des Nabatéens, Arétas, mit spontanément ses troupes à la disposition du général romain. Ayant été mis à l'avant-garde de l'armée romaine, il dévasta par le feu et le pillage les villes, bourgs et villages que traversaient ses troupes. Varus avait détaché de son armée une division chargée d'opérer en Galilée contre Juda. Une lutte acharnée s'engagea pour la possession de Sepphoris ; Varus fit livrer cette ville aux flammes et vendre les habitants comme esclaves. Toutefois, Juda le Galiléen put s'échapper. Emmaüs, où Athrongès avait résidé, subit le même sort que Sepphoris ; mais ses habitants trouvèrent leur salut dans la fuite. Arrivé à Jérusalem, la besogne de Varus ne fut pas difficile, car les bandes qui assiégeaient Sabinus, effrayées par l'approche des troupes romaines, avaient renoncé à la lutte. Varus n'en poursuivit pas moins les auteurs de la rébellion, et deux mille prisonniers furent mis en croix par ses ordres. Telle fut la fin d'une révolte irréfléchie, qui n'aboutit qu'à rendre plus lourde la servitude de la Judée : une légion romaine resta désormais à Jérusalem pour la surveiller.

Pendant ce temps, les Hérodiens mendiaient aux pieds d'Auguste la couronne de Judée ; mais leur bassesse et leurs objurgations mutuelles prouvèrent à l'empereur qu'ils en étaient tous également indignes. D'ailleurs, avant même qu'Auguste eût statué, une députation de cinquante Judéens notables vint se présenter devant lui, pour se plaindre des Hérodiens et pour le prier de faire de la Judée, réunie à la Syrie, une province romaine, tout en laissant à la nation judaïque son autonomie intérieure. Comme leur demande était appuyée par huit mille Judéens romains, Auguste dut les écouter. Les députés judaïtes se répandirent en plaintes contre Hérode et sa famille. Cependant Auguste confirma, le testament, sauf qu'il n'accorda pas à Archélaüs le titre de roi, mais celui plus modeste d'ethnarque. C'était, pour Auguste, un devoir de convenance de déférer aux dernières volontés d'un prince qui, après tout, avait servi les Romains avec zèle et dévouement, et que lui-même avait traité en ami. Du reste, que la Judée fût soumise à Rome comme ethnarchie ou comme province, le trésor impérial n'y perdait rien.

Le règne d'Archélaüs fut court et obscur (de l'an 4 avant J.-C. à l'an 6 de l'ère chrétienne). De toutes ses qualités, Hérode ne transmit à sa descendance que son goût pour les constructions et sa servilité à l'égard de Rome. Au fond, c'étaient des esprits faibles, et leur tyrannie même avait quelque chose de petit et de mesquin. Au début, Archélaüs (qui, sur les monnaies, porte aussi le nom d'Hérode) parut vouloir apaiser le ressentiment causé par le massacre dont le parvis du temple avait été le théâtre. Cédant au vœu de l'opinion publique, il déposa le grand prêtre Joézer, de la famille de Boéthos, et mit à sa place son frère Éléazar, qui ne put, lui non plus, se maintenir et fut bientôt remplacé par un certain Josué, de la famille de Sié. Celui-ci, à son tour, dut faire place à l'ancien grand prêtre Joézer ; ainsi, trois pontifes dans l'espace de neuf ans.

La seule expédition entreprise par Archélaüs fut dirigée contre le chef de bande Athrongès, qui avait su se maintenir, même après la mort de ses quatre frères. Mais à ne put le vaincre, tout affaibli qu'il fût, et, pour obtenir la soumission de cet aventurier, il dut souscrire à ses conditions. Son mariage avec sa belle-sœur Glaphyra, la veuve d'Alexandre, blessa les sentiments des Judéens pieux. La belle Cappadocienne avait eu deux fils de son premier mariage ; Tigrane, le cadet, et le fils de l'aîné, qui portait le même nom, devinrent plus tard rois de la grande et de la petite Arménie. Après la mort tragique d'Alexandre, Glaphyra avait épousé Juba, le roi lettré des Numides ; puis, divorcée d'avec celui-ci, devint la femme d'Archélaüs, frère de son premier mari, union interdite par la loi judaïque. — C'est à peu près tout ce qu'on connaît de la vie de ce prince. Sur la plainte des Judéens et des Samaritains, qui l'accusaient de tyrannie, il fut détrôné par Auguste, envoyé en exil, et s'en alla mourir à Vienne, dans les Gaules, au milieu des Allobroges. La Judée et la Samarie furent incorporées à l'empire romain. Les tétrarchies d'Hérode Antipas et de Philippe continuèrent de subsister ; mais les villes qui avaient appartenu à Salomé revinrent à Auguste, la sœur d'Hérode, à sa mort, les ayant léguées à l'impératrice Livie (vers l'an 10).

Ainsi, après avoir vécu un siècle et demi sous des princes à elle, et joui d'une certaine autonomie réelle ou apparente, la Judée tomba complètement sous la domination de Rome et fut annexée au gouvernement de Syrie. Cette situation dura, à quelques années près, jusqu'à la dernière révolte. Le représentant de l'empereur en Judée, portant le titre de procurateur, avait sa résidence à Césarée, qui devint désormais la haineuse rivale de Jérusalem. De là, il devait veiller à la tranquillité et au bon ordre du pays, et assurer le recouvrement des impôts de toute nature. Il avait même le droit exclusif de prononcer la peine de mort, et celui de contrôler la juridiction criminelle du tribunal judéen. L'autorité du Sanhédrin était ainsi bien diminuée, et son importance politique, déjà fort affaiblie sous le règne d'Hérode, se trouvait complètement annulée. Les Romains, qui avaient ravi au Sanhédrin une partie de ses attributions, mirent aussi la main sur le sacerdoce. C'était désormais le procurateur qui nommait le grand prêtre, le déposant ou le maintenant en fonctions, selon que sa présence était nuisible ou avantageuse aux intérêts de l'empire. Il allait jusqu'à détenir les insignes du grand prêtre, pour ne les rendre que lors des trois fêtes principales et du jour d'Expiation. Les ornements sacerdotaux étaient enfermés sous clef dans une chambre de la tour Antonia ; la veille des fêtes, les employés du temple venaient les chercher et, quand ils les rapportaient, les verrous étaient remis en présence d'un surveillant romain. Une lumière perpétuelle brûlait devant cette garde-robe.

Le premier procurateur qu'Auguste envoya en Judée fut le chef de cavalerie Coposius. Quirinius, le gouverneur de la Syrie (6-7), l'y accompagna pour saisir les biens d'Archélaüs, confisqués au profit du Trésor, et pour introduire en Judée le cens romain, c'est-à-dire procéder au dénombrement de la population et au cadastre, afin d'établir les facultés imposables du pays. Chaque personne fut soumise à la capitation (tributum capitis), même les femmes et les esclaves ; les filles au-dessous de douze ans et les garçons au-dessous de quatorze, ainsi que les vieillards, en étaient seuls exempts. En outre, il y avait des impôts sur les revenus ; les éleveurs de bétail durent fournir une partie de leurs troupeaux. L'impôt foncier (tributum agri) était payé en nature au moyen d'une redevance sur les récoltes (annona). Ces exigences exaspéraient toutes les classes de la population, qui voyait dans de pareilles mesures une sorte de mainmise et sur les affaires de la nation et sur les biens des particuliers. La tête, le champ, la fortune de chaque citoyen, devenaient ils donc la propriété du maître romain, qui en pouvait disposer à son gré ? — On ne peut assurément en vouloir aux Judéens, qui ignoraient la constitution romaine, d'avoir considéré le cens comme une servitude et de s'être attendus, le cœur plein d'angoisse, à un nouvel exil dans une autre Babylonie. La répulsion des Judéens pour le cens, répulsion exagérée, mais justifiée au fond, causait dans tout le pays une agitation violente : de nouvelles divisions de parti éclatèrent, qui laissèrent loin derrière elles les dissentiments antérieurs des pharisiens et des sadducéens. La question de l'autorité des lois traditionnelles céda le pas à cette question autrement brûlante : savoir, s'il fallait se laisser asservir par les Romains, ou leur résister de toutes ses forces. Cette question engendra une division profonde parmi les pharisiens eux-mêmes. C'est dans le Sanhédrin même que naquit la scission au sujet de l'attitude à prendre à l'égard du cens. Les nouveaux partis qui se formèrent se rattachent aux noms de Hillel, de Schammaï et de Juda le Galiléen.

Hillel et Schammaï ne semblent guère avoir vécu assez pour être témoins de la catastrophe qui fit de la Judée une province romaine. La mort de Hillel jeta le deuil dans tous les cœurs judéens. L'oraison funèbre prononcée sur sa tombe débutait par ces mots : Ô pieux, doux et digne disciple d'Ezra ! La vénération du peuple pour ce docteur se reporta sur ses descendants : la présidence du Sanhédrin devint héréditaire dans sa famille et s'y conserva plus de quatre siècles. De son fils et successeur, Siméon Ier, nous ne savons autre chose que son nom ; mais l'école fondée par Hillel, qui avait hérité de son esprit et qui continua fidèlement ses traditions, acquit une grande importance. Les docteurs de cette école se distinguaient, comme avait fait leur maître, par un caractère paisible et doux, par une condescendance extrême, et ils ne démentirent jamais ces qualités au milieu de tous les orages qui se déchaînèrent sur la Judée.

Comme l'école de Hillel marchait sur les traces de son maître et prenait la douceur pour règle de conduite, ainsi l'école de Schammaï imita son fondateur et s'assimila, en l'exagérant encore, la sévérité de ses principes. Persuadés que les prescriptions religieuses ne sont jamais assez suivies et que les limites des prohibitions légales ne sauraient être trop étendues, les schammaïtes interprétaient la Loi avec une telle rigueur que celles de leurs décisions qui n'ont pas ce caractère sent citées comme de curieuses exceptions. D'après eux, on ne pouvait, avant le sabbat, ni commencer, ni confier à d'autres un travail qui devait s'achever le jour du sabbat, fût-ce sans le concours d'un Israélite. Il était défendu, ce jour-là, de consacrer de l'argent à des oeuvres de bienfaisance, de négocier des mariages ou renseignement de la jeunesse, de visiter les malades et de consoler les affligés. Dans les dispositions relatives à la pureté lévitique des personnes et des choses, les schammaïtes mettaient une exagération qui les rapprochait des esséniens. Même rigueur en ce qui concerne les lois matrimoniales. Ils n'accordaient le divorce qu'en cas d'inconduite grave de la part de la femme. — Si, à la suite de ces querelles d'école, la paix intérieure ne fut pas troublée et si les disciples des deux docteurs restèrent en bons rapports, il faut en attribuer uniquement le mérite au caractère conciliant de l'école de Hillel. La sévérité avec laquelle les schammaïtes interprétaient la Loi, ils la portaient aussi dans les relations de la vie, spécialement dans leur façon d'accueillir ceux qui venaient à eux pour se convertir au judaïsme. L'école de Schammaï n'aimait pas les prosélytes : l'exemple de la famille d'Hérode était là pour montrer le mal terrible que des demi-Judéens peuvent causer au judaïsme. Néanmoins, malgré leur sévérité dans l'interprétation de la Loi, les schammaïtes y firent de grandes concessions à l'armée judaïque qui s'était formée pour combattre les ennemis de la nation. Quelque scrupule qu'on eût eu jusqu'alors à permettre la violation du sabbat en temps de guerre, les schammaïtes déclarèrent formellement que, si l'on avait commencé le siège d'une place avant le jour du sabbat, on pouvait continuer les opérations sans aucun égard pour la sainteté de ce jour. Cette interprétation avait pour auteur Schammaï lui-même, chez qui la haine du païen était plus forte encore que le rigorisme religieux.

Les schammaïtes comptaient de nombreux partisans et dans le Sanhédrin et dans le peuple ; leur absolutisme religieux et leur haine du paganisme trouvaient plus d'écho que la modération et la douceur des hillélites. Aussi les premiers eurent-ils toujours la majorité et purent-ils faire prévaloir leurs décisions. Cette école donna naissance à un parti qui, s'il avait triomphé, attrait excité l'admiration universelle, mais que sa défaite couvrit de honte. Ce même Juda le Galiléen, qui, après la mort d'Hérode, avait provoqué un soulèvement, s'associa avec un pharisien nommé Saddoc, pour fonder un parti religieux et républicain, qui prit le nom de parti des Zélateurs (Kannaïm) ou des Galiléens. Le mot d'ordre donné par Juda au nouveau parti, et accepté avec empressement par Saddoc, était celui-ci : Obéir aux Romains, c'est violer la loi divine ; Dieu seul est maître, et seul doit être obéi. Chacun doit donc consacrer toutes ses forces, sacrifier tous ses biens pour combattre ceux qui, prétendant se substituer à Dieu, exigent des Judéens l'obéissance. On proclama, comme type du vrai zélateur, ce Phinéas, qui seul jadis, en face d'une nation oublieuse de son devoir, avait armé son zèle pour Dieu en poignardant le chef de tribu Zimri. L'État judaïque doit être une république, avec Dieu pour chef et la Loi pour constitution. — Ces principes, clairs pour tous, devaient rencontrer d'autant plus d'adhésion que le joug romain pesait plus lourdement sur le peuple. Hommes faits et jeunes gens s'enthousiasmèrent pour ce noble but, la conquête de la liberté. Le parti des zélateurs, d'abord exclusivement composé de schammaïtes, grossit de plus en plus avec la tyrannie croissante des Romains.

Dès que parut l'édit de Quirinius, ordonnant à tout Judéen de déclarer le nombre des gens de sa famille, la quotité de ses terres et de ses biens, les chefs des zélateurs donnèrent le signal d'une résistance énergique. Sur quelques points éclatèrent des soulèvements partiels. En vain les modérés et le grand prêtre Joézer cherchèrent à calmer les esprits en expliquant au peuple que le cens n'entraînait ni asservissement, ni confiscation, et n'avait d'autre but que de contrôler la prestation de l'impôt. Le cens n'en resta pas moins odieux, au point que le nom même prit une signification déplaisante et servit à désigner toute amende pécuniaire (census, KENAS). Du reste, tout en cherchant à empêcher la révolte, les modérés eux-mêmes voyaient avec indignation les empiétements des Romains. Les hillélites, eux aussi, irrités de ces vexations, firent violence à leurs scrupules habituels en permettant de s'y soustraire par tous les moyens possibles. Telle était la haine inspirée par ce système oppressif, que tous ceux qui prenaient part à la perception des impôts, soit comme fermiers (mokhès), ou comme receveurs (gabbaï), furent déclarés infâmes, exclus de la bonne société, et que leur témoignage n'était pas reçu en justice. De fait, ceux-là seulement qui menaient une vie indévote, — soit par intérêt, soit par indifférence religieuse, — consentaient à accepter de pareilles fonctions ; si bien que les noms injurieux de publicain et de violateur de la Loi devinrent synonymes.

Un autre changement, dû au régime nouveau, eut lieu dans la rédaction des actes publics. Ces actes, même les lettres de divorce, datés jusqu'alors du règne des gouvernants judaïques, devaient l'être désormais du règne de l'empereur. Cette innovation déplut aussi aux zélateurs, qui blâmaient la modération pharisienne de se montrer, sur ce point, si tiède et si complaisante : Comment, écriaient-ils, souffrir qu'à cette formule : selon la loi de Moïse et d'Israël, on accole le nom de César, et que le nom révéré du grand prophète soit mis sur la même ligne que celui d'un prince païen ! Quirinius, toutefois, dut faire une concession au mécontentement populaire : il déposa le grand prêtre Joézer et le remplaça par Anan (de la famille de Seth), dont les cinq fils furent successivement grands prêtres.

Peu de temps après le départ de Quirinius, Coponius, le procurateur de la Judée, fut rappelé et remplacé par Marcus Ambivius, et celui-ci par Annius Rufus. En sept années (7-14), il y eut trois procurateurs ; et, comme chacun d'eux cherchait à s'enrichir, la Judée, pressurée à l'excès, souffrait beaucoup de ces changements.

La mort d'Auguste (14) ne modifia eu rien la situation de ce pays, qui fit simplement partie de l'immense héritage de Tibère, le nouveau césar. En apparence, les provinces ne souffrirent pas du gouvernement de ce prince, ennemi juré de l'aristocratie romains, partant favorable au peuple. Sur les plaintes des Judéens, il diminua même les impôts qui les écrasaient. Au fond, cependant, Tibère était plus hostile encore au judaïsme que ne l'avait été son père adoptif Auguste : on eût dit que les césars avaient le pressentiment du coup mortel que l'empire romain et son culte devaient recevoir du judaïsme. Cette antipathie s'accrut encore lorsque des Romains, et surtout des femmes romaines, inclinèrent à embrasser le judaïsme. En effet, l'enthousiasme des Judéens pour leur religion et leur temple offrait un contraste frappant avec la froideur des Romains, prêtres comme laïques, pour leur culte national. La ruine de la liberté avait supprimé l'idéal auquel aspiraient les meilleurs esprits, et ôté toute poésie à l'existence : les âmes désenchantées demandaient un nouvel aliment. Aussi vit-on, sous Tibère, de nombreux prosélytes qui, pour satisfaire leur besoin de religiosité, envoyaient des présents au temple de Jérusalem. Toutefois, la superstition avait sans doute autant de part que la conviction aux sympathies qui se manifestaient pour le judaïsme. Ce qui fascinait surtout les esprits, c'était l'attrait de l'inconnu, le côté mystérieux de certaines religions étrangères, comme la religion des Judéens et celle des prêtres d'Isis, qui recrutait également des prosélytes à Rome. À la suite d'un abus commis par ces prêtres, Tibère prit généralement en haine le prosélytisme, et cette haine s'accrut par un fait nouveau. Une prosélyte judéenne, Fulvie, femme d'un certain Saturninus, sénateur fort estimé de Tibère, avait envoyé des présents au temple de Jérusalem par l'intermédiaire des Judéens qui l'avaient convertie, et qui se permirent de les garder pour eux. Tibère, informé de cette fraude, fit voter par le sénat une loi en vertu de laquelle tous les Judéens, ainsi que leurs prosélytes, devaient quitter la ville, sous peine de servitude perpétuelle, s'ils n'avaient abjuré leur religion dans un délai donné. Conformément à cette loi, — inspirée, dit-on, à Tibère par son tout-puissant ministre Séjan, — des milliers de jeunes Judéens furent exilés en Sardaigne, où ils durent lutter contre les bandits qui infestaient cette île (19). Il était aisé de prévoir que cet âpre climat serait meurtrier pour les exilés ; mais les sénateurs et Tibère s'en inquiétaient fort peu. Les Judéens de l'Italie entière furent menacés d'expulsion, s'ils ne renonçaient à leur culte. Les jeunes gens et les hommes valides étaient astreints au maniement des armes, le sabbat comme les autres jours ; et, quand ils s'y refusaient, on les châtiait sévèrement. Ce fut là la première persécution religieuse des Judéens à Rome et leur premier martyre en Occident, prélude de bien d'autres que leur réservait l'avenir.

Gratus, le nouveau procurateur envoyé en Judée par Tibère, s'immisça dans les affaires intérieures du pays, comme avaient fait ses prédécesseurs. Pendant les onze années de son administration, il déposa jusqu'à cinq grands prêtres, dont quelques-uns fonctionnèrent à peine un an. Ces changements avaient parfois pour cause la faveur ou la défaveur dont le grand prêtre était l'objet ; plus souvent encore, ils étaient dus à la corruption, ou au simple caprice du procurateur.

Tandis que la Judée et ses annexes, la Samarie et l'Idumée, étaient gouvernées par des procurateurs romains, la tétrarchie de la Galilée et de la Pérée, et celle de la Batanée et de la Trachonitide, qui en avaient été détachées et confiées respectivement à Hérode Antipas et à Philippe, gardaient un semblant d'autonomie. Ces deux princes ne se distinguèrent que par leur goût pour la bâtisse et leur zèle à complaire aux Romains. Hérode Antipas avait d'abord fait de Sepphoris la capitale de sa tétrarchie ; mais, lors de l'avènement de Tibère, il bâtit, dans la délicieuse contrée du lac de Génésareth, une ville qu'il appela Tibériade, et où il établit sa résidence (de 24 à 26). Les Judéens pieux répugnaient à habiter la ville nouvelle, parce qu'on y avait découvert des ossements humains, provenant sans doute de quelque bataille. Il fallut attirer des habitants par des promesses ou par la force ; et cependant, plus d'un siècle s'écoula avant que les consciences scrupuleuses acceptassent le séjour de Tibériade. La ville de Beth-Ramtha (Bet-Haram) qui, située dans les mêmes conditions que Jéricho, fournissait également du baume, reçut d'Antipas le nom de Livia, en l'honneur de l'épouse d'Auguste. De son côté, Philippe bâtit aussi deux villes : l'une dans la riante contrée où naît le Jourdain, et qu'il appela Césarée (Cæsarea Philippi, pour la distinguer de la ville du même nom) ; l'autre, au nord-est du lac de Génésareth, nommée d'abord Beth- Saïda (Tsaïdan), puis, pour honorer la fille d'Auguste, Julias. La famille de l'empereur ne comptait pas moins de monuments dans la Judée que dans Rome elle-même. D'un caractère pacifique et peu passionné, Philippe garda sa principauté pendant trente-sept ans (de l'an 4 avant J.-C. à l'an 33). Antipas, au contraire, avait quelque chose des goûts voluptueux et sanguinaires de son père Hérode.

Le successeur de Gratus fut Ponce Pilate, qui fut dix ans procurateur (26-36), et qui a dû, à un événement survenu pendant son administration, une notoriété historique universelle. Dès son entrée en fonctions, il fit voir à la nation judaïque qu'elle n'était pas encore au bout de ses humiliations, et qu'elle devait se préparer à boire jusqu'à la lie le calice d'amertume. Pour caractériser Pilate, il suffira de dire qu'il prit le pouvoir au moment où l'astucieux Séjan faisait trembler l'empereur et le sénat ; créature de ce ministre, c'est à lui qu'il devait le gouvernement de la Judée. Pilate fut digne de son maître. Il osa ce que n'avait encore osé aucun gouverneur avant lui : blesser la nation judaïque à l'endroit le plus sensible, en l'attaquant dans ses sentiments religieux. Il voulut habituer les Judéens à rendre un culte divin aux images de l'empereur. Jusqu'alors, les commandants des troupes romaines avaient respecté les scrupules des Judéens, à ce point que, généralement, lorsqu'ils entraient dans Jérusalem, ils faisaient retirer les images des drapeaux. Hérode et ses fils durent eux-mêmes tenir compte de ce sentiment. Pilate ne l'ignorait pas, et cependant il résolut de passer outre. Obéissait-il à quelque ordre de Séjan, désireux de vexer et d'irriter les Judéens, on agissait-il ainsi de son propre mouvement, dans l'espoir de vendre cher la faveur qu'on solliciterait ? Quoi qu'il en soit, il fit transporter secrètement à Jérusalem, pour les y exposer publiquement, les images de César, qui surmontaient les étendards des légions. Une violente agitation s'ensuivit à Jérusalem et se propagea bientôt dans tout le pays. Une députation du peuple se rendit à Césarée auprès du procurateur, pour le supplier de faire disparaître les images. Les membres survivants de la famille d'Hérode s'étaient joints à cette députation. Pendant cinq jours, les Judéens se tinrent devant le palais du procurateur, l'assaillant de leurs supplications. Le sixième jour, Pilate chercha à les effrayer en les faisant entourer par ses légions, et menaçant de les faire massacrer s'ils ne faisaient trêve à leurs plaintes. Mais, lorsqu'il vit les Judéens résolus à sacrifier leur vie au respect de leurs croyances, et peut-être aussi par crainte d'encourir la colère de l'empereur, à l'insu duquel il avait agi, Pilate ordonna de retirer les images.

Mais bientôt il souleva une nouvelle irritation — sous prétexte de construire un aqueduc devant amener à Jérusalem les eaux d'une source éloignée de deux cents stades (près de 38 kilomètres), il mit la main sur le trésor du temple (korban). Comme il était venu en personne à Jérusalem, la foule l'assiégea en lançant contre lui des imprécations. Pilate n'osa pas faire marcher ses légions contre le peuple, mais il envoya des soldats déguisés en Judéens, qui se mêlèrent à la foule et en tuèrent ou blessèrent une grande partie ; le reste se dispersa.

Chapitre XIV

L'idée messianique et l'origine du christianisme — (28-37)

Tandis que la Judée tremblait de voir le procurateur Ponce Pilate commettre quelque nouvelle violence, qui serait une nouvelle cause d'irritations et de douleurs, un événement se produisit, médiocre à l'origine, au point de passer presque inaperçu, mais qui, peu à peu, grâce à des circonstances favorables et à la manière dont il s'affirma, acquit un développement assez puissant et une force assez considérable pour imprimer une direction nouvelle à l'esprit humain.

Le temps était venu où les vérités fondamentales du judaïsme, jusque-là le privilège exclusif de quelques penseurs, allaient forcer la barrière qui les retenait captives et se répandre librement dans le monde pour le transformer. Les sublimes conceptions sur Dieu et sur la vie humaine, ces conceptions qui forment l'essence du judaïsme, allaient envahir les autres nations et combler le vide de leurs croyances. Le moment était veau, pour Israël, d'inaugurer sérieusement sa haute mission de précepteur des peuples. Mais, pour pénétrer dans le monde païen, à qui elles étaient si étrangères, les vieilles doctrines sur Dieu et la vie morale de l'homme devaient revêtir de nouveaux noms et d'autres formes. À ce prix seul, elles pouvaient conquérir les esprits, que rebutait le vieux moule judaïque. C'est précisément le fait en question, né sous le gouvernement de Ponce Pilate, qui était appelé à faire participer le monde païen, d'une façon plus intime, aux doctrines du judaïsme. Mais ce fait lui-même, se dénaturant et s'éloignant de son origine, ne tardera pas à former avec elle le plus violent contraste. La religion judaïque, qui avait mis au monde ce rejeton, n'y trouva pas les joies de la maternité, car la fille se détourna bientôt de sa mère pour entrer dans des voies où celle-ci ne pouvait la suivre.

Ce fait nouveau, cette vieille doctrine rajeunie, ou, pour mieux dire, cet amalgame de l'essénisme avec des éléments étrangers, est le CHRISTIANISME, dont la formation et les premiers développements se lient essentiellement à l'histoire judaïque de ce temps-là.

Le christianisme doit son origine à un sentiment obscur, mais puissant, qui dominait alors les couches supérieures de la société judaïque et qui s'accentuent de plus en plus, à mesure que la situation politique leur devenait plus intolérable. Les souffrances incessantes causées par la tyrannie impitoyable des gouvernants romains, par l'impudence des princes hérodiens, par la lâcheté de l'aristocratie judaïque, par l'abjection des grands prêtres, par la discorde des partis, avaient tellement surexcité l'attente du libérateur, du Messie (Maschiach) annoncé par les prophètes, qu'il était facile à tout individu, tant soit peu doué de hautes facultés, de trouver des adhérents enthousiastes, convaincus de sa mission. Il suffisait qu'il en eût l'apparence extérieure ou qu'il sût gagner les cœurs par sa piété et ses mœurs austères. Les plus sages ne croyaient-ils pas d'ailleurs que la situation politique, telle qu'elle existait depuis l'exil de Babylone, n'était qu'une situation transitaire, une ère de préparation à la venue du vrai prophète, d'Élie, qui devait reparaître pour réconcilier les pères avec les enfants et rétablir les tribus de Jacob ? Lorsque le peuple, dans une élection solennelle, déféra le titre de prince à Siméon, l'Hasmonéen, il eut soin de ne lui accorder le pouvoir, à lui et à ses descendants, que jusqu'au jour où surgirait le véridique prophète, qui rendrait la couronne à son légitime héritier, c'est-à-dire au descendant de David, à l'Oint (Maschiach). Au moment où l'empire romain fut ébranlé par la commotion violente qui suivit la mort de César, et où les triumvirs Octave, Antoine et Lépide, sous prétexte de venger cette mort, secouaient l'Orient et l'Occident par des guerres sanglantes, un poète sibyllin, d'origine judaïque, vivant en Égypte, annonçait une révolution autrement grave, la chute du monde païen tout entier et l'avènement du royaume de Dieu, où le sceptre appartiendrait à un saint roi, au Messie :

Quand Rome régnera sur l'Égypte, soumise à son pouvoir, alors apparaîtra le plus grand des empires, l'empire du roi immortel. Un saint roi viendra, qui dominera toutes les contrées de la terre, à travers les générations périssant tour à tour.

L'ère messianique, attendue avec tant de conviction, devait changer la face des choses et créer en quelque sorte un ciel nouveau et une terre nouvelle. Avec l'apparition d'Élie, son précurseur, on attendait la résurrection des morts et une rénovation de la face du monde.

À part l'aristocratie et les gens dévoués à Rome, qui, satisfaits du présent, avaient plutôt lieu de craindre un changement que de le souhaiter, le gros de la nation attendait impatiemment un sauveur. Aussi vit-on se succéder, dans le court intervalle de trente ans, une foule de prétendus prophètes ou messies qui se déclaraient, de bonne foi d'ailleurs, chargés de mettre fin aux souffrances de la nation, et qui trouvèrent des adhérents fidèles et dévoués jusqu'à la mort. Mais s'il était aisé de trouver des croyants, il était plus difficile de se faire reconnaître et accepter de la nation entière. L'intelligence du peuple était trop éveillée par les luttes fréquentes et par la méditation des livres saints ; la division des partis était trop profonde et leurs idées messianiques trop divergentes pour permettre à une personnalité quelconque, se présentant sous les dehors d'un messie, de s'imposer comme telle à la nation entière. Les zélateurs républicains, disciples de Juda le Galiléen, voyaient surtout dans le Messie le vainqueur des ennemis d'Israël, celui qui devait les anéantir d'un souffle de sa bouche, mettre fin à la puissance romaine et rétablir l'âge d'or du règne de David. Les Schammaïtes exigeaient de lui, en outre, une piété rigide et une pureté de mœurs absolue. Les Hillélites, moins politiques que les premiers, moins fanatiques que les seconds, envisageaient volontiers le Messie comme un prince pacifique et conciliateur. Tous cependant s'accordaient à croire que le Messie devait appartenir à la race de David, et, de fait, l'expression fils de David était devenue, à la longue, synonyme de Messie. Ce qui devait aussi caractériser l'ère messianique, c'était, croyait-on, le retour des tribus dispersées, que tous les peuples renverraient chargées de présents, dédommagement de leurs longues souffrances. Les esprits même les plus éclairés, qui s'étaient imprégnés de la culture grecque, et dont Philon, le platonicien du judaïsme, est pour nous le principal représentant, aimaient à peupler de merveilles les prévisions de l'avenir. Une apparition surnaturelle, visible seulement aux âmes pieuses, servirait de guide aux exilés d'Israël et les ramènerait des pays grecs ou barbares dans leur patrie. L'ère messianique, pensaient-ils, trouvera la nation mûre pour cet félicité par l'élévation de ses sentiments, par la sainteté d'une vie patriarcale, où toute rechute sera désormais impossible, où la grâce divine sera assurée. Les sources de cette grâce, jaillissant de nouveau pour ne plus tarir, feront refleurir l'antique prospérité ; les villes détruites et désolées se relèveront, le désert se changera en un sol fertile, et les prières des vivants auront le pouvoir de rappeler les morts à la vie.

Les Esséniens surtout, dont la vie ascétique n'avait d'autre but que de hâter la venue du royaume des cieux (malkhout schamayim) et des temps futurs (ôlam ha-ba), se représentaient l'ère messianique sous les couleurs les plus idéales. Un messie désireux de se concilier leur sympathie devait renoncer au monde et à son néant, montrer qu'il était pénétré de l'esprit saint (rouach ha-kôdesch), avoir pleine autorité sur les démons, établir enfin un régime de communauté où Mammon n'aurait aucune prépondérance et où la pauvreté serait la vertu et la parure de l'homme.

C'est aussi de l'essénisme que partit le premier cri annonçant que le Messie allait venir, que le royaume du ciel était proche. Mais celui d'entre eux qui le premier, de sa faible voix, lança cette parole dans le désert, ne se doutait pas qu'elle franchirait les terres et les mers, et qu'elle réunirait un jour les nations sous la bannière d'un messie. Quand il annonçait la venue du royaume du ciel, c'était pour inviter les pêcheurs judéens à la pénitence. L'Essénien qui prononça cet appel, c'était Jean le Baptiste[17] (ce qui signifie sans doute l'Essénien, c'est-à-dire l'homme qui se baigne tous les jours dans l'eau vire). Nous ne savons que fort peu de chose sur le compte de ce Jean. Sa manière de vivre n'était autre, au fond, que celle des Esséniens. Il se nourrissait de sauterelles et de miel sauvage ; il portait le costume des anciens prophètes, c'est-à-dire un vêtement de poil de chameau et une ceinture de cuir. Jean parait avoir eu cette conviction que, si la nation judaïque tout entière se baignait dans le Jourdain et confessait ses fautes, en d'autres termes, si elle adoptait la règle des Esséniens, le Messie ne manquerait pas de paraître. Voilà pourquoi il exhortait le peuple (vers l'an 29 ?) à recevoir le baptême[18] dans le Jourdain, à reconnaître et confesser ses fautes et à attendre alors l'avènement du royaume des cieux.

Jean avait probablement sa résidence fixe dans le désert voisin de la mer Morte (près de Bethabara ?), en compagnie d'autres Esséniens, afin d'être toujours prêt à instruire ceux qui venaient à lui de la haute signification du baptême. Sans aucun doute, cette cérémonie impliquait l'affiliation à l'ordre des Esséniens. Il devait exister bon nombre de penseurs exaltés et mystiques, fatigués des misères du présent qui accouraient avidement auprès du Baptiste essénien. Qui ne se fût empressé de contribuer à la grande œuvre du salut et à l'avènement du royaume des cieux, sachant qu'on y pouvait atteindre par des moyens qui n'avaient rien d'étrange ni d'insolite ? Nous ignorons si la foule revenait meilleure de son immersion dans le fleuve, et si cet acte symbolique laissait dans les esprits une impression durable ; mais l'expérience suffit pour résoudre cette question. Du

---

[17] Il est reconnu aujourd'hui par les apologistes chrétiens eux-mêmes que Jean-Baptiste était Essénien. Sa vie, telle que la décrivent les Évangiles, est en tout point celle que menaient les Esséniens et ne s'explique bien que par cette dernière. Le nom même de Baptiste rappelle cette secte, qu'on nommait en grec Baptistaï héméras, et en hébreu Toblé schacharit, les baigneurs du matin ou quotidiens. Ce que Josèphe raconte de Jean Baptiste (Antiquités, XVIII, 5, 2) a été fabriqué et interpolé plus tard, de même que la tirade sur Jésus (ibid., 3, 3). Le récit qui attribue sa mort à l'influence d'Hérodiade ne peut être qu'une fable : en effet, elle ne devint la femme d'Hérode Antipas que vers l'an 35-36, c'est-à-dire après la mort de Jésus, qui pourtant, selon l'Évangile, n'est entré en scène qu'après la mort de Jean.

[18] Rappelons une fois pour toutes que le sens primitif et réel de ce mot est celui d'immersion. De fait, dans le premier siècle de l'Église, le baptême ne fut pas autre chose (note du traducteur).

reste, la nation judaïque en général, notamment la société moyenne dans les villes, n'avait guère besoin de ces excitations fiévreuses à la pénitence ; elle n'était pas, tant s'en faut, si vicieuse ni si corrompue, et l'influence de ses habitudes religieuses suffisait à la maintenir dans la bonne voie. Les exhortations de Jean à la pénitence eussent été plus fructueuses en s'adressant ailleurs, en s'adressant plus haut et plus bas, je veux dire à l'aristocratie judaïque, aux riches, corrompus par le contact des Romains, et à la population rurale, que les luttes fréquentes avaient démoralisée. Mais les grands se moquaient sans doute de ce doux rêveur qui prétendait, avec des baignades dans le Jourdain, susciter le miracle de l'ère messianique ; et les enfants de la glèbe (am ha-arets) étaient beaucoup trop bornés pour prêter l'oreille à de semblables appels.

La prédication de Jean était d'ailleurs trop inoffensive et ne dépassait pas assez la sphère des idées reçues, pour scandaliser le parti dominant des Pharisiens. Les disciples qui s'attachèrent à lui et qui copièrent sa conduite observaient la Loi dans toute sa rigueur, se soumettant même aux pratiques extérieures du jeûne. Les Pharisiens, c'est-à-dire les Hillélites et les Schammaïtes de cette époque, bien que médiocrement épris des rêves et des exagérations de l'essénisme, n'étaient nullement en opposition avec lui. De ce côté, Jean n'avait donc aucun obstacle à redouter. Mais les Hérodiens étaient prévenus contre cet homme qu'entourait la sympathie populaire, qui, par certains mots à effet, savait remuer les masses et aurait pu les mener loin. Hérode Antipas, sur le territoire duquel Jean avait sa résidence, envoya, dit-on, des gardes pour s'emparer de sa personne et le conduire en prison. Le peu d'authenticité des sources qui rapportent ces faits ne nous permet guère de savoir si sa captivité dura longtemps et s'il vécut assez pour voir un de ses disciples acclamé comme messie. Ce qui est certain, c'est que Jean fut décapité par ordre d'Antipas. Le récit qui nous montre la fille d'Hérodiade apportant à sa mère, sur un plat, la tête sanglante du Baptiste, a un caractère purement légendaire.

Après l'incarcération de Jean, quelques-uns de ses disciples continuèrent son œuvre ; mais nul n'obtint un succès aussi considérable que Jésus de Galilée. Le disciple eut bientôt surpassé le maître.

Jésus (Yêschou, par abréviation de Yêschoua, né l'an 4 avant l'ère chrétienne), natif de Nazareth, petite ville de la basse Galilée, au sud de Sepphoris, était l'aîné des fils d'un obscur charpentier, nommé Joseph, et de sa femme Miriam ou Marie, qui lui donna encore quatre autres fils : Jacques, José, Siméon et Juda, ainsi que plusieurs filles. Joseph, père de Jésus, ou sa mère Marie, descendaient-ils de la race de David ? Cela est fort douteux. Jésus lui-même n'a jamais invoqué cette haute origine. Quant à l'histoire de sa jeunesse, elle est complètement inconnue.[19]

---

[19] Pour apprécier ce que peut y avoir d'historique dans les origines du christianisme, ou dans la vie de Jésus, on ne doit pas perdre de vue que nous n'avons d'autres moyens d'information à cet égard que les Évangiles, lesquels n'ont été rédigés que longtemps après la mort de Jésus. Le prétendu Évangile de Matthieu, probablement aussi Évangile selon les Hébreux, c'est-à-dire selon les judéo-chrétiens, n'ont été écrits qu'après la guerre de Barkochéba, sous Adrien. En effet, le passage Matth., XXIV, sqq., et Marc, XIII, 14 sqq. : Quand vous verrez l'abomination de la désolation établie dans le lien saint, que ceux qui seront en Judée s'enfuient alors vers les montagnes ; fait évidemment allusion à la statue de Jupiter, érigée par Adrien sur l'emplacement du temple de Jérusalem. C'est là ce que la langue apocalyptique appelle l'abomination de la désolation. Ainsi l'entend le Père de l'Église saint-Jérôme : Potest accipi... de Hadriani equestri statua et de Jovis idolo, quæ in ipso sancte sanctorum loco usque in præsentem dicm stant. C'est après la guerre seulement qu'eut lieu cette profanation du lieu saint. Il s'ensuit que l'Évangile de Matthieu n'a pu être composé que postérieurement à l'an 135, partant un siècle après la mort de Jésus. Pour celui de Marc, ce n'est qu'un remaniement du premier évangile à l'usage des païens christianisés ; il est donc encore plus récent. L'Évangile de Luc se donne lui-même pour une compilation da différentes biographies de Jésus et ne peut guère remonter au-delà de 150, non plus que les Actes des Apôtres qui s'y rattachent. On y a utilisé l'Évangile de Matthieu ou celui de Marc avec quelques variantes, en remplaçant, par exemple, l'abomination de la désolation par la destruction de Jérusalem (XX, 31). Enfin, le quatrième évangile pourrait bien n'avoir pas pris naissance avant l'an 180. Il renferme fort peu d'éléments historiques, tout s'y fond pour ainsi dire en mysticisme.
Aucun de ces documents ne mérite confiance. Pour les logia ou sentences que la tradition attribuait à Jésus, l'Église les a laissées s'oblitérer. Ces sentences, diversement rapportées, ont servi de base aux diverses légendes évangéliques.
Or, il n'existe absolument aucune autre source pour l'histoire en question. Ce que nous lisons dans Josèphe (Antiquités, XVIII, 3, 3) relativement à Jésus n'est qu'une grossière interpolation, car Origène, un Père de l'Église, déclare expressément que Josèphe ne fait

Sa culture intellectuelle peut être déterminée jusqu'à un certain point par celle du milieu où il a vécu. Éloignés de Jérusalem et du temple, les Galiléens étaient bien Inférieurs aux habitants de la Judée sous le rapport des connaissances générales et de la science de l'écriture sainte. L'échange continuel des idées religieuses et les controverses actives, si favorables en Judée à la diffusion de la Bible et de ses doctrines, faisaient défaut en Galilée. Le pays qui devait posséder plus tard les célèbres écoles d'Ouscha, de Sepphoris, de Tibériade, était, avant la destruction du temple, entièrement dépourvu de centres d'instruction. Mais, par contre, les Galiléens étaient rigides et intraitables sur le chapitre des règles et des coutumes religieuses ; ils ne faisaient pas la moindre concession à cet égard, et telle chose même était, en Judée, déclarée permise, qu'on s'interdisait en Galilée. Les Galiléens passaient pour gens emportés, incommodes, ergoteurs. De plus, le voisinage de la païenne Syrie avait fait pénétrer chez eux mainte croyance superstitieuse. Il y avait en Galilée nombre de possédés, de démoniaques, car l'intelligence bornée des habitants attribuait certaines maladies à l'influence des démons. Par une autre conséquence du voisinage de la Syrie, le dialecte galiléen était corrompu et mélangé d'éléments araméiques. Les Galiléens ne prononçaient pas l'hébreu avec pureté, ils confondaient certains sons, altéraient certaines lettres, au point de s'attirer souvent les railleries des Judéens, qui attachaient un grand prix à la bonne prononciation. On reconnaissait les Galiléens au premier mot qu'ils prononçaient, et on

---

aucune mention de Jésus. Cette interpolation a dû se faire entre les années 240 et 320 ; peut-être a-t-elle pour auteur Eusèbe, évêque de Césarée, fort expert en supercheries de ce genre.

Les récits et sentences conservés dans les évangiles sont inspirés, en général, par un esprit de système et visent tantôt le paulinisme adversaire de la Loi, tantôt au contraire l'ébionitisme qui la respecte : de là leurs contradictions si fréquentes. Ces arrière-pensées des évangiles ont été si bien mises en lumière par David Strauss, par l'école de Tubingen et en partie par M. Renan, qu'il faut s'aveugler volontairement pour ne pas les voir. (Comparez aussi Grætz, Sinaï et Golgotha, p. 400 sqq.). Les seuls récits, les seuls dires de Jésus auxquels on puisse attribuer quelque authenticité sont ceux qui concordent avec l'ébionisme, c'est-à-dire, qui reconnaissent la sainteté et l'autorité absolue de la loi de Moïse. Les autres sont des interpolations émanées des chrétiens paulinistes.

Enfin, on peut également tenir pour authentique tout ce qui rappelle l'essénisme. En effet, il est incontestable que Jésus a frayé avec les Esséniens ; c'est un fait que l'auteur de ce livre a le premier mis en évidence, et que Strauss a également adopté.

ne les laissait pas volontiers faire les offices, parce qu'ils provoquaient des rires peu compatibles avec la dignité du culte.

Nazareth, la ville natale de Jésus, n'offrait rien de remarquable : c'était une petite ville en pays de montagne, dont le territoire, loin d'être plus fertile que le reste de la Galilée, n'égalait pas, à beaucoup près, celui de Sichem, si riche en sources.

Galiléen d'origine, Jésus ne pouvait, en aucune façon, posséder cette grande connaissance de la Loi que les écoles de Schammaï et de Hillel avaient rendue si commune en Judée. Son savoir peu étendu et la langue corrompue qu'on parlait dans son pays natal ne lui permettaient guère d'étendre son action au-delà. Toutefois, le caractère suppléait chez lui au manque de connaissances. Il parait avoir possédé un sens moral très profond et avoir vécu en saint : cela ressort et de tous ses discours authentiques et même des doctrines, plus ou moins apocryphes, que lui ont prêtées ses disciples. Sa douceur et son humilité rappellent les vertus de Hillel, qu'il semble avoir pris pour modèle et à qui il a emprunté sa belle maxime : Ne fais pas à autrui ce que tu ne voudrais pas qu'on te fit, pour en faire le point de départ de sa propre doctrine. Ainsi que Hillel, Jésus regardait l'esprit de paix et de mansuétude comme la première vertu. Il était pénétré de ce profond sentiment religieux qui pousse l'homme à consacrer à Dieu non seulement l'heure de la prière ou une journée de recueillement, mais chaque instant de la vie, chaque mouvement de l'âme ; qui se soumet uniquement à sa volonté et se confie, en toutes choses, à sa paternelle sagesse. Il brûlait de cet amour du prochain que le judaïsme recommande même envers l'ennemi. Sous le rapport des vertus passives, il semble avoir réalisé l'idéal préconisé par le judaïsme pharisien lui-même : Sois avec les opprimés et non avec les oppresseurs; écoute les injures sans y répondre ; fais tout par amour pour Dieu et réjouis-toi des souffrances. Jésus parait, du reste, avoir eu des dehors sympathiques, propres à lui gagner les cœurs et à ajouter au prestige de sa parole.

Toutes ses tendances morales devaient attirer Jésus vers les Esséniens, qui menaient une vie contemplative, dédaigneuse du monde et de ses vanités. Aussi, lorsque Jean-Baptiste, ou, plus justement, Jean l'Essénien, invita les pécheurs au baptême du Jourdain et à la pénitence, comme moyen de hâter la venue du royaume des cieux, Jésus se rendit auprès de lui et reçut le baptême. Bien qu'il soit difficile d'établir si Jésus a été formellement admis dans l'ordre des Esséniens, de nombreux traits de sa vie et de sa prédication ne s'expliquent qu'autant qu'il aurait adopté leurs principes. De même que les Esséniens, Jésus attachait un grand prix à la pauvreté volontaire et au dédain des richesses, — du Mammon. On lui attribue certaines sentences qui paraissent authentiques : Heureux les pauvres, car le royaume du ciel leur appartiendra. — Il est plus facile à un chameau de passer à travers le trou d'une aiguille qu'à un riche d'entrer au ciel. — On ne peut servir deux maîtres : Dieu et Mammon. Jésus avait comme les Esséniens, l'horreur du mariage : Il n'est pas bon de se marier. Il loue ceux qui se mutilent eux-mêmes pour l'amour de Dieu. La communauté des biens, idée particulièrement chère à l'essénisme, paraît avoir été non seulement approuvée, mais prêchée par Jésus. Il recommandait, toujours à l'instar des Esséniens, d'éviter avec soin tout serment : Ne jurez jamais, disait-il, ni par le ciel, ni par la terre, ni par votre tête ; mais que votre oui soit oui, et votre non soit non.

Lorsque Jean fut mis en prison, comme ennemi public, par le prince hérodien Antipas, Jésus trouva tout naturel de continuer l'œuvre de son maître. Comme lui, il allait prêchant : Faites pénitence, car le royaume du ciel est proche, sans se douter peut-être que, dans ce royaume du ciel, c'est-à-dire dans l'ère messianique imminente, il jouerait lui-même un rôle considérable. Du reste, Jésus peut avoir reconnu que, pour obtenir un résultat et ne pas prêcher dans le désert, comme avait fait Jean, il fallait s'adresser non pas à la nation judaïque en bloc, mais à une certaine classe seulement. L'exhortation à la pénitence n'avait guère de sens pour la partie moyenne du peuple, pour les habitants des villes. La réponse de certain jeune homme à Jésus : Dès ma jeunesse, j'ai observé les commandements de Dieu ; je n'ai tué, forniqué ni volé, ni rendu de faux témoignage ; j'ai honoré père et mère et aimé mon prochain comme moi-même, cette réponse reflète la situation morale du judaïsme de cette époque, pris dans sa classe moyenne. Les disciples de Schammaï et de Hillel, les partisans du zélateur Juda, les ennemis implacables des Hérodiens et des Romains, n'avaient point le cœur malade et n'avaient nul besoin de médecin. L'esprit de sacrifice, ils ne le possédaient que trop. Jésus n'eut donc garde, et avec raison, de chercher à les moraliser. Il ne songea pas davantage à réformer les mœurs des grands et des riches, des amis des Romains, des Hérodiens, qui auraient accueilli ses sermons avec raillerie et mépris. Au lieu de flageller leur orgueil, leur vénalité et leur indifférence, Jésus, mieux avisé, se tourna vers ceux que la société judaïque repoussait de son sein. Il y avait en effet de ces hommes qui n'avaient aucune notion des salutaires doctrines du judaïsme, de sa loi, de son histoire et de son avenir. Il y avait des violateurs de la Loi (abrianim), ou, comme on les appelait alors, des pécheurs, que leurs infractions religieuses avaient fait exclure de la société, et qui ne voulaient ou ne pouvaient y rentrer. Il y avait des péagers et des publicains que les patriotes évitaient, à cause de leur zèle outré pour les intérêts de Rome, et qui, tournant le dos à la Loi, menaient une vie dépravée, insoucieux du passé et de l'avenir de la nation. Il existait aussi une classe de gens ignares, de petits artisans, de domestiques (am ha-arets), qui avaient rarement occasion de venir à la capitale et d'entendre exposer les vérités de la religion, que d'ailleurs ils n'eussent point comprises. Ce n'était pas pour eux que le Sinaï s'était couronné de flammes, que les prophètes avaient déployé leur ardente éloquence. Les docteurs de la Loi, plus occupés de cultiver la doctrine que de lui gagner des adeptes, songeaient peu à leur expliquer la Loi et les Prophètes et à les initier à leurs enseignements.

C'est à ces classes de la nation que Jésus voulut s'adresser, afin de les tirer de leur impiété et de leur ignorance invétérée de la loi divine. Il voulait sauver les brebis égarées de la maison d'Israël. Il le disait sans détour : Ceux qui sont sains (c'est-à-dire ceux qui connaissent et pratiquent la Loi) n'ont pas besoin du médecin, mais bien ceux qui sont malades, afin que pas un seul ne périsse, même des plus petits.

Pénétré de cette mission, résolu d'amener à la pénitence et de préparer à la venue prochaine de l'ère messianique les pécheurs, les publicains et les femmes de mauvaise vie, en leur faisant adopter une sorte d'essénisme, Jésus commença son œuvre à Nazareth, sa ville natale. Mais là, tous connaissaient depuis son enfance le fils du charpentier et s'estimaient ses égaux en piété, ses supérieurs en science religieuse : aussi n'y trouva-t-il que mauvais vouloir et dédain. Lorsqu'il se présenta à la synagogue, un jour de sabbat, pour prêcher la pénitence, les assistants se dirent entre eux : Eh quoi ! n'est-ce pas le fils de Joseph, le charpentier ? Ne connaissons- nous pas sa mère, ses frères et ses sœurs ? Et, au lieu de l'écouter, on lui cria : Médecin, commence par te guérir toi-même. C'est en se voyant si mal accueilli de ses concitoyens qu'il prononça ce mot : Nul n'est prophète en son propre pays ! Il quitta Nazareth et n'y reparut plus jamais.

Un succès plus brillant l'attendait à Capharnaüm (Kepkar Nachoum), ville située au bord occidental du lac de Tibériade. Les habitants de cette ville, située dans une contrée délicieuse, se distinguaient de ceux de Nazareth comme la plaine riante diffère de ta sauvage montagne. Capharnaüm comptait sans aucun doute plus de gens efféminés et adonnés au vice ; il y régnait un plus grand contraste de richesse et de misère. Elle offrait ainsi une plus ample carrière à l'activité de Jésus. Sa prédication pénétrante, énergique, jaillissant des profondeurs de son être, devait y trouver un plus facile accès. Il eut dans la basse classe de nombreux auditeurs, qui s'attachèrent à lui et lui firent cortège. Parmi ses premiers partisans de Capharnaüm, on compte Simon, surnommé Képhas ou Pierre (rocher), et son frère André, tous deux fils d'un certain Jonas, et exerçant la profession de pêcheurs, le premier médiocrement attaché à la Loi ; il y avait aussi les deux fils d'un certain Zébédée, nommés Jacques et Jean. Un riche publicain, que les sources nomment tantôt Matthieu, tantôt Lévi, s'était attaché à Jésus : celui-ci résidait d'ordinaire dans sa maison et y frayait avec d'autres compagnons de cette classe méprisée. Il y avait aussi, dans son entourage, des femmes de mœurs suspectes, et parmi celles-ci la célèbre Marie Madeleine (Magdalena, de la ville de Magdala, près de Tibériade), qu'il eut à débarrasser de sept démons, c'est-à-dire de sept vices. De ces misérables pécheresses, Jésus fit des pénitentes pleines de ferveur. Assurément, c'était un spectacle nouveau pour l'époque que ce docteur judéen fréquentant des femmes et surtout de pareilles femmes !

Cependant il sut élever jusqu'à lui, par l'enseignement et par l'exemple, tous ces pécheurs, ces publicains, ces créatures perdues et sans mœurs ; il sut leur inculquer l'amour de Dieu de manière à les transformer en dignes enfants de leur Père céleste ; il sut purifier et sanctifier leur cœur, réformer leur conduite, en faisant luire à leurs yeux l'espoir d'entrer dans le royaume des cieux. C'est là, à vrai dire, le plus grand miracle qu'il ait accompli. Jésus enseigne surtout à ses disciples les vertus passives des Esséniens, l'abnégation, la modestie, le mépris des richesses, la tolérance, l'amour de la paix. Il leur recommande de ne posséder ni or, ni argent, ni monnaie de cuivre, de n'avoir ni souliers aux pieds, ni vêtements de rechange. Il les invite à ressembler aux enfants, à se régénérer pour être comme eux innocents et purs, et mériter de jouir des prochaines félicités du monde messianique. Il exalte l'amour au prochain jusqu'à l'oubli de soi-même : Si quelqu'un te frappe sur une joue, tends-lui l'autre ; si quelqu'un t'enlève ton manteau, donne-lui aussi ta chemise. Il ne veut pas que les pauvres se mettent en peine de leur nourriture ni de leur habillement ; mais qu'ils prennent exemple sur les oiseaux du ciel, et les lis des champs, qui sont nourris et vêtus sans qu'il leur en coûte de soucis. Aux riches, il apprend la vraie façon de faire l'aumône : Il faut que la main gauche ignore ce que fait la main droite. Aux pécheurs endurcis, il conseille de prier dans leur chambre solitaire ; et, à cet effet, il dicte une courte formule : Notre Père qui es aux cieux..., formule peut-être en usage chez les Esséniens.

Jésus n'a nullement cherché à ébranler le judaïsme existant ; il ne s'est posé ni en réformateur de la doctrine judaïque, ni en fondateur d'une secte nouvelle, mais il voulait simplement amener les pécheurs à la vertu et à la sainteté, leur apprendre qu'ils étaient, eux aussi, enfants de Dieu, et les rendre dignes de participer à l'ère messianique. Il proclamait énergiquement l'unité de Dieu, et ne songeait en aucune façon à modifier la notion judaïque de l'essence divine. Un docteur lui ayant demandé un jour quel était le résumé de la loi judaïque, il répondit : Écoute, Israël, l'Éternel notre Dieu est un, et aime ton prochain comme toi-même, ce sont là les préceptes essentiels. Ceux de ses partisans qui étaient restés fidèles au judaïsme rapportaient de lui cette parole : Je ne suis pas venu pour ajouter à la

Loi ni pour en retrancher. Le ciel et la terre passeront avant qu'un iota soit changé à la Loi. Jésus ne blâma jamais les sacrifices ; il exigeait seulement, comme le voulaient du reste les Pharisiens, que la réconciliation avec les hommes précédât la réconciliation avec Dieu. Jésus ne rejetait même pas précisément les jeûnes, mais il voulait qu'on les pratiquât sans ostentation ni fausse dévotion. Il portait à son vêtement les franges (tsitsith) prescrites par la Loi. Il était si peu en dehors du judaïsme, qu'il partageait même les préjugés et les mépris de son époque à l'égard du monde païen. Il repoussait toute relation avec cette société : Il ne faut pas jeter les choses saintes aux chiens, ni les perles aux pourceaux, de peur qu'ils ne les foulent aux pieds et ne les détruisent. Son mérite principal — et il n'est pas médiocre — c'est d'avoir, comme Hillel, fait ressortir le côté intérieur des préceptes du judaïsme, les interprétant avec son esprit et son cœur, insistant sur le caractère filial des rapports d'Israël avec son Dieu, sur le principe de la fraternité humaine, sur la supériorité des lois morales, et essayant de rendre ces doctrines accessibles aux créatures les plus dégradées.

Mais la prédication seule n'aurait jamais permis à Jésus de trouver des partisans si dévoués et d'obtenir des résultats si considérables : il fallait qu'il entraînât les esprits, qu'il forçât leur admiration et leur enthousiasme par quelque chose d'extraordinaire. Sans doute, ses qualités extérieures, sa nature mystique et rêveuse, le charme de ses enseignements peuvent avoir produit une impression puissante. Mais, pour éveiller un enthousiasme durable dans des esprits bornés, indifférents à tout idéal, pour trouver en eux une foi à toute épreuve, pour en être honoré comme un être extraordinaire, il fallait des moyens non moins extraordinaires et capables de frapper l'imagination des masses. — Or, les sources chrétiennes sont pleines de récits où ces mêmes faits sont singulièrement transformés : Jésus, y est-il dit, aurait opéré une foule de cures merveilleuses. Si la plupart de ces récits sont inspirés par le goût de l'exagération, par le désir d'amplifier et d'embellir les faits, il doit y avoir là, cependant, un fond de vérité historique.

Les guérisons miraculeuses, notamment celles des démoniaques, rentraient si bien dans le genre de puissance attribué à Jésus, que ses successeurs se vantaient plutôt de ce pouvoir que de la pureté de leur vie. S'il faut s'en rapporter aux sources, la multitude était plus frappée de l'autorité de Jésus sur les démons et sur Satan que de sa grandeur morale. C'est par là, avant tout, qu'il apparut aux esprits peu cultivés comme un être extraordinaire.

Encouragé par ses succès à Capharnaüm, où il avait recruté son premier groupe de disciples, il voyagea à travers les villes de la Galilée. Il séjourna un certain temps à Bethsaïda (Julias), à Magdala et à Khorazin, où il gagna de nouvelles recrues, comme faisaient les Esséniens. Toutefois, son apparition à Bethsaïda et à Khorazin ne doit pas avoir produit une impression durable, à en juger par les objurgations qu'on lui prête contre ces villes, qu'il taxe d'obstination et d'indocilité, qu'il maudit comme Sodome et Gomorrhe. Mais ses fidèles disciples, hommes et femmes, qui le suivaient partout, obéissaient à tous ses ordres. De même qu'ils avaient renoncé à leur inconduite et à leur impiété, ils se dépouillaient aussi de leur avoir pour vivre en communauté de biens. Les repas pris en commun étaient le lien extérieur et comme le trait d'union des partisans de Jésus. Grâce aux subsides des riches publicains, les plus pauvres des disciples avaient leur nourriture assurée, ce qui les attachait davantage encore à Jésus.

Jésus choisit parmi ses disciples et admit dans son intimité ceux qui, par leur intelligence plus ouvert ou leur caractère plus énergique, lui paraissaient les plus dignes collaborateurs de son œuvre. Les sources elles-mêmes ignorent le nombre exact de ces disciples de prédilection ; la légende les réduit à douze et les appelle les douze apôtres, image au petit pied des douze tribus d'Israël.

Le but sur lequel se concentraient toutes ses pensées, le secret enfermé au fond de son âme, Jésus le révéla un jour à ses disciples intimes. Il les conduisit dans une contrée éloignée, au pied du mont Hermon, non loin de Césarée (C. Philippi), la capitale du tétrarque Philippe, là où le Jourdain sort en bouillonnant d'entre des rochers gigantesques. C'est là, dans cette sauvage solitude, qu'il voulait leur découvrir sa plus secrète pensée. Mais il sut s'arranger de façon à se faire arracher, en quelque sorte, cette confidence par ses disciples. Il leur demanda ce que pensaient de lui ses partisans : les uns lui dirent qu'on le tenait pour Élie, le messager attendu, le précurseur du Messie ; les autres, pour le prophète annoncé par Moïse... Et vous, demanda Jésus, qui suis-je à vos yeux ? Simon-Pierre répondit : Tu es toi-même le Messie (le Christ). Jésus loua la pénétration de Pierre, avoua être le Messie, mais il défendit à ses disciples de le divulguer, du moins pour le moment. C'est à cette heure précise que s'accomplit, dans l'ombre, la naissance du christianisme. Lorsque, quelques jours plus tard, les disciples intimes, Simon- Pierre et les fils de Zébédée, Jacques et Jean, hasardèrent timidement cette objection : qu'avant le Messie devait d'abord paraître Élie, comme précurseur, Jésus leur donna à entendre qu'Élie était venu, en effet, dans la personne de Jean- Baptiste, mais qu'on ne l'avait pas reconnu.

À quelque moment, du reste, que cette pensée soit entrée clans l'esprit de Jésus, il ne s'appela jamais lui-même le Messie, mais à cette qualification il en substituait d'autres qui, sans aucun doute, avaient cours chez les Esséniens. Il s'appelait le Fils de l'homme, par allusion au passage de Daniel (VII, 13) : Je voyais comme un fils de l'homme venant avec les nuées du ciel et s'avançant jusqu'à l'Ancien des jours. Mais une autre et plus équivoque dénomination était employée par Jésus dans l'intimité, c'était le nom redoutable : Fils de Dieu, qui était sans doute aussi une allusion à un verset biblique (Psaumes, II, 7) : Dieu m'a dit : C'est toi qui es mon fils, je t'ai engendré aujourd'hui. Jésus voulait-il faire prendre ce terme au figuré, comme synonyme de Messie, ou dans le sens littéral ? Autant que nous pouvons savoir, il ne s'en est jamais expliqué, pas même lorsqu'il fut appelé à en rendre compte devant la justice. Plus tard, ses partisans eux-mêmes ne s'accordèrent pas sur le vrai sens du mot ; désaccord qui produisit autant de sectes différentes. Ainsi se forma un nouveau paganisme : la déification d'un homme.

En se faisant reconnaître de ses disciples comme le Messie, Jésus, avons-nous dit, leur avait recommandé le secret. Il les consolait en leur disant que l'heure n'était pas encore venue, mais que le temps viendrait où ils pourraient dire dans la lumière ce qu'il leur avait dit dans les ténèbres, et prêcher sur les toits ce qu'il leur murmurait à l'oreille. Mais il arriva juste le contraire de ce qu'ils attendaient, lui comme ses disciples. Lorsque l'on apprit, sans doute par l'indiscrétion de ces derniers, que Jésus de Nazareth prétendait non seulement préparer la venue du royaume de Dieu, mais être lui-même le Messie, l'opinion publique se déclara contre lui. On lui demandait des signes surnaturels comme preuve de sa messianité ; ne pouvant les donner, il dut éluder les questions. Beaucoup de ses partisans, irrités de le voir jouer le rôle de Messie, paraissent s'être détachés de lui et cessèrent de le suivre. S'il ne voulait pas donner prise sur lui à ses disciples, il fallait faire quelque chose pour couronner son œuvre, ou succomber. Ils s'attendaient surtout à le voir se présenter comme Messie dans la capitale du pays, à la face de la nation entière. On raconte que ses propres frères l'ont conjuré de se rendre en Judée, afin que ses disciples le voient enfin à l'œuvre. Car personne n'agit en cachette, voulant se manifester à tous. Puisque tu fais ces choses, montre-toi donc au monde. Jésus dut se résoudre enfin à aborder cette voie périlleuse. Du reste, il n'était plus en sûreté dais la Galilée : pourchassé par les sbires du tétrarque Hérode Antipas, il était forcé de fuir de retraite en retraite. Dans cette détresse où il se trouvait, quelqu'un ayant voulu s'attacher à ses pas, Jésus lui dit : Les renards ont leur tanière et les oiseaux de l'air ont leur nid, mais le Fils de l'homme n'a pas où reposer sa tête. Pour dissiper tout malentendu au sujet de son attitude vis-à-vis de la Loi, il répondit à un Pharisien qui voulait s'attacher à lui et qui lui demandait ses conditions : Si tu veux posséder la vie éternelle, garde les commandements de la Loi, vends ton bien et distribue le produit aux pauvres, c'est-à-dire à mes disciples, qui ont fait vœu de pauvreté.

Après avoir traversé Jéricho, Jésus arriva dans le voisinage de Jérusalem. Ne pouvant pas résider dans la ville même, il s'établit à proximité, au village de Béthanie, au nord de la montagne des Oliviers, où habitaient les lépreux, auxquels le séjour de la ville sainte était interdit. C'est dans la maison d'un de ces lépreux, nommé Siméon, qu'il trouva un asile. Les autres partisans qu'il recruta à Béthanie appartenaient également à la basse classe, comme Lazare et ses sœurs, Marie et Marthe. Nos documents ne mentionnent qu'un seul riche habitant de Jérusalem, Joseph d'Arimathie, qui se soit fait partisan de Jésus.

Sur l'entrée de Jésus à Jérusalem et sur son apparition au temple, la légende a jeté un tissu où l'on trouve plus d'emphase que de vérité historique. Le peuple, dit-on, lui fit une escorte triomphale, en chantant hosanna. Mais n'est-ce pas ce même peuple qu'on dit avoir, quelques jours plus tard, demandé à grands cris sa mort ? L'une et l'autre allégation sont fausses et ont été imaginées, la première, pour établir la reconnaissance de Jésus Messie par le peuple ; la seconde, pour faire peser le crime de son exécution sur la nation entière. L'histoire de Jésus faisant irruption dans le temple, chassant les vendeurs de pigeons, renversant les tables des changeurs, est également dénuée d'authenticité. De pareils traits devaient faire sensation et n'eussent pas manqué être rapportés par les autres documents de cette époque. Nous ne sachions pas, d'ailleurs, que changeurs ni marchands de pigeons aient tenu boutique dans l'intérieur du temple.

Du reste, l'attitude prise par Jésus vis-à-vis du peuple, du Sanhédrin et des partis, — je veux dire la question de savoir s'il s'est posé publiquement en Messie et comment sa prétention fut accueillie, — cette question est précisément le point capital de son histoire. Or, les sources en traitent d'une manière si louche et si confuse, qu'il est difficile de distinguer le fond historique des amplifications de la légende. Jésus a dû, certainement, rencontrer à Jérusalem des préventions peu favorables. Aux yeux de la partie éclairée du peuple, un Galiléen ignare pouvait, moins que personne, être le libérateur attendu. Cela choquait d'ailleurs toutes les idées reçues, de voir le Messie venir de la Galilée, alors que, depuis des siècles, on comptait le voir surgir à Bethléem, comme issu de la race de David. De cette époque même pourrait bien dater le dicton populaire : Que peut-il venir de bon de Nazareth ? Quant aux dévots, ils étaient scandalisés des allures de Jésus frayant avec des pêcheurs, avec des publicains et des femmes de mauvaise vie, mangeant et buvant avec eux. Même les disciples de Jean-Baptiste, c'est-à-dire les Esséniens, paraissent s'être formalisés de ce manquement à la règle.

Les Schammaïtes étaient sans doute mécontents de le voir opérer des cures le jour du sabbat. Ils n'imaginaient pas un Messie profanant ce saint jour. Apparemment, Jésus s'était aussi prononcé plus d'une fois contre la méthode d'interprétation et les déductions des Pharisiens. Quant aux zélateurs, ils n'attendaient rien de grand d'un homme qui ne prêchait que la conciliation, n'inculquait pas à ses partisans la haine des Romains, et tout au contraire, dédaigneux des richesses, les engageait à payer docilement les impôts : Rendez à César ce qui est à César, et à Dieu ce qui est à Dieu. Toutes ces étrangetés, qui cadraient mal avec l'idée qu'on se faisait du Messie, devaient rendre les docteurs assez froids à son égard, et lui faire trouver à Jérusalem un accueil peu sympathique. Mais tous ces griefs ne fournissaient pas encore matière à une accusation contre lui. La libre expression des opinions individuelles était si bien entrée dans les habitudes, grâce aux fréquentes discussions entre Hillélites et Schammaïtes, qu'on ne songeait guère à poursuivre quelqu'un pour cause de dissidence doctrinale, pourvu qu'il ne transgressât pas les lois religieuses généralement reconnues, et qu'il ne s'élevât pas contre la notion de Dieu, telle que le judaïsme la professait.

C'est précisément sur ce dernier point que Jésus donnait prise aux attaques. Sans doute, le bruit s'était répandu qu'il prenait le nom de Fils de Dieu ; pris dans son sens littéral, ce terme blessait trop profondément les convictions religieuses de la nation pour que ses représentants pussent y rester indifférents. Mais comment le tribunal pouvait-il savoir avec certitude si réellement Jésus prétendait être le fils de Dieu, et quelle portée il attachait à cette dénomination ? Comment découvrir un secret confié à ses disciples les plus intimes ? Il fallait pour cela trouver parmi eux un traître : on le trouva dans Judas Iscariote (Ischariot), qui, entraîné par la cupidité, livra au tribunal celui qu'il avait salué Messie. Une source ancienne, et qui présente tous les caractères de l'authenticité, montre clairement de quelle manière on tira parti des dispositions de Judas. Pour pouvoir accuser Jésus comme faux prophète ou comme séducteur du peuple (méssith), le tribunal avait besoin de deux témoins qui eussent entendu de sa bouche même des propos suspects. Le dénonciateur fut donc chargé de le faire parler de façon à ce que deux témoins, qui se tenaient aux écoutes, perçussent distinctement toutes ses paroles. D'après les sources chrétiennes, le rôle de Judas se serait borné à désigner Jésus aux soldats et à la foule qui les accompagnait, ce qu'il aurait fait en lui donnant un baiser.

Aussitôt que Jésus fut entre les mains des soldats, ses disciples l'abandonnèrent pour chercher leur salut dans la fuite : seul, Simon Pierre le suivit de loin. À l'aube du 14 nissan, c'est-à-dire de la veille de Pâque, fête des pains azymes, Jésus fut conduit devant le Sanhédrin ; non pas devant le grand sanhédrin, mais devant le petit, composé de vingt-trois membres et présidé par Joseph Kaïaphas ou Caïphe. L'interrogatoire qui eut lieu avait pour but d'établir si, effectivement, Jésus se disait fils de Dieu, comme l'affirmaient les témoins. Quant au propos qu'on lui prêtait, savoir : Je puis détruire le temple et le rebâtir dans trois jours, cette prétention pouvait faire rire, mais ne pouvait en aucune façon servir de base à un procès. En réalité, l'accusation visait le crime de blasphème (ghiddouf) que Jésus aurait commis en se faisant passer pour le fils de Dieu. Interrogé sur ce point, Jésus garda le silence. Le président du tribunal lui ayant demandé pour la seconde fois s'il était le fils de Dieu, Jésus aurait répondu : Tu l'as dit ! — Et bientôt, aurait-il ajouté, on verra le fils de l'homme assis à la droite du trône de Dieu, et s'avançant sur les nuées. Si cette réponse est authentique, les juges pouvaient en conclure à bon droit qu'il se considérait comme le fils de Dieu. En entendant ce blasphème, le grand prêtre déchira ses vêtements, et le tribunal condamna Jésus comme blasphémateur. Les sources chrétiennes ne permettent guère de décider si les juges, en le condamnant, ont violé les lois pénales alors en vigueur. Il est certain que les apparences étaient contre lui.

Le Sanhédrin demanda la confirmation du jugement, ou plutôt la permission de l'exécuter, au procurateur Ponce Pilate, qui se trouvait précisément à Jérusalem au moment de la Pâque.

Pilate, devant qui Jésus fut amené, l'interrogea sur le côté politique de son entreprise et voulut savoir s'il prétendait être, en sa qualité de Messie, le roi des Judéens. Jésus ayant répondu en termes évasifs : C'est toi qui le dis, le procurateur prononça l'arrêt de mort. Cela seul rentrait dans ses attributions. Quant à ce que racontent les documents chrétiens : que Pilate trouva Jésus innocent et voulut le sauver, mais que les Judéens insistèrent pour qu'il fût mis à mort, c'est là une pure légende.

Si Jésus fut insulté, si on le coiffa d'une couronne d'épines, insigne dérisoire de sa royauté messianique, ces brutalités ne furent pas le fait des Judéens, mais de la soldatesque romaine, heureuse d'humilier dans sa personne la nation judaïque. Il y avait dans l'esprit de ses juges israélites si peu de haine et de passion contre Jésus, qu'on lui présenta, comme on le faisait à tout condamné, la coupe de vin aromatisé, pour étourdir par l'ivresse l'angoisse de la mort. La flagellation qu'on lui infligea avant son exécution montre bien que Pilate procédait suivant la loi pénale des Romains, car, d'après la loi judaïque, la peine du fouet n'était pas applicable à un condamné à mort. Ce sont donc les licteurs romains qui ont battu de verges ou de cordes le soi-disant Roi des Judéens. Ce sont eux aussi qui, sur l'ordre de Pilate, l'ont cloué sur la croix, supplice infamant prescrit par les lois romaines. En effet, une fois que le fonctionnaire romain, qui seul avait droit de vie et de mort, avait prononcé la peine capitale, le condamné n'appartenait plus à sa nation, mais à l'autorité romaine. Ce n'est pas le Sanhédrin judaïque, c'est Pilate qui fit exécuter Jésus comme séditieux et condamné politique. Les documents chrétiens prétendent qu'il fut crucifié vivant, à neuf heures du matin, et qu'il n'expira qu'à trois heures du soir (l'an 30 ou 35 ?). Sa dernière parole aurait été une phrase araméenne tirée des Psaumes : Mon Dieu, mon Dieu, pourquoi m'as-tu abandonné ? (Éli éli lama schebaktani). Les soldats romains auraient mis sur la croix, pour le ridiculiser, une inscription ainsi conçue : Jésus de Nazareth, roi des Judéens. Le crucifiement et sans doute aussi l'inhumation eurent lieu hors de la ville, dans un endroit réservé aux suppliciés et qu'on appelait Golgotha (le Calvaire).

Telle fut la fin d'un homme qui avait voulu moraliser les plus infimes d'entre ses frères et qui a peut-être péri victime d'un malentendu. Sa mort est devenue la source d'innombrables souffrances, de supplices de toute nature, pour les enfants de son peuple. C'est le seul mortel dont on puisse dire, sans exagération, qu'il a plus fait par sa mort que par sa vie. La funèbre colline du Golgotha est devenue, pour le monde, un nouveau Sinaï. Et cependant ces événements, si graves pour le monde chrétien, firent si peu de sensation chez les contemporains, que les historiens judaïtes Justus de Tibériade et Josèphe, dont le dernier notamment raconte les moindres incidents de l'administration de Pilate, ne disent pas un mot de Jésus ni de sa mort.

Dans le premier moment de terreur qui suivit l'emprisonnement et la mort de Jésus, ses disciples s'étaient débandés en toute hâte. Une fois leur effarement dissipé, ils se rapprochèrent pour pleurer la mort de leur maître bien-aimé. Tout le parti de Jésus, du moins ce qui en restait alors à Jérusalem, ne comptait pas plus de cent vingt membres et, en y comprenant ses adhérents de la Galilée, le nombre total ne dépassait pas cinq cents. Ici se montre bien la profonde impression que Jésus dut faire sur ces hommes, pour la plupart grossiers et ignorants. Loin de renoncer à leur foi en lui, leur enthousiasme grandit de plus en plus et leur vénération s'exalta jusqu'au fanatisme. Un seul point gênait cet élan, c'était la pensée que le Messie, qui devait sauver Israël et réaliser les splendeurs du royaume des cieux, avait subi une mort infamante. Comment le Messie pouvait-il être sujet à la douleur ? Un Messie souffrant, c'était pour eux une grave difficulté ; et pour qu'ils pussent croire, pleinement et sans réserve, à son caractère messianique, il fallait avant tout écarter cet obstacle. C'est alors, sans doute, qu'un des disciples, plus versé dans les Écritures, calma leurs scrupules et les siens en remarquant que cette prophétie d'Isaïe : Il sera arraché du pays des vivants et il pâtira pour les péchés de son peuple, avait eu en vue le Messie. C'est quelque Pharisien qui aura tiré d'embarras le petit groupe hésitant et déconcerté des disciples de Jésus, et cela au moyen de la méthode interprétative, qui donnait au nouveau le prestige de l'antique, à l'étrange la consécration de la Bible, et en fournissant ainsi au christianisme naissant et frêle un point d'appui solide. C'était une puissance, à cette époque que l'interprétation des Écritures, capable de faire accepter les fantaisies les plus folles et de transformer l'absurdité en évidence. Aucune idée nouvelle, si elle n'était appuyée par un texte quelconque de l'Écriture sainte, ne pouvait trouver créance ni réussir à s'implanter. Avec l'interprétation, le problème était résolu : cela devait arriver. La condamnation même de Jésus comme criminel parut pleinement justifiée. N'était-ce pas l'accomplissement littéral de la prophétie messianique ? N'avait-il pas été prédit que le Messie serait compté au nombre des malfaiteurs ? Ses disciples croyaient se rappeler de lui avoir entendu dire qu'il allait au-devant des persécutions et de la mort. Ainsi les souffrances et la mort de Jésus devenaient des preuves de sa messianité. Ses partisans passaient en revue toute son existence, et, dans le moindre fait, dans la circonstance la plus insignifiante, on découvrait un indice frappant. Il n'était pas jusqu'au lieu de sa naissance, Nazareth au lieu de Bethléem, qui n'eût sa raison d'être dans une prophétie : Il fallait qu'il fût nommé Nazaréen (Nazir ?). Ses partisans restèrent donc convaincus que Jésus le Nazaréen était bien le Christ (le Messie). Leur esprit une fois tranquillisé sur ce point, il devenait facile de résoudre cette autre difficulté : Quand donc le royaume du ciel allait-il venir, puisque celui qui devait le réaliser était mort sur la croix ? L'espérance dicta la réponse : Le Messie reviendra dans sa gloire, escorté par les anges du ciel, et il récompensera chacun selon ses oeuvres. Ils croyaient même que quelques-uns de ceux qui vivaient alors ne mourraient point qu'ils n'eussent vu le Fils de l'homme entrer dans son royaume (parousia). Ainsi les croyants attendaient à tout instant le retour de Jésus, en quoi ils ne différaient aucunement des Judéens, sauf qu'ils voyaient dans le Messie une personnalité déjà connue. À son retour, estimaient-ils, Jésus fondera le règne de mille ans, le jubilé millénaire (chiliasmos, millénium), qui aura lieu quand l'univers aura accompli son sixième mille, et qui apportera aux croyants toutes les délices de la paix, toutes les félicités terrestres. Pour entretenir cette croyance, il fallait que Jésus eût triomphé de la mort, qu'il fût ressuscité. Peut-être comme pendant l'épisode biblique du prophète Jonas, qui avait passé trois jours dans le ventre d'un poisson, se forma la légende selon laquelle Jésus était resté trois jours dans le sépulcre, qu'il en était ressorti vivant, que sa tombe avait été trouvée vide. Beaucoup de ses partisans prétendirent l'avoir vu, qui en tel lieu, qui en tel autre, lui avoir parlé, avoir touché ses plaies et même avoir mangé avec lui des poissons et du miel vierge. Dans ces âmes croyantes, il ne restait pas la moindre place au doute.

Toutefois, quelque grande que fût la vénération des premiers croyants pour Jésus, de quelque auréole qu'ils l'aient entouré, ils ne l'ont pas placé au-dessus de la sphère humaine : leur enthousiasme n'allait pas jusqu'à le diviniser. Ils le tenaient simplement pour un homme supérieur, admirablement doué, attaché plus que personne à la loi de Dieu, et que Dieu, par ce motif, avait jugé digne d'être son Messie. Aussi, eux-mêmes restèrent-ils fidèles à la loi judaïque, observant le sabbat, la circoncision, les lois alimentaires, et vénérant Jérusalem et le temple. Pourtant, à côté de leur croyance à Jésus Messie, ils se distinguaient des autres Judéens par certaines particularités empruntées à l'essénisme. Leur trait le plus caractéristique, c'était la pauvreté volontaire que Jésus leur avait appris à accepter. De là, le nom d'Ébionites (les Pauvres) qu'ils reçurent ou se donnèrent eux-mêmes. Par suite, la vie en commun avec la communauté de biens devenait une nécessité pour eux. Chaque nouvel affilié vendait donc son avoir et en remettait le produit à la caisse commune. Sur ce point, les premiers chrétiens ou Judéo-Chrétiens, que les Judéens appelaient les Nazaréens ou les Nazaréniens, ne s'éloignaient pas de leur origine, c'est-à-dire de l'essénisme. Pour l'administration des ressources communes et de l'alimentation générale, ils choisirent sept diacres, suivant l'usage des communautés judaïques. Les principes esséniens des premiers partisans de Jésus se révèlent encore par d'autres marques : comme les Esséniens, ils s'abstenaient de viande et de vin, pratiquaient le célibat, méprisaient l'huile destinée à la toilette du corps, ainsi que les vêtements superflus, et se contentaient d'un simple habit de lin blanc. On raconte de Jacques, le frère de Jésus, à qui ce lien de parenté avait valu la présidence de la première communauté judéo-chrétienne, et qui lui servait de modèle, que jamais il ne but de vin ni d'autre boisson enivrante, ni ne mangea de viande, ni ne laissa le rasoir approcher de sa tête ; qu'il ne portait point de vêtement de laine et ne possédait qu'un habit, un seul habit de lin. Strict observateur de la Loi, il s'indignait des violations que se permettaient certains judéo-chrétiens. Les autres chefs de la première communauté ébionite étaient : Simon Céphas ou Pierre, fils de Jonas, et Jean, fils de Zébédée. Ces disciples privilégiés devinrent les Colonnes du christianisme. Simon-Pierre était le plus actif de tous ; il s'évertua à recruter des croyants à Jésus et des adeptes à la vie chrétienne. Toutefois, on le représente comme un homme d'un caractère versatile. À en croire les documents chrétiens, Pierre, lors de l'arrestation de Jésus, le renia trois fois, et son maître lui-même lui reprocha son peu de foi. — Simon-Pierre et les autres disciples prétendaient avoir reçu de Jésus la mission d'aller trouver les brebis égarées de la maison d'Israël pour les faire participer au royaume de Dieu. Comme Jésus et Jean le Baptiste, ils devaient annoncer ce royaume céleste. Ainsi le christianisme, à peine né, rêvait déjà conquêtes et prosélytisme. Les disciples de Jésus prétendaient aussi avoir reçu de lui le don de guérir les malades, de ressusciter les morts, de chasser les esprits malins. Ils firent de l'exorcisme une fonction régulière et propagèrent la croyance galiléenne au pouvoir de Satan et des démons. Dans le judaïsme, cette croyance était fort inoffensive et sans aucun caractère religieux : le christianisme l'érigea en dogme, — un dogme auquel des hécatombes de victimes humaines devaient un jour être immolées. Les premiers chrétiens usèrent ou plutôt abusèrent du nom de Jésus pour toutes sortes de conjurations et de sortilèges. Tous ceux qui croyaient en Jésus prétendaient avoir la puissance de chasser, en son nom, les esprits malins, de conjurer les serpents, de guérir des malades par la simple imposition des mains et de paralyser l'action des breuvages mortels. — À la réception de chaque nouveau membre, on commençait par chasser de son corps les démons qu'on supposait l'avoir habité jusque-là. Rien d'étonnant donc si Judéens et païens ont pris les sectateurs de Jésus pour des exorcistes ou des magiciens.

Cependant, dans les premières années qui suivirent la mort de Jésus, on ne fit guère attention à eux parmi les Judéens. L'obscurité de leur condition les dérobait aux regards. Ils étaient considérés comme une secte et rattachés probablement à l'essénisme, avec lequel ils avaient, d'ailleurs, tant de points de ressemblance. Ils n'auraient sans doute pas manqué de disparaître si, dix ans plus tard, un homme ne s'était rencontré, qui, par le développement qu'il donna à la secte et par la hauteur où il sut l'élever, lui assura l'empire du monde.

Depuis un siècle, c'est-à-dire depuis que la rivalité des derniers Hasmonéens avait livré la Judée au despotisme romain, une sorte de fatalité pesait sur ce pays. Chaque nouvel événement aboutissait pour lui à de nouveaux malheurs. La parole de Kobéleth qui proclamait la vanité de toutes choses et qui s'écriait : Rien de nouveau sous le soleil, était elle-même une parole vaine. Ce fantôme du Messie, qui, après avoir flotté obscurément dans les esprits, venait tout à coup de prendre corps, n'était-ce pas quelque chose de nouveau dans le monde ? Et ce nouveau-né au masque de mort allait apporter aux Judéens de nouvelles et cuisantes douleurs. Sorti du sein de l'essénisme, le messianisme nazaréen en avait hérité la haine contre les habitudes de la nation telles que les avaient faites les doctrines pharisaïques. Sous l'empire de la tristesse que lui causait la mort de son fondateur, le christianisme sentit grandir encore son aversion. Le procurateur Ponce Pilate contribua encore à envenimer l'hostilité de la secte chrétienne contre les Judéens, ses frères. À l'horreur du supplice de Jésus, il avait ajouté l'humiliation et la raillerie ; il l'avait fait battre de verges et mettre en croix comme le plus vil des esclaves, et avait affublé d'une dérisoire couronne d'épines ce roi des Judéens. Ce spectre de Jésus sanglant et ceint d'une couronne d'épines hantait sans cesse l'imagination de ses partisans et leur soufflait des pensées de vengeance. Mais, au lieu de tourner leur ressentiment contre le cruel et sanguinaire gouvernement de Rome, ils rejetèrent toute la responsabilité sur les chefs de la nation judaïque et, peu à peu, sur la nation elle-même. Ils feignirent d'oublier, ils oublièrent peut-être à la longue, que Pilate était le meurtrier de leur maître, et ce sont les Judéens en masse qu'ils chargèrent du crime.

Vers la même époque, Pilate sévit contre un messie ou prophète samaritain, qui avait rassemblé ses adhérents dans le village de Thirathaba (Thirza ?) et leur avait promis de leur montrer, sur le Garizim, les vases sacrés du tabernacle de Moïse. Le procurateur, qui voyait dans toute assemblée populaire et toute agitation se produisant dans son gouvernement une révolte contre la puissance romaine, fit avancer des troupes contre les Samaritains. Les principaux d'entre eux furent saisis et livrés au dernier supplice (36). Mais alors Judéens et Samaritains portèrent plainte contre les cruautés de Pilate devant Vitellius, procurateur de la Syrie, et celui-ci lui ordonna de se rendre à Rome pour se justifier. S'il faut en croire l'assertion suivant laquelle

Tibère, après la chute de Séjan, aurait montré une certaine bienveillance aux Judéens, on s'explique la quiétude dont ils jouirent à cette époque. Les Judéens trouvèrent des défenseurs à la cour même de Tibère, notamment sa belle-sœur Antonia, qui lui avait dénoncé le complot de Séjan, et qui voulait du bien à un prince patriote de la famille d'Hérode. Grâce à cette intervention, Tibère révoqua le décret de proscription lancé contre les Judéens. Vitellius leur témoigna désormais toutes sortes de prévenances, accueillant leurs plaintes, empressé d'y satisfaire, plein de ménagements pour leur susceptibilité. Étant venu à Jérusalem à l'occasion des fêtes de Pâque (an 37) pour se rendre compte de l'état des choses, il se montra disposé à faire toutes les concessions possibles. Il fit remise aux habitants de Jérusalem des impôts sur les denrées, impôts d'autant plus vexatoires que l'approvisionnement de la capitale se faisait principalement par les marchés. Il se dessaisit également des vêtements du grand prêtre, tenus sous clef dans la tour Antonia, et en confia la garde au collège sacerdotal. Cependant il ne renonça pas au droit de nommer les grands prêtres, ce droit étant d'une grande importance pour les intérêts de Reine. Il en fit lui-même usage en nommant Jonathan, fils d'Anan, à la place de Joseph Caïphe. Ce dernier était resté en fonctions pendant toute la durée du gouvernement de Pilate, et sans doute il avait agi d'après ses inspirations, ce qui dut lui aliéner l'esprit du peuple. Vraisemblablement, en favorisant ainsi les Judéens, Vitellius n'agissait pas contre la volonté de l'empereur. Au reste, celui-ci lui donna l'ordre formel de soutenir avec toutes les troupes disponibles le prince Hérode Antipas dans sa lutte contre Arétas, bien que la cause du premier fût mauvaise. Antipas avait épousé la fille d'Arétas, roi des Nabatéens, ce qui ne l'empêcha pas de s'éprendre d'Hérodiade, la femme de son frère consanguin Hérode, lequel, déshérité par son père Hérode Ier, était rentré dans la vie privée. Antipas avait fait la connaissance d'Hérodiade lors d'un voyage à Rome. L'ambitieuse Hérodiade, mécontente sans doute de sa condition obscure et retirée, abandonna son mari, dont elle avait eu une fille, et, sans scrupule, contrairement à la loi, elle épousa son beau-frère. La première femme d'Antipas, irritée de cette indignité, s'était retirée auprès de son père Arétas, et l'avait poussé à faire la guerre à son infidèle époux. Antipas essuya une défaite terrible. C'est alors que l'empereur, informé par lui, ordonna à Vitellius de se porter à son secours. Mais Vitellius se disposant à traverser la Judée avec deux légions, il y eut de l'émoi parmi les Judéens à cause des images de l'empereur qui surmontaient les étendards. Le général romain poussa la déférence jusqu'à éviter de faire passer ses troupes à travers la Judée, et leur faire suivre l'autre rive du Jourdain. Aussi le peuple lui fit-il un accueil enthousiaste lorsqu'il arriva à Jérusalem, où il offrit des sacrifices dans le temple.

De tous les procurateurs que Rome lui imposa, la Judée n'en a pas connu de meilleur que Vitellius.

Chapitre XV

Les Hérodiens : Agrippa Ier, Hérode II — (37-49)

Lorsque l'empereur Tibère fut mort assassiné (16 mars 37), et que le sénat se berça un instant du doux rêve de recouvrer l'antique liberté, Rome ne se doutait guère qu'un ennemi lui était né à Jérusalem, que cette communauté chrétienne, à peine formée alors, mettrait un jour son empire en pièces, jetterait bas ses divinités, et, après l'avoir elle-même lentement désorganisée, briserait sa puissance. Une idée conçue et mise en lumière par un fils du judaïsme, adoptée et mûrie par une tourbe infime, devait abattre la grandeur et la majesté romaine. Le troisième empereur, Caïus Germanicus Caligula, contribua lui-même à livrer au mépris public la religion romaine, principale force de l'État. Sur le trône des Césars, la folie et la lâcheté avaient succédé à la haine farouche du genre humain. Mais aucun des peuples soumis aux Romains ne ressentit plus durement que les Judéens les suites de ce changement de règne. Dans les premiers temps, il est vrai, qui suivirent l'avènement de Caligula, la situation de la Judée parut prendre une tournure favorable. Caligula prodigua les témoignages de bienveillance à Agrippa, l'un des meilleurs princes judaïtes, et l'on put espérer que le joug romain allait devenir moins pesant à la Judée. Mais l'événement fit bientôt voir que cette bienveillance et ces beaux sentiments n'étaient que le fruit d'un caprice passager, qui devait faire place à des fantaisies plus sanglantes, source de terreurs et d'angoisses pour les Judéens de l'empire.

Agrippa (né vers l'an 10 avant J.-C., mort en l'an 44) était fils de cet Aristobule, une des victimes d'Hérode, et petit-fils de

Mariamne l'Hasmonéenne ; il avait donc à la fois du sang hasmonéen et iduméen dans les veines, et cette double origine lui avait donné des instincts opposés qui se disputèrent d'abord son esprit, mais dont le meilleur finit par prévaloir. Élevé à Rome et ayant grandi auprès de Drusus, le jeune fils de Tibère, Agrippa, au début, se montra un parfait Hérodien : plat valet de Rome, gaspillant sa fortune et s'abîmant de dettes pour capter la faveur des maîtres. Lorsque la mort de son ami Drusus (23 après J.-C.) l'obligea de quitter Rome et de revenir en Judée, il se trouva réduit à une telle détresse qu'il lui fallut vivre dans un coin de l'Idumée, lui qui frayait naguère avec les fils des Césars. Un moment, il songea au suicide ; mais son épouse Kypros, une femme de grand cœur, chercha à le sauver du désespoir en recourant à sa sœur Hérodiade, la princesse de Galilée, qui, vaincue par ses instances, décida son époux Antipas à subvenir à son entretien. Agrippa fut nommé inspecteur des marchés de Tibériade. Mais un jour, Antipas lui ayant reproché sa dépendance, Agrippa le quitta et se réfugia auprès de Flaccus, gouverneur de la Syrie, dont il se fit le parasite. Agrippa perdit bientôt cette nouvelle et équivoque situation, et cela, par le fait de son propre frère Aristobule, jaloux de la faveur dont il jouissait auprès du Romain. Abandonné et détesté des siens, Agrippa songea à tenter de nouveau la fortune à Rome, mais il n'y trouva que la prison pour dettes, à laquelle il échappa à grand'peine. Il parvint à gagner Alexandrie, où le Judéen le plus riche et le plus considéré de la ville, l'arabarque Alexandre Lysimaque, chez qui il s'était réfugié, lui fournit les ressources nécessaires pour le voyage.

Ce Lysimaque, un des plus nobles Israélites de son temps, était l'administrateur des biens de la jeune Antonia, fille du triumvir Antoine et de sa première femme, la sœur d'Auguste (Celui-ci avait donné à sa nièce la fortune qu'Antoine avait laissée en Égypte). Lysimaque rendit tant de services à la famille impériale qu'il en devint le fils adoptif et put ajouter à son nom celui de l'empereur : Tiberius Julius Alezander. Sans aucun doute, il avait été initié à cette brillance culture grecque, dont son frère Philon était un des adeptes les plus distingués. L'arabarque n'en était pas moins profondément attaché à ses coreligionnaires et au temple. Il fit revêtir d'or fin les battants de toutes les portes conduisant de l'avant- cour du temple au parvis intérieur, à l'exception de la porte du Nicanor.

Voulant sauver Agrippa, mais se défiant de sa folle prodigalité, il demanda à sa femme de se porter caution pour lui. Arrivé à Rome (printemps de l'an 36), Agrippa recommença sa vie aventureuse. Au début, Tibère, retiré à Caprice, fit bon accueil à cet ancien compagnon du fils qu'il avait perdu ; mais il lui retira bientôt sa faveur, lorsqu'il apprit quelles grosses sommes il devait au trésor impérial. Antonia, belle-sœur de Tibère et ancienne amie de Bérénice, la mère d'Agrippa, l'aida à sortir de ce nouvel embarras. Par son entremise, le jeune aventurier se vit réhabilité et devint l'ami intime de Caïus Caligula, l'héritier présomptif. Et comme si la fortune avait voulu épuiser contre lui tous ses caprices, Agrippa fut jeté dans les fers, parce qu'un jour, voulant flatter Caligula, il lui échappa de dire : Ah ! si Tibère s'en allait bientôt et laissait la couronne à plus digne que lui ! Un de ses esclaves avait rapporta le propos à l'empereur. Agrippa resta en prison jusqu'à la mort de Tibère, survenue six mois après.

L'avènement au trône de son ami Caligula commença la fortune d'Agrippa. Le nouvel empereur, le tira de prison et, en souvenir de sa captivité, dont lui-même avait été la cause indirecte, lui fit don d'une chaîne d'or. Il lui octroya le diadème, insigne de la royauté, et ce qui composait autrefois la tétrarchie de Philippe, depuis dévolue à Rome. En même temps, le sénat romain lui décerna le titre de préteur (37). Telle était l'affection que lui avait vouée Caligula, qu'il ne le laissa partir pour la Judée qu'un an après, avec la promesse qu'il reviendrait bientôt le voir.

En revenant roi et favori de l'empereur (août 38) dans ce même pays qu'il avait quitté indigent et perdu de dettes, Agrippa excita la jalousie de sa sœur Hérodiade qui, dévorée d'ambition, pressa son mari de se rendre également à Rome et de demander, au jeune et libéral empereur, tout au moins un royaume. Ici se montrent, au naturel, les tristes sentiments dont les Hérodiens étaient mutuellement animés. Soit qu'il craignit de voir Antipas gagner lui aussi la faveur de Caligula, soit qu'il voulut se venger de l'injure qu'il en avait reçue jadis, Agrippa le noircit auprès de l'empereur, qui le déposséda de sa tétrarchie et l'exila à Lyon, dans les Gaules (39). Sa femme le suivit dans cet exit avec une fidélité assez inattendue. Le dernier fils d'Hérode et sa petite-fille — Antipas et Hérodiade — moururent ainsi sur la terre étrangère. L'empereur abandonna leur succession à son ami Agrippa, dont la puissance territoriale, augmentée des principautés de la Galilée et de la Pérée, acquit de la sorte une notable importance.

La faveur que Caligula lui avait témoignée, et qui ne pouvait manquer de s'étendre à ses coreligionnaires, excita l'envie des païens et fit notamment éclater contre les Judéens la haine implacable qui couvait depuis longtemps dans le cœur des Grecs d'Alexandrie. De fait, les Judéens avaient des ennemis secrets ou déclarés dans tout l'empire romain. C'était un mélange de haine de race et de haine religieuse, à laquelle se joignait une vague appréhension de voir ce petit peuple, si méprisa et si fier, parvenir un jour à la toute-puissance. Mais nulle part ces dispositions malveillantes n'avaient atteint un aussi haut degré que parmi la population grecque d'Alexandrie, population turbulente, oisive et encline au dénigrement. Elle voyait d'un œil jaloux l'activité et le bien-être de ses concitoyens israélites, qui lui disputaient le premier rang sous le rapport de la fortune et même de la culture littéraire et philosophique. Cette haine datait de l'époque où une reine d'Égypte avait confié le soin des affaires extérieures à des généraux judéens ; et elle s'aviva encore par les préférences dont les Judéens furent l'objet de la part des premiers empereurs romains, qui se fiaient plus à leur fidélité qu'à celle des Grecs. Des écrivains malveillants avaient fomenté ce sentiment haineux et, pour rabaisser les Judéens, avaient dénaturé leur histoire. Le philosophe stoïcien Posidonius, originaire d'Apamée, en Syrie, qui avait assisté à l'essor de la nation judaïque sous les Hasmonéens Hyrcan Ier, Alexandre Ier et la reine Alexandra, et qui avait vu la chute du royaume de Syrie, fut le premier qui donna cours à des fables sur l'origine et le culte des Judéens, ou propagea celles qui avaient été imaginées par les flatteurs d'Antiochus Épiphane.

L'invention ridicule qui attribuait aux Judéens l'adoration d'une tête d'âne, les accusations calomnieuses qui leur reprochaient d'engraisser un Grec dans le temple de Jérusalem pour le sacrifier de haïr tous les peuples en masse et la nation grecque en particulier, furent reprises par un jeune écrivain, le rhéteur Apollonius Molon, qui vivait avec Posidonius dans l'île de Rhodes. Apollonius, acceptant ces imputations comme démontrées, s'en fit l'écho et le propagateur. Il passa en revue toute l'histoire d'Israël, présenta la sortie d'Égypte comme une expulsion motivée par quelque plaie honteuse, transforma Moïse, le sublime législateur, en vulgaire magicien, et affirma que ses lois, bien loin d'enseigner la vertu, ne contenaient qu'abominations. Il en concluait que les Judéens étaient des contempteurs de Dieu et des hommes ; il leur reprochait d'être à la fois lâches et téméraires, le plus ignorant des peuples barbares, incapable de rendre aucun service à l'humanité. Cicéron, qui avait quelque liaison avec ces deux écrivains, s'inspira de leur langage dans ses odieuses sorties contre la race judaïque et ses lois. Jules César, qui fréquentait, lui aussi, Posidonius et Molon, sut mieux résister à l'influence de leurs préjugés hostiles.

Plusieurs Grecs d'Alexandrie, Chérémos, Lysimaque et autres, accueillirent avidement ces allégations, y ajoutèrent même et les propagèrent, au plus grand préjudice des Judéens de leur temps. Il n'y eut que trois écrivains grecs qui parlèrent plus favorablement des Judéens dans leurs écrits : Alexandre Polyhistor, Nicolas de Damas, l'ami d'Hérode, enfin Strabon, le meilleur géographe de l'antiquité. Dans son ouvrage, où l'histoire s'entremêle à la géographie, Strabon a consacré une belle page au judaïsme. Si, lui aussi, considère les Judéens comme originaires de l'Égypte, du moins il ne répète pas, quoiqu'il ait dû la connaître, la légende qui les fait expulser du pays pour cause de lèpre et d'impureté. Au contraire, il représente la sortie d'Égypte comme effectuée par Moïse et motivée par l'horreur que lui inspiraient les coutumes et le culte des Égyptiens. Strabon fit en même temps ressortir, avec une évidente sympathie, les grandes idées mosaïques d'un Dieu unique et d'un culte sans images, contrastant avec le polythéisme et la idolâtrie de l'ancienne Égypte, et avec le culte grec, qui assimilait la Divinité à l'homme. Comment, s'écrie-t-il, un être raisonnable peut-il se permettre d'attribuer à l'Être divin une ressemblance quelconque avec l'homme ? Tout au rebours de Posidonius, de Molon et autres détracteurs du judaïsme, Strabon en préconise la doctrine comme encourageant la vertu, comme assurant la bienveillance divine à tout homme juste et honnête... Strabon raconte que les premiers successeurs de Moïse vécurent conformément à ses lois, pratiquant la justice et la véritable crainte de Dieu. C'est avec la plus grande vénération qu'il parle du sanctuaire de Jérusalem. Bien que ses gouvernants, au mépris de la pure doctrine de Moïse, eussent malmené le peuple, la capitale des Judéens, selon lui, a cependant conservé à leurs yeux une certaine majesté, si bien qu'ils ne la considèrent pas comme le siège de la tyrannie, mais plutôt comme l'auguste résidence du Seigneur.

Mais Strabon fait exception parmi les écrivains grecs, qui, en général, ne manquent pas une seule occasion de diffamer les Judéens et leur doctrine. Tel est surtout l'Égyptien Apion, qui, enflammé de jalousie et de haine par les succès des Judéens, composa tout exprès contre eux un libelle où il poursuivait de ses sarcasmes ceux de cette nation qui avaient occupé un rang élevé à Alexandrie, et où il rappelait l'animosité de Cléopâtre contre les Judéens. Apion fut le premier païen qui fit une campagne en règle contre le judaïsme.

Ces dispositions malveillantes des Alexandrins, inspirées à la fois par l'envie, la haine religieuse et l'antipathie nationale, durent se contenir sous Auguste et Tibère, parce que les gouverneurs impériaux de l'Égypte réprimaient sévèrement toute manifestation violente. Il en fut autrement sous Caligula : les habitants païens d'Alexandrie savaient que le gouverneur Flaccus, qui avait été l'ami de Tibère, était suspect, comme tel, aux yeux de son successeur et que celui-ci prêterait facilement l'oreille à toute accusation portée contre lui. Flaccus lui-même craignait tant d'attirer l'attention du vindicatif empereur et d'être accusé auprès de lui, que la populace d'Alexandrie lui fit faire tout ce qu'elle voulut. Il ferma les yeux sur le complot formé par elle et lui servit même d'instrument. En apprenant qu'Agrippa avait reçu le diadème royal, les païens d'Alexandrie en conçurent la plus vive jalousie. La joie de leurs concitoyens judéens, avec lesquels Agrippa était en relation par l'intermédiaire de l'arabarque Alexandre, les exaspéra encore davantage et les poussa aux violences. Ces manifestations anti-judaïques avaient surtout pour instigateurs deux misérables, l'un appelé Isidore, greffier vénal, que le peuple avait surnommé la plume de sang, parce que sa fureur d'écrire avait coûté la vie à maint innocent ; l'autre ayant nom Lampo, un de ces débauchés sans scrupules que peut produire une capitale corrompue, sous un ciel bridant. Ces deux agitateurs dominaient d'un côté le gouverneur démoralisé, et de l'autre, dirigeaient à leur gré la plèbe, qui n'attendait qu'un signal pour assouvir sa haine contre les Judéens.

Par malheur, Agrippa, dont le retour de fortune, offusquait les habitants d'Alexandrie, s'arrêta dans cette ville en se rendant à Rome (juillet 38). Sa présence fournit un aliment à la fermentation qui régnait contre les Judéens et provoqua des rassemblements tumultueux, qui débutèrent par des facéties et se terminèrent dans le sang. Pour tourner en ridicule Agrippa et les Judéens, la foule prit un pauvre fou nommé Carabas, le coiffa d'une couronne de papyrus, l'affubla d'une natte de jonc en guise de manteau et lui mit en main un fouet en manière de sceptre ; puis on le plaça sur un point élevé du gymnase et on le salua roi avec toute sorte de simagrées, en l'appelant Marin' (en chaldéen notre maître). Là-dessus la foule se rua, dès le matin, dans les proseuques ou synagogues, et y érigea des images de César, soi-disant à l'intention de Caligula. En outre, et sous la pression de leurs ennemis, Flaccus enleva aux habitants judéens d'Alexandrie le droit de bourgeoisie, dont ils avaient joui pendant des siècles sous la protection des premiers empereurs, et les déclara étrangers et déchus. Ce fut un coup accablant pour cette population, si fière de ses droits civils, qui la faisaient l'égale de ses concitoyens. Les Judéens se virent chassés des quatre quartiers d'Alexandrie et refoulés dans le quartier du Delta, près du port. La foule se précipita, avide de butin, dans les maisons et les ateliers abandonnés, pillant, détruisant ce que des siècles de travail avaient accumulé. La populace assiégea le quartier du Delta pour empêcher les Judéens d'en sortir et les faire succomber, dans cet étroit espace, à la faim et à la chaleur. Ceux que le manque de vivres forçait à sortir de leur quartier subissaient des traitements atroces, la torture, le bûcher, la mise en croix. Cette terrible situation dura plus d'un mois. Le gouverneur fit arrêter inopinément, dans leurs propres maisons, trente-huit membres du Grand Conseil ; on les traîna, chargés de chaînes, sur le théâtre, où ils furent battus de verges en présence de toute la populace (31 août 38). Même les femmes et les jeunes filles ne furent pas épargnées. Dès qu'on en apercevait une, on se jetait sur elle, on lui faisait manger de la viande de porc et, si elle résistait, on la soumettait à la plus cruelle torture. Ce n'était pas encore assez : Flaccus envoya un centurion avec des soldats pour envahir les maisons du Delta et s'assurer qu'elles ne renfermaient point d'armes. On ne respecta même pas, dans cette perquisition, les chambres des jeunes filles.

Ces vexations se prolongèrent jusqu'au-delà de la mi-septembre. Un envoyé de l'empereur, arrivé à l'improviste, destitua Flaccus et l'emmena à Rome où on devait le traduire en justice, non pas toutefois à cause de ses violences contre les Judéens, mais simplement parce qu'il était haï de César. C'est pendant que ces malheureux, parqués dans le Delta, célébraient la fête des Tabernacles que leur parvint la nouvelle de la disgrâce de Flaccus. Leur persécuteur fut condamné au bannissement et, plus tard, mis à mort.

L'empereur seul aurait pu régler la question relative aux droits civils des Judéens ; mais il se trouvait alors en Germanie et dans les Gaules, où il se couvrait de lauriers imaginaires. À son retour à Rome (31 août 40), il conçut le projet extravagant de se faire adorer comme un demi-dieu, et ensuite comme un dieu complet, de faire construire des temples en son honneur et d'exiger qu'on rendit un culte à ses statues. À ce moment, les païens d'Alexandrie crurent avoir beau jeu contre les Judéens. Ils rétablirent aussitôt les images impériales dans leurs synagogues, espérant qu'ils se refuseraient à les adorer et s'attireraient ainsi la colère de l'empereur. Ce fut la cause de nouveaux conflits auxquels prit part le gouverneur de l'Égypte, désireux de gagner les bonnes grâces du maître. Il voulut contraindre les Judéens à adorer l'image impériale. Ceux-ci ayant invoqué l'autorité de leurs lois religieuses, il songea à en entraver l'observance et à interdire notamment le repos sabbatique. Quoi ! disait-il aux principaux d'entre eux, si des ennemis venaient à vous attaquer subitement, si vous étiez surpris par une inondation, un incendie, un tremblement de terre, assaillis par la faim ou la peste, continueriez-vous à observer strictement le sabbat ? Resteriez-vous tranquillement dans vos synagogues à lire votre Loi et à commenter vos Écritures ? Ne chercheriez- vous pas plutôt à sauver vos parents et vos enfants, votre fortune, votre propre vie ? Eh bien ! je serai tout cela pour vous ; je serai l'ennemi qui vous attaque, l'inondation, l'incendie, la famine, la peste, le tremblement de terre, l'image visible de l'inexorable Destin, si vous n'obéissez pas à mes ordres ! Mais ces menaces n'intimidèrent ni les grands ni le peuple. Ils restèrent fidèles à leur culte et attendirent de pied ferme la persécution. Quelques-uns seulement, soit crainte, soit ambition, paraissent avoir adopté le paganisme. Le philosophe judéen Philon parle de ces renégats et les représente comme des caractères légers, sans élévation, sans moralité. Le fils de l'arabarque, Tibère-Jules Alexandre, abjura, lui aussi, le judaïsme et parvint plus tard à de hautes dignités dans l'État romain.

Les Judéens d'Alexandrie songèrent à envoyer une députation à l'empereur pour le supplier de venir à leur secours (hiver de l'an 40). On choisit à cet effet trois hommes que leur position et leurs lumières désignaient le mieux pour cette mission. L'un de ces hommes était le Judéen Philon, qui par sa naissance, son rang dans la société, son grand savoir et sa brillante éloquence, était assurément le plus digne de plaider la juste cause de ses frères. Cet homme a exercé par ses écrits une si profonde influence, non seulement sur ses contemporains, mais encore sur la postérité et même en dehors du judaïsme, qu'on ne saurait passer sous silence les rares traits de sa vie qui nous sont parvenus.

Philon (de l'an 10 avant J.-C. à l'an 60 après J.-C.) appartenait à la famille la plus considérée et la plus riche de la communauté d'Alexandrie ; il était le frère de l'arabarque Alexandre. Sa jeunesse fut initiée à toutes les connaissances que les parents riches jugeaient indispensable pour leurs enfants. Avide de s'instruire, il s'assimile à fond ces connaissances. Mais surtout le goût des recherches métaphysiques se développa chez lui de bonne heure et devint une telle passion, qu'il s'y livra sans relâche et sans partage. Planant sans cesse dans les régions idéales, il n'avait aucun goût — il le raconte lui-même — pour les honneurs, la fortune et les plaisirs corporels. Il lui semblait rouler dans l'espace avec le soleil, la lune et les étoiles. Il était de ces rares élus dont l'esprit, au lieu de ramper sur la terre, prend naturellement son essor vers les sphères les plus hautes. Il se sentait heureux d'être au-dessus des soucis et des occupations vulgaires. Toutefois, quelque fût son enthousiasme pour la philosophie, le judaïsme lui était encore plus cher ; et s'il allait butiner des fleurs dans le champ fertile de la philosophie grecque, c'était pour en tresser des couronnes à la Loi de ses pères.

Depuis assez longtemps Philon menait une vie purement spéculative, lorsqu'il se vit entraîné par les événements dans le tourbillon des ennuis politiques. La triste situation de ses coreligionnaires l'arracha à sa vie contemplative, et plus tard, se rappelant avec d'amers regrets les nobles occupations de sa jeunesse, il se plaignait que les soins de la vie pratique eussent troublé sa claire intuition des choses de l'esprit et appesanti le vol de sa pensée. Il se consolait toutefois en sentant que son intelligence avait conservé assez de ressort pour pouvoir, aux heures paisibles, s'élever de nouveau vers les hautes régions.

La philosophie n'était pas uniquement pour lui un aliment de l'esprit ; il lui dut aussi une grande noblesse de sentiments, un de ces caractères fiers et tout d'une pièce qui ne peuvent rien comprendre aux sottises et aux vices des hommes vulgaires. Sa femme, pleine d'admiration pour lui, aimait à imiter la simplicité de ses mœurs. À des amis qui lui demandaient un jour pourquoi elle, si riche, dédaignait de porter des parures d'or, elle répondit : La vertu du mari est la meilleure parure de la femme. Les contemporains de Philon étaient émerveillés du charme de son style, qui rappelait la langue poétique de Platon. De là ce dicton : Ou bien Platon philonise, ou Philon platonise. Il aspira surtout à concilier la philosophie de son temps avec le judaïsme ou, pour mieux dire, à démontrer que le judaïsme est la véritable philosophie. Ce n'était pas pour lui un thème de dissertation, un simple jeu d'esprit ; c'était une tâche sérieuse et sainte. Son âme était si pénétrée de ces idées que maintes fois, comme il le raconte lui-même, elle tombait dans un état d'extase où il lui semblait percevoir des révélations intérieures que, dans son assiette ordinaire, elle n'aurait pu percevoir.

Tel était l'homme que la communauté d'Alexandrie choisit pour plaider sa cause devant l'empereur. De son côté, la population païenne de la ville avait envoyé une députation pour empêcher les Judéens de recouvrer l'égalité des droits civiques. Cette députation avait pour chef Apion, l'ennemi juré des Judéens ; Isidore, ce venimeux personnage qu'on avait surnommé la plume de sang, en faisait également partie. Il ne s'agissait pas simplement des privilèges d'une corporation ; ce qui était en jeu, à vrai dire, c'était le maintien ou l'expulsion des Judéens. Pour la première fois le judaïsme entrait en lice avec le paganisme, dignement représentés par deux hommes qui avaient sucé, l'un et l'autre, le lait de la culture grecque. Si les deux religions avaient été jugées d'après leurs représentants, la balance aurait penché, sans aucun doute, en faveur du judaïsme. Philon, par sa dignité et sa sagesse, personnifiait bien l'aspiration à un idéal de vertu et de vérité. Apion, au contraire, frivole et acerbe, était l'image vivante de la jactance et de la présomption inhérentes à l'hellénisme dégénéré.

L'issue de cette lutte entre les païens et les Judéens d'Alexandrie est restée douteuse. Caligula, qui devait être leur arbitre, était lui-même partie dans la cause, et partie passionnée. Il haïssait les Judéens parce qu'ils refusaient de le reconnaître et de l'adorer comme un dieu. Deux misérables, que Caligula avait tirés de la fange pour les associer à ses débauches, aiguillonnaient encore sa haine, déjà assez violente : c'étaient l'Égyptien Hélicon et Apelles d'Ascalon, tous deux ennemis jurés des Judéens. Toujours aux côtés de Caligula, et maîtres de sa confiance, ils lui eurent bientôt soufflé au cœur leur rage anti-judaïque. Lorsque les ambassadeurs des Judéens furent reçus en audience, ils purent à peine se faire écouter. Caligula les accueillit, dès le début, avec cette aigre apostrophe : C'est donc vous ces contempteurs des dieux qui ne voulez pas me reconnaître comme tel, préférant diviniser un être sans nom, tandis que tous m'adorent ! Sur quoi les ambassadeurs protestèrent qu'en trois circonstances les Judéens avaient offert des sacrifices d'actions de grâces : lors de son avènement au trône, de son rétablissement d'une maladie et de sa fameuse victoire sur les Germains : Soit, interrompit l'empereur, vous avez fait des sacrifices en mon honneur ; et que m'importe ? Ce n'est pas pour moi, c'est à moi qu'il fallait les offrir ! Puis, se tournant encore une fois vers eux : Pourquoi ne mangez-vous pas de porc ? Cette question divertit fort les assistants, qu'il égaya encore par d'autres sorties. Je voudrais bien savoir, dit-il enfin, sur quels titres vous fondez vos prétentions à l'égalité ? — Et sans plus attendre, il leur tourna le dos. En congédiant l'ambassade, il ajouta : Ces gens-là me paraissent encore plus sots que méchants, de nier ma divinité !

Pendant que les ambassadeurs suivaient pas à pas le maniaque couronné pour parvenir à placer une parole, une nouvelle terrifiante leur arriva comme un coup de fondre. Un Judéen vint à eux en courant et leur annonça d'une voix brisée par les sanglots : Notre saint temple est perdu, Caligula l'a fait profaner ! En effet, Caligula avait fait ériger ses statues non seulement dans les synagogues, mais dans le sanctuaire même de Jérusalem, et ordonné de briser toute résistance par la force des armes. Le gouverneur de la Syrie, Pétronius, reçut l'ordre d'entrer en Judée avec ses légions et de transformer le sanctuaire judaïque en temple païen. On s'imagine aisément l'épouvante qui saisit la nation à cette grave nouvelle, arrivée à Jérusalem la veille de la fête des Tentes (octobre 40) : l'allégresse fit subitement place à la consternation et à l'accablement. Pétronius avait franchi les frontières de la Judée à la tête de deux légions et était entré à Acco ; mais, vu l'approche des pluies d'automne et prévoyant une résistance désespérée de la part des Judéens, il résolut de remettre au printemps l'exécution des ordres de Caligula. Entre temps, des milliers de Judéens accoururent auprès de lui et protestèrent qu'ils subir raient plutôt mille morts que de consentir à la profanation de leur temple. Pétronius, embarrassé d'exécuter cet édit qu'il trouvait lui-même insensé, s'aboucha avec les conseillers du roi Agrippa et les pria d'engager le peuple à montrer plus de condescendance. Sur l'avis des plus notables Judéens, Pétronius exposa la situation à l'empereur, espérant le fléchir. Il calma le peuple en lui assurant qu'il ne voulait rien entreprendre avant d'avoir reçu de nouveaux ordres, et en l'exhortant à cultiver la terre s'il voulait éviter la famine.

Avant d'avoir reçu la lettre de Pétronius, Caligula avait déjà modifié ses dispositions envers les Judéens, grâce à l'intervention d'Agrippa. Ce roi avait une si grande influence sur Caligula que les Romains l'appelaient, lui et Antiochus de Comagène, ses maîtres en tyrannie. Agrippa résidait alors de nouveau près de l'empereur. Sans doute, il ne voyait pas avec indifférence la prétention de ce despote insensé, d'introduire sa statue dans le temple de Jérusalem et de s'y faire adorer ; mais il était trop courtisan pour heurter de front les lubies du maître. Au contraire, il affecta une parfaite insouciance de la détresse de ses coreligionnaires. Il prépara un festin somptueux, composé des mets les plus recherchés, et il y convia l'empereur et ses favoris. Mais, sous le masque de cette indifférence apparente à l'endroit de ses coreligionnaires, il n'atteignit que mieux son but. Caligula, captivé par ses prévenances, invita Agrippa à lui demander une faveur. Il fut bien étonné lorsque celui-ci lui demanda, pour toute grâce, de révoquer l'édit concernant sa statue. Il ne s'était pas attendu à le voir si désintéressé, si pieux, si ferme vis-à-vis de lui. Le rusé Caligula se trouvait pris. N'osant, lui empereur, reprendre sa parole, il écrivit à Pétronius (nov.-décembre 40) une lettre pour l'inviter, dans le cas où sa statue ne serait pas encore placés dans le temple, à laisser tomber cette affaire. Mais lui-même, entre temps, reçut la lettre où Pétronius lui exposait son embarras et l'extrême difficulté de sa mission. Il n'en fallait pas davantage pour allumer la fureur de cette nature passionnée et fantasque. Un contre-ordre, accompagné de menaces terribles, enjoignit de procéder, sans aucun ménagement, à l'installation de sa statue dans le temple. Mais, avant que Pétronius reçut cette lettre, également redoutable pour les Judéens et pour lui-même, la nouvelle s'était déjà répandue de la mort de ce fou couronné (21 janvier 41), assassiné par le prétorien Chéréa. C'est le 22 schébat (mars 41) qu'on apprit cet événement inespéré, qui sauvait les Judéens d'une catastrophe imminente ; aussi cette date fut-elle instituée comme celle d'une fête solennelle.

Le successeur de Caligula sur le trône des Césars fut Claude, un idiot doublé d'un pédant. Cet empereur devait sa couronne au hasard et à l'intervention du roi Agrippa, qui l'avait décidé à accepter l'élection des prétoriens et avait décidé le sénat à le reconnaître. Il fallait que Rome fût tombée bien bas pour qu'un méchant petit prince judéen pût prendre la parole dans son sénat, se mêler à ses délibérations et imposer en quelque sorte un maître à l'empire. Du reste, Claude ne se montra pas ingrat envers ce prince. Il fit son éloge en plein sénat, l'investit de la dignité consulaire et le fit roi de toute la Palestine, en joignant la Judée et la Samarie à son royaume. Pour perpétuer le souvenir de ces faveurs, Claude, par une imitation pédantesque des anciens usages, en fit graver la mention sur des tables d'airain et frappa une médaille commémorative portant, d'un côté, deux mains entrelacées, avec l'inscription : Amitié et alliance du roi Agrippa avec le sénat et le peuple romain. Ainsi la Judée se retrouvait, sous Agrippa, aussi étendue, plus étendue même qu'elle n'avait été sous les rois hasmonéens et sous Hérode Ier.

Hérode II, frère et gendre du roi Agrippa, reçut de Claude le titre de préteur et la principauté de Chalcis, près du Liban, de sorte que cette portion de la Syrie se trouva faire, jusqu'à un certain point, partie de la Judée. Les événements qui se produisirent à Rome, après la mort de Caligula, furent également favorables aux Judéens d'Alexandrie. L'empereur Claude, qui était ami de l'arabarque Alexandre, le tira de la prison où l'avaient fait jeter ses prédécesseurs, et termina la querelle des habitants d'Alexandrie au profit des Judéens. Ce prince rétablit aussi la dignité d'arabarque, à laquelle les Judéens d'Égypte tenaient fort, parce qu'elle les affranchissait de la dépendance des fonctionnaires romains et les plaçait sous la juridiction exclusive d'un chef choisi dans leurs rangs. À la sollicitation d'Agrippa, Claude octroya à tous les Judéens de l'empire la liberté religieuse, et ne permit à aucun païen de les inquiéter dans l'exercice de leur culte.

Lorsque le roi Agrippa, comblé d'honneurs par l'empereur, quitta Rome pour se rendre en Judée et y prendre possession de son royaume, il fut aisé de voir qu'une transformation s'était opérée en lui et que la révolution qui, à Rome, avait brisé un empereur orgueilleux et donné la couronne à un esprit faible, avait produit sur son âme une impression profonde. Le frivole jeune homme avait fait place à l'homme grave ; le courtisan était devenu un patriote, un prince consciencieux, pénétré de ses devoirs envers son peuple.

L'Hasmonéen, chez lui, avait complètement effacé l'Hérodien. Sous le règne d'Agrippa (41-44), la Judée jouit pour la dernière fois d'une période de calme et de bonheur. Il s'appliqua sans cesse à marcher d'accord avec la nation, même au risque de perdre les bonnes grâces des Romains, si bien qu'il désarma ses ennemis les plus implacables et s'en fit des amis.

Nos autorités ne se lassent point de célébrer son attachement au judaïsme : on eût dit qu'il avait pris à tâche de réparer les fautes de son aïeul Hérode. À la fête des Prémices, il se mêla, sans aucun faste, à la foule qui se rendait au temple, portant lui-même, comme les autres, sa corbeille de fruits dans le sanctuaire. Cette fête, appelée aussi la fête des Corbeilles, fut célébrée cette année-là avec une solennité extraordinaire. Les Judéens accoururent à Jérusalem par groupes nombreux, apportant les prémices de leurs jardins dans ce temple, qui n'était plus déshonoré par l'image de Caligula. Les riches avaient mis leurs fruits dans des corbeilles d'or ou d'argent. Chaque groupe était accompagné de joueurs de flûte. Dans le temple, au moment de la consécration des fruits, les chœurs de lévites entonnèrent le psaume XXX, qui semblait un écho de la joie populaire :

Je te glorifie, Seigneur, parce que tu m'as relevé
Et ne m'as pas laissé devenir la risée de mes ennemis...
Tu as changé mon deuil en joie...

Le roi Agrippa prit part à cette fête avec la plus fervente piété. — Agrippa remit aussi en vigueur l'ancienne loi en vertu de laquelle le roi devait lire au peuple assemblé dans le parvis du temple, à la fin de l'année sabbatique, le Deutéronome de Moïse. Agrippa, debout, fit cette lecture (automne de l'an 42), et quand il arriva à ce passage : Du milieu de tes frères tu dois te choisir un roi, le souvenir de son origine semi-iduméenne lui arracha des larmes ; mais la foule et les Pharisiens eux-mêmes lui crièrent énergiquement : Tu es notre frère ! tu es notre frère !

L'influence de son gouvernement éclairé se fit sentir dans toutes les parties de l'administration judaïque. Il rendit au Sanhédrin la faculté de régler les affaires intérieures conformément à la Loi. Cette assemblée avait alors pour président le digne petit-fils de Hillel, Gamaliel Ier, dit l'Ancien (ha-Zakên). Les fonctions de président devinrent dès lors plus importantes, le Sanhédrin n'ayant plus qu'un seul président, forme monarchique imitée de la constitution politique du pays. Les années embolismiques ne pouvaient plus être déterminées qu'avec l'assentiment du président. C'est lui qui adressait les circulaires aux diverses communautés. La formule de ces lettres, qui nous a été conservée, est fort intéressante ; elle prouve que les communautés du dehors, aussi bien que celles de Judée, considéraient le Sanhédrin et son chef comme la plus haute autorité. Voici ce que Gamaliel faisait écrire par son secrétaire particulier : A nos frères de la haute et de la basse Galilée, salut. Nous vous faisons savoir que le temps est venu de prélever la dîme de vos huiles. — À nos frères, les exilés de la Babylonie, de la Médie, de la Grèce (Ionie), et à tous les exilés d'Israël, salut. Nous vous faisons savoir que le printemps ayant commencé plus tard, il nous a plu, à nous et à nos collègues, d'augmenter d'un mois l'année courante.

On doit à Gamaliel Ier plusieurs mesures utiles, prises pour la plupart en vue d'obvier à certains abus ou dans l'intérêt de la société (tikkoun ha-olam). Ainsi, Gamaliel décida que le mari qui avait envoyé une lettre de divorce à sa femme, et qui pouvait l'annuler devant le premier tribunal venu, n'aurait plus ce droit à l'avenir. — De plus, comme beaucoup de gens avaient des noms doubles, un nom hébreu et un nom grec, ce qui produisait des confusions, Gamaliel émit une ordonnance prescrivant d'indiquer clairement, dans les lettres de divorce, les différents noms du mari et de la femme. — Précédemment, il fallait le témoignage de deux personnes pour constater la mort du mari. Gamaliel décida qu'un seul témoin suffirait désormais pour que la femme fût déclarée veuve. Une autre disposition prise par Gamaliel avait pour but de protéger la veuve contre l'arbitraire d'héritiers rapaces. — Certains lois touchant la conduite à tenir à l'égard des païens,[20] lois évidemment dues à

---

[20] Les lois charitables qui les concernent se trouvent particulièrement développées dans le *Talmud de Jérusalem*, traité *Ghittin*, ch. V, f 47 c et *Aboda-Zara*, I, f. 39 c ; moins complètement tr. *Demai*, f. 24 a. Voir aussi *Talmud de Babylone*, *Ghittin*, f. 61 a. La

Gamaliel, sont conçues tout à fait dans l'esprit de douceur et de philanthropie qui caractérisait Hillel. Une de ces lois prescrivait de laisser les indigents païens glaner dans les champs d'Israël et de les traiter en tout comme les coreligionnaires ; une autre, de donner aux païens le salut de paix, même à leurs jours de fête, quand ils sont occupés à honorer leurs dieux. Grâce à ces mesures légales, la coutume s'établit en Israël, dans les villes de population mêlée, de faire participer les païens nécessiteux aux distributions d'aumônes, de soigner leurs malades, de rendre les derniers devoirs à leurs morts et de consoler leurs familles en deuil. Peut-être faut-il voir dans cette législation bienveillante l'influence du système gouvernemental d'Agrippa. Rome et la Judée avaient abjuré pour un moment leur haine mutuelle et se traitaient en amies. La prévenance de l'empereur Claude pour les Judéens allait jusque-là, que quelques jeunes étourdis qui avaient osé placer sa statue dans la synagogue de la ville de Dora furent, par ses ordres, sévèrement châtiés, et qu'il enjoignit au gouverneur Pétronius de réprimer énergiquement à l'avenir de pareils scandales (42).

Agrippa avait hérité de son aïeul Hérode un penchant singulier à rechercher l'amour des Grecs. De même que celui-ci avait envoyé des présents à Athènes et dans d'autres villes grecques et ioniennes, son petit-fils témoigna d'une manière effective sa bienveillance à Athènes, la mère des arts, alors si déchue, et celle-ci lui en garda un souvenir reconnaissant. Il accorda aussi des faveurs aux habitants de Césarée, qu'Hérode avait transformée en rivale de Jérusalem, et à ceux de la ville maritime de Sébaste. Pour lui témoigner leur gratitude, ces derniers érigèrent à ses trois filles des statues et ils frappèrent en son honneur une médaille à son image, avec cette légende : LE GRAND ROI AGRIPPA, AMI DE CÉSAR. Sans doute, les villes maritimes d'Anthédon et Gaza eurent aussi à se louer de sa bienveillance, car elles firent également frapper des médailles à son intention. Les fils de l'étranger rendaient hommage à Agrippa, comme jadis au roi David, — hommage quelque peu involontaire.

---

principale source est la *Tosephta de Ghittin*, ch. III (V), qui toutefois n'est pas non plus absolument complète.

Les dernières années du règne d'Agrippa furent heureuses pour les Judéens du dedans et du dehors. Ce fut comme un radieux coucher de soleil précédant une nuit sombre. Cette époque eut une certaine ressemblance avec le règne du roi Josias. La paix au dedans et au dehors, une indépendance relative, un essor d'activité intellectuelle, sont les caractères communs de ces deux règnes. Même les Judéens du dehors, répandus dans tout l'empire romain, bénéficièrent des dispositions bienveillantes de Claude pour Agrippa : ils purent vivre en paix, sans être inquiétés dans l'exercice de leur culte, sans abandonner aucune de leurs habitudes, sans rien perdre de leur cachet distinctif.

Les Judéens d'Égypte et surtout ceux d'Alexandrie, qui avaient tant souffert sous Caligula, se trouvaient particulièrement heureux. Claude avait confirmé expressément leurs droits civiques, et ordonné aux gouverneurs de les protéger contre toute vexation. Leur chef, l'arabarque Alexandre Lysimaque, que Claude avait fait sortir de prison, reprit ses fonctions et put rendre des services signalés à ses coreligionnaires. C'est seulement à cette époque que son frère Philon commença à prodiguer les trésors de sa pensée, qui élevèrent à son apogée le développement de l'esprit judéo-grec.

Toutefois, cette période si heureuse fut de courte durée. Si l'empereur Claude avait en Agrippa une confiance absolue, ses serviteurs calomniaient tous ses actes et les interprétaient comme des indices de trahison. L'habileté d'Agrippa, son caractère indépendant et ses tendances nationales paraissaient dangereux pour les intérêts romains. De fait, les Romains ne se trompaient pas. Tout en flattant et cajolant Rome, Agrippa songeait à mettre la Judée en état de soutenir avec elle une lutte qui d'ailleurs lui semblait inévitable.

Il ne voulait pas laisser son peuple à la merci du caprice d'un individu. Aussi fit-il accumuler à Jérusalem des matériaux de construction et entreprit-il de fortifier le faubourg de Bézétha, au nord-est de la ville, en l'entourant de murailles formidables. Ce quartier s'était formé peu à peu par l'accroissement de la population. En cas d'attaque de la ville, le faubourg de Bézétha était le premier menacé, et avec lui la citadelle voisine, la tour Antonia. Agrippa avait donc demandé à Claude la permission d'élever des fortifications alentour. Claude n'avait rien à lui refuser ; quant aux courtisans de l'empereur, on les gagna par des présents. Les constructions achevées, on en fit la dédicace, et les chœurs de lévites chantèrent le psaume XXX, déjà cité.

Mais Vibius Marsus, le gouverneur de la Syrie, qui avait vu clair dans les projets d Agrippa, fit comprendre à l'empereur le danger de ces fortifications, si bien que celui-ci ordonna de discontinuer les travaux. Agrippa dut obéir, n'étant pas encore en mesure de résister. Mais il songeait à miner la puissance romaine en Judée, et, à cet effet, il s'allia secrètement avec les petits princes voisins, ses parents et amis. Sous prétexte de réjouissances en commun, il les invita à un conciliabule à Tibériade. Dans la capitale de la Galilée se trouvèrent réunis Antiochus, roi de Comagène, dont le fils Épiphane était fiancé à la plus jeune fille d'Agrippa ; Samsigeramos, roi d'Émèse, dont la fille Jotapé avait épousé le frère d'Agrippa, Aristobule ; puis Kotys, roi de la petite Arménie ; Polémon, prince de Cilicie ; enfin Hérode, roi de Chalcis, frère d'Agrippa. Tous ces princes devaient leur position à Claude et, par suite, ne pouvaient que perdre à un changement de règne. Mais lorsqu'il eut vent de cette assemblée de princes, qui semblaient si bien s'entendre, Marsus conçut des soupçons, accourut à Tibériade et, avec la morgue des vieux Romains, leur signifia d'avoir à regagner sur-le-champ leurs foyers. Et tel était le prestige de Rome, que la voix d'un serviteur de Claude suffit à dissoudre ce congrès de princes.

Cependant le génie entreprenant et la ténacité d'Agrippa auraient, sans doute, épargné à la Judée de nouvelles humiliations et assuré sa sécurité ultérieure, si la mort n'était venue le surprendre, âgé à peine de cinquante-quatre ans (printemps de 44 ?). Cette mort subite donna lieu aux bruits les plus divers. — Avec Agrippa s'éteignit la dernière étoile de la Judée. Sa mort, comme celle de Josias, le dernier grand roi qu'eut Israël avant l'exil, précéda juste d'un quart de siècle la ruine de l'État judaïque.

Après la mort d'Agrippa, les Grecs de Palestine purent donner carrière à la sourde fureur dont les avait remplis l'élévation de ce prince. Oublieux de ce qu'ils lui devaient, les Syriens et les Grecs de Césarée et de Sébaste se répandirent en outrages contre sa mémoire, se livrèrent à des orgies et offrirent des sacrifices à

Caron pour le remercier d'avoir emporté Agrippa. Les soldats romains en garnison à Césarée, faisant cause commune avec eux, traînèrent dans les lupanars les statues des filles d'Agrippa. En apprenant ces insultes faites à son ami défunt, Claude s'en émut et songea à donner la couronne de Judée au fils d'Agrippa, à peine âgé de dix- sept ans, qui était alors à Rome pour y achever son éducation. Mais les affranchis Pallas et Narcisse, favoris tout-puissants de l'empereur, le dissuadèrent de ce projet, alléguant que ce prince était trop jeune pour un gouvernement aussi difficile que celui de la Judée. Ce pays redevint donc province romaine sous un procurateur, et resta tel jusqu'à la fin de son existence.

Le premier de ces magistrats imposés à la Judée fut Cuspius Fadus. L'empereur lui ordonna de punir les soldats qui avaient outragé la mémoire d'Agrippa et de les reléguer dans le royaume du Pont. Cette dernière mesure, toutefois, ne fut pas mise à exécution, grâce aux prières instantes des coupables repentants. Ce corps de troupes hostiles aux Judéens put ainsi demeurer en Judée, et leur présence ne contribua pas peu à l'exaspération des patriotes.

Ces dispositions haineuses des païens provoquèrent des représailles de la part des Judéens. Comme après la mort d'Hérode, ils formèrent des corps francs qui travaillèrent de toutes leurs forces à délivrer la Judée du joug romain. Naturellement, Fadus leur fit une guerre acharnée. Il voulait rétablir la domination romaine en Judée, telle qu'elle avait existé avant Agrippa, sous les premiers procurateurs. Il essaya de faire rentrer dans ses attributions la nomination des grands prêtres et la garde des vêtements sacerdotaux tenus sous clef dans la tour Antonia. Mais les familles intéressées et Hérode II, le frère d'Agrippa, protestèrent contre ces prétentions. L'agitation qui en résulta à Jérusalem fut telle, que Fadus et même le gouverneur Longin y accoururent avec des troupes nombreuses. Hérode, son frère Aristobule et les principales familles demandèrent un délai et la permission d'envoyer une ambassade à l'empereur, pour obtenir une solution favorable au sujet de ce litige. Moyennant des otages leur garantissant la tranquillité de la ville sainte, les deux chefs romains accédèrent à cette demande. On leur livra les otages demandés et une députation put se rendre à Rome ; elle se composait de quatre personnages : Cornélius, Tryphon, Dorothée et Jean. Arrivés à Rome, ils furent présentés à l'empereur par le jeune Agrippa. Par égard pour la famille des Hérodiens, Claude permit aux Judéens de vivre selon leurs propres lois (été de 45). Hérode eut le droit de nommer les grands prêtres et il en usa aussitôt pour déposséder Élionaï, que son frère avait investi de ces fonctions et qu'il remplaça par Joseph, de la maison de Kamyth.

Hérode II pouvait donc, en un sens, être considéré comme une sorte de roi de la Judée, bien qu'il n'eût aucune action sur la marche des affaires publiques. Le pouvoir politique et judiciaire était aux mains des procurateurs. Le Sanhédrin qui, sous Agrippa, avait recouvré son autorité première, s'en vit de nouveau dépouillé.

Dans le cours de son administration, Fadus eut, lui aussi, à réprimer une émeute messianique. Un certain Theudas, qui se faisait passer pour prophète ou messie, avait su grouper autour de lui environ quatre cents fidèles, tant la délivrance était devenue un besoin pour le peuple. Theudas promettait à ses sectateurs, comme preuve de son caractère messianique, de diviser les eaux du Jourdain et de le leur faire traverser à pied sec. Ceux-ci s'étant munis de tout leur avoir et rassemblés au bord du fleuve, Fadus envoya contre eux une troupe de cavaliers qui en tua beaucoup, en fit d'autres prisonniers et trancha la tête au visionnaire (vers 47).

Peu de temps après, Fadus fut rappelé à Rome et remplacé par Tibère-Jules Alexandre (fils de l'arabarque Alexandre et neveu du philosophe Philon), qui portait le titre de chevalier romain et avait abjuré le judaïsme pour embrasser la religion païenne. L'empereur croyait sans doute, en nommant aux fonctions de procurateur un homme de sang judaïque et d'une famille considérée, donner aux Judéens une preuve de bienveillance. Il ne songeait pas que c'était les blesser encore davantage dans leurs sentiments intimes que de leur donner pour chef un renégat.

Du reste, le peuple parait avoir beaucoup souffert sous le gouvernement de ce Tibère ; les zélateurs relevèrent la tête et le poussèrent à la révolte. Ils avaient pris pour chefs Jacob et Siméon, les deux fils de Juda le Galiléen, que leur père avait élevés dans ses principes. Nous n'avons point de détails sur le soulèvement qui eût lieu à leur instigation, mais la sévérité de la peine que le procurateur leur infligea atteste l'importance du mouvement : il les fit mettre en croix, supplice infamant par excellence selon la loi romaine. — Comme pour dédommager la Judée des humiliations que lui avait values la présence de ce renégat, elle eut le bonheur de voir une reine païenne adopter sa croyance et devenir sa bienfaitrice. Pendant une famine, cette reine pourvut généreusement aux besoins des Judéens nécessiteux (47).

Tibère Alexandre ne conserva ses fonctions que deux ans. Plus tard, il devint gouverneur de L'Égypte et, lors d'une élection d'empereur, il exerça une part notable d'influence. C'est vers cette époque (48) que mourut Hérode II, roi de Chalcis et roi nominal de Judée : avec lui s'éteignit la seconde génération des Hérodiens.

Chapitre XVI

Dispersion de la nation judaïque et diffusion de sa doctrine — (40-49)

Aucun peuple au monde n'a entendu, à l'égal de la nation judaïque, prédire à son berceau ses migrations sans fin et sa dispersion future, et cette terrible prédiction ne s'est que trop littéralement réalisée. Dans les deux grands empires de cette époque, l'empire romain et celui des Parthes, il n'y avait pas un coin, pour ainsi dire, où l'on ne trouvât des Judéens, groupés en communauté religieuse. Les bords du vaste bassin méditerranéen et l'embouchure des grands fleuves de l'ancien monde, du Nil, de l'Euphrate, du Tigre, du Danube, étaient peuplés de Judéens. Comme poussés par une destinée inexorable, les enfants d'Israël s'éloignaient toujours davantage de leur centre naturel. Toutefois, cette dispersion même fut un bienfait, une faveur de la Providence, car c'est elle qui a assuré l'existence de la famille judaïque et l'a faite immortelle. Persécutée dans un pays, elle allait se reformer dans un autre et y fondait des asiles pour sa Loi, qui lui devenait de plus en plus chère. C'étaient autant de grains semés par toute la terre pour y porter la connaissance du vrai Dieu et la saine morale. Si la colonisation grecque servit à répandre parmi les nations le goût des arts et de la science, si celle des Romains y développa la notion de l'État discipliné par la loi, la dissémination bien autrement considérable du plus ancien des peuples civilisés, du peuple judaïque, avait pour but, on ne saurait le méconnaître, de réagir contre les folies et les vices grossiers du paganisme. Toutefois, si éparpillée que fût cette famille, elle n'était nullement démembrée. Les Judéens dispersés avaient un centre commun le temple de Jérusalem et le grand Sanhédrin, objets de leur vénération et de leur amour. Là, de partout, se portaient leurs regards ;

là, tous envoyaient leurs offrandes, afin de participer, fût-ce indirectement, au culte public. Le Sanhédrin leur dictait les règles de conduite au point de vue de la loi religieuse, et ils lui obéissaient d'autant plus volontiers qu'ils lui obéissaient sans contrainte. De temps en temps, le Sanhédrin envoyait des députés aux communautés, même les plus éloignées, afin de leur faire connaître ses décisions les plus importantes.

La fréquentation du temple par les Judéens domiciliés hors de Palestine cimentait l'unité de la nation. Telle était l'affluence de ces visiteurs qu'ils durent instituer à Jérusalem des synagogues spéciales, où ils se réunissaient pour la prière, et parmi lesquelles on cite celles des Alexandrins, des Cyrénéens, des Libertini, des Élyméens, des Asiatiques. On peut se faire une idée de l'immense population judaïque de cette époque en songeant que l'Égypte seule, depuis la Méditerranée jusqu'aux frontières de l'Éthiopie, renfermait près d'un million d'Israélites. Dans une contrée voisine, la Cyrénaïque, il y en avait également un grand nombre qui avaient y été transportés d'Égypte ou y avaient émigré volontairement. En Syrie et particulièrement à Antioche, les Judéens formaient une partie notable de la population. Les successeurs d'Antiochus Épiphane leur avaient rendu les droits et l'égalité civique que ce forcené leur avait ravis. Un de ces rois leur restitua même les vases provenant du pillage du temple et qu'ils conservèrent dans leur synagogue. À Damas demeuraient environ dix mille Judéens, à qui le roi nabatéen Arétas Philodème avait donné un ethnarque choisi parmi les principaux d'entre eux. À Rome, la capitale du monde, le centre d'attraction de tous ceux qui avaient soif d'honneurs, de luxe et de plaisirs, de tous les exaltés et de tous les mécontents, la population judéenne, chassée par Tibère, se reforma bientôt si nombreuse, que l'empereur Claude, qui, pour une raison restée inconnue, avait résolu de l'expulser, n'osa mettre son projet à exécution. Cependant il défendit aux Judéens de tenir des assemblées religieuses. C'est seulement vers la fin de son règne que ce prince en fit sortir un certain nombre de Rome, à la suite de troubles fomentés par un apôtre chrétien du nom de Chrestus.

Au pays des Parthes, la population judaïque était encore plus considérable qu'en Europe, en Syrie et en Afrique. Restes de l'ancienne émigration, les Judéens occupaient notamment, en Mésopotamie et en Babylonie, des territoires entiers. Deux jeunes gens de Naarda (Nehardéa, sur l'Euphrate), nommés Hasinaï et Hanilaï, fondèrent dans les environs de cette ville (vers l'an 30) une société de brigandage qui répandit la terreur dans les pays voisins. De même que Naarda et Nisibis servaient de centres aux Judéens des bords de l'Euphrate, il se forma dans chaque contrée un point central d'où la population judaïque se répandait dans les pays voisins. De l'Asie Mineure, un de ses courants alla envahir la région de la mer Noire ; un autre, la Grèce et les îles. Les villes d'Athènes, de Corinthe, de Thessalonique, de Philippes, renfermaient des communautés de Judéens. Sans aucun doute, Rome envoya des colonies judaïques du côté de l'ouest, vers le sud de la Gaule et de l'Espagne.

La première impression que les Judéens produirent sur les païens était antipathique. L'étrangeté de leur manière de vivre, de leur costume et de leur doctrine religieuse les faisaient considérer comme une race singulière et mystérieuse, une sorte d'énigme, objet tour à tour d'effroi et de risée. Le contraste entre le judaïsme et le paganisme était si absolu qu'il éclatait dans tous les actes de la vie. Tout ce que les païens révéraient était une abomination pour les Judéens, et ce qui était indifférent aux premiers était pour les autres l'objet d'un culte pieux. La répugnance des Judéens à s'asseoir aux tables païennes, à contracter mariage avec des païens, à manger de la viande de porc et à consommer, le sabbat, des aliments chauds, tout cela leur paraissait autant d'énormités, et leur réserve dans leurs rapports avec les étrangers passait pour haine du genre humain :

Toutes les terres, toutes les mers sont pleines de toi, Et chacun te hait à cause de tes coutumes.[21]

Même la gravité des Judéens, qui ne leur permettait pas de prendre part aux puérils amusements du cirque, était considérée par

---

[21] Livre des Sibyllines, éd. Alexandre, III, v. 271.

les païens comme le fruit d'une imagination sombre, insensible au charme de la beauté. — Aussi les esprits superficiels ne voyaient-ils dans le judaïsme qu'une superstition barbare et haineuse, tandis que les penseurs étaient forcés d'admirer la pureté de leur culte spiritualiste, leur mutuel et profond attachement, leur chasteté, leur tempérance, leur constance à toute épreuve.

Le paganisme, au contraire, offrait plus d'une prise à la critique des Judéens. Son idolâtrie grossière et sa mythologie fantastique, qui ravalait les dieux au-dessous de la nature humaine ; la folle idée de diviniser des empereurs corrompus ; la débauche croissante, née de la décadence de la Grèce et du contact de Rome avec des peuples dégénérés ; le spectacle journalier de l'adultère, des amours contre nature, les superstitions, l'incrédulité et la bestialité qui se heurtaient comme dans un tourbillon bachique, rendaient les Judéens d'autant plus fiers de leur supériorité et les provoquaient, en quelque sorte, à des comparaisons qui n'étaient pas à l'avantage de la religion païenne. Là où la connaissance de la langue grecque facilitait l'échange des idées, comme en Égypte, en Asie-Mineure, en Grèce, Judéens et païens furent amenés à des luttes d'ordre purement intellectuel. Le judaïsme appela le paganisme devant le tribunal de la vérité, et opposa sa propre élévation à la petitesse abjecte de la doctrine païenne.

Les convictions qui animaient Israël brillaient de se faire jour et de se répandre au dehors. Mais voyant leur nation en butte à la haine des Gentils, les penseurs judéens eurent recours à une sorte de pieuse supercherie, en mettant leurs propres doctrines et leurs dogmes sublimes sur les lèvres des grands poètes et devins du paganisme. C'est ainsi que des auteurs judéo-grecs prêtèrent à Orphée, le poète de la légende, et au tragique Sophocle, chantre de la toute-puissance des dieux, des vers qui mettent en relief la conception judaïque et son contraste avec les idées païennes. Lorsque la conquête romaine répandit au loin la tradition des oracles sibyllins, les poètes judaïques s'empressèrent d'abriter sous cette autorité ce qu'ils n'auraient pu dire en leur nom ou du moins ce qu'ils n'auraient pu faire accepter. La Sibylle exprime sous forme d'oracle l'essence du judaïsme ; elle effraye les esprits par la peinture des châtiments qu'entrain le mépris de la

Divinité ; elle prédit aux païens, s'ils acceptent le Dieu immortel du judaïsme, la fin prochaine de leurs sanglantes querelles et fait luire à leurs yeux, dans une radieuse perspective, l'avenir heureux annoncé par les prophètes.

Voici comment elle s'exprime sur l'avènement messianique auquel participeront tous les peuples de la terre :

> Malheureuse Hellas, cesse de t'enorgueillir,
> Implore l'Immortel, le Magnanime, et prends garde !
> Sers le Dieu puissant, afin que tu aies un jour ta part
> Quand arrivera la fin, quand se réalisera l'avenir
> Promis aux gens de bien par la parole divine.
> Alors la terre féconde prodiguera aux mortels
> Ses fruits les plus exquis, froment, vin et olives,
> Et la douce liqueur, le miel, présent des cieux,
> Les arbres et leurs fruits, et les grasses brebis,
> Bœufs et génisses, agneaux et chevreaux;
> Et partout couleront des ruisseaux de lait blanc et pur.
> De nouveau les cités regorgeront de richesses.
> Plus de guerre, plus de batailles avec leur fracas
> Qui secoue et fait gémir la terre;
> Plus de sécheresse, plus de famine, plus de grêle meurtrière.
> Une paix profonde régnera parmi les hommes ;
> Jusqu'à la fin des temps les rois seront unis,
> Et du haut du ciel étoilé, le Dieu immortel
> Gouvernera tous les hommes d'après une même loi,
> Une seule et même loi pour toutes les actions humaines.
> Car lui-même est unique, il n'est point d'autre dieu,
> Et il détruira par le feu les hommes pervers.[22]

Il y eut aussi toute une série d'écrits en prose, sortis de l'école judéo-grecque, qui n'avaient d'autre but que de montrer l'inanité du paganisme et de présenter le judaïsme sous un aspect favorable. Pour forcer les païens à reconnaître sa supériorité, ils leur citaient comme

---

[22] Ibid., v. 732 sqq.

modèles des rois païens qui étaient arrivés à se convaincre que le paganisme était une religion pleine d'idées creuses et vaines, et que le judaïsme était la vérité elle-même. Un de ces livres, qui produisit une impression profonde, fut une œuvre philosophique dont on attribua la paternité au roi Salomon en l'intitulant la Sapience de Salomon (Sophia).

Mais, en s'adonnant à la littérature et à la philosophie des Grecs, en prenant leur harmonieux idiome comme instrument d'attaque contre le culte et les mœurs dépravées des païens, les Judéens de langue grecque dépassèrent le but qu'ils voulaient atteindre. Ils étaient partis de cette pensée de rendre le judaïsme et ses principes acceptables aux Grecs, mais insensiblement il leur devint étranger à eux-mêmes. Les idées grecques avaient si bien envahi leur esprit qu'ils finirent par ne plus voir dans les doctrines judaïques que l'expression de ces mêmes idées. Leur attachement même à la foi de leurs pères les amenait à se faire, volontairement en quelque sorte, illusion sur ce point. Ils ne trouvaient point, à la vérité, dans la Bible assez de données pour placer, en regard de chaque proposition de la philosophie régnante, un texte correspondant. Mais nos écrivains d'Alexandrie surent tourner cette difficulté.

À l'exemple de certains philosophes grecs qui retrouvaient dans les vers d'Homère leurs propres systèmes ou les en déduisaient par de subtiles interprétations, au moyen de l'allégorie, qui donnait aux mots un sens nouveau et plus profond en apparence, les penseurs judéens appliquèrent le même procédé à la Bible. Partant de l'hypothèse qu'il n'est pas possible, pas même permis d'y prendre tout à la lettre, sous peine de rabaisser la majesté divine ou de porter atteinte à la considération des prophètes, ils s'attachèrent, eux aussi, aux subtilités de l'interprétation allégorique ou topologique.

Cette manie de l'allégorisme devint si contagieuse et s'empara tellement des esprits que la foule elle-même ne trouvait plus de goût aux simples récits de l'Écriture ni à ses sublimes doctrines, et ne se complaisait qu'aux explications les plus raffinées. Les pieux docteurs qui, chaque sabbat, développaient publiquement la sainte parole, durent sacrifier au goût de l'époque et se résigner à travestir, par l'allégorie, les doctrines et même les faits historiques. Un des résultats de cette tendance fut le relâchement religieux des Judéens lettrés d'Alexandrie. L'allégorisme compromit gravement l'édifice de la Thora. De fait, si les lois ne sont que l'enveloppe de certaines idées philosophiques, s'il ne faut voir dans le Sabbat que la puissance de l'Être incréé, dans la circoncision qu'un symbole qui nous enseigne à gouverner nos passions, il suffira de s'assimiler ces idées, de les connaître théoriquement, et la pratique deviendra inutile — ainsi s'exprimaient, en effet, les alexandrins. De cette tiédeur à l'apostasie il n'y avait qu'un pas, et ainsi s'explique la faiblesse avec laquelle, en face des misères accumulées, plusieurs se jetèrent dans le paganisme. C'est à Alexandrie que la lutte entre la science et la foi se produisit d'abord, sans toutefois prendre une forme décidée ni aboutir à une conciliation.

Cependant il y eut, de la part de ceux que la culture grecque n'avait pas égarés, quelques tentatives pour combattre l'indifférence religieuse. Un des principaux penseurs judéo-grecs de cette époque était ce même Philon, qui avait été chargé de défendre le judaïsme contre d'odieuses et perfides accusations devant l'empereur Caligula. Philon est le plus grand esprit qu'ait enfanté le judaïsme alexandrin. Dans un langage inspiré et plein de noblesse, il plaida en faveur de l'autorité immuable de la Loi et sut lui reconquérir l'amour et le respect de son siècle. S'il a partagé les erreurs et les préjugés de l'époque, il ne la domine pas moins de sa haute et claire intelligence.

Lui aussi, Philon abuse de l'interprétation allégorique. Comme ses devanciers, il estime que le Pentateuque, au moins en majeure partie, dans ses récits comme dans sa législation, doit s'interpréter figurément. Entraîné par sa méthode, il se livre aux subtilités de la symbolique numérale, explique les mots hébreux par des mots grecs, trouve dans un même texte des idées diverses et même contradictoires. Pour lui, l'allégorie était en quelque sorte un besoin impérieux, et il l'aurait inventée si elle n'eût déjà existé. C'est qu'il tenait à voir consacrées par la Bible les idées dont lui-même était plein, idées écloses dans son propre cerveau ou empruntées aux écoles de l'Académie, du Portique et des néo-pythagoriciens. Mais, tout en partageant et en exagérant même l'aberration des allégoristes, Philon s'en sépare sur la question essentielle, je veux dire sur l'obligation permanente d'observer la Loi, et c'est là précisément ce qui fait sa supériorité. Il se prononce formellement et résolument contre ceux qui se contentent du sens spirituel des préceptes et qui négligent la pratique ; il les traite d'esprits légers et superficiels. Comme si, réduits à eux-mêmes, ils vivaient dans un désert, ou comme s'ils étaient des êtres immatériels, n'ayant jamais vu une ville, un village ni une maison, n'ayant pas commerce avec les hommes, ces gens méprisent ce que les autres aiment, ils ne veulent voir que la vérité nue. Or, l'Écriture nous exhorte bien à rechercher la sagesse, mais elle nous enseigne aussi à ne pas négliger les pratiques instituées par des hommes inspirés et plus grands que nous. Nous sera-t-il donc permis, parce que nous connaissons le sens spirituel du sabbat, de négliger les dispositions légales qui le concernent ? Oserons-nous, ce jour-là, faire du feu, cultiver la terre, porter des fardeaux, citer en justice et prononcer des arrêts, encaisser des créances, faire, en un mot, le travail de tous les jours ? Parce que t les fêtes sont le symbole de la paix de l'âme et de la reconnaissance envers Dieu, négligerons-nous de les célébrer ? Renoncerons-nous à pratiquer la circoncision parce que nous en connaissons la signification symbolique ? À ce compte, il nous faudrait aussi faire bon marché du temple et de toute pratique religieuse. Non, nous devons un égal attachement à la Loi et à sa signification, car une est à l'autre ce que le corps est à l'âme. N'avons-nous pas soin de notre corps parce qu'il est le siège de l'âme ? C'est précisément par la pratique matérielle des lois qu'on arrive à en mieux saisir le sens intime, et du même coup on évitera les reproches du vulgaire. On le voit, Philon appuie tout particulièrement sur la sainteté et l'inviolabilité de la loi judaïque. C'est pourquoi, seule entre toutes les législations, celle du judaïsme reste fixe, intacte, inébranlable, comme marquée du sceau de la nature, depuis le jour où elle fut révélée jusqu'à ce jour, et elle durera aussi longtemps que le monde. La nation judaïque, dans toutes les fortunes qu'elle a traversées, n'a jamais répudié une parcelle de sa loi, qu'elle vénère comme divine et sacrée. Ni la famine, ni la peste, ni la guerre, ni les menaces des tyrans n'ont pu détruire la Loi ; comment ne l'aimerions-nous, ne la glorifierions-nous pas au-dessus de toute chose ?

D'après Philon, c'est dans les monuments scripturaires des Judéens qu'est renfermée la véritable Sagesse. Ce que la plus saine philosophie enseigne à ses disciples, les Judéens le puisent dans leurs lois et leurs coutumes, nommément la connaissance du Dieu éternel, le mépris des fausses divinités, la charité et la douceur envers toutes les créatures. Ne méritent-elles pas, s'écrie-t-il, la plus profonde vénération, ces lois qui invitent le riche à donner une part de son bien au pauvre, qui consolent le pauvre par la perspective d'une époque où il n'aura plus besoin de mendier à la porte du riche et rentrera en possession de son bien ? L'arrivée de la septième année rend immédiatement l'aisance aux veuves, aux orphelins, à tous les déshérités. Aux propos calomnieux dirigés contre le judaïsme par Lysimaque, Apion et consorts, Philon oppose l'esprit de mansuétude qui respire partout dans les lois judaïques et qui s'étend jusqu'aux animaux, jusqu'aux plantes: Et ces misérables sycophantes osent décrier le judaïsme comme un ennemi du genre humain, lui dont l'essence n'est que charité !

C'est pour donner une idée plus saine des monuments littéraires du judaïsme à ceux des siens qui les raillaient et aux Grecs qui les mésinterprétaient, que Philon composa ses écrits, sorte de commentaire philosophique du Pentateuque, première tentative qu'on ait faite d'une exposition raisonnée du judaïsme.

Toutefois, si d'un côté Philon se maintenait strictement sur le terrain du judaïsme, il n'en était pas moins, d'autre part, imbu des doctrines de la philosophie grecque, si opposées à celles du judaïsme. L'esprit judaïque et l'esprit hellénique le dominaient avec une puissance égale et se disputaient la possession de sa pensée.

En vain il s'efforça de concilier des faits essentiellement inconciliables. Pour faire disparaître la contradiction entre la doctrine d'un Dieu créateur du monde et celle d'un Être parfait, sans relation possible avec la matière, Philon imagine des êtres intermédiaires entre

Dieu et l'univers. Dieu crée d'abord un monde spirituel, le monde des idées, qui ne sont pas seulement les prototypes des choses à créer, mais encore les puissances actives, les causes efficientes, entourant Dieu comme un cortège de serviteurs. C'est par ces forces spirituelles que Dieu agit indirectement sur le monde.

La somme de ces forces intermédiaires est ce que Philon nomme le Logos ou la Raison divine agissante, la Sagesse divine, l'Esprit de Dieu, la Cause des causes. Pour Philon, plus poète que philosophe, le Logos est le premier-né de Dieu, placé sur la limite de l'infini et du fini, les reliant et les séparant tout ensemble. Il n'est ni incréé comme Dieu, ni créé comme les êtres finis. Le Logos est le prototype de l'univers, le représentant de Dieu, qui transmet ses ordres au monde ; l'interprète qui lui signifie ses volontés, l'exécuteur qui les fait obéir, l'archange intermédiaire des manifestations divines, le grand prêtre qui intercède pour le monde auprès de Dieu.

Cette conception obscure et nuageuse du Logos fut adoptée et utilisée par le christianisme naissant, qui voulait se donner un vernis philosophique et ne fit que rendre l'obscurité plus épaisse encore. Sans l'avoir prémédité, sans se douter même de l'avènement du christianisme, Philon l'égara et lui fit prendre un feu follet pour le soleil.

Du reste, plus qu'aucun de ses devanciers, l'illustre philosophe d'Alexandrie porta de rudes coups au paganisme abject et corrompu de la Grèce et de Rome. Toutes ses réflexions sur les lois judaïques n'ont d'autre but, au fond, que d'en faire contraster la pure lumière avec les taches de l'idolâtrie, avec les dévergondages de la chair, les croyances vides et vermoulues du monde gréco-romain. Toutefois Philon n'en jugea pas moins nécessaire de défendre le judaïsme contre les accusations mensongères dont il était l'objet et d'en démontrer la grandeur par le simple exposé des faits. Ses principaux écrits furent composés avant tout pour ses coreligionnaires ; mais il voulait aussi que sa voix portât au-delà de la Synagogue.

Aux quelques lois humanitaires que les Grecs se vantaient de posséder de vieille date, comme la défense de refuser le feu, le devoir de remettre l'égaré dans son chemin, etc., il ne lui fut pas difficile d'opposer une quantité de lois de miséricorde, expressément énoncées dans le Pentateuque ou transmises par tradition orale. En tête de ces dernières, Philon place la belle sentence de Hillel : Ne fais pas à autrui ce que tu ne voudrais pas qu'on te fît. Le judaïsme ne se borne pas à défendre de refuser le feu et l'eau : il veut encore qu'on fournisse aux pauvres et aux faibles ce qui est nécessaire à leur subsistance. Il défend de se servir de faux poids, de fausses mesures, de fausse monnaie. Il défend de séparer les enfants de leurs parents, la femme de son époux, quand ils sont esclaves, le fussent-ils devenus par voie judiciaire. La loi juive prescrit la douceur, même envers les bêtes : Qu'est-ce que vos rares préceptes, s'écrie Philon, en comparaison de ceux-là ? — Aux perfides accusations dirigées contre Moïse : Certes ! répond ironiquement Philon, Moïse a dû recourir à la magie, pour avoir pu faire vivre un peuple entier perdu dans un désert, manquant de tout, exposé à mourir de faim et de soif ; que dis-je ! pour avoir su, malgré les discordes intérieures et les rébellions contre lui-même, le rendre docile et le plier à sa volonté !

Des trois grandes figures qui se succédèrent dans l'espace d'un siècle et qui le dominent de leur hauteur morale : Hillel le Babylonien, Jésus de Nazareth et Philon d'Alexandrie, Philon est la première, car c'est lui qui a le plus contribué à la glorification du judaïsme. Il surpasse les deux autres par la perfection de la forme comme par la richesse des pensées, et sa chaleur de conviction n'a rien à envier à la leur. Les premiers n'ont fait que donner l'impulsion, et ce sont leurs disciples qui ont répandu l'idée mère, non sans mainte altération. Philon, par ses écrits savamment travaillés, a exercé une influence plus directe et plus profonde : les païens lettrés qui lisaient ses oeuvres, plus encore peut-être que ne faisaient les Judéens, se laissaient gagner à l'enthousiasme avec lequel elles leur parlaient de Dieu, du législateur Moise et de l'esprit des lois divines.

Philon et les sages d'Alexandrie, continuant en quelque sorte l'œuvre des grands prophètes Isaïe, Habacuc, Jérémie, dévoilèrent aux plus aveugles l'absurdité, la bassesse et l'immoralité des religions païennes. Sous leurs mains, le radieux éther qui enveloppait l'Olympe mythologique s'évanouit comme une simple vapeur. Les bons esprits de la Grèce et de Rome, ceux qui avaient conservé au fond de leur âme le sens moral, reconnurent leur erreur et se détournèrent avec dégoût d'une religion qui, à une conception grossière de l'essence divine, semblait joindre l'apothéose du vice par l'exemple des dieux. Avides de foi comme tous les peuples anciens, affamés surtout de morale et de vérité, ces païens s'attachèrent au judaïsme, dont le caractère leur apparaissait de plus en plus clairement par la conversation des Israélites éclairés, par la traduction grecque des documents religieux du judaïsme et par la littérature des hellénistes d'Alexandrie.

Dans les années qui précédèrent la chute de l'État judaïque, les prosélytes se multiplièrent plus que jamais. En effet, ils trouvaient dans le judaïsme l'apaisement de leurs doutes et un aliment pour l'esprit et le cœur. Philon rapporte, comme un fait personnellement observé, que, dans son pays, les païens convertis au judaïsme, réformant leur manière de vivre, pratiquèrent la tempérance, la charité, la vraie piété, toutes les vertus. Les femmes surtout, dont la pudeur était blessée par les peintures cyniques de la mythologie, étaient attirées par la simplicité naïve et la grandeur que respirent les récits bibliques. À Damas, la plupart des femmes païennes avaient adopté le judaïsme. En Asie-Mineure, ainsi l'attestent des témoignages formels, nombre de femmes judaïsèrent. Quelques Judéens, trop zélés pour la propagation de leur culte, paraissent s'être voués à la conversion des païens, comme le prouve l'histoire de Fulvie, la patricienne romaine.

Grâce à cette ardeur de prosélytisme, la doctrine juive trouva accès auprès d'une famille royale d'Asie, dont les membres restèrent, pendant plusieurs générations, de fidèles sectateurs du judaïsme. La province d'Adiabène, sur le Tigre, était alors gouvernée par le roi Monobaze et par Hélène, à la fois sa sœur et son épouse. Ce petit État, quoique serré par ses grands voisins, Rome et les Parthes, sut maintenir son indépendance et subsista pendant plusieurs siècles. Parmi les enfants que Monobaze avait eus d'Hélène et de ses autres femmes, il en était un du nom d'Izate (né l'an 1, mort vers 55) qui, bien que le plus jeune, devint le favori de ses parents. Pour soustraire ce prince à la jalousie de ses frères, Monobaze l'envoya à la cour d'un de ses amis, roi de la contrée appelée Mésène ou Characène, à l'embouchure du Tigre. Ce monarque, nommé Abinerglos (Abennerig), conçut pour le jeune prince une amitié si vive qu'il lui donna sa fille en mariage. À sa cour venait d'habitude un marchand judéen, Anania, qui tout en vendant ses marchandises aux princesses leur avait vanté les beautés du judaïsme et avait su le leur faire aimer. Samakh, femme d'Izate et l'une de ces néophytes, parla d'Anania à son époux, qui eut plusieurs entretiens avec le marchand, et qui conçut tant de vénération pour le judaïsme, tant d'estime pour son habile interprète, qu'il finit par adopter l'un et par attacher l'autre à sa personne (vers l'an 18). La reine Hélène avait, elle aussi, embrassé le judaïsme à l'insu de son fils et à l'instigation d'un autre convertisseur.

L'influence moralisatrice du judaïsme se manifesta dès la mort de Monobaze. Le vieux roi en mourant avait désigné pour son successeur Izate, à l'exclusion de ses frères aimés. Lorsque Hélène communiqua aux grands de l'Adiabène les dernières volontés de son époux, ceux-ci lui conseillèrent un crime assez fréquent dans les cours asiatiques. Pour assurer la paix publique et empêcher les frères évincés de fomenter une guerre civile, ils proposèrent de les faire mettre à mort. Mais Hélène, dont la croyance nouvelle avait transformé le cœur, rejeta cette criminelle proposition, et se contenta de faire arrêter les frères du roi. Elle ne fit d'exception que pour son fils aîné, Monobaze II, à qui elle confia la régence. Et même, lorsque Izate arriva dans la capitale et, conformément à la volonté du feu roi, reçut la couronne des mains de Monobaze (vers l'an 22), il mit fin à la détention de ses frères, jugeant trop cruel de sacrifier leur liberté à sa propre sécurité.

Une fois sur le trône, Izate voulut se déclarer ouvertement pour le judaïsme et songea même à se faire circoncire. Mais sa mère et son maître Anania lui-même le dissuadèrent de ce coup de tête. Anania, qui était sans doute un hellénisant, essaya de lui prouver que la circoncision ne lui était pas indispensable. Izate se rendit d'abord à leurs observations ; mais plus tard un Judéen de Galilée, Éléazar, zélé observateur de la Loi, étant venu à sa cour, le fit changer d'avis. Un jour, Éléazar trouva le roi occupé à lire le Pentateuque, — sans doute dans la traduction grecque, — et ne put s'empêcher de lui faire observer que, pour appartenir à la confession judaïque, ce n'était pas assez d'en lire les lois, qu'il fallait aussi les pratiquer. Là-dessus Izate et son frère aîné Monobaze se firent circoncire secrètement. Les craintes manifestées par la reine-mère, au sujet des troubles qui pourraient survenir si la conversion du roi était connue de son peuple, ne se réalisèrent pas immédiatement. Le règne d'Izate fut paisible, et ce prince jouit même d'une considération telle qu'il put s'interposer comme arbitre entre le roi des Parthes, Artaban, et ses seigneurs mutinés contre lui. Mais plus tard, lorsque tous les membres de la famille royale, embrassèrent ouvertement le judaïsme, quelques grands personnages de l'Adiabène ourdirent une conspiration contre Izate et excitèrent Vologèse, roi des Parthes, à faire la guerre à leur prince, qui reniait ainsi la foi de ses pères. Du reste, Izate échappa avec bonheur à tous les dangers et termina paisiblement son règne, qui avait duré une trentaine d'années.

Un trait qui montre bien l'attachement de cette famille d'Adiabène pour le judaïsme, c'est le désir ardent de la reine Hélène de visiter Jérusalem. Vers l'an 47, encouragée par son fils, elle entreprit ce lointain voyage. De son côté, Izate envoya cinq de ses fils à Jérusalem pour les faire instruire dans la religion et la langue des Judéens. Quelle ne dut pas être l'ivresse des Jérusalémites en voyant entrer dans leurs murs une reine, venue de l'extrême Orient pour rendre hommage à leur Dieu et à leur Loi ! Ne voyaient-ils pas se réaliser cette parole du prophète : Que le second temple serait plus glorieux que le premier, parce que les païens y viendraient adorer le Dieu Un ? — Bientôt Hélène eut l'occasion de témoigner sa générosité au peuple. Pendant son séjour, une famine désola la Palestine, et les pauvres en souffrirent particulièrement. La reine Hélène fit venir d'Alexandrie et de Chypre des cargaisons entières de blé et de figues, qu'elle distribua aux nécessiteux (vers 48). Izate fournissait à sa mère des ressources abondantes qui lui permettaient de satisfaire ses goûts de munificence. Elle fit don au temple d'un carreau d'or, qui avait la forme d'une conque, et qui devait orner la porte du sanctuaire intérieur : cette conque reflétait, en le multipliant, le premier rayon de soleil qui venait la frapper, et annonçait ainsi aux prêtres de service l'apparition du jour.

La nation voua à Hélène, la pieuse et généreuse prosélyte, un souvenir reconnaissant. Cette princesse survécut à son fils Izate, qui mourut à l'âge de 55 ans (vers l'an 55), laissant, dit-on, vingt-quatre fils et autant de filles. Il eut pour successeur son frère aîné, Monobaze II, qui ne montra pas un moins vif attachement au judaïsme. Lorsque Hélène mourut à son tour, Monobaze II fit transporter ses restes, ainsi que ceux d'Izate, à Jérusalem, et les fit déposer dans le magnifique sépulcre que la reine-mère avait fait construire lors de son séjour dans la ville sainte. Le mausolée d'Hélène, situé à trois stades environ (570 mètres) au nord de Jérusalem, passait pour un chef-d'œuvre, remarquable surtout par ses trois pyramides ou colonnes d'un marbre blanc et transparent.

Hélène avait fait construire un palais dans la ville basse, et sa petite-fille, la princesse Grapté, en avait fait bâtir un autre dans le quartier de l'Ophla. Monobaze, qui avait lui-même un palais à Jérusalem, fit fabriquer en or les vases sacrés nécessaires aux cérémonies du jour d'Expiation. La famille d'Adiabène resta fidèlement attachée à la nation judaïque et lui prêta un énergique appui dans les mauvais jours.

Cet entraînement sympathique des païens religieux vers le judaïsme fut une bonne fortune pour le christianisme naissant. En exploitant, en exaltant cette disposition des esprits, il posait la première pierre de sa propre domination. Deux Judéens de langue grecque, Saul ou Saül de Tarse (connu sous le nom de Paul) et José Barnabas de Chypre, en recrutant principalement leurs prosélytes parmi les païens, donnèrent à la petite communauté nazaréenne une extension qui fit de cette secte juive une religion à part, mais qui, par cela même, en altéra le caractère originel. Dans les dix premières années qui suivirent la mort du fondateur, le modeste groupe s'était grossi d'un double appoint, fourni par les Esséniens et les Judéens des pays grecs. Les premiers, qui jusque-là, dans une extase mystique, attendaient d'un miracle l'avènement du royaume de Dieu, virent sans doute en Jésus la réalisation de leurs rêves. Le célibat auquel ils étaient voués ne leur permettant pas de grossir leurs rangs par la filiation naturelle, ils durent recourir à la persuasion pour gagner de nouveaux membres à leur ordre. Devenus disciples de Jésus, ils continuèrent en cette qualité leur œuvre de propagande, et travaillèrent surtout les couches populaires, négligées ou tenues à l'écart par les chefs des Pharisiens. Ils communiquèrent leur activité et leur ardeur de prosélytisme aux chrétiens d'origine, qui, dans leur naïveté, n'attendaient pas de nouvelles recrues, mais le retour prochain de Jésus apparaissant dans sa gloire, porté sur les nuées du ciel. Bientôt des envoyés ou apôtres sortirent de Jérusalem, leur siège principal, pour répandre au loin leur croyance, à savoir que Jésus était le Messie véritable.

Mais, pour recruter de nombreux adhérents, il fallait avant tout une habileté de parole qui faisait défaut aux naïfs pêcheurs et artisans de Galilée. La coopération des Judéens de langue grec que leur fut d'un précieux secours De l'Asie-Mineure, de l'Égypte, de la Cyrénaïque, des îles de Crète et de Chypre accouraient chaque année à Jérusalem, au moment des fêtes, une multitude de Judéens. À côté de ceux qu'y amenait le sentiment ou l'exaltation religieuse, on y voyait aussi des gens amoureux de nouveautés, des aventuriers, des mendiants, qui y faisaient un plus long séjour. Beaucoup d'entre ces derniers adoptèrent la croyance nouvelle, avec une avidité proportionnée à leur ignorance des Écritures et des dogmes. Ce qui souriait surtout à ces gens sans feu ni lieu, c'était la communauté des biens et les repas en commun, que la secte des chrétiens ébionites avait retenus de son origine essénienne. Ceux qui avaient quelque bien le vendaient et en déposaient le produit dans la caisse de l'ordre, et ceux qui n'avaient rien vivaient sans soucis, aux frais de la masse. Ces Judéens grecs, qui avaient appris de leurs voisins païens l'art de parler de toute chose et d'envelopper des riens d'une forme harmonieuse et attrayante, portaient à la religion nouvelle le langage qui lui convenait : ils parlaient en toute langue. Ce furent eux qui devinrent les prédicateurs de la foi nouvelle et ses meilleurs apôtres. En peu de temps, les éléments galiléens, ébionites et esséniens furent complètement submergés par l'élément grec.

Les Judéens de langue grecque, qui ignoraient les développements donnés à la Loi dans les écoles de Jérusalem, et qui n'avaient, d'ailleurs, presque aucune notion de la Loi elle-même, commettaient sans doute mainte infraction, volontaire ou irréfléchie, aux prescriptions religieuses. Pris sur le fait et sommés de s'expliquer, ils paraissent avoir, avec leur manie ergoteuse et leur goût pour la chicane, essayé de légitimer leur conduite antireligieuse en invoquant leur foi dans la messianité de Jésus, qui, lui aussi, disait-on, s'était placé au-dessus des règles. Mais à Jérusalem, la ville sainte par excellence, on ne plaisantait guère avec les lois et les coutumes. On commença à soupçonner les Nazaréens de vouloir introduire des réformes et de pousser au mépris de la Loi. On se mit à observer les partisans de Jésus et à écouter leurs propos dans les synagogues, dans les marchés et sur les places publiques. Le plus farouche adversaire des Nazaréens était Saul de Tarse[23], fanatique adepte de la doctrine pharisaïque et qui, comme tel, tenait la Loi tout entière, écrite et orale, pour sacrée et inviolable. Parlant également le grec, il pouvait mesurer la portée des prédications judéo-chrétiennes à Jérusalem, et il en était outré. Un de ces judéo-chrétiens, nommé Stéphanos (Étienne), était allé plus loin que les autres et s'était prononcé sans ménagement contre la sainteté de la Loi et du temple. Saul paraît l'avoir dénoncé comme blasphémateur et Étienne fut lapidé, sans qu'on puisse dire si ce fut par ordre du tribunal ou par la fureur populaire. À partir de cette époque, les soupçons redoublèrent contre les Nazaréens, qui se virent étroitement surveillés ; ce fut encore Saul qui pénétra dans leurs maisons pour les épier, les accuser et les faire passer devant les tribunaux. Les inculpés furent jetés en prison. Ceux qui, à l'interrogatoire, étaient reconnus coupables d'avoir parlé ou agi contre la Loi en se réclamant de Jésus étaient condamnés, non à la peine capitale, mais à celle de la flagellation. Effrayés de cette sévérité, les Nazaréens étrangers à la ville s'enfuirent, se dispersèrent de tous côtés et se réfugièrent dans des villes grecques renfermant des communautés

---

[23] Sur saint Paul, voir l'excellent ouvrage de ce nom par M. Hippolyte Rodrigues (les seconds chrétiens), Paris, 1876.

judaïques, pour y continuer leur propagande. Toutefois, les seuls Nazaréens de langue grecque furent persécutés : les membres indigènes de la secte qui, malgré leur nouvelle foi, ne niaient pas l'autorité permanente de la Loi, ne furent pas inquiétés. Leurs trois chefs, Jacques, frère ou parent de Jésus, Céphas ou Pierre, et Jean, fils de Zébédée, avaient leur résidence fixe à Jérusalem et n'eurent à subir aucune vexation.

Cependant les Nazaréens fugitifs continuèrent ailleurs leurs menées et leurs tentatives de propagande. N'ayant point de patrie, tous leurs efforts tendaient à se créer un groupe de partisans et à y faire fleurir le système de la communauté des biens, afin de pouvoir vivre à l'abri de tout souci. Deux villes surtout les attiraient : Antioche et Damas, qui renfermaient une nombreuse population helléniste, beaucoup de femmes aussi converties au judaïsme, et qui offraient un vaste champ à leur activité de convertisseurs. La foule, ignorante ou mal instruite, écoutait avidement la parole de ces apôtres qui lui annonçaient l'ère prochaine, l'ère heureuse du règne de Dieu, et lui affirmaient que, pour y participer, il suffisait de croire en Jésus, le Messie crucifié et ressuscité et de recevoir le baptême. Bientôt chacune de ces deux cités posséda une communauté de Nazaréens, dont les membres étaient réputés Judéens et menaient de fait une vie judaïque, priant, chantant des psaumes et répondant aux actions de grâces par l'amen traditionnel, se distinguant toutefois par des singularités qui trahissaient une secte naissante. Ils se réunissaient pour des repas en commun qu'ils appelaient festins du Seigneur ou festins d'amour (agapes)[24], prononçaient la bénédiction sur le vin, buvaient à la ronde dans la même coupe, rompaient le pain en souvenir du dernier repas de Jésus, et se donnaient mutuellement un baiser, hommes et femmes indistinctement. Quelques-uns, dans leur extase, prononçaient des prophéties, d'autres parlaient des langues étrangères, d'autres encore, au nom de Jésus, opéraient des cures merveilleuses ou se vantaient de leur puissance surnaturelle. Ce groupe gréco-nazaréen était travaillé par une exaltation si étrange, qu'il n'aurait pas tardé à devenir un sujet de risée et à succomber sous le ridicule. Bref, le christianisme naissant,

---

[24] Voir l'Épître aux Corinthiens, X, 26; XI, 20 ; XII, 8. — Épître aux Romains, XII, 6 ; XVI, 16.

avec son mysticisme à outrance, se serait brisé, dès ses premiers pas, contre la vie réelle et aurait péri obscurément, comme tant d'autres sectes messianiques, si Saul de Tarse ne lui avait imprimé une direction nouvelle, une portée considérable, et n'en avait, par là, assuré la vitalité. Sans Jésus, certes, l'homme de Tarse n'aurait pas eu l'occasion de faire tant de conquêtes ; mais, sans cet homme, l'œuvre de Jésus n'aurait pas duré.

Saul (né à Tarse, en Cilicie, au commencement de l'ère chrétienne, mort vers l'an 64) appartenait, dit-on, à la tribu de Benjamin. Ce n'était pas un caractère ordinaire. Faible de complexion, maladif même, il avait une âme résistante et tenace, qui ne fléchissait pas devant les obstacles. D'un caractère irritable, impétueux, exclusif, hérissé d'angles, il montrait la plus âpre intolérance à quiconque ne partageait pas ses idées ou s'en écartait même tant soit peu. Il n'avait que de faibles notions de la littérature judaïque, et ne connaissait l'Écriture sainte que par la traduction grecque. Ses vues étaient aussi bornées que sa science. En outre, il était très exalté, prenait volontiers les produits de son délire pour des réalités et s'en inspirait dans ses actes. En un mot, c'était à la fois une imagination malade et une volonté de fer, bien faite pour créer un nouvel ordre de choses et pour réaliser, en quelque sorte, l'impossible. Il avait persécuté avec acharnement les Nazaréens grecs, les allant chercher au fond de leurs retraites pour les livrer à la justice. Cela ne lui avait pas suffi. Ayant appris que quelques-uns d'entre eux s'étaient rendus à Damas, il les y relança pour détruire, là aussi, leur communauté. Mais brusquement il changea d'avis.

À Damas, il y avait beaucoup de païens et surtout de païennes, qui avaient embrassé le judaïsme. La conversion de la famille royale d'Adiabène avait produit une vive sensation. Saul avait sans doute assisté à l'entrée de la reine Hélène, des princes d'Adiabène et de leur suite dans Jérusalem, à cette entrée qui avait été un triomphe pour le judaïsme. Lors de son voyage, Hélène avait dû passer par Damas et y recevoir les hommages de la population judaïque et prosélyte de cette ville. Ces événements avaient fait une impression profonde sur Saul, et il dut se demander si elle n'était pas venue, cette époque annoncée par les prophètes, où tous les peuples reconnaîtront le Dieu qui s'est révélé à Israël, où tous les genoux plieront devant lui, où toute langue jurera par son nom. Une fois cette question posée, naissaient aussitôt des doutes qui réclamaient une solution. Quelle que soit la propension d'une foule de païens pour le judaïsme, sera-t-il possible d'y convertir toute la gentilité, si elle doit se soumettre au joug de la Loi entière, s'il faut lui imposer l'observance du sabbat et des fêtes, des lois alimentaires, des prescriptions concernant le pur et l'impur, enfin et surtout la circoncision ? Faudra-t-il donc aussi astreindre les païens à toutes les aggravations légales introduites par les Pharisiens ? S'il en est ainsi, l'accès du judaïsme sera fermé à jamais aux nations. D'autre part, la Loi sera-t-elle abolie en ce qui concerne les païens, et suffira-t-il de leur inculquer la connaissance du vrai Dieu et de la saine morale ? Mais la Loi tout entière est l'œuvre de Dieu, qui l'a révélée et qui en a énergiquement recommandé l'observance. Comment donc pourrait-elle être abolie ?

Arrivé à ce point, Saul se souvint sans doute de la parole d'un de ses maîtres : que la Loi n'aurait d'autorité que jusqu'à l'époque du Messie et qu'elle cesserait d'être obligatoire à l'arrivée de ce libérateur. Si le Messie apparaissait ou s'il était venu, il n'y avait plus d'obstacle à l'accession des gentils. Se pouvait-il donc qu'il fût apparu ? Jésus serait-il, d'aventure, le véritable Messie ? Ces pensées préoccupaient vivement Saul. Mais son tempérament nerveux et son imagination exaltée eurent enfin raison de son incertitude : il crut fermement que Jésus lui était apparu. Longtemps après, parlant de cette apparition, il disait lui-même : Si ce fut en corps, je ne sais; si ce fut sans son corps, je ne sais ; Dieu seul le sait. Quant à moi, je fus ravi jusqu'au troisième ciel. Assurément, un pareil témoignage est peu concluant en lui-même ; mais on s'est chargé de l'amplifier. Cette conversion de Saul, si décisive pour l'avenir du christianisme, a été embellie à souhait par la légende. Sur le chemin de Damas, Saul s'était vu tout à coup environné d'une lumière, était tombé par terre comme foudroyé, puis avait entendu une voix qui lui criait : Saul ! Saul ! pourquoi me persécutes-tu ? Aveuglé par cette apparition, il gagne Damas, et là, à la parole d'un chrétien qui lui conseille de recevoir le baptême, les écailles lui tombent des yeux.

Certain, désormais, d'avoir vu réellement Jésus, Saul sentit s'évanouir un autre doute et surgir en son esprit une toute nouvelle conception messianique. Jésus est mort sur la crois et pourtant il lui est apparu : il a donc ressuscité, il est même le premier des ressuscités, certifiant ainsi et la vérité de la résurrection, — dogme controversé dans les écoles, — et l'avènement prochain du royaume de Dieu, où les morts, selon la prophétie de Daniel, doivent revenir à la vie. Il y eut donc désormais, pour le ci-devant Pharisien de Tarse, trois points bien établis : Jésus était ressuscité ; Jésus était le véritable Messie, enfin le royaume de Dieu était proche, et la génération d'alors ou du moins les sectateurs de Jésus en verraient la réalisation. De là ces conséquences : Si le Messie est apparu, si Jésus a été effectivement le Christ, la Loi est abolie par cela même ; les païens participeront à la bénédiction d'Abraham sans avoir besoin d'observer la Loi. Cette pensée fut un stimulant pour son activité. Il se sentit appelé à convertir, à régénérer le monde païen et à l'amener au Père céleste par l'intermédiaire du Christ. Pour cette âme de feu, l'intervalle n'était pas long de la pensée à l'acte. Il se rallia, sous le nom de Paul, aux Nazaréens de Damas, qui ne furent pas peu surpris de voir leur persécuteur d'hier devenu soudain leur ami et leur collaborateur.

À Damas, où le judaïsme était depuis longtemps en faveur et où beaucoup de gens ne s'en tenaient éloignés qu'à cause des sacrifices qu'il imposait, Paul trouvait un champ propice à son activité. Le nouvel apôtre, d'ailleurs, pouvait leur faciliter la besogne en les dispensant de la pratique de la Loi au moyen de la foi en Jésus. Mais il ne semble pas que sa théorie trop raffinée en matière de croyance ait obtenu grand succès, même auprès de ses compatriotes. Son système de l'abolition totale de la Loi devait leur paraître, en effet, une nouveauté fort suspecte. Sans doute aussi conservaient-ils quelque défiance à l'égard de ce persécuteur de la veille. Quoi qu'il en soit, Paul ne put tenir à Damas et s'en alla en Auranitide, où vivaient également des communautés judaïques. Mais revenu une deuxième fois à Damas, ses coreligionnaires lui témoignèrent un peu plus de confiance et il put donner carrière à son zèle de convertisseur.

Cependant son caractère violent et absolu, sa déclaration surtout relativement à l'abolition de la Loi, irrita contre lui la communauté judaïque de Damas. L'ethnarque judéen de cette ville, qui avait été nommé ou maintenu par le roi Arétas Philodème, songea à le faire arrêter. Ses amis le sauvèrent en le faisant descendre, dans un panier, par une fenêtre pratiquée dans les murs de la ville. Paul échappa de la sorte à ses ennemis, qui voyaient en lui, à bon droit, le destructeur du judaïsme.

Ce ne fut que trois ans après sa conversion qu'il vint à Jérusalem. Il sentait bien qu'il y avait un abîme entre lui et les chrétiens de Galilée et qu'il ne pourrait s'entendre avec eux. Une seule pensée remplissait son âme : c'est que la bénédiction divine universelle, la promesse faite à Abraham de devenir le père de beaucoup de nations, allait enfla devenir une réalité ; que les païens allaient entrer dans la famille de ce patriarche, et qu'à lui, Paul, était réservé l'accomplissement de cette œuvre. Il voulait faire disparaître toute différence entre Judéens et païens, entre esclaves et hommes libres, en les unissant tous, comme des frères, dans l'alliance d'Abraham, dont ils seraient la postérité spirituelle. Voilà l'évangélion, la bonne nouvelle qu'il voulait apporter aux nations. C'était certes une pensée grandiose, mais les Ébionites de Jérusalem et les apôtres colonnes étaient incapables de la comprendre.

Après un court séjour à Jérusalem, Paul entreprit ses voyages de propagande en compagnie du Cypriote José Barnabas (Barnabé). Ils se rendirent d'abord en Cilicie, la patrie de Paul ; ensuite ils parcoururent l'Asie-Mineure et la Macédoine, d'où ils passèrent en Grèce. Là, les efforts de Paul furent couronnés d'un plein succès. En beaucoup d'endroits, il fonda des communautés chrétiennes, notamment en Galatie, à Éphèse, à Philippes, à Thessalonique et à Corinthe. Le judaïsme pouvait, à vrai dire, revendiquer une part de ces succès, car, pour gagner, les païens et les amener à Jésus, Paul dut évoquer le glorieux passé du peuple hébreu. Il dut aussi faire ressortir l'idée pure de la Divinité en regard des conceptions grossières du paganisme. Du reste, il trouvait dans l'état des esprits un terrain favorable aux saines doctrines du judaïsme. Beaucoup de païens éprouvaient du dégoût pour les récits mythologiques et pour l'apothéose de la créature humaine. Il était encore présent à toutes les mémoires, le spectacle dégradant du monde romain à genoux devant un Caligula, lui dressant des autels et l'adorant comme un dieu. Les esprits droits et purs cherchaient un dieu vers lequel ils pussent élever leur pensée, et ne le trouvaient point. Survient Paul, qui les met en possession de ce dieu, — un dieu, il est vrai, qu'il entoure d'une auréole de miracles, mais cette teinte mythologique était un attrait de plus : le Fils de Dieu sonnait mieux à l'oreille païenne que le Messie libérateur. De plus, en regard de l'immoralité profonde qui s'étalait au grand jour à Rome et en Grèce, inconduite des femmes, lubricité des hommes, dépravation de l'amour, Paul avait beau jeu pour recommander et faire goûter la doctrine judaïque. Ce que les écrivains judéo- alexandrins, les auteurs sibyllins, l'auteur du livre de la Sapience et Philon avaient enseigné, à savoir : que la corruption des païens avait sa source dans le polythéisme, Paul le développa avec son entraînante éloquence : Ils ont changé la gloire du Dieu vivant en simulacres de l'homme périssable, d'oiseaux, de quadrupèdes, de reptiles. C'est pourquoi aussi Dieu les a livrés à leur sens réprouvé, en sorte qu'ils ont déshonoré eux-mêmes leurs propres corps.

Des prédications de ce genre, débitées avec feu par un homme qui faisait passer toute son âme dans ses paroles, ne pouvaient manquer de produire une profonde impression sur les bons esprits et les consciences honnêtes. Ajoutez à cela les terreurs de l'époque, le vague pressentiment de la fin du monde, pressentiment que Paul, avec sa conviction du prochain retour de Jésus, transforma en espérance, annonçant aux croyants que les morts ressusciteraient avec des corps transfigurés et que les vivants seraient enlevés au ciel sur une nuée, dès que la divine trompette aurait donné le signal. C'est ainsi que, dans ses nombreux voyages apostoliques de Jérusalem jusqu'à l'Illyrie, Paul s'empara de l'esprit d'une foule de païens. Cependant, au début, il ne recruta guère que des gens de basse condition, des ignorants, des esclaves, et surtout des femmes. Aux yeux des Grecs lettrés, le christianisme que prêchait Paul et qu'il appuyait uniquement sur la résurrection de Jésus, dont il se disait témoin, n'était qu'une ridicule folie. Les Judéens devaient nécessairement s'en scandaliser. Car enfin, le point de départ de Paul pour convertir les païens, c'était la littérature et la doctrine judaïques : sans elles, ses prédications au sujet d'un Messie et d'une doctrine de salut étaient de purs non-sens. Les Grecs eux-mêmes, auxquels il s'était adressé, devaient avoir entendu parler d'Israël et de Jérusalem ; autrement, ils ne l'auraient pas compris. Aussi ne put-il rien tenter que dans les villes où il y avait des communautés judaïques, par qui les païens avaient pu être quelque peu initiés à l'origine et aux doctrines du judaïsme.

Mais Paul cherchait précisément à rompre les liens qui rattachaient encore la doctrine du Christ au judaïsme. Gêné par la Loi, dont l'observance rendait plus difficile l'admission de prosélytes païens, il essaya de la déconsidérer, affecta de n'y voir qu'un obstacle à la sainteté et à la vertu parfaite. Non seulement les lois cérémonielles, mais, même les lois morales du judaïsme étaient, à son dire, autant d'empêchements à la voie du salut. Sans la Loi, les hommes n'auraient pas connu les mauvais désirs ; la convoitise ne s'est éveillée que parce que la Loi a dit : Tu ne convoiteras pas. C'est grâce à la Loi seulement que le péché a été connu. L'homme est un être charnel, enclin au péché, car la chair est faible et résiste à la Loi. Aussi Paul oppose-t-il à la Loi une nouvelle doctrine : L'homme, dit-il, est devenu charnel, faible et pécheur, parce que le premier homme a péché. La faute d'Adam a enfanté un péché héréditaire et ineffaçable ; elle a condamné l'humanité à la mort. Or, ce péché, inné à l'homme, la Loi est impuissante à le vaincre. Pour triompher du péché et de la mort, Dieu a dû recourir à une combinaison spéciale : il a livré à la mort le Messie, son propre fils, et ensuite l'a ressuscité ; et celui-ci est devenu un second Adam, qui a effacé le péché originel, vaincu la mort et assuré l'immortalité. Jésus ou le Christ a affranchi, non pas Israël du joug des nations, mais l'homme de la puissance du péché.

Paul fit ainsi du christianisme l'antithèse absolue du judaïsme, donnant pour base à celui-ci la loi et la contrainte, à celui-là la liberté et la grâce. C'est Jésus, c'est le christianisme, qui a amené l'ère du salut prédite par les prophètes. Les vieilles choses sont passées, et toutes choses sont devenues nouvelles. L'ancien Testament (alliance) doit faire place au nouveau. Abraham lui-même n'a pas été justifié par les œuvres, mais par la foi : c'est ainsi que Paul accommodait, par des interprétations subtiles, les textes de l'Écriture. Il alla plus loin encore et prétendit inférer de la Bible que quiconque est sujet de la Loi et ne la pratique pas dans toute sa rigueur est atteint par la malédiction. Ce fut précisément le mérite de Jésus d'avoir racheté les hommes de cette malédiction, en abolissant la Loi.

Les Judéens devaient-ils écouter, pouvaient-ils supporter ces paroles scandaleuses, ces outrages publics à la Loi du Sinaï, à cette Loi pour laquelle leurs ancêtres avaient souffert mille morts, pour laquelle eux-mêmes, tout récemment, sous le règne de Caligula, avaient exposé leur vie ? Il ne faut pas s'étonner s'ils furent tous ulcérés contre Paul et s'ils le poursuivirent là où ils en avaient le pouvoir. Encore, lorsque Paul tomba entre leurs mains, se bornèrent-ils à le condamner aux verges, sans menacer sa tête : il raconte lui-même avoir été cinq fois flagellé de quarante coups moins un. Mais les Judéens n'étaient pas seuls à lui en vouloir : les Nazaréens ou judéo-chrétiens n'étaient pas moins indignés de ses attaques contre la Loi, et c'est ainsi qu'un schisme se forma au sein du christianisme naissant. Pierre ou Céphas (Kêpha), apôtre des Judéens exclusivement, prêchait un christianisme bien différent de celui de Paul et d'autres prédicateurs des gentils ; Apollos d'Alexandrie et un certain Chrestos enseignaient encore d'une autre manière. Les judéo-chrétiens voyaient avec terreur les fruits de la liberté évangélique prêchée par Paul. Dans les communautés qu'il avait fondées à Éphèse et à Corinthe, beaucoup de ses néophytes, rejetant avec le joug de la Loi celui de la pudeur, se livraient à la débauche, à l'ivrognerie[25] ; voire à la pédérastie ; un d'entre eux vivait en concubinage avec la femme de son père. Aussi des apôtres judéo-chrétiens se mirent-ils en campagne sur les pas de Paul[26], proclamèrent partout que sa doctrine n'était qu'erreur et imposture, que la loi judaïque liait également les chrétiens et qu'elle seule, en effet, peut mettre un frein aux appétits matériels. La question de savoir si la circoncision était obligatoire pour les païens néophytes donna lieu à de violents débats entre Paul et les apôtres judéo-chrétiens. À Antioche notamment, ce fut une lutte acharnée. Pierre, qui jusqu'alors avait fait

---

[25] Ire Épître aux Corinthiens, V, 1, 9, 11 ; VI, 9 ; VII, 2 ; X, 8 — Épître aux Éphésiens, V, 3.
[26] Épître aux Galates, I, 6 ; IV, 17 ; V, 10.

bon marché des lois alimentaires et partagé sans scrupule les repas des nouveaux chrétiens, dut céder aux remontrances des envoyés du parti orthodoxe dont Jacques était le chef, renoncer à ses errements et se déclarer contre la doctrine trop facile de Paul. Naturellement, celui-ci, en pleine assemblée publique, l'accusa d'hypocrisie.[27] L'influence des apôtres judéo-chrétiens, rigides observateurs de la Loi, était encore assez puissante pour que non seulement tous les judéo-chrétiens d'Antioche, mais Barnabas lui-même, le compagnon et le collaborateur de Paul, évitassent désormais de s'asseoir à la table des païens. Il en résulta une scission profonde au sein du christianisme. Il y eut deux partis distincts et hostiles l'un à l'autre : les chrétiens du judaïsme, les chrétiens du paganisme. La haine de race contribua encore à creuser l'abîme. Les Grecs convertis méprisaient les judéo-chrétiens et les regardaient de haut, comme des Hellènes pouvaient regarder des Judéens.

Paul, désormais isolé, puisa dans son tempérament passionné et autoritaire une animosité plus vive encore contre le parti judéo-chrétien : il parla en termes dédaigneux des soi-disant colonnes de la communauté mère de Jérusalem, déclara que ces apôtres, qui faisaient sonner si haut la sainteté de la Loi, n'étaient que des faux frères, dénaturant l'Évangile par jalousie, par esprit d'opposition, et cherchant uniquement leurs propres intérêts, non ceux de Jésus. Il rédigea des épîtres véhémentes contre ceux qui pratiquaient la Loi, et lança l'anathème[28] contre ceux qui annonçaient un autre évangile que le sien. À leur tour, les chrétiens orthodoxes, lui rendant guerre pour guerre, rappelèrent un déserteur de la Loi, un docteur d'hérésie, et racontèrent que, païen de naissance, il s'était converti au judaïsme par amour pour la fille d'un grand prêtre[29], et que, s'étant vu éconduit, il s'était vengé en attaquant circoncision, sabbat, la Loi tout entière. Invoquant sur ce point l'autorité de Jésus lui-même, ils appliquaient à l'apôtre novateur ces paroles du Maître : Celui qui aura violé un des

---

[27] Ibid., II, 11-14.
[28] Ibid., I, 8-9.
[29] Voir Irénée, Contra hæreses, I, 36 ; Eusèbe, Histoire ecclésiastique, III, 37.

plus petits commandements et qui aura ainsi enseigné les hommes, sera estimé le moindre dans le royaume des cieux.[30]

Ainsi, moins de trente ans après la mort de son fondateur, le christianisme se trouve divisé en deux sectes. Les judéo-chrétiens restent sur le terrain du judaïsme, obligent les païens convertis à pratiquer la Loi, et gardent leur prédilection à Jérusalem, où, ils attendent le retour du Messie. Les païens christianisés, au contraire, s'éloignent de plus en plus du judaïsme et le traitent en ennemi.

---

[30] Évangile de Matthieu, VIII, 19.

Chapitre XVII

Agrippa II ; début de l'insurrection — (49-66)

Tandis que le judaïsme affirmait sa supériorité par l'accession de nombreux prosélytes, tandis que semblait luire l'aube du glorieux jour entrevu par les prophètes, où les peuples de la terre tourneront leurs regards vers Sion, d'où sortira la lumière qui doit rayonner sur l'humanité, — en Judée et surtout à Jérusalem la nation souffrait du joug de Rome, devenu de plus en plus pesant depuis la mort d'Agrippa. Les misères du présent né permettaient guère de se réjouir des événements considérables qui venaient de se produire et qui semblaient préparer les voies à la domination universelle du judaïsme. Un sombre crêpe, en effet, enveloppe les vingt dernières années de l'État judaïque. Il y règne une sorte d'angoisse continue, dont le souvenir nous émeut encore et nous serre le cœur. La nation judaïque nous offre, dans cette période, l'image d'une captive que ses geôliers martyrisent sans cesse et provoquent à secouer ses chaînes avec la furie du désespoir, jusqu'à ce qu'elle les ait brisées. La lutte sanglante entre Rome et la Judée, la première disposant de ressources immenses et accoutumée à la victoire, la seconde dépourvue de tous moyens matériels et forte seulement de sa volonté, cette lutte, disons-nous, éveille un intérêt d'autant plus puissant que, malgré la disproportion des forces respectives, la faible fille de Sion aurait triomphé sans doute, si elle n'eût été déchirée par ses propres dissensions, livrée par des traîtres, et si elle avait pu attendre un moment plus favorable, c'est-à-dire si sa chute n'avait pas été résolue par la Providence.

Dans ce duel de géants, presque unique dans l'histoire, il ne s'agissait pas seulement de liberté comme dans les guerres des Gaulois, des Germains et des Bretons : ici la lutte avait surtout un caractère religieux. La nation judaïque se voyait sans cesse blessée dans ses sentiments religieux par le despotisme de Rome, et ses efforts pour sauver son indépendance visaient surtout à la libre pratique de son culte. Aussi, loin de s'affaiblir par les échecs réitérés, cette passion de la liberté ne fit que s'exalter de jour en jour, et le caractère national devint tellement ombrageux qu'il voyait dans le moindre fait une atteinte portée aux convictions religieuses. Rome, il est vrai, ménageait d'ordinaire la susceptibilité des Judéens, mais elle la blessait à son insu par la rigueur de son administration et par sa surveillance jalouse. En outre, par la séduction de ses arts, elle avait empoisonné la meilleure partie de la nation et l'avait rendue oublieuse de ses devoirs comme de sa foi. Les esprits clairvoyants craignaient à bon droit de voir le mal gagner la nation tout entière.

De fait, dans les familles aristocratiques régnait une corruption profonde, dont l'influence délétère ne pouvait manquer d'atteindre la classe moyenne. Le mauvais exemple partait de haut, de la famille des derniers Hérodiens. Élevés à Rome ou à la cour des princes vassaux de Rome, ils imitaient la dépravation générale. Agrippa II (né en 27, mort en 91 ou 92), fils de cet Agrippa Ier, le dernier bon roi qu'ait eu la Judée, n'avait que dix-sept ans quand mourut son père, et il vivait alors à Rome, dans cette cour où les Messalines et les Agrippines affichaient leurs vices infâmes. Après la mort de son oncle Hérode II, l'empereur Claude lui avait laissé le petit royaume de Chalcis (vers 50). On se murmurait à l'oreille que le dernier descendant des Hasmonéens et des Hérodiens vivait incestueusement avec sa sœur, la belle Bérénice, veuve d'Hérode II. Sans doute, ce bruit devait avoir quelque fondement, puisque Agrippa se vit forcé, pour faire taire les médisances, de fiancer sa sœur à Polémon, roi de Cilicie. Ce dernier, épris de la fortune de Bérénice plus encore que de sa personne, dut embrasser le judaïsme ; mais il la répudia bientôt à cause de son infidélité, et elle put se livrer de nouveau à ses débordements. Une autre sœur d'Agrippa, Mariamne II (née en 34), avait épousé un Palestinien, Julius Achélaüs, fils d'Helcias ; elle se sépara de lui, bien qu'il l'eût rendue mère, pour épouser l'arabarque judéen Démétrius d'Alexandrie, probablement fils de l'arabarque Alexandre et frère, par conséquent, de l'apostat Tibère Alexandre. Mais la plus dévergondée de toutes était Drusille, la plus jeune des sœurs d'Agrippa (née en 38). Encore enfant, la belle Drusille avait été fiancée à Épiphane, fils d'Antiochus, roi de Comagène. Mais celui-ci n'ayant pas tenu sa promesse d'embrasser le judaïsme, Agrippa maria sa sœur à Aziz, roi d'Émèse, qui consentit à se faire Judéen. Néanmoins, Drusille, oubliant ses devoirs, abandonna Aziz pour épouser le procurateur romain Félix, un païen, à qui elle sacrifia elle-même sa religion pour adopter la sienne. Ce fut surtout, dit-on, pour se délivrer de la jalousie de sa sœur Bérénice qu'elle se jeta dans les bras du Romain et qu'elle abjura le judaïsme.

Agrippa II, bien qu'au début il ne fût que prince de Chalcis, était réputé roi de Judée. Rome lui en laissait le titre, mais non le pouvoir, et se servait de lui comme d'un instrument docile pour surveiller les mouvements de la nation. Agrippa était d'ailleurs entièrement dévoué à la famille impériale et s'intitulait, lui aussi, ami de l'empereur. Faible quand il s'agissait de résister aux empiétements de Rome, il ne faisait preuve de vigueur que pour combattre les aspirations de son peuple à la liberté. Et les autres membres de cette famille ne valaient pas mieux : les deux frères Costobar et Saül, et Antipas, tous étaient corrompus comme lui, comme lui ennemis de leur peuple. Du reste, l'autorité que l'empereur Claude et, plus tard, son successeur laissèrent à ce roi nominal, n'allait pas loin : elle se bornait à l'inspection du temple et à la nomination du grand prêtre. Dans le choix de ce dignitaire, Agrippa II ne s'inquiétait ni de la moralité des candidats ni de leurs sentiments religieux, mais uniquement de leurs dispositions à l'égard de Rome. Celui qui se montrait le plus rampant obtenait la préférence. Dans l'espace de vingt ans à peine, Agrippa nomma au moins sept grands prêtres ; l'un d'eux, Hanania (fils d'Éléazar ?), avait acquis par héritage ou autrement une fortune immense, qui lui servit à gagner des protecteurs afin de pouvoir impunément exercer des violences et braver les lois.

Depuis que la dignité de grand prêtre avait été prostituée par Hérode au point de devenir le prix de la vénalité et de la bassesse, il y eut des familles qui acquirent en quelque sorte des droits à ces fonctions : telles furent les familles de Boéthos, de Kanthéras (Kathras), de Phiabi, de Kamith, et d'Anan ; rarement le grand prêtre était choisi en dehors de ces familles. C'était entre leurs membres, une rivalité d'abjection et d'égoïsme ; plus d'une fois même ces compétitions jalouses se traduisirent par des voies de fait, et les rues de Jérusalem furent témoins de rixes ignobles. Chaque grand prêtre élu cherchait à tirer de sa charge le plus grand profit possible en nommant ses parents et ses amis à des emplois lucratifs, qu'ils en fussent dignes ou non. Leur impudence allait si loin, qu'ils envoyaient dans les granges leurs esclaves armés de gourdins pour s'emparer des dîmes, bien que chaque Israélite eût le droit de les distribuer à volonté. Il en résultait que les prêtres qui n'avaient pas la chance d'être apparentés au grand pontife étaient frustrés de leurs moyens d'existence et tombaient dans une affreuse misère. Depuis cette époque, disait-on, les signes de la faveur divine ont cessé d'apparaître dans le temple. Un pieux Pharisien, indigné de la turpitude de ces familles sacerdotales, prononça un jour cette apostrophe virulente : Malheur à la maison de Boéthos, avec ses massues ! malheur à la maison d'Anan, avec ses sifflements de vipères ! malheur à la maison de Kathras, avec ses fautes de plume ! malheur à la maison de Phiabi, avec ses coups de poing ! Ils sont grands prêtres ; leurs fils sont trésoriers, leurs gendres porte-clefs du temple, et leurs esclaves frappent le peuple à coups de bâton…

Cette dépravation des familles princières et pontificales gagna, comme une lèpre, les couches voisines et y produisit des abus monstrueux, dont une plume contemporaine nous a laissé la sombre peinture. Depuis que la justice criminelle s'exerçait au nom de l'empereur et sous la surveillance des procurateurs; la magistrature était tombée sous la dépendance absolue des Romains et des personnages influents : L'égoïsme, la vénalité, les tâches complaisances, les délations perfides, augmentent de plus en plus. Les juges rejettent le joug de Dieu et s'imposent le joug des hommes ; l'iniquité préside aux jugements, la perversité à tous les actes. C'est le triomphe des méchants et la ruine des gens de bien ! La légèreté des femmes et la débauche des hommes étaient portées si loin que le plus grand docteur du temps, Johanan ben Zakkaï, jugea nécessaire de supprimer le cérémonial relatif à la suspicion d'adultère. Ceux qui avaient conservé des sentiments honnêtes déploraient amèrement un état de choses où la dévotion extérieure était plus considérée que la moralité, et où la moindre souillure du temple scandalisait plus qu'un homicide. Dans les classes inférieures du peuple se produisit un autre mal non moins affligeant. Les fréquentes et stériles révoltes qui, depuis le jour où Rome avait osé traiter la Judée en pays conquis, avaient été fomentées par les zélateurs, donnèrent naissance à des bandes ou corps francs qui parcouraient le pays et l'infestaient au mépris de toute loi, de toute règle. Retirées dans les nombreuses cavernes des montagnes de Judée, ces bandes en sortaient pour faire des incursions destinées à satisfaire leurs vengeances politiques. Quelques-uns de ces zélateurs, commandés par Éléazar ben Dinaï et par Alexandre, poursuivaient un but plus noble : ils avaient juré haine à mort aux Romains, mais cette haine s'étendait à tous les partisans de Rome. Les zélateurs refusaient de les reconnaître pour Judéens et trouvaient fort légitime de s'attaquer à leurs biens, voire même à leur vie. Pour eux, et en vertu de leur serment, tout partisan de Rome était hors la loi. En toute occasion, ils couraient sus aux personnages notables, détruisaient leurs propriétés, leur causaient, en un mot, tout le dommage possible. S'agissait-il de tirer vengeance de quelque iniquité romaine, ils étaient les premiers à mettre leur épée au service de la cause nationale.

D'autres zélateurs, oubliant qu'ils ne s'étaient armés que pour la sainte cause de la liberté, firent de leur haine un métier. On les nommait les sicaires, à cause du petit poignard (sica) qu'ils cachaient sous leurs vêtements pour en frapper leurs ennemis à la dérobée, quand ils ne pouvaient le faire ouvertement. Les sicaires, qui étaient la lie du parti des zélateurs, eurent plus tard pour chefs Ménahem et Éléazar ben Jaïr, petits-fils de Juda le Galiléen. Toutefois, au début, ces bandes ne connaissaient aucune discipline ; elles couraient par tout le pays sans but arrêté, prêtant leur bras à qui les payait ou à qui leur fournissait l'occasion d'assouvir leur soif de vengeance. Les jours de grande fête, ces hommes se glissaient au milieu de la foule rassemblée dans les galeries du temple et perçaient de leurs poignards ceux qui étaient désignés à leurs coups. Ils y mettaient tant de promptitude et d'adresse que la main qui frappait échappait aux regards et restait longtemps inconnue. Ces coups mystérieux jetèrent une profonde terreur dans les esprits. Les meurtres, du reste, étaient si fréquents que les docteurs de la Loi, de concert avec Johanan ben Zakkaï, durent abolir le cérémonial expiatoire usité en pareil cas : les prêtres n'auraient pu suffire aux sacrifices. C'est sans doute à cette époque que le grand Sanhédrin, désespéré de ces progrès croissants de la violence et des mauvaises mœurs, crut devoir résigner ses fonctions. Il transféra son siège de la salle du temple dans les hanouyoth (bazars) situées près de Béthanie, hors de Jérusalem.

Dans ce désarroi toujours grandissant, les sages, qui se tenaient à l'écart des agitations de la foule, se serrèrent avec plus d'ardeur que jamais autour des saintes doctrines : sauvegarder l'héritage intellectuel du judaïsme, tel était pour eux le devoir suprême. Parmi eux se distinguait surtout R. Johanan ben Zakkaï qui, autant et plus encore que Siméon ben Gamaliel, président du Sanhédrin, était le coryphée des docteurs de son temps. Ses vastes connaissances et l'élévation de son caractère l'avaient désigné pour la vice-présidence du Sanhédrin. C'est en cette qualité qu'il supprima les dispositions légales que les circonstances avaient rendues inapplicables. Mais son principal objectif, la tâche qu'il prit surtout à cœur, fut l'enseignement de la Loi. Assis à l'ombre des murs du temple et entouré de ses disciples, il leur transmettait les traditions religieuses et l'interprétation de l'Écriture sainte.

Aux maux causés par l'anarchie vint s'enjoindre un autre qui, bien qu'innocent dans son principe, augmenta encore les misères et le deuil. Plus la situation allait s'aggravant, plus l'attente du Sauveur et du Pacificateur promis agitait le cœur des croyants. Plus encore qu'autrefois, les espérances messianiques bouillonnaient dans les esprits. Des enthousiastes surgissaient en foule, se posant en prophètes et en messies, et trouvaient créance auprès du peuple ; tous lui promettaient de l'affranchir du joug romain. Ce que les partisans de Juda le Galiléen voulaient obtenir par la force des armes, les successeurs de Theudas prétendaient le réaliser sans coup férir, par la seule puissance des miracles.

Un Judéen d'Égypte, qui se faisait passer pour prophète, réunit trois ou quatre mille partisans, les convoqua au mont des Oliviers et leur annonça que, du simple souffle de sa bouche, il jetterait bas les murs de Jérusalem et terrasserait les soldats romains. Ce visionnaire, du reste, n'était pas le seul qui eût prophétisé à ses frères des temps meilleurs. Et comment ces prophéties n'eussent-elles pas trouvé faveur chez un peuple justement fier de son passé, ivre des perspectives d'un consolant avenir, et qui aimait à se bercer de riantes espérances pour oublier les misères du présent ?

Ces faits, insignifiants en eux-mêmes, acquirent une triste importance, grâce au zèle maladroit des procurateurs. En effet, si le peuple, jaloux à l'excès de ses convictions religieuses, considérait la moindre atteinte portée à ses croyances comme une insulte au judaïsme, dont il rendait responsables procurateur, empereur et empire, les fonctionnaires impériaux, de leur côté, non moins susceptibles, voyaient dans tout mouvement populaire un cas de lèse-majesté et poursuivaient coupables et innocents avec une cruauté égale. En vain Claude et Néron lui-même montrèrent-ils les dispositions les plus bienveillantes à l'égard de la nation judaïque : les procurateurs, impérieux et cupides, outrepassaient leurs pouvoirs et se comportaient en tyrans. Les gouverneurs imposés successivement à la Judée furent presque tous, pour son malheur, de viles créatures qui ne devaient leur situation qu'aux favoris ou aux favorites de la cour, gens non moins méprisables. Pervers et violents, ils excitaient à l'envi le mécontentement du peuple et le poussaient aux résolutions extrêmes.

La série de ces procurateurs, avides de sang et d'or, s'ouvrit par Cumanus (49- 53), qui avait succédé à Tibère Alexandre, mais seulement pour la Judée et la Samarie. À la Galilée, Claude avait préposé Félix, frère du favori Pallas et mortel ennemi de Cumanus. Voici comment, sous ce dernier, l'irritation des Judéens fut portée à son comble. Dans la crainte d'une révolte populaire, sentiment qui était habituel aux procurateurs depuis l'émeute provoquée par le cens,

Cumanus plaça, lors de la fête de Pâque, une cohorte dans les galeries du temple pour surveiller la foule considérable qui s'y pressait. Un soldat ayant fait un geste indécent à la face du temple, le peuple s'en émut comme d'un outrage au sanctuaire et jeta des pierres aux soldats en injuriant le procurateur. Un tumulte s'ensuivit et l'émeute semblait imminente. Cumanus fit avancer de nouvelles troupes, qui occupèrent la tour Antonin. Son attitude menaçante effraya tellement le peuple, massé sur la colline du temple, que chacun chercha son salut dans une fuite précipitée. Aux portes de sortie, la presse fut si forte que dix mille hommes, vingt mille d'après une autre version, périrent écrasés.

Un autre fait du même genre faillit avoir les mêmes suites, mais, cette fois, Cumanus fut assez bien avisé pour céder à la volonté populaire. Une bande de sicaires ayant surpris et dépouillé sur un chemin, près de Béthoron, un serviteur de César, Cumanus fit piller par ses troupes les bourgs voisins. Un soldat, furieux de l'attaque dirigée contre un Romain, s'empara d'un rouleau de la Loi, le déchira et le jeta au feu. Nouveau grief, nouveau sujet d'irritation pour le peuple. La foule descendit en masse à Césarée, résidence de Cumanus, se plaignit à grands cris de ce sacrilège et déclara qu'elle aimait mieux subir la mort que de tolérer un outrage aux Saintes Écritures ; bref, on réclama le châtiment du coupable. Cédant aux conseils de ses amis, Cumanus fit exécuter le soldat en présence de ceux dont il avait blessé les croyances.

Un troisième événement qui se produisit sous Cumanus eut un caractère plus grave encore et provoqua des mêlées sanglantes. Quelques-uns des Galiléens qui traversaient la Samarie pour se rendre à Jérusalem, à l'occasion d'une fête, furent tués à Ginée (à l'extrémité sud-est de la plaine de Jezréel) dans une rixe avec des Samaritains. Ce meurtre était-il dû à une cause accidentelle ou à la haine existant entre les Judéens et les Samaritains ? De manière ou d'autre, les représentants des communautés galiléennes étaient dans leur droit en demandant justice au procurateur contre les meurtriers. Mais Cumanus traita cette affaire avec une si étrange indifférence que les Judéens se virent forcés de se faire justice eux-mêmes. Les chefs de zélateurs Éléazar ben Dinaï et Alexandre, excités par les Galiléens et même par Félix, procurateur de la Galilée, prirent en main leur cause et envahirent avec leurs bandes l'Acrabatène, territoire occupé par les Samaritains, où ils massacrèrent et détruisirent tout sans pitié ni merci. Sur la plainte des Samaritains, Cumanus leur permit de s'armer et envoya lui-même à leur secours des troupes romaines, qui firent un grand carnage parmi les zélateurs.

Soulevée d'indignation par la partialité manifeste de Cumanus, aiguillonnée d'ailleurs par un certain Dorthos et quelques autres personnages, la population de Jérusalem se mit en devoir d'attaquer les troupes de Cumanus : entreprise grosse de périls et qui eût peut-être avancé de vingt ans la catastrophe finale, si les principaux habitants de Jérusalem, effrayés des conséquences incalculables de cette révolte, ne se fussent efforcés de la prévenir. Revêtus d'habits de deuil, ils vinrent supplier la foule irritée de songer à l'avenir et d'écouter les conseils de la prudence. Le peuple déposa les armes. Mais ni les Judéens ni les Samaritains ne se tinrent pour satisfaits ; ils envoyèrent des délégués auprès du gouverneur de Syrie, Ummidius Quadratus, devant lequel les parties s'accusèrent mutuellement et sollicitèrent une enquête sévère. À cet effet, Quadratus se rendit à Samarie, mais il procéda avec partialité et fit mettre en croix les prisonniers judéens. Alors seulement il institua un tribunal où il assigna les contendants. Mais les conséquences du litige l'avaient si bien embrouillé — car le gouverneur Félix avait pris parti pour les Galiléens contre les Samaritains — que Quadratus, impuissant à le trancher, ordonna aux parties d'envoyer des délégués à l'empereur et de lui demander une décision. Les Judéens envoyèrent comme délégués l'ancien grand prêtre Jonathan et un gouverneur du temple, avec quelques antres personnages. Cumanus lui-même, sur l'ordre de Quadratus, dut quitter son poste et aller à Rome pour s'expliquer devant César.

À Rome, ce procès mit en mouvement tous les ressorts des intrigues de cour. Cette circonstance, que le procurateur lui-même y figurait comme accusé, en aggravait singulièrement la portée. L'empereur fixa un jour pour les débats de cette affaire, mais ce ne fut pas lui qui la jugea : l'arrêt lui fut dicté par sa femme, la trop fameuse Agrippine, dont l'amant, Pallas, était frère de Félix. Il était convenu entre les délégués judéens et Pallas que, si Cumanus était condamné, on prierait l'empereur de nommer à sa place Félix procurateur de la Judée. Ce fut cette manœuvre, plutôt que leur bon droit, qui donna gain de cause aux Judéens. Plusieurs Samaritains, reconnus coupables, furent exécutés, et Cumanus fut envoyé en exil. A la même époque, sans doute aussi à la recommandation de l'impératrice, Agrippa obtint, dans la région nord-est de la Judée, un royaume formé des provinces qui avaient jadis fait partie de la tétrarchie de Philippe : la Batanée, la Gaulanitide, l'Auranitide, la Trachonitide, Panéas et Abilène (an 53). Quant à la Judée proprement dite, Rome se garda bien de la confier à un prince judéen, quelque docile et dévoué qu'il fût aux intérêts de l'empire.

Le successeur de Cumanus au gouvernement de la Judée fut Félix, dont l'ancien grand prêtre Jonathan avait demandé la nomination à l'empereur. Il épousa une princesse judéenne, la belle Drusille, sœur d'Agrippa II, laquelle embrassa le paganisme en faveur de ce mariage. Pendant toute son administration (53-59), Félix surpassa son prédécesseur en audace et en violence. Cette âme d'esclave ne songeait qu'à amasser de la fortune et à satisfaire ses passions. Il conserva son funeste pouvoir, même après la mort de Claude (54). En vain Néron — le nouvel empereur — ou sa mère Agrippine, continuant à la famille hérodienne les faveurs de Claude, fit don à Agrippa de quatre belles cités avec leurs dépendances : Tibériade et Tarichée en Galilée, Julias et Abila en Pérée (56) ; la Judée n'en demeurait pas moins sous la domination d'un maître altéré de sang. Félix affectait de n'en vouloir qu'aux séditieux et aux agitateurs ; mais ce qui prouve bien sa duplicité, c'est qu'il se mit en rapport avec les farouches sicaires pour parvenir à se débarrasser de ses détracteurs. Ils durent être nombreux, les innocents qu'il sacrifia ainsi sous prétexte de bien public et comme ennemis de Rome, puisque ce même Jonathan, qui avait demandé sa nomination à l'empereur, osa blâmer énergiquement sa conduite. Félix y répondit en le faisant assassiner traîtreusement, en plein jour, par la main des sicaires.

Les procédés violents que les procurateurs avaient pris l'habitude d'employer à l'égard de la nation ne furent pas sans influence sur la conduite de la population étrangère, fort nombreuse dans les villes maritimes. Les Syriens, les Grecs et les Romains qui habitaient la Judée purent donner libre cours à leurs sentiments haineux pour leurs voisins et se poser en maîtres du pays. Cette terrible parole du grand prophète : L'étranger qui vit au milieu de vous montera de plus en plus haut, tandis que vous descendrez, de plus en plus bas, cette parole se réalisa presque à la lettre. Les plus impudents de ces ennemis étaient les Grecs de Césarée, qui prétendaient exclure les Judéens de la gestion des affaires de la ville. Mais ces derniers, du reste bien supérieurs à leurs concitoyens par leur activité commerciale, par la fortune et le courage, ne voulurent pas se résigner à la perte de leurs droits, et Césarée devint le théâtre de luttes sanglantes et continuelles. Un jour que la jeunesse judaïque, pour venger quelque insulte, avait blessé plusieurs Syriens et mis les autres en fuite, le procurateur Félix intervint dans la querelle et fit avancer les troupes, composées en majeure partie de Grecs et de Syriens, qui prirent fait et cause pour les gens de leur race. Beaucoup de Judéens périrent, d'autres furent jetés dans les fers ; les demeures des riches furent livrées au pillage.

Mais le sang répandu ne tranchait nullement le litige et ne fit qu'exaspérer davantage les partis rivaux, qui envoyèrent des délégués à Rome pour invoquer l'arbitrage de l'empereur Néron. Les ambassadeurs syriens ayant su gagner, par des présents, le secrétaire de l'empereur, Burrhus, Néron se prononça contre les Judéens, qui perdirent leur droit de cité.

L'administration de Festus, qui succéda à Félix, n'eut qu'une fort courte durée (59-61), et la situation des Judéens, loin de s'améliorer, s'aggrava encore. Un nouveau messie vint réveiller dans leurs âmes les espérances de liberté et de salut ; il recruta des adeptes, mais subit finalement le sort de ses prédécesseurs.

Le roi Agrippa, qui avait fini par se fixer à Jérusalem, fit surélever le palais des Hasmonéens, situé en face de la colline du temple, de sorte que ses regards pouvaient de cette hauteur plonger dans les parvis sacrés et surveiller les moindres mouvements du peuple. Les Judéens s'offusquèrent de cette atteinte portée aux privilèges du temple et firent à l'ouest du sanctuaire un mur assez haut pour en intercepter la vue. La chose déplut fort à Agrippa et au procurateur, qui donnèrent l'ordre de jeter bas la muraille. Il s'ensuivit une discussion violente ; enfin les deux parties, mieux avisées, en référèrent à l'empereur. Douze délégués, parmi lesquels le grand prêtre Ismaël et le trésorier Helcias, se rendirent à cet effet à Rome. Mais ce ne fut pas Néron, ce fut sa maîtresse, la belle Poppée (Poppæa Sabina) qui trancha le différend. Cette femme avait conçu, on ne sait trop comment, une prédilection marquée pour le judaïsme. Or, l'intrigue étant à la cour de Néron l'âme de toutes les affaires, les députés judaïtes mirent à profit cette heureuse circonstance pour gagner à leur cause le chef de l'État. La députation revint après avoir obtenu que le temple cesserait désormais de subir une injurieuse surveillance.

Quelques années plus tard, Poppée intervint une seconde fois en faveur de deux Judéens que le procurateur avait envoyés à Rome sous le coup d'une accusation criminelle, et qui étaient d'une piété si rigide qu'ils ne voulurent se nourrir que de fruits pendant leur séjour en prison, comme autrefois Daniel et ses compagnons. À la prière de Poppée, devenue alors impératrice, Néron leur rendit la liberté.

Festus étant mort, Néron lui donna pour successeur Albinus, qui pouvait passer pour juste et modéré en comparaison de ses devanciers et de ses successeurs. Avant l'arrivée d'Albinus, le grand prêtre Anan avait prétendu relever le saducéisme à demi expirant et rétablir la juridiction criminelle dans son autorité première et selon les principes de cette secte. Anan forma en conséquence un tribunal qui traduisit à sa barre des innocents, les jugea et les condamna comme violateurs de la Loi. Les Pharisiens, indignés de l'existence de ce Sanhédrin illégal et de sa procédure arbitraire, sommèrent le roi Agrippa de déposer le grand prêtre.

Quelques-uns d'entre eux allèrent même à la rencontre du procurateur Albinus pour accuser Anan d'avoir empiété sur les prérogatives judiciaires de Rome : ils obtinrent la déposition du grand prêtre saducéen, dont le pouvoir usurpé n'avait duré que trois mois. Son successeur fut Josué ben Damnaï (61-62), qui dut bientôt céder la place à Josué ben Gamala (Gamaliel, 63-64). Ben Gamala avait épousé une opulente veuve, nommée Martha, de la famille pontificale de Boéthos. Cette femme obtint, dit-on, du roi Agrippa II, au prix de deux mesures de dinars d'or, la dignité de grand prêtre pour son mari. L'inimitié qui éclata entre Josué ben Damnaï et son heureux rival devint si violente, que leurs partisans échangeaient des injures et des coups de pierres dans les rues de Jérusalem.

Cependant, Josué ben Gamala ne doit pas être compté parmi les plus mauvais pontifes. La réforme et l'amélioration de renseignement, dont il fut le promoteur, témoignent de sa sollicitude pour l'intérêt général. C'est lui qui créa dans chaque ville des écoles publiques pour les enfants de plus de cinq ans. Mais Ben Gamala non plus ne garda pas longtemps ses fonctions : il dut céder la place à Matthia ben Théophilos (63), le dernier des vingt-huit pontifes élus par Rome et les Hérodiens.

Le procurateur Albinus (61-64) prit surtout à tâche d'exterminer les sicaires. Il exaspéra le peuple par des redevances écrasantes, dont il s'adjugeait personnellement une partie. Lorsqu'il apprit que son successeur venait d'être désigné, il fit exécuter ceux des sicaires, ses prisonniers, qui étaient le plus gravement compromis, et relâcher les autres moyennant rançon. Ce sont ces mêmes sicaires mis en liberté qui ont, depuis, envenimé la résistance populaire et souillé, par leurs cruautés, la plus juste des causes.

Le dernier procurateur, Gessius Florus, une créature de Poppée, se montra si impudemment partial, si cupide et si sanguinaire, qu'il précipita l'exécution du projet, depuis longtemps caressé par les mécontents, de secouer le joug de la tyrannie romaine. Florus était un de ces êtres dépravés pour qui rien n'est sacré, qui sacrifient tout à la soif de l'or et se jouent des serments les plus solennels. Ce que ses prédécesseurs faisaient dans l'ombre ou sous l'apparence des formes légales, il osa le faire ouvertement, le front haut et au mépris de la loi. Inaccessible à toute pitié, il n'avait d'indulgence que pour les sicaires, qui partageaient avec lui le produit de leurs rapines. Sous son administration, qui dura environ deux ans (64-66), nombre de villes furent pillées par ces sicaires, dont les brigandages restaient impunis. Les riches se voyaient forcés de transiger avec eux et avec leur puissant protecteur.

La situation était devenue tellement intolérable que la patience aurait échappé aux plus pusillanimes. Or, malgré ses longs malheurs, malgré le joug accablant qui pesait sur elle, malgré les violences qu'elle subissait chaque jour, le courage de la nation juive n'était point abattu. Rome ressemblait alors à une maison de fous ou de sybarites, où l'empereur entassait folies sur folies, crimes sur crimes, avec la certitude de voir le sénat et le peuple applaudir à toutes ses fantaisies. Il n'y avait point d'assistance à attendre de lui, et il ne restait d'autre ressource à la nation que de compter sur elle-même ; ainsi pensaient tous les honnêtes gens, tous ceux qui n'étaient pas vendus à Rome, ou éblouis de sa vaine splendeur, ou effrayés de sa puissance. Dès ce moment, les gens de cœur songeaient à une insurrection. Le gouverneur Cestius Gallus avait eu vent de la sourde agitation qui fermentait parmi les Judéens; il en donna avis à Néron et lui signala, à plusieurs reprises, les projets de révolte qui couvaient en Judée. Néron ne l'écouta pas. Il avait bien le temps de songer à ces misères, absorbé qu'il était par la musique et les représentations théâtrales, occupé à célébrer des orgies ou à dicter des arrêts de mort ! L'impératrice Poppée, la protectrice des Judéens, n'était plus. Les courtisans ressemblaient tous à l'infâme Gessius Florus ; ils méprisaient les Judéens et riaient des frayeurs imaginaires de Gallus.

Gallus alors s'avisa d'un moyen qui devait montrer à la cour de Néron que la population judaïque était nombreuse et qu'il fallait compter avec elle. De concert avec Agrippa et le grand prêtre Matthia, il organisa, à l'occasion de la fête de Pâque, une manifestation pacifique, mais imposante. Une lettre circulaire fut adressée à tous les Judéens de la Palestine et du dehors, les invitant à venir en masse pour célébrer la fête. La foule des pèlerins accourus à Jérusalem (printemps de 66) de toutes les villes et bourgades de la Judée, de la Syrie, et sans doute aussi des bords de l'Euphrate et du Nil, fut si considérable que la ville pouvait à peine la contenir. La presse fut telle sur la montagne du temple, que plusieurs y périrent, ce qui fit nommer cette fête : la

Pâque des écrasés. Gallus avait exigé qu'on fît le dénombrement du peuple, et voici comment on y procéda. De chaque agneau pascal, on offrait aux prêtres un rognon. On compta les rognons ainsi reçus, en calculant que chaque victime offerte provenait d'une société d'au moins dix personnes, et l'on arriva ainsi à établir que le nombre des personnes présentes à Jérusalem était d'environ trois millions. Cestius Gallus était venu lui-même à Jérusalem pour se rendre compte de la chose. La foule se pressa autour de lui, le suppliant d'avoir pitié des misères du peuple et de le délivrer de la peste du pays. Florus assistait à l'entretien, le sourire aux lèvres. Le gouverneur promit d'inspirer au procurateur des sentiments plus favorables. Sans doute, il envoya aussi à Rome un rapport sur l'énormité de la population qu'il avait eue sous les yeux. Toutefois, il s'était fort abusé sur la portée du dénombrement organisé par ses soins. Néron était alors dans tout l'enivrement de son orgueil et de sa fatuité. Lui, dont les triomphes étaient en apparence plus brillants que ceux de Pompée, de César et d'auguste, devait-il craindre les Judéens ? Il est à croire qu'il ne prit même pas la peine de lire le rapport de Cestius, ou, s'il le lut, il n'en tint aucun compte.

En Judée, et surtout dans la capitale, la jeunesse et les hommes d'action devenaient de jour en jour plus impatients de briser le joug de Rome. On n'attendait plus qu'un moment favorable offrant quelque chance de succès à l'entreprise. Un incident de peu d'importance, ou plutôt l'audace montrée à cette occasion par le procurateur Florus, et déborder la colère du peuple et ne lui permit pas d'écouter la voix de la prudence. Il se produisit en effet de nouveaux froissements entre les Judéens et les Syriens de Césarée. Les premiers ne pouvaient pardonner à Néron de les avoir privés de leur droit de cité, et les seconds, tout fiers de leur victoire, la faisaient durement sentir aux Judéens. Ce qui donnait surtout un caractère grave à ces froissements, c'est qu'ils cachaient, au fond, des haines invétérées de religion et de race. Pour redoubler l'humiliation des Judéens, un païen de Césarée fit couvrir de boutiques la place située devant leur synagogue et qui était sa propriété, si bien qu'il ne restait qu'un passage étroit pour pénétrer dans la synagogue. La bouillante jeunesse judaïque essaya d'empêcher les travaux. Florus s'immisça d'abord dans la querelle ; mais, gagné à prix d'argent, il consentit à observer la neutralité, et pour n'être pas témoin des scènes qu'il prévoyait, il se retira à Samarie, laissant les deux partis en présence. Un jour de sabbat (iyar, mai 66), pendant que les Judéens étaient à l'office, un Grec immola des oiseaux dans un vase de terre, à l'entrée de la synagogue. C'était une allusion à l'accusation, lancée par certains écrivains contre les Hébreux, de descendre des lépreux expulsés d'Égypte. La jeunesse judaïque s'en émut, courut aux armes et tomba sur ses agresseurs. La bataille dura longtemps et finit par la défaite des Judéens. Ceux-ci aussitôt quittèrent la ville en masse, emportant leurs livres sacrés, et se réfugièrent à Narbata, petite bourgade voisine, d'où ils envoyèrent une députation au procurateur, à Samarie. Les délégués rappelèrent à Florus le présent qu'il avait reçu et la promesse qu'il avait faite de leur prêter son appui. Mais lui, au lieu de les écouter, leur parla durement et les fit jeter en prison.

La nouvelle de cet acte de violence mit en émoi toute la population de Jérusalem ; mais avant qu'elle prit prendre une résolution, Florus la provoqua comme par un nouveau défi : il ordonna aux préposés du temple de lui remettre dix-sept talents, pris dans le trésor sacré, desquels il prétendait avoir besoin pour le service de l'empereur. À cet ordre, dont le vrai motif était facile à deviner, le peuple se rassembla sur la place du temple, comme pour protéger le sanctuaire menacé. Les uns se répandirent en plaintes ; d'autres, plus hardis, invectivèrent contre le procurateur et parcoururent les rangs avec une aumônière, comme s'ils voulaient faire une collecte en faveur de ce pauvre Florus. Mais celui-ci se rendit en personne à Jérusalem, comptant bien y trouver l'occasion de satisfaire sa cupidité et ses goûts sanguinaires. Il s'installa devant le palais d'Hérode, fit comparaître devant lui le grand prêtre et les principaux habitants, et exigea qu'on lui livrât ceux qui avaient osé l'insulter. En vain, humbles et tremblants, ils cherchèrent à pallier les faits et implorèrent le pardon des coupables ; Florus ordonna à ses soldats de piller le quartier des riches. Les Romains se ruèrent comme des démons à travers la ville, envahirent le marché du quartier haut et les rues voisines, égorgèrent hommes, femmes et enfants, saccagèrent les maisons et les mirent au pillage. Ce seul jour (16 iyar 66) vit périr plus de 3.600 Judéens valides. Ceux qui furent faits prisonniers, Florus les fit battre de verges et mettre en croix. C'est en vain que la princesse Bérénice se jeta aux genoux de Florus, le suppliant d'arrêter le massacre : le procurateur ne l'écouta point. Bérénice courut elle-même les plus graves dangers et dut se réfugier dans son palais.

Le lendemain, une immense multitude se réunit dans la ville haute (Sion) à moitié détruite, mêlant à ses lamentations sur les morts des imprécations contre le meurtrier. Les principaux d'entre les Judéens parvinrent, non sans peine, à contenir les colères de cette foule. Cependant Florus, de plus en plus audacieux, exigea comme preuve de soumission que le peuple se portât à la rencontre des troupes qu'il amenait et les saluât de ses acclamations. Ce ne fut pas chose facile aux préposés du temple de décider la foule à obéir, car les patriotes protestaient contre cette nouvelle humiliation et avaient fait partager leurs sentiments à beaucoup de leurs frères. Grâce aux efforts des anciens grands prêtres, le peuple se résigna à faire bon accueil aux troupes. Mais l'arrière-pensée du procurateur se révéla bientôt. Les Judéens avaient fait le pénible sacrifice d'aller au-devant des soldats romains avec des démonstrations amicales : or, ceux-ci, endoctrinés par Florus, les regardaient d'un air farouche, sans répondre à leurs salutations. Au premier murmure que laissa échapper la foule mécontente, les soldats se jetèrent sur elle, la dispersèrent, la foulèrent aux pieds de leurs chevaux. Un désordre effroyable se produisit aux portes de la ville. La route qui conduisait du faubourg de Bézétha dans Jérusalem était jonchée de corps meurtris, écrasés, assommés. En voyant les Romains se diriger vers la forteresse Antonia et le temple, les Judéens avisés comprirent que Florus n'avait d'autre objectif que le trésor sacré, et se hâtèrent de le prévenir. Ils firent pleuvoir sur les soldats une grêle de pierres pour leur barrer le passage, et démolirent les galeries qui reliaient la forteresse au temple (17 iyar). Dès lors, le procurateur dut renoncer à l'espoir de devenir un autre Crassus. Sans y songer, les habitants de Jérusalem venaient de faire la première étape de l'insurrection.

Voyant l'attitude résolue du peuple, Florus perdit courage. Il déclara aux chefs de la ville que, dans l'intérêt de la tranquillité, il allait se retirer avec ses troupes, et ne laisserait à Jérusalem qu'une petite garnison. Ceux-ci lui ayant fait observer que les soldats étaient généralement haïs du peuple à cause de leurs procédés barbares, Florus leur permit de désigner eux-mêmes la cohorte qui avait pris la part la moins considérable au massacre. Les chefs de la ville désignèrent la cohorte commandée par Métilius, dont le caractère faible et irrésolu leur paraissait une garantie contre le retour des troubles. Aussitôt que Florus fut parti, l'agitation fiévreuse qui régnait dans la ville fit place à de froides et énergiques résolutions. La population se divisa en deux partis, le parti de la révolution et celui de la paix. Le premier se composait surtout de jeunes gens qui suivaient les principes des zélateurs, qui voulaient, au péril de leur vie, en finir, avec la tyrannie romaine et reconquérir la liberté perdue. Ce parti, d'ailleurs, ne manquait pas d'intelligence politique : il avait noué des relations avec la famille royale d'Adiabène, si dévouée au judaïsme, et avait su mettre dans ses intérêts les communautés partho-babyloniennes. Les membres de ce parti s'engagèrent, par un serment solennel, à mourir plutôt que de se rendre aux Romains ; et ce serment, ils le gardèrent au milieu des mêlées furieuses, sous la grêle des flèches, dans les tortures même et devant les fauves du cirque. L'âme de ce parti de la révolution était Éléazar ben Hanania, d'une famille de grands prêtres. Éléazar était très versé dans la science de la Loi ; il appartenait à la rigide école de Schammaï, sympathique en majeure partie aux zélateurs. — Au parti de la paix appartenaient les sages, les Hillélites, ennemis de la guerre par principe ; les notables, qui tenaient leur pouvoir de Rome ; les riches, qui craignaient pour leurs biens. Tout en exécrant Florus, ils désiraient le maintien du statu quo sous le sceptre de Rome. Dans leur naïveté, ils ne comprenaient pas que le mal dont souffrait la Judée résidait, non dans la personnalité d'un procurateur, mais dans le système de tutelle et d'exploitation qui pesait sur le pays, dans l'antipathie absolue entre les gouvernants et les gouvernés, entre l'élément étranger et l'élément indigène. Les meilleurs procurateurs, avec la plus ferme volonté de maintenir l'ordre et la légalité, n'auraient pu éviter de blesser la susceptibilité de la nation et de provoquer des froissements continuels.

Malgré la violence de ses griefs contre les Romains, la masse était encore indécise, ou du moins ne s'était pas encore portée aux résolutions extrêmes : aussi chacun des deux partis cherchait-il à la gagner à sa cause. Les amis de la paix se donnaient toutes les peines imaginables pour calmer le ressentiment populaire et pour présenter, d'autre part, au gouverneur de Syrie, Cestius, la résistance du peuple contre Florus sous un jour favorable, en mettant les récents désordres sur le compte du procurateur. Ils se hâtèrent d'informer Cestius de ce qui s'était passé, en le priant de venir à Jérusalem pour constater les déprédations causées par Florus, et se convaincre par lui-même des dispositions inoffensives du peuple. Cestius, trop nonchalant pour se livrer à une enquête personnelle, envoya à sa place Néapolitanus, un de ses capitaines. Cependant, les chefs du parti révolutionnaire avaient si bien travaillé le peuple, qu'il s'était décidé à refuser le paiement de l'impôt. Par contre, le roi Agrippa, qui avait de bonnes raisons pour appuyer le parti de la paix, convoqua le peuple afin de l'éclairer sur les dangers auxquels il s'exposait. Du haut d'une galerie (le Xyste) située en face du temple, il harangua la foule, ayant à ses côtés la princesse Bérénice, qui avait intercédé si chaleureusement pour les victimes de Florus et qui prêtait au roi judéen l'appui de sa popularité.

Dans son discours, Agrippa énuméra toutes les raisons bonnes ou mauvaises qu'on pouvait invoquer contre la guerre. Ses paroles firent une impression profonde sur la plupart des auditeurs. Ils s'écrièrent qu'ils ne nourrissaient aucune haine contre les Romains, et qu'ils voulaient seulement être débarrassés de Florus. Si vos dispositions sont véritablement pacifiques, répliqua le roi, restaurez les galeries que vous avez abattues et payez à l'empereur les impôts arriérés. Un instant on put croire que l'ancien ordre de choses allait être rétabli. On se mit à restaurer les colonnades, et des Judéens se répandirent dans les villes et villages des environs pour recueillir les impôts. Encouragé par ce premier succès et comptant sur son influence, Agrippa voulut risquer un pas de plus et persuader au peuple d'obéir à Florus jusqu'à la nomination de son successeur. Cette maladroite exigence remit tout en question. Le parti de la révolution reprit le dessus dans l'opinion publique ; on jeta des pierres au roi et on le força de quitter la ville. Le peuple, qui avait déjà été tant de fois trompé, voyant Agrippa soutenir la cause de Florus, de l'homme qui incarnait en lui l'injustice et l'impudence, craignait de subir de nouvelles intrigues et de nouvelles déceptions. Après le départ d'Agrippa, il ne pouvait plus être question de payer les impôts. On était heureux d'être délivré de ce fardeau, et les collecteurs n'osèrent sans doute, au milieu de la surexcitation générale, recourir à la force pour faire leurs rentrées. Le jour de l'abolition de l'impôt fat inscrit comme un jour de victoire (25 siwan - juin). — Entre temps, les sicaires n'étaient pas restés inactifs. Ils s'étaient réunis sous la conduite de Menahem, un descendant de Juda le Galiléen, s'étaient emparés de la forteresse de Massada (près de la mer Morte), en avaient massacré la garnison et pillé le magasin d'armes.

Profitant habilement de l'effervescence populaire, le zélateur Éléazar chercha à la pousser jusqu'à la rupture complète avec Rome. Il sut amener les prêtres placés sous ses ordres à ne plus accepter désormais ni dons ni sacrifices des païens. Telle était l'autorité de cet homme que, dès ce moment, on cessa d'offrir des sacrifices pour l'empereur. C'était l'acte décisif de l'insurrection par là, on signifiait en quelque sorte à Néron le refus d'obéissance. Le parti de la paix comprit bien toute la portée du fait et essaya de l'annuler. Les docteurs les plus considérés (appartenant sans doute à l'école de Hillel) déclarèrent dans une assemblée du peuple qu'il était illégal de fermer le sanctuaire aux offrandes des païens. Des hommes blanchis dans le sacerdoce vinrent affirmer qu'il était d'usage immémorial d'accepter les présents des étrangers. Mais les prêtres en fonctions ne voulurent rien écouter et se jetèrent à corps perdu dans le mouvement révolutionnaire. Dès lors, le temple fut entièrement entre les mains d'Éléazar et devint le foyer de l'insurrection.

Le parti de la paix voyait avec douleur les progrès de cet esprit de révolte et s'efforçait d'en modérer l'ardeur, afin de prévenir une explosion dangereuse ; mais les moyens qu'il employa pour étouffer la flamme ne servirent qu'à l'attiser. On envoya une députation à Florus, une autre à Agrippa, pour les prier d'envoyer sur- le-champ à Jérusalem des forces suffisantes. Soit par crainte, soit par haine des Judéens qu'il voulait laisser se compromettre de plus en plus, Florus ne bougea point. Mais Agrippa envoya au secours des modérés, sous la conduite de Philippe de Bathyra, trois mille cavaliers auranites, batanéens, trachonites. En arrivant à Jérusalem, ceux-ci trouvèrent la cité basse et la montagne du temple occupées par les zélateurs : il ne leur restait plus que le riche quartier de la ville haute. Entre les deux partis s'engagea une lutte acharnée, à laquelle prirent part les troupes royales et la garnison romaine, et qui dura sept jours (8-14 ab), sans amener aucun résultat. Mais le 15 ab, à la Xylophorie (Fête du Bois), la situation changea. Les zélateurs refusèrent aux modérés l'accès du temple ; ils gagnèrent à leur cause la foule accourue à la fête et firent même bon accueil aux sicaires, qui s'étaient glissés parmi les visiteurs. Grâce à ces renforts, les zélateurs purent déloger leurs adversaires de la ville haute, dont ils se rendirent maîtres. La fureur populaire se déchaîna alors contre les amis des Romains : le palais du roi Agrippa, celui de la princesse Bérénice, la maison du riche pontife Hanania et les archives renfermant les inscriptions de dettes furent livrés aux flammes. Les partisans de Rome s'enfuirent épouvantés ; les uns se cachèrent dans des cloaques, les autres s'enfermèrent avec les troupes dans le palais d'Hérode, à l'ouest de la ville. Le lendemain, les zélateurs assiégèrent, dans la tour Antonia, la garnison romaine, qui, forcée au bout de deux jours, fut passée au fil de l'épée (17 ab). Delà, ils se portèrent vers le palais d'Hérode, où se trouvaient les troupes romaines et les soldats d'Agrippa. Après dix-huit jours de siège et de combats incessants, la garnison capitula. Les troupes judaïques commandées par Philippe purent se retirer librement ; mais les Romains, trop fiers pour demander grâce, quittèrent le palais et se réfugièrent dans les trois tours des murailles : Hippicos, Phasaël et Mariamne. Après le départ des Romains, les sicaires, sous la conduite de Menahem, pénétrèrent dans leur camp, où ils égorgèrent tous ceux qui n'avaient pu fuir (6 éloul, août-septembre).

Mais bientôt les zélateurs patriotes durent reconnaître combien pouvait leur nuire le concours des sicaires, dont les excès menaçaient de souiller la sainte cause pour laquelle ils avaient pris les armes. Menahem et ses gens, enflés de leur victoire sur les troupes d'Agrippa, se comportèrent avec une cruauté révoltante. En outre, Menahem réclamait le commandement en chef et montrait en toutes choses une intolérable arrogance. Une altercation s'ensuivit entre Éléazar et Menahem, et des mots on en vint aux voies de fait, lorsque Menahem voulut entrer dans le temple, revêtu des insignes royaux provenant du pillage. Les sicaires furent vaincus. Menahem, qui s'était réfugié dans le quartier de l'Ophia, fut pris et exécuté, et un faible reste de ses bandes, sous la conduite d'Éléazar ben Jaïr, put se mettre à l'abri dans la forteresse de Massada, occupée par leurs compagnons.

Après ce sanglant épisode, les zélateurs, conduits par Éléazar, allèrent assiéger les troupes romaines. Leur chef Métilius se vit enfin réduit à demander grâce. Les délégués des Judéens, avec lesquels il parlementa, promirent aux Romains de les laisser sortir sains et saufs, sans armes ni bagages ; mais ils n'eurent pas plus tôt rendu leurs épées et leurs boucliers, que la bande d'Éléazar se jeta sur eux et les massacra jusqu'au dernier. Seul Métilius, ayant promis, dans sa terreur, d'embrasser le judaïsme, eut la vie sauve et devint le trophée vivant du triomphe remporté sur les Romains. Le jour où Jérusalem fut ainsi purgée de ses ennemis (17 éloul) fut mis au nombre des jours de victoire. La conduite d'Éléazar et de son parti, dans cette circonstance, montre bien la pureté et l'élévation des mobiles qui les faisaient agir. La ville était entre leurs mains, leurs adversaires entièrement à leur merci, et pourtant les sources historiques ne nous offrent aucune trace de persécutions qu'ils auraient exercées.

Or, jusque-là, la révolte n'était pas sortie de son foyer, Jérusalem. Le reste de la Judée, bien que la fermentation n'y fût pas moindre, était resté, pendant tout le cours de ces événements, dans le calme et l'expectative. Mais Florus, qui, lui aussi, s'était tenu coi dans Césarée, fit si bien que la révolution, comme un fleuve de feu, se répandit dans le pays entier, et même au-delà de ses frontières. À la nouvelle de la lutte des zélateurs contre la cohorte romaine de Jérusalem, les Grecs et les Syriens de Césarée tombèrent sur les Judéens qui étaient revenus dans cette ville. Il y eut un massacre effroyable ; environ deux mille Judéens, dit-on, périrent alors, et il est à supposer qu'ils vendirent chèrement leur vie. Il ne resta plus un seul Judéen dans Césarée. Par l'ordre de Florus, les fuyards furent arrêtés, mis aux fers et jetés sur des galères comme esclaves. L'horrible massacre de Césarée inspira à toute la population de Judée comme un enivrement de fureur et exalta sa haine contre les païens jusqu'au délire. Comme par une convention tacite, il se forma partout des bandes qui attaquèrent la population païenne, massacrant les personnes, brûlant les maisons, saccageant les propriétés. Ces expéditions sanglantes provoquèrent des représailles de la part des païens de la Judée et de la Syrie. Beaucoup de villes, soit de Judée, soit de Syrie, étaient séparées en deux camps, qui pendant le jour se combattaient sans relâche et passaient la nuit à s'observer mutuellement. Dans la ville de Bethsan, la haine de race provoqua une scène qui ouvrit la série des horribles suicides, si nombreux dans l'histoire de la destruction du temple. Les habitants païens de cette ville avaient fait un pacte avec la population judaïque et promis de vivre en paix avec elle, si elle voulait les aider à repousser les attaques des bandes ennemies. Les Judéens de Bethsan remplirent loyalement cette condition du traité, combattirent sans pitié leurs propres frères, et les chassèrent du voisinage de leur ville. Dans cette lutte se distingua entre tous un Judéen d'une force colossale et d'un grand courage, Siméon ben Saül. Or dès que les païens se virent hors de danger, ils se jetèrent nuitamment sur les Judéens sans défiance, et tuèrent en masse cette population d'environ treize mille âmes. Seuls Siméon et les siens purent échapper au carnage ; grâce à la défense désespérée de ce héros et à son attitude menaçante, les assassins reculèrent. Mais irrité contre lui-même d'avoir fait cause commune avec des païens contre ses coreligionnaires, Siméon voulut se donner la mort de ses propres mains. Après avoir tué ses vieux parents, sa femme et ses enfants, il se perça la poitrine de son épée et tomba expirant sur les cadavres des siens.

Née à Césarée, la guerre entre Judéens et païens s'étendit jusqu'à Alexandrie, et là aussi fit couler des flots de sang israélite ; calamité d'autant plus navrante que c'est un apostat qui en fut l'auteur. Les Grecs d'Alexandrie, dont la jalousie contre leurs concitoyens judaïtes n'était pas éteinte, songeaient à s'adresser à Néron pour obtenir que les Judéens fussent dépouillés des droits que Claude leur avait confirmés solennellement. À cet effet, ils se réunirent dans l'amphithéâtre pour nommer une ambassade. Quelques Judéens s'étaient glissés dans l'assemblée, saisie de fureur à leur vue, la foule se rua sur eux en les traitant d'espions, et traîna trois d'entre eux à travers les rues pour les brûler vifs. Les Judéens, outrés de ces mauvais traitements infligés à leurs frères, accoururent armés de torches et menacèrent de mettre le feu à l'amphithéâtre où les Grecs étaient encore rassemblés. Le gouverneur Tibère Alexandre se mêla à la querelle, que son intervention ne fit qu'envenimer : les Judéens le haïssaient comme apostat et lui reprochèrent sa défection. Perdant toute, mesure, Tibère Alexandre déchaîna ses légions sur le quartier des Judéens et lâcha la bride à leurs instincts mal contenus. Les soldats, avides de sang et de pillage, semblables à des bêtes fauves, se ruèrent sur le riche quartier du Delta, brûlèrent les maisons et remplirent les carrefours de sang et de cadavres. Cinquante mille Judéens périrent dans ce massacre, et celui qui l'avait commandé était le propre neveu de cet ardent patriote, le philosophe Philon !

Ainsi le branle donné par le chef des zélateurs, Éléazar ben Hanania, avait acquis une extension redoutable : la révolution, mise en goût par le premier sang, gagnait de plus en plus, mordait au cœur les plus indifférents et faisait de la nation presque entière une armée de zélateurs. Le nombre des combattants croissait de jour en jour ; les secours attendus de l'Adiabène et de la Babylonie étaient arrivés. Les membres de la famille royale d'Adiabène, les fils et les frères du roi Izate, Monobaze et Kénédaï, se mirent à la disposition des Judéens et tinrent ferme jusqu'au bout. Trois héros, qui à eux seuls valaient une armée, étaient venus à Jérusalem : Niger, de la Transjordanie, Silas le Babylonien et Siméon Bar-Giora, le sombre patriote.

Cestius Gallus, le gouverneur de la Syrie, à qui incombait la tâche de veiller à l'honneur des armes romaines et de garder intacts les territoires confiés à ses soins, ne pouvait tolérer plus longtemps la marche envahissante de l'insurrection. Il joignit à ses légions les troupes auxiliaires des petits princes voisins. Agrippa lui fournit de son côté trois mille fantassins et deux mille cavaliers, et lui offrit de guider les troupes romaines à travers la Judée, dont le terrain, coupé de montagnes et de ravins, était si difficile. Cestius marcha donc sur la Judée à la tête d'une armée de plus de trente mille hommes, armée aguerrie, avec laquelle il ne doutait pas de pouvoir écraser d'un seul coup les rebelles. Dans sa marche le long de la côte, il sema partout la mort et la ruine.

Dès qu'ils surent l'ennemi dans le voisinage de Jérusalem, les zélateurs, nonobstant la sainteté du sabbat, coururent aux armes et montrèrent bientôt qu'ils ne craignaient pas les légions romaines. Cestius avait fait halte à Gabaot, à un mille de Jérusalem, espérant peut-être la soumission des rebelles. Mais les zélateurs attaquèrent son armée avec une telle impétuosité qu'ils en enfoncèrent les rangs, et du premier choc abattirent plus de cinq cents Romains, tandis qu'eux-mêmes ne perdirent que vingt-trois hommes (26 tischri, octobre). Sans l'arrivée de la cavalerie accourue au secours des légions, celles-ci eussent été anéanties ce jour-là. Les vainqueurs retournèrent à Jérusalem chargés d'un riche butin, chantant des hosanna et se livrant à une bruyante allégresse, tandis que Cestius resta trois jours inactif dans son camp, sans oser avancer.

Ce fut seulement au quatrième jour que l'armée romaine s'approcha de la ville. Les zélateurs avaient abandonné les quartiers extérieurs, qui n'offraient pas un abri suffisant, et s'étaient retirés à l'intérieur de la ville et dans le temple, que protégeaient de solides remparts. Les Romains entrèrent aussitôt dans les faubourgs, détruisirent celui de Bézétha et vinrent asseoir leur camp à l'ouest de la ville, en face du palais d'Hérode (30 tischri). Mais les zélateurs ne perdirent pas courage : ils précipitèrent du haut des murailles les mauvais citoyens qui, sur le conseil d'Anan ben Jonathan, voulaient ouvrir les portes à l'ennemi, et se préparèrent à défendre vigoureusement leurs positions. Cinq jours durant, les Romains multiplièrent leurs assauts ; mais les projectiles lancés par les Judéens les forcèrent à se replier. Ce n'est que le sixième jour qu'ils réussirent à miner en partie, du côté du nord, le mur du temple. Cependant Cestius, jugeant imprudent de continuer la lutte avec des ennemis dont l'enthousiasme avait fait des héros et qui, pouvaient faire une longue résistance, n'osa poursuivre ses avantages. Les pluies d'automne étaient imminentes, sinon déjà commencées, et les convois de vivres devenaient impossibles. C'est à cette considération sans doute, non à une frayeur pusillanime, qu'il faut attribuer la retraite de Cestius.

Dès que les habitants de Jérusalem s'aperçurent du départ inattendu des Romains, ils se mirent à leur poursuite et les attaquèrent du haut des crêtes de montagnes, les harcelant en flanc et à dos, parce que l'armée romaine était forcée de suivre, sans s'en écarter, les routes frayées à travers les vallées et les gorges. Les chemins étaient jonchés de cadavres romains, et plus d'un officier supérieur y laissa la vie. Lorsque l'armée arriva au camp de Gabaot, elle se vit entourée d'une nuée de bandes judaïques. Cestius, qui ne se sentait plus en sûreté, battit précipitamment en retraite, abandonnant ses bagages à l'ennemi. Dans le défilé de Béthoron, ce fut bien pis encore : l'armée romaine se vit assaillie sur tous les points ; le désordre se mit dans ses rangs, et, sous la grêle de flèches que les Judéens faisaient pleuvoir du flanc des montagnes, la défense devint impossible. La marche ne fut plus qu'une fuite désordonnée, et les Romains auraient été écrasés jusqu'au dernier, si la nuit n'avait arrêté la poursuite des Judéens. Craignant de voir se renouveler le lendemain cette lutte meurtrière, Cestius eut recours à un stratagème pour tromper l'ennemi, campé pendant toute la nuit autour de Béthoron : il laissa derrière lui quatre cents vaillants soldats, et fit défiler sans bruit tout le reste de l'armée. À l'aube du jour, lorsque les Judéens s'aperçurent de la ruse, les Romains avaient déjà gagné de l'avance. Après avoir massacré les quatre cents soldats laissés en arrière, les Judéens poursuivirent l'armée romaine jusqu'à Antipatris, sans toutefois pouvoir l'atteindre. Ils revinrent à Jérusalem, chargés de riches dépouilles, armes et engins de siège, dont ils se servirent plus tard contre leurs ennemis. Le trésor militaire de Cestius, qui était également tombé entre leurs mains, alla grossir le trésor du temple. Dans cette première campagne contre ces Judéens si dédaignés, l'armée romaine avait perdu environ six mille hommes ; la légion que Cestius avait amenée d'Antioche comme troupe d'élite avait perdu son aigle, ce qui passait chez les Romains pour le comble de l'ignominie et équivalait à une honteuse défaite.

Les zélateurs rentrèrent à Jérusalem (8 marheschwan, octobre) en chantant des hymnes guerriers, l'âme remplie de joyeuses espérances. L'heureuse époque des Hasmonéens semblait revenue, leurs exploits semblaient même dépassés. Ne l'avait-on pas battue, mise en déroute, cette armée romaine partout si redoutée ? En moins de six mois, quel incroyable changement ! Alors tout tremblait devant le timide Florus et sa pauvre troupe, et maintenant les Romains étaient en fuite ! La grâce divine ne les protégeait-elle pas visiblement comme elle avait protégé leurs pères ? Et l'âme des zélateurs s'épanouissait dans la confiance de l'avenir. Comme nous avons, disaient-ils, vaincu les deux capitaines (Métilius et Cestius), ainsi vaincrons-nous leurs successeurs. Ils se croyaient en droit désormais de considérer comme traître à la patrie, comme ennemi du judaïsme quiconque parlait encore de traiter avec les Romains. Pour le moment, les amis de la paix avaient perdu la partie. Ceux qui tenaient pour Rome n'osaient manifester leurs sentiments ; beaucoup d'entre eux quittèrent secrètement Jérusalem ; d'autres feignirent d'épouser les haines patriotiques des zélateurs et d'aspirer à la liberté. Les deux frères hérodiens, Kostobar et Saül, se rendirent en Grèce, auprès de Néron, pour lui expliquer les causes de l'insurrection, en attribuer toute la responsabilité à Florus et assurer l'empereur de l'invariable dévouement de la nation judaïque. Mais les zélateurs, dans l'ivresse de leur victoire, frappèrent des monnaies avec l'inscription : À la délivrance de Jérusalem. Les Samaritains eux-mêmes, renonçant à leurs vieilles rancunes contre les Judéens, firent, en haine de Rome, cause commune avec leurs adversaires de la veille. Seuls les judéo-chrétiens s'étaient déjà si bien désintéressés de la cause nationale qu'ils abandonnèrent Jérusalem pour émigrer à Pella, ville païenne au-delà du Jourdain.

Dans la capitale régnait un mouvement extraordinaire, qui lui donnait un aspect tout nouveau. Partout on forgeait des armes et on fabriquait des machines de guerre afin d'être prêt en cas de nouvelles attaques. Les murailles étaient fortifiées et crises en état de défense, de façon à soutenir un long siège. La jeunesse s'exerçait continuellement au maniement des armes. L'enthousiasme suppléait à l'expérience militaire. Dans la Judée entière, les patriotes relevaient la tête et formaient des comités provisoires pour organiser les préparatifs d'une lutte formidable. Des Judéens de l'étranger s'associaient à ces efforts avec une ardeur passionnée.

On ne peut douter que le Grand Sanhédrin n'ait recouvré à cette époque son autorité absolue et, par suite, la haute direction des affaires politiques et militaires. Il avait à sa tête Siméon ben Gamaliel, un descendant de Hillel, qui, au dire de son adversaire même, était un homme de sens et d'énergie et qui, si on l'eût toujours écouté, aurait assuré à l'insurrection les meilleurs résultats. Sans être du parti des zélateurs à outrance, il voulait cependant qu'on menât énergiquement la campagne, et il appuyait de toute son autorité ceux qui voulaient faire de la révolution une vérité. Sur des monnaies de la première et de la deuxième année de l'indépendance judaïque se lit l'inscription : SIMÉON, NASSI (prince ou président) D'ISRAËL.

La défaite de Cestius ne fit qu'accroître la haine des gentils contre leurs voisins de Judée. Soit pour prévenir leurs attaques, soit pour venger l'échec infligé aux Romains, ils se réunirent en masse et immolèrent sans pitié les Judéens domiciliés parmi eux, hommes, femmes et enfants. Ces boucheries soulevaient d'autant plus d'horreur chez les patriotes que la plupart des communautés ainsi frappées étaient innocentes et n'avaient pas pris la moindre part à la révolte. Naturellement, les Judéens vengèrent, comme ils purent, ces atrocités sur les gentils de leur voisinage, qui à leur tour usèrent de représailles. Ainsi s'accrut la haine de race entre les Judéens d'une part, les Romains et les Grecs d'autre part, et cette animosité s'étendit fort au-delà des frontières étroites de la Palestine. Or, en voyant que toutes les populations circonvoisines, Syriens, Grecs, Romains, Alexandrins, faisaient de la cause de l'empereur leur cause propre, les ultra-zélateurs se crurent en droit d'englober toute la gentilité dans leur haine contre Rome. Les membres de l'école de Schammaï, composée en majeure partie de zélateurs, paraissent avoir constitué un synode on fut émise la proposition d'établir une séparation complète entre Judéens et païens, de supprimer tout commerce et toute relation avec ces derniers. Dorénavant, il était défendu aux Judéens d'acheter aux marchands étrangers du vin, de l'huile, du pain ou tout autre aliment. Ces diverses défenses sont connues sous le nom des dix-huit choses. Ainsi le rigorisme religieux et le zélotisme politique se donnaient la main à cette époque orageuse et troublée. Mais les Hillélites, modérés en politique comme en religion, repoussaient ces mesures séparatistes et méticuleuses. — Or, le zélotisme s'était donné carrière dans la convocation du synode. Éléazar ben Hanania, probablement le chef des zélateurs, avait rassemblé les membres des deux écoles rivales dans sa propre maison, et il avait eu soin d'aposter à l'entrée des hommes armés, avec la consigne de ne laisser sortir personne. Un grand nombre de docteurs hillélites trouvèrent, dit-on, la mort dans la bagarre occasionnée par les débats. Aussi, ce jour de violence, où les Schammaïtes firent voter de haute lutte les dix-huit choses, fut rangé plus tard au nombre des jours néfastes (9 adar, février 67).

Cependant les préparatifs militaires marchaient de front avec les mesures d'ordre intérieur et se poursuivaient avec une incessante activité. Avant tout, on se préoccupa de choisir des chefs capables de conduire les opérations. Ce fut le peuple, à ce qu'il semble, qui procéda à cette élection. Il se produisit sans doute un incident qui provoqua des dispositions peu favorables aux ultra-zélateurs, puisque Éléazar ben Hanania, la cheville ouvrière de ce grand mouvement, n'obtint que le titre de gouverneur du petit canton de l'Idumée, et dut encore partager ces fonctions avec un collègue. Un autre zélateur à outrance, Éléazar ben Siméon, qui avait notablement contribué à la défaite de Cestius, fut laissé dans l'ombre par les électeurs, malgré ce service et la noblesse de son origine. Par contre, des Judéens modérés, quelques-uns même anciens amis de Rome, obtinrent les préférences du peuple. Joseph ben Gorion et Anan, fils d'Anan, qui avait été quelque temps grand prêtre, reçurent l'importante mission de surveiller Jérusalem et les travaux de fortification. Outre ceux-ci, on nomma encore cinq gouverneurs pour diverses parties du pays. Le poste le plus considérable fut confié à Josèphe ben Matthia.[31] Le peuple se laissait encore éblouir par le prestige de la noblesse et ne pouvait se résoudre à élever au premier rang des hommes courageux et dévoués, mais obscurs. Le centre de gravité du gouvernement résidait dans le Grand Sanhédrin et, par suite, dans son président, Siméon ben Gamaliel, ainsi que dans ses assesseurs Anan et Joseph ben Gorion. Bien que Siméon fût, le chef des Pharisiens et que l'ancien grand prêtre, Anan, ne fit pas mystère de ses opinions sadducéennes, cette divergence dans leurs idées religieuses ne les empêcha pas de marcher d'accord. L'amour du pays dominait chez eux les querelles de parti. Toutefois, l'unité n'était qu'apparente : les membres nobles du

---

[31] Flavius Josèphe, l'historien.

Sanhédrin, au fond partisans de Rome, jetaient souvent, par leur dissidence, le trouble et l'incertitude dans les délibérations. Le dissentiment dans les vues produisait des demi-mesures et paralysait l'énergie de l'exécution. D'ailleurs, le Sanhédrin dut plus d'une fois céder à la volonté populaire, volonté changeante et toujours maîtresse en temps de révolution.

Après deux ans à peine d'une administration tiraillée et sans force, le Sanhédrin tomba sous le poids de son inertie et dut abandonner les rênes aux plus fougueux zélateurs.

CHAPITRE XVIII

LA GUERRE DE GALILÉE — (66-67)

Le pays de Galil, — la Galilée, — dont la défense avait été confiée à Josèphe ben Matthia, était, par sa topographie, son étonnante fertilité, sa forte population, le poste le plus important après Jérusalem, dont il était comme le boulevard. Il se divisait en haute et basse Galilée.

Foyer de passions ardentes, patrie du zélateur Juda et de Jésus de Nazareth, la Galilée ne pouvait rester impassible en présence de la révolte de Jérusalem et de la défaite de Cestius. Elle se jeta dans la lutte avec cet élan primesautier qui ne calcule pas, qui ne laisse point de place à la réflexion. Et comment les Galiléens auraient-ils pu rester indifférents lorsqu'ils voyaient, dans leur voisinage immédiat, leurs frères égorgés par les gentils ? Journellement accouraient auprès d'eux des fugitifs judéens cherchant appui et protection. Eux-mêmes avaient tout à craindre des païens du voisinage. Aussi la plupart des villes, grandes et petites, se mettaient en mesure de résister à une attaque et attendaient les instructions du grand conseil de Jérusalem. Trois foyers d'insurrection se formèrent dans la Galilée : Gischala au nord, Tibériade au sud et Gamala en face de Tibériade, sur la rive orientale du lac. Les habitants judéens de Gischala furent en quelque sorte provoqués à la révolte. La population païenne des villes voisines, Tyriens, Soganiens et Gabaréniens, s'était coalisée contre Gischala, l'avait surprise, mise au pillage et détruite en partie par le feu. Alors un homme se rencontra qui se mit à la tête des Gischaliens exaspérés ; cet homme, qui devait soutenir jusqu'à la dernière heure la lutte suprême et devenir, avec Siméon Bar-Giora, la terreur des Romains, c'était Johanan (Jean), fils de Lévi. Jean de Gischala commença sa carrière en réunissant sous son drapeau les mécontents de la haute Galilée, en appelant à lui les fugitifs des villes syriennes, pour attaquer avec leur aide la population païenne des villes voisines et en châtier les déprédations. Jean était sans fortune et de complexion maladive ; mais c'était une de ces âmes de feu qui, maîtresses de leur corps, savent triompher des difficultés de la vie et forcer les circonstances à servir leurs desseins. Au début de l'insurrection de Galilée, il bornait son ambition à relever les murs de sa ville natale et à faire de Gischala le centre de la résistance, pour empêcher les ennemis du voisinage de recommencer leurs attaques et opposer un rempart de plus à la puissance romaine. Mais plus tard, s'étant enrichi en vendant de l'huile aux Judéens de Syrie et de Césarée de Philippe, qui ne pouvaient faire usage de l'huile des païens, il employa cette fortune à entretenir des bandes de patriotes. Il avait ainsi réuni plus de quatre mille hommes, dont le nombre grandit chaque jour.

À Tibériade, autre foyer de la lutte, le parti de l'insurrection avait à combattre des adversaires dévoués à Rome, et il en résulta de fâcheux tiraillements. La belle cité sise au bord du lac appartenait depuis plusieurs années au roi Agrippa, et, sous le gouvernement de ce prince, elle n'était pas trop malheureuse. Cependant la majeure partie de la population tenait pour les zélateurs et cherchait à se soustraire à l'autorité d'Agrippa. L'âme de la révolte, dans cette ville, était Justus ben Pistos,[32] qui s'était initié à la culture hellénique et qui écrivit plus tard l'histoire de sa nation en langue grecque. Justus était doué d'une éloquence entraînante et pouvait exercer une puissante action sur le peuple ; toutefois, son influence se bornait à la classe aisée de la population. Il était secondé par un autre zélateur, Josué ben Sapphia,[33] à qui obéissaient les classes inférieures, les bateliers et les portefaix de Tibériade. Ces deux hommes avaient contre eux un parti aristocratique, fort attaché à Agrippa et aux Romains, et dont les chefs étaient Julius Capellus, Hérode ben Miar, Hérode ben Gamala et Kompsé bar Kompsé. Mais ce parti n'avait aucune influence sur le peuple et ne put l'empêcher d'entrer de plus en plus dans la révolution. À la nouvelle de la défaite de Cestius, les gens de

---

[32] Juste de Tibériade, historien et ennemi de Flavius Josèphe.
[33] Autrement prénommé Jésus.

Tibériade, sous la conduite de Justus et de Josué ben Sapphia, entreprirent une expédition de représailles contre les villes dont les habitants avaient massacré d'une façon si odieuse leurs concitoyens judaïtes. — La ville de Gamala, sur la rive sud-est du lac, ville importante que sa situation élevée et ses abords difficiles rendaient presque inexpugnable, fut également poussée à la révolte par la haine de ses voisins de Syrie contre les Judéens.

Non loin de Gamala vivait une peuplade judéo-babylonienne qui, sous Hérode Ier, était venue s'établir dans la Batanée et y avait bâti plusieurs petites villes, ainsi que la forteresse de Bathyra. Les Babyloniens, comme on appelait cette colonie, étaient de fidèles partisans de la maison d'Hérode, et Philippe, un petit-fils du fondateur de la colonie, commandait les troupes d'Agrippa qui se battirent contre les zélateurs à Jérusalem. Lorsque les soldats d'Agrippa durent se rendre, leur chef fut sauvé, malgré l'avis de Menahem, par les Babyloniens qui se trouvaient dans les rangs des zélateurs, et cela grâce à sa promesse de se joindre à eux pour combattre les Romains. Cependant Philippe réussit à s'échapper de Jérusalem sous un déguisement et à rejoindre les siens. Son arrivée fut des plus désagréables à Varus, que le roi avait installé comme gouverneur à Césarée (ou Néromade) ; car Varus s'était bercé de l'espoir de remplacer Agrippa, que les partisans de Rome accusaient de favoriser sous main l'insurrection. Pour mener son projet à bonne fin, Varus excita les Syriens de Césarée de Philippe à tomber traîtreusement sur les Judéens, afin de supprimer des témoins gênants qui auraient pu dénoncer ses machinations à Agrippa. Mais, d'autre part, il craignait les Babyloniens et Philippe, qui chercheraient sûrement à venger le massacre de leurs coreligionnaires. Il résolut donc d'attirer Philippe auprès de lui afin de s'en débarrasser. Heureusement Philippe se trouvait alité, en proie à une fièvre violente, gagnée à la suite des derniers événements. Varus réussit néanmoins à attirer soixante-dix des principaux Babyloniens, qui furent massacrés pour la plupart. À cette nouvelle, les Babyloniens éprouvèrent une vive frayeur et, ne se sentant plus en sûreté dans leurs villes, ils se réfugièrent en toute hâte à Gamala. Ils brillaient de se venger non seulement de Varus, mais encore des Syriens qui l'avaient soutenu. Philippe, lui aussi, s'était réfugié dans cette forteresse et n'eut pas peu de peine à empêcher ses gens d'entrer en campagne. Même après la révocation de Varus par Agrippa, les Babyloniens de Batanée étaient encore tellement surexcités et disposés à se joindre aux ennemis des Romains, que le roi dut envoyer à Philippe l'ordre formel de les éloigner de Gamala et de les ramener en Batanée. De là une violente effervescence chez les habitants, et des démonstrations hostiles contre les Babyloniens qui les quittaient. Joseph, le fils d'une sage-femme, excita, par ses discours passionnés, la jeunesse de Gamala à se révolter contre Agrippa et à reconquérir son indépendance. Le volcan de la révolution s'était ainsi créé en Galilée plusieurs foyers d'éruption, et en maints endroits on en sentait gronder la flamme avant même que Josèphe ben Matthia eût pris le gouvernement du pays au nom du Grand Sanhédrin. Seule la ville de Sepphoris, qui était à vrai dire la plus importante de la Galilée, resta fidèle aux Romains et ne se laissa pas entamer par l'esprit de révolte. Aussi la Galilée entière était-elle vivement ulcérée contre Sepphoris. Les habitants de Tibériade étaient particulièrement irrités contre cette ville qui, sous Agrippa II, avait disputé le premier rang à la leur et avait été déclarée capitale du royaume. C'était précisément la tâche du gouverneur de la Galilée de rebâtir l'entente entre les deux villes et de gagner les habitants de Sepphoris à la cause de l'insurrection. Une grave responsabilité pesait donc sur Josèphe ben Matthia : il dépendait de lui que cette révolution, si désespérément poursuivie, touchât au but désiré ou se terminât par un tragique avortement. Malheureusement, Josèphe n'était pas l'homme qu'il fallait pour ce gigantesque effort, et ses actes ne servirent qu'à précipiter la ruine de l'État judaïque.

Josèphe ben Matthia, plus connu sous le nom de Flavius Josèphe, de Jérusalem (né en l'an 38, mort, selon toute apparence, en 95), était issu d'une famille sacerdotale fort considérée, et, par sa lignée maternelle, se rattachait, dit-on, à la famille des Hasmonéens. Grâce à une éducation soignée et à la fréquentation des docteurs, il possédait un certain acquis dans la science de la Loi. Il raconte lui-même avoir été, pendant trois ans, disciple d'un solitaire nommé Banus, qui vivait dans un désert, se nourrissait de fruits sauvages et, à la façon des Esséniens, se baignait tous les jours dans une eau vive.

Avide de savoir, Josèphe songea aussi à s'approprier la culture grecque. À l'âge de vingt-sept ans, il eut occasion d'aller à Rome pour intercéder en faveur de deux Pharisiens qu'on y retenait prisonniers. Introduit par un certain Alityros, comédien juif, auprès de l'impératrice Poppée, il réussit à obtenir l'élargissement de ses protégés, et Poppée, qui aimait les Judéens, lui fit en outre de riches cadeaux. Le séjour de Rome eut une influence décisive sur le caractère de Josèphe. L'éclat de la cour de Néron, l'activité étourdissante de la grande capitale, la majesté imposante des institutions romaines l'éblouirent si fort, que Rome lui sembla promise à l'éternité et spécialement protégée par la Providence. Il ne voyait pas, sous la pourpre et l'or, les ulcères qui rongeaient ce corps de géant, et dès ce moment, Josèphe devint un adorateur de la puissance romaine.

Cette admiration enthousiaste devait lui faire paraître bien mesquines et bien misérables les petites affaires de la Judée. Comme il dut rire des rêves de ces zélateurs qui ne parlaient de rien moins que de chasser les Romains de la Judée ! Apparemment, pensait-il, ces gens ont perdu l'esprit. Aussi essaya-t-il d'étouffer dans l'œuf leurs projets de révolution. Mais quand il vit le peuple courir aux armes et engager sérieusement la lutte, il se cacha dans le temple avec quelques autres partisans de Rome et n'osa en sortir que lorsque les zélateurs modérés, sous la conduite d'Éléazar, eurent la haute main dans Jérusalem. Craignant de s'attirer la colère des patriotes par ses sympathies notoires en faveur des Romains, Josèphe fit montre d'un profond amour pour la liberté, tandis qu'il se réjouissait eu secret de l'arrivée prochaine de Cestius, qui allait venir, avec toutes ses forces, mettre fin à tous ces beaux rêves d'indépendance. Toutefois, l'événement trompa ses espérances : Cestius dut opérer une retraite qui ressemblait à une fuite.

On ne peut guère s'expliquer comment Josèphe, l'ami des Romains, put se voir confier le gouvernement le plus considérable de la Galilée. Il en fut, sans aucun doute, redevable à son ami, le ci-devant grand prêtre Josué ben Gamala, qui jouissait d'une grande autorité dans le Conseil. Faut-il croire qu'il ait poussé l'hypocrisie jusqu'à se poser en fervent zélateur ? Il semble plutôt que l'héroïque effort de la révolution à Jérusalem et la défaite de Cestius aient produit, même sur l'âme prosaïque de Josèphe, une impression profonde. Sans doute, il considérait comme un rêve insensé l'espoir de s'affranchir absolument de la puissance romaine ; mais il pouvait croire que la résistance opiniâtre des Judéens forcerait l'empereur à certaines concessions, qu'il consentirait à laisser le gouvernement de la Judée au roi Agrippa et à lui rendre la situation qu'avait occupée son aïeul Hérode. C'est en effet pour Agrippa que Josèphe a travaillé, et, à ce point de vue, sa conduite n'a pas été tout à fait celle d'un traître et d'un malhonnête homme. Agrippa lui-même ne voyait pas la révolution de trop mauvais œil ; lui aussi espérait en tirer parti pour augmenter son pouvoir. Ce qu'il ne pouvait faire par lui-même, en sa qualité de vassal de Rome, il en chargeait Josèphe, avec qui il était intimement lié.

Le Sanhédrin adjoignit à Josèphe deux docteurs de la Loi : Joazar et Juda ; Josèphe en parle tantôt avec éloge, tantôt il les accuse de vénalité. Au fond, l'un et l'autre étaient nuls. Ils disparurent bientôt de la scène et, sur l'avis de Josèphe, s'en retournèrent à Jérusalem.

Dans les premiers temps de l'arrivée de Josèphe en Galilée, il parut avoir sérieusement à cœur d'entretenir le zèle révolutionnaire des Judéens. Il réunit une sorte de Sanhédrin, composé de soixante-dix personnes notables, à l'instar de celui de Jérusalem. Dans certaines régions du pays, il installa des fonctionnaires chargés de la juridiction criminelle, et confia, dans chaque localité, l'administration intérieure à sept des principaux citoyens. Il leva des troupes en Galilée, — environ cent mille hommes, affirme-t-il avec quelque exagération, — leur donna des armes, les dressa aux manœuvres des Romains, les habitua à une discipline sévère ; toutes choses indispensables à une nation militaire, mais de moindre importance pour un peuple exalté par l'amour de la liberté. Il forma même une troupe de cavalerie et prit à sa solde des corps francs (environ cinq mille hommes). Il s'entoura aussi d'une garde du corps composée de cinq cents hommes déterminés, qui obéissaient à son moindre signe. Il fortifia plusieurs villes de la haute et de la basse Galilée et y fit entasser des provisions de bouche. Bref, il prit, au début, d'énergiques mesures pour mettre le pays en état de défense. Dès son arrivée en Galilée, il ordonna, soit de son propre mouvement, soit sur l'invitation du Sanhédrin, la destruction du palais élevé par Antipas dans Tibériade, parce qu'on y voyait des figures d'animaux interdites par la loi judaïque. À cet effet, il avait convoqué les principaux habitants de la ville dans une bourgade voisine, Beth-Maon, et là il chercha à leur persuader de ne pas s'opposer à la destruction du palais. Mais pendant qu'il était en pourparlers avec Capellus et ses compagnons, Josué ben Sapphia le prévint, mit le feu à l'édifice et en distribua les richesses à ses hommes. Josèphe, mécontent, accourut à Tibériade pour saisir les trésors trouvés dans le palais et les confier à des mains sûres qui les garderaient au roi Agrippa. Par cette attitude ambiguë, Josèphe paralysait l'action des rebelles, bien loin de la favoriser.

Il haïssait particulièrement Jean de Gischala, dont l'activité infatigable et la supériorité intellectuelle excitaient sa jalousie, et qui pourtant, au début, respectait en lui le mandataire du Sanhédrin. Josèphe s'ingénia à multiplier les obstacles devant lui, comme devant tous les patriotes. Jean lui ayant demandé la permission de vendre le blé des redevances impériales en haute Galilée, et d'en employer le produit à rebâtir les murs de sa ville natale, Josèphe la lui refusa, et ce ne fut que sur les instances de ses deux collègues, Joazar et Juda, qu'il se décida à l'accorder. Éclairé désormais sur la duplicité de Josèphe, Jean se promit de faire tous ses efforts pour en prévenir les effets. Une occasion se présenta bientôt qui ouvrit les yeux aux Galiléens sur l'attitude louche du gouverneur.

Quelques jeunes gens de Dabaritta, petite ville près du mont Thabor, avaient pillé les bagages de la femme d'un intendant de Bérénice et du roi Agrippa, qui voyageait à travers le pays, et lui avaient enlevé une quantité de métaux précieux et de vêtements de luxe. Par attachement pour Agrippa, Josèphe eut soin de lui faire restituer cette prise, tandis qu'il faisait accroire aux jeunes gens qu'il la faisait expédier au trésor national de Jérusalem. Mais les gens de Dabaritta devinèrent la vérité et publièrent dans tout le voisinage que Josèphe était un traître, qui avait l'intention de livrer le pays aux

Romains. Dès le lendemain, au point du jour, accoururent à Tarichée, près du lac de Tibériade, les habitants des bourgs voisins, outrés de colère contre Josèphe. Josué ben Sapphia échauffa encore ces dispositions hostiles en prenant dans ses bras le livre de la Loi, et adjurant ses concitoyens de punir le traître, sinon pour eux-mêmes, du moins pour l'honneur du livre sacré. Déjà la foule, courant à la maison de Josèphe, allait y mettre le feu, et c'en était fait de lui, s'il n'eût eu recours à une ruse et à un mensonge qui le sauvèrent. Il se revêtit d'habits de deuil, suspendit son épée à son cou et s'avança ainsi, en posture de suppliant, dans l'hippodrome de Tarichée, de manière à exciter la compassion publique. Aussitôt qu'il put se faire entendre, il soutint effrontément et persuada aux Tarichéens qu'il ne gardait les objets ravis ni pour les remettre à Agrippa ni pour les envoyer à Jérusalem, mais pour les employer à fortifier les murs de leur ville. La foule crédule se paya de ces belles raisons et se prononça en sa faveur ; sur quoi, une viré altercation s'éleva entre les gens de Tarichée et ceux des autres bourgs, et Josèphe en profita pour rentrer furtivement dans sa maison. Cependant, de cette foule qui s'était calmée et dispersée à sa voix, il restait une centaine de mutins qui ne s'étaient laissé prendre aux paroles astucieuses de Josèphe. Ceux s'approchèrent de sa demeure et se disposèrent à l'incendier. Mais Josèphe sut attirer leur chef dans la maison, où, par son ordre, on le fustigea jusqu'au sang et on lui coupa le poing ; puis, ainsi mutilé il le jeta dehors au milieu de ses compagnons, qui s'enfuirent saisis d'horreur. De ce moment, tout espoir d'une résistance vigoureuse en Galilée était perdu. Josèphe ressemblait au génie de la discorde qu'on aurait chargé d'assurer la concorde. Il divisa la Galilée contre elle- même et y créa deux partis, dont l'un se groupa autour de lui et l'autre autour de Jean de Gischala.

Du côté de Jean étaient les patriotes ardents qui ne se faisaient plus illusion sur la duplicité de Josèphe, notamment les habitants de Gabara. Le reste de la population était avec Josèphe. L'esprit borné des Galiléens n'était pas capable de lire dans le double jeu qu'il jouait. Josèphe et Jean se portaient réciproquement une haine mortelle, mais ne le cédaient guère l'un à l'autre en ruse et en dissimulation.

Lorsque Jean eut acquis la certitude que la plupart des Galiléens, croyant aveuglément au patriotisme et à la bonne foi de Josèphe, le soutenaient de toutes leurs forces, il envoya son frère Siméon avec cent autres députés au Sanhédrin de Jérusalem, pour dénoncer sa conduite et pour demander sa révocation et son rappel. Le président du Sanhédrin, Siméon ben Gamaliel, qui était ami de Jean et qui se défiait de Josèphe, ainsi qu'Anan, l'ancien grand prêtre, appuyèrent cette proposition et obtinrent que le tribunat envoyât en Galilée quatre députés chargés de forcer Josèphe, par tous les moyens possibles, à résigner ses fonctions, et de le ramener mort ou vif à Jérusalem. Aux grandes communautés de Tibériade, Sepphoris et Gabara, le Sanhédrin adressa des missives déclarant Josèphe traître à sa patrie et les invitant à lui refuser tout concours. Le danger était grand pour le gouverneur. Mais il manœuvra avec tant d'art et d'activité qu'il déjoua les mesures prises contre lui. D'une part, en effet, il aimait trop ses fonctions pour y renoncer ; mais, d'autre part, il n'osait braver ouvertement l'autorité du Sanhédrin : aussi eut il recours à la ruse. Averti par son père des dispositions hostiles du Sanhédrin à son égard, il feignit d'être occupé des préparatifs de la lutte contre les Romains, et, aux sommations des délégués de se présenter devant le Sanhédrin, il répondit d'une manière évasive, tout en se déclarant volontiers disposé à abandonner sa charge. Il chercha surtout à rendre la population défavorable aux délégués. Ceux-ci coururent de ville en ville sans obtenir de résultat et faillirent même plus d'une fois être maltraités par les partisans de Josèphe.

Fatigués de ces pérégrinations, les délégués, conseillés par Jean, résolurent d'envoyer sous main des émissaires dans toute la Galilée, pour faire savoir que Josèphe était déclaré suspect et que chacun était délié de son obéissance. Informé de cette résolution par un dénonciateur, Josèphe, avec une promptitude digne d'une meilleure cause, fit occuper par ses gardes les défilés de la route qui conduisait aux villes voisines et à Jérusalem, avec ordre d'arrêter les émissaires et de les amener devant lui. Ensuite, il fit courir aux armes tous ses partisans des bourgs et des villages, et les ayant rassemblés autour de lui, il leur déclara qu'il était victime d'une machination infernale. Grâce à ces insinuations, la foule entra dans une violente colère contre les délégués. Pour donner le change à l'opinion publique et la prévenir en sa faveur, il choisit dans plusieurs villes des hommes d'esprit borné, qui se rendirent à Jérusalem pour exalter les bienfaits du gouvernement de Josèphe et prier le Sanhédrin de le laisser en Galilée et de rappeler les délégués à Jérusalem.

Ceux-ci, voyant qu'ils n'obtenaient aucun résultat, avaient quitté la haute Galilée et s'étaient rendus à Tibériade, dans l'espoir d'y trouver un appui plus sérieux. Josèphe les suivit pas à pas, et, plus habile qu'eux, sut confondre tous leurs plans. Dans leur embarras, les délégués du Sanhédrin avaient résolu, entre autres, d'ordonner un jeûne public, afin d'obtenir l'assistance divine en faveur de la lutte entreprise. Toute la population accourut dans la grande synagogue de Tibériade, qui pouvait contenir plusieurs milliers de personnes. Bien qu'il fût défendu d'y paraître en armes, Josèphe et ses sens s'étaient munis d'armes cachées sous leurs vêtements. Lorsque, la prière terminée, les discussions commencèrent, les adversaires de Josèphe ayant fait mine de vouloir l'arrêter, ses amis tombèrent sur les assaillants les armes à la main ; mais le peuple se rangea de son côté, et il échappa ainsi une fois encore au danger qui le menaçait.

Cependant les envoyés de Josèphe à Jérusalem et ses amis de la capitale avaient produit un revirement d'opinion en sa faveur. Le Sanhédrin rappela ses propres délégués et maintint Josèphe dans ses fonctions. Celui-ci renvoya les députés du Sanhédrin à Jérusalem, chargés de fers.

Tandis que Josèphe allumait ainsi en Galilée la guerre civile, bafouant le Sanhédrin, décourageant les patriotes et poussant l'importante ville de Tibériade à trahir la cause nationale, Sepphoris, la capitale de la Galilée, avait le champ libre pour entamer des négociations avec Rome.

Ce sera la honte éternelle de Josèphe d'avoir, par son impéritie, son égoïsme ou sa duplicité, brisé ainsi les forces de la Galilée, cette fière et belliqueuse province, le meilleur rempart de la Judée. Il avait, il est vrai, fortifié quelques villes ou, pour mieux dire, permis à leurs habitants de se fortifier; mais à l'arrivée des Romains, il n'y avait ni armée ni population pour les arrêter. Chaque ville forte était réduite à ses propres ressources ; à bout de forces et de confiance, les Galiléens étaient devenus sinon peureux, du moins égoïstes. On aurait peine à croire à tant de perfidie et d'indignité chez Flavius Josèphe, s'il ne nous les révélait lui-même avec un incroyable cynisme. Tout le bénéfice obtenu par quatre mois de luttes dans Jérusalem, Josèphe l'anéantit en cinq mois de gouvernement, avant même que l'ennemi eût paru dans le pays (novembre 66 — mars 67).

Jusque-là, cependant, les Romains n'avaient guère encore fait de tentatives sérieuses contre la Judée. Néron était alors en Grèce, où il quêtait les applaudissements de la foule en jouant de la cithare et conduisant son char dans la carrière. C'est là qu'il reçut la nouvelle foudroyante de la révolte des Judéens et de la défaite de l'armée romaine commandée par Cestius. Néron trembla devant cette révolution de Judée, qui pouvait avoir un contrecoup énorme. Autre nouvelle inattendue : Cestius Gallus venait de mourir, et l'on ne savait si c'était de mort naturelle ou de la douleur de sa défaite. Néron choisit donc pour diriger la campagne de Judée le meilleur de ses généraux, Flavius Vespasien, le glorieux vainqueur des Bretons. Si grande était la frayeur causée par la révolte des Judéens et ses conséquences possibles, qu'on donna à la Syrie un gouverneur spécial, Licinius Mucianus, chargé de veiller sur les mouvements des Parthes. Vespasien était alors en disgrâce, et Néron dut se faire violence pour lui confier des forces si considérables. Mais il n'avait pas le choix ; pour dompter la Judée, il fallait un bras vigoureux.

Ce fut pendant l'hiver de l'an 67 que Vespasien quitta la Grèce pour se rendre sur le théâtre de la guerre. Il fit à Ptolémaïs les préparatifs de l'expédition. Son fils Titus, qui gagna ses éperons dans cette guerre de Judée, lui amena d'Alexandrie deux légions, la Ve et la Xe, ces farouches Decumani, dont les Judéens d'Alexandrie avaient éprouvé la férocité et que ceux de Palestine allaient connaître à leur tour. À Ptolémaïs accoururent auprès de Vespasien les princes du voisinage, même Agrippa et sa sœur Bérénice, tous offrant leurs hommages et leurs troupes au général romain et témoignant ainsi de leur dévouement à Rome. Agrippa, il est vrai, était forcé jusqu'à un certain point de prendre ouvertement parti pour Rome contre la révolution judaïque, car les habitants de Tyr l'avaient accusé auprès de Vespasien d'être de connivence avec les rebellés. Pour dissiper tous les soupçons, il lui fallait déployer un excès de zèle. Dans le même temps, sa sœur Bérénice nouait avec Titus une intrigue amoureuse qui dura de longues années ; elle était beaucoup plus âgée que le fils de Vespasien, mais sa beauté avait résisté au poids des années.

L'armée avec laquelle Vespasien comptait triompher de l'insurrection judaïque se composait de corps d'élite et de troupes alliées, au nombre de plus de 50.000 hommes, outre le train des équipages qui suivait habituellement les légions. Les préparatifs ne furent terminés qu'au printemps, et la campagne s'ouvrit par l'expédition de corps détachés chargés de balayer les bandes de partisans qui infestaient les routes conduisant aux places fortes de la Galilée. Plus prudent que son prédécesseur Cestius, Vespasien, loin de procéder avec précipitation, mena la guerre, depuis le commencement jusqu'à la fin, avec cette lenteur calculée qui dispute le terrain pied à pied à l'adversaire. Josèphe, avec ses bandes, ne pouvait guère lui tenir tête, et il dut se retirer de plus en plus à l'intérieur. Chaque fois qu'il accepta la lutte, il éprouva une défaite. Son armée n'avait pas cette confiance qu'un général dévoué peut seul inspirer à ses troupes ; aussi ses soldats se dispersaient-ils dès que l'ennemi se montrait. Tout autre était l'esprit des Galiléens qui marchaient sous la conduite de Jean de Gischala. Lorsque les Romains s'approchèrent de la forteresse de Jotapata, les habitants de cette ville les chargèrent avec impétuosité, et, bien qu'ils ne pussent rompre les rangs serrés de l'ennemi, ils se battirent si vaillamment qu'ils mirent son avant-garde en fuite.

Le plan de campagne de Vespasien comprenait d'abord la conquête de la Galilée, parce qu'il ne voulait pas laisser d'ennemis derrière lui dans sa marche vers la Judée. L'armée romaine s'avança donc vers les forteresses du nord de la Galilée, notamment Gabara et Jotapata. Gabara, dépourvue de défenseurs, fut aisément prise, puis livrée aux flammes. Toute la population fut passée au fil de l'épée, sur l'ordre du général, comme victime expiatoire de la défaite des

Romains devant Jérusalem. Toutes les petites villes et les villages des environs eurent le même sort : leurs habitants furent massacrés ou vendus comme esclaves. Ainsi, dès le début, la guerre prenait un caractère de sauvage vengeance. Pour Josèphe, il se tenait à l'écart dans Tibériade, terrifiée et consternée par sa fuite. En ce moment déjà, il songeait à passer à l'ennemi, mais une sorte de honte le retenait encore : déserter ainsi dès le début de la guerre, c'était par trop d'ignominie. Il écrivit donc au Sanhédrin pour lui dépeindre la situation, lui demander des instructions et des ordres : fallait-il entamer des négociations avec l'ennemi ou continuer la lutte ? Dans ce dernier cas, il réclamait des renforts. Ainsi, la Galilée, dont la population était plus dense que celle de la Judée et qui comptait plus de trois millions d'âmes, avait déjà besoin de renforts, tant elle était affaiblie et désorganisée par la coupable conduite de Josèphe.

De Gabara, Vespasien se dirigea sur Jotapata ; mais, pour y arriver, l'armée romaine dut se frayer à grand'peine un chemin, car les Judéens avaient barré les défilés, obstrué les vallées et rendu les routes impraticables. Le rocher sur lequel était bâtie la ville est entouré de collines escarpées, séparées de la forteresse par des précipices profonds. La place n'était accessible que par le côté nord; mais les habitants avaient fortifié cette route par un retranchement et par plusieurs tours. On y avait accumulé des quartiers de rocher, des javelots, des flèches, des frondes, des moyens de défense de toute sorte. C'est là que les Romains dirigèrent leurs attaques. Ils dressèrent soixante machines de siège qui lançaient sans interruption sur la forteresse des javelots, des pierres et des brandons garnis de matières inflammables. Toutefois, les assiégés se défendirent avec un désespoir et un mépris de la mort qui lassèrent leurs ennemis. Ils repoussèrent plusieurs assauts, détruisirent à mainte reprise les travaux de siège, firent même des sorties habiles et parfois heureuses. Après plus de quarante jours de siège (17 iyar — 1er tammuz), les Jotapatiens tenaient encore, et la ville ne fut prise que par la trahison d'un transfuge qui indiqua aux ennemis un poste peu garni de défenseurs. Les Romains, avant le point du jour, pénétrèrent par cet endroit dans la ville, surprirent les guerriers fatigués et assoupis et les massacrèrent jusqu'au dernier. Beaucoup de Judéens se donnèrent eux-mêmes la mort en se perçant de leur épée ou en se jetant du haut des murailles. Ce siège coûta la vie à 10.000 hommes, et plus d'un millier de femmes et d'enfants furent réduits en esclavage. La forteresse fut rasée (1er tammouz ; juin 67). Jotapata montra par son exemple, au reste du pays, comment il fallait mourir en gardant l'honneur sauf. Quelques jours auparavant, Jappa (Japhia), près de Nazareth, qui devait inquiéter les derrières de l'ennemi, était tombée en son pouvoir.

Josèphe était venu à Jotapata avant le siège de la ville, et avait, au début, dirigé la résistance. Bientôt, la jugeant inutile, il songea à quitter la place, mais les habitants l'en empêchèrent. Lorsqu'elle tomba au pouvoir de l'ennemi, il se cacha dans une citerne où s'étaient déjà réfugiés quarante guerriers judéens. Cependant leur retraite fut révélée aux Romains, qui sommèrent Josèphe de se rendre. Celui-ci, écartant toute hésitation, était prêt à sortir et à se rendre aux Romains, sur l'assurance que lui avait donnée son ami Nicanor d'avoir la vie sauve ; mais ses compagnons lui mirent l'épée sur la gorge et menacèrent de le tuer s'il déshonorait le judaïsme par une telle lâcheté. Forcé de céder au nombre, Josèphe dut se soumettre à la résolution commune de se donner la mort. Les malheureux fugitifs jurèrent d'exécuter leur résolution et, fidèles à leur serment, s'entr'égorgèrent tous. Seul, Josèphe, qui lui aussi avait juré de mourir, manqua de parole aux morts, comme il l'avait fait aux vivants. Resté seul avec le dernier de ses compagnons, il le désarma, moitié de gré, moitié de force, puis il se rendit aux Romains. Vespasien le traita avec beaucoup d'égards et comme s'il n'avait jamais vu en lui un ennemi. Josèphe, à la vérité, fut mis aux fers et placé sous bonne garde, mais seulement pour la montre. En effet, Vespasien lui permit de se choisir une femme parmi les prisonnières, et de porter un riche vêtement ; il le combla de présents et le donna pour compagnon à son fils Titus.

Après la destruction de Japha et de Jotapata, vint le tour de la ville maritime de Joppé. Peu de temps après, Tibériade tomba également au pouvoir des Romains. Les habitants, fatigués et démoralisés par leurs luttes avec Josèphe, ne firent aucune résistance et ouvrirent leurs portes. Ainsi, un an après le soulèvement de Jérusalem, la Galilée, qui s'était levée, toute frémissante de patriotisme, pour défendre sa liberté et la religion des ancêtres, était presque tout entière réduite en cendres, sa population détruite ou captive et plus esclave que jamais. Pour Agrippa, l'on put voir, en cette occurrence, que ce n'était pas uniquement la politique ni la crainte des Romains qui l'avaient armé contre son peuple. Vespasien avait laissé à sa discrétion les prisonniers originaires de ses États. Il pouvait les relâcher ou leur infliger un châtiment : il préféra les vendre comme esclaves.

Trois places fortes restaient encore aux mains des zélateurs de Galilée : Gamala, la forteresse du mont Thabor, et Gischala dans l'extrême nord. Grâce aux efforts de deux chefs de zélateurs, Joseph de Gamala et Charès. Gamala s'était soulevée. En vain le lieutenant du roi Agrippa l'assiégea pendant plusieurs mois ; les zélateurs tinrent bon. Vespasien lui-même marcha alors contre cette ville (24 éloul). La lutte engagée sous les murs de Gamala fut une des plus héroïques de toute cette guerre.

Pendant plusieurs jours, les assiégés défendirent la ville du haut des ouvrages extérieurs, avec un acharnement digne de leur compatriote, Juda le Galiléen. À mesure que les machines romaines arrivaient à la hauteur des remparts, les assiégés se repliaient dans l'intérieur de la ville, à laquelle ils faisaient pour ainsi dire un rempart de leurs corps. Au bout de trois semaines de siège, les machines avaient fait une petite brèche au mur, par où un certain nombre de guerriers romains pénétrèrent dans la place. Les habitants se réfugièrent dans le quartier haut, suivis de près par les Romains, qui s'égarèrent dans les rues étroites et tortueuses et furent assaillis à coups de pierres lancées du haut des toits.

Déconcertés par cette furieuse attaque, les Romains essayèrent de se sauver sur les toits des maisons les plus basses, qui ne purent supporter ce poids et s'écroulèrent en les ensevelissant sous leurs ruines. Les gens de Gamala poursuivirent les fuyards en leur jetant d'énormes quartiers de roche, si bien que la retraite leur devenait presque impossible. Cela se passait pendant la fête des Tentes. Ce fut un beau jour pour Gamala, un jour de victoire, mais d'une victoire chèrement payée. Sous les cadavres des Romains gisaient entassés ceux d'une foule de Judéens, héros dont la perte était irréparable. Charès, un des chefs, était blessé à mort. Le lendemain, l'ennemi attira les Judéens sur une tour qu'il faisait semblant d'attaquer, mais cette tour était minée et elle s'écroula avec un fracas épouvantable, ensevelissant sous ses décombres les braves défenseurs de la ville avec leur dernier chef survivant, Joseph, le fils de la sage-femme. Inutile, dès lors, de songer à une plus longue résistance. Les Romains entrèrent dans la ville et égorgèrent tout ce qui leur tombait entre les mains, environ 4.000 hommes. Près de 5.000 autres se donnèrent eux-mêmes la mort ; et de toute la population de Gamala, il ne survécut que deux jeunes filles.

Dans cet intervalle, la forteresse du mont Thabor (l'Itabyrion) avait été également prise, grâce à un stratagème de Placidus. Cette forteresse était située sur une hauteur abrupte, isolée de toutes parts, et qui s'élève sur la plaine de Jezréel, à près de 1.600 pieds du sol. Cette position la rendait inexpugnable. Mais Placidus, par une fuite simulée, attira au dehors les défenseurs de la forteresse ; puis il fit faire volte-face à sa cavalerie, qui massacra les poursuivants. Ceux qui étaient restés dans la place, jugeant la résistance impossible, s'enfuirent par l'autre côté de la montagne, vers Jérusalem. Les habitants, affaiblis et souffrant du manque d'eau, durent se rendre.

La petite ville de Gischala, où commandait Jean et qui comptait peu de défenseurs, ne pouvait tenir contre les Romains. Lorsque Titus s'en approcha avec des forces considérables et somma la garnison de se rendre, Jean lui demanda un armistice d'un jour, ce jour était précisément celui du sabbat, et il profita de cette trêve pour quitter la ville avec plusieurs milliers d'habitants. Le lendemain, Gischala ouvrit ses portes, et ses murailles furent rasées. Titus envoya un corps à la poursuite de Jean, mais celui-ci, qui avait de l'avance, put gagner Jérusalem. Quant à ceux des fugitifs qu'on put atteindre, ils furent massacrés, sans distinction d'âge ni de sexe. Ce fut l'agonie de la Galilée vaincue. Cependant, les Romains étaient tellement épuisés par ces luttes sanglantes, et leurs rangs s'étaient tellement éclaircis, que Vespasien dut accorder un peu de repos à son armée et remplir les nombreux vides qu'y avait faits la mort.

Chapitre XIX

Destruction de Jérusalem et de l'État judaïque — (67-70)

Jérusalem était le point de ralliement de tous les fugitifs de Galilée. Jean de Gischala y avait amené plusieurs milliers des siens, et il en était venu environ deux mille de Tibériade. La liberté, le patriotisme, l'ambition, la vengeance, le désespoir avaient amené leurs combattants là où le dénouement suprême devait s'accomplir. La description, par les zélateurs galiléens, des luttes héroïques de leurs frères et des massacres exercés par les Romains sur des ennemis faibles et désarmés, fit bouillonner le sang des guerriers de Jérusalem et surexcita leur fiévreuse impatience. Dans ce milieu brûlant de fanatisme, les timides devenaient courageux, les courageux téméraires. Les défenseurs du pays, dont le nombre grossissait chaque jour et dont la plupart avaient déjà donné des preuves d'héroïsme, s'estimaient invincibles. Lorsqu'ils considéraient les puissantes fortifications de la capitale, tout vestige de crainte s'effaçait de l'esprit des zélateurs. Il faudrait que les Romains eussent des ailes, se disaient-ils, pour s'emparer de ces retranchements, de ces tours, de ces murailles défendues par des hommes au cœur d'acier. Si la prise des bicoques de Galilée avait coûté tant de peines et d'efforts aux Romains, qu'aurait donc à craindre la capitale aux fortifications puissantes ? — Ce qui entretenait, d'ailleurs, ces dispositions belliqueuses, c'était la conviction que l'ère de délivrance annoncée par les prophètes était imminente, qu'on verrait incessamment paraître ce Messie, objet d'une si longue attente, qui donnerait au peuple israélite le sceptre de la terre. Sans plus se désoler de la perte de la Galilée et de la mort de tant de braves, on frappait des monnaies avec cette légende : Dans la première année (ou dans la deuxième année) de la délivrance d'Israël, et l'on y inscrivait le nom de Siméon, prince d'Israël. Les zélateurs se croyaient trop bien en sûreté, et cette confiance ne devait pas être moins funeste que la trahison de Josèphe et la perte de la Galilée.

Jamais Jérusalem n'avait été si populeuse, si belle et si forte qu'en ce moment où elle se trouvait sur le penchant de sa ruine : il semblerait que le sort de cette cité dût servir de leçon pour démontrer la vanité de la force matérielle et de l'éclat extérieur. Pris à l'intérieur des murs d'enceinte, le périmètre de Jérusalem mesurait près de 7.000 mètres (33 stades), en y comprenant les faubourgs de Béthanie (Bet-Hiné), et de Bethphagé, où logeaient les pèlerins à l'époque des fêtes. Il n'est pas possible de déterminer exactement le chiffre auquel s'élevait alors la population de Jérusalem. Un document l'évalue à 600.000 âmes, mais il faut y ajouter sans doute la masse de peuple accourue du dehors.

Les zélateurs de Jérusalem, trop confiants dans leurs forces, ne paraissent avoir rien tenté pour enflammer le zèle des provinces, en vue de gagner à leur cause les amis de la paix ou de les réduire à l'impuissance. Les riches et les prudents, qui ne se promettaient aucun avantage de la continuation de la lutte, étaient tout disposés à la soumission ; les jeunes gens et les pauvres entretenaient seuls la fièvre révolutionnaire. Chaque famille, chaque communauté était tiraillée par le désaccord entre les partisans de la paix et ceux de la guerre. Ces derniers, ne trouvant pas d'appui dans les villes ouvertes, s'en allaient à Jérusalem, où ils grossissaient les rangs des zélateurs. Seule, la forteresse de Massada, où commandait Éléazar ben Jaïr, était un foyer actif de la révolution ; Massada était la Jérusalem des sicaires. La bande des sicaires s'était, du reste, renforcée par l'accession de Siméon Bar-Giora. Bar-Giora, qui devait jouer un rôle considérable dans cette guerre, était remarquable par sa force corporelle, et doué d'une audace qui ne se démentit pas jusqu'à la mort. Lors de la déroute de l'armée de Cestius, il était au premier rang de ceux qui talonnant les fuyards. Ensuite, il rassembla une bande avec laquelle il mena une vie de rapine aux environs de la mer Morte, dans la contrée qu'on appelait l'Acrabattine. Les habitants de ce canton étant allés se plaindre à

Jérusalem de ses déprédations, le parti des zélateurs modérés envoya une troupe contre lui et le força de se réfugier à Massada. De là, il organisa, avec les sicaires, des expéditions en Idumée, pour procurer des vivres à la garnison. Les Iduméens, exaspérés de ces incursions, se mirent sur la défensive, et bientôt il se forma un corps franc iduméen fort de 20.000 hommes. Les bandes iduméennes ne le cédaient aux sicaires ni en patriotisme ni en férocité.

Dans ce flot de patriotes ardents qui se déversait journellement sur Jérusalem, l'irritation et la violence ne tardèrent pas à se faire jour. La trahison de Josèphe et sa désertion à l'ennemi furent, jusqu'à un certain point, la cause déterminante de cette explosion. Tant qu'on avait cru, à Jérusalem, que Josèphe s'était enseveli sous les ruines de Jotapata, on y avait honoré sa mémoire par un deuil sincère ; mais lorsqu'on sut qu'il était dans le camp romain, entouré de tous les égards possibles par les généraux ennemis, la pitié sympathique se changea en une haine violente. La méfiance et le soupçon entrèrent dans l'âme des ultra-zélateurs, et quiconque n'était pas pour les mesures extrêmes ne fut plus à leurs yeux qu'un traître. Éléazar ben Siméon, homme aussi habile que résolu, alors chef des zélateurs, éprouvait un vif ressentiment contre le Sanhédrin, qui l'avait condamné à l'inaction, lui le patriote ardent et intrépide. Qui donc siégeait au Sanhédrin ? C'était l'ami, l'âme damnée de Josèphe, Josué ben Gamala, qui n'avait rien fait pour révoquer le gouverneur de la Galilée, alors que sa félonie n'était plus douteuse ! Qui était préposé à la garde du trésor ? Antipas, un Hérodien, un proche parent d'Agrippa ! Sénat et Hérodiens n'ouvriront-ils pas les portes à deux battants quand les Romains approcheront de la ville ? Telle était la pensée des zélateurs, qui se crurent assez forts pour arracher le pouvoir aux modérés ou aux amis secrets des Romains, et pour continuer la guerre à outrance.

La tension, de jour en jour croissante, entre les zélateurs de Jérusalem et le parti modéré du Sanhédrin, produisit un régime de terreur, conséquence inévitable d'une lutte suprême et sans merci, où le fanatisme politique et religieux se double toujours de soupçon. Les zélateurs frappèrent un coup qui provoqua une scission sanglante. Ils arrêtèrent tous ceux que leur parenté avec la maison royale ou leurs sentiments douteux faisaient suspecter de conspiration secrète contre la ferté. Ils publièrent ensuite qu'ils n'avaient ainsi écarté que des traîtres et des ennemis de la liberté, qui n'avaient d'autre pensée que de livrer Jérusalem aux ennemis. Les zélateurs ne s'en tinrent pas là. Leur haine contre les familles sacerdotales qui avaient servi autrefois d'instruments aux Romains contre la liberté, les poussa à leur ravir cette dignité qu'elles avaient déshonorée. Ils convoquèrent la division sacerdotale nommée Jakhin, et lui firent choisir un grand prêtre dans son sein par voie de tirage. Le sort désigna un prêtre jusqu'alors inconnu, Pinehas, fils de Samuel, de la petite ville d'Aphta. Les uns disaient que c'était un simple tailleur de pierres ; d'autres, un homme des champs. Pinehas fut reçu solennellement par les fonctionnaires du temple, qui avaient été le chercher à la campagne. Il entra dans la ville, paré des insignes pontificaux, et comme il était pauvre, les gens riches lui fournirent de quoi tenir dignement son rang. Matthia ben Théophilos, qui avait été élu par Agrippa, fut déposé de ses fonctions. Cette mesure exaspéra le parti du Sanhédrin, dont plusieurs chefs étaient de famille pontificale ; ils considéraient cette élection comme une profanation de la dignité la plus sainte, comme une souillure faite au sanctuaire. Anan, à qui sa hardiesse et sa fortune donnaient dans le Sanhédrin une influence prépondérante, et qui, par son éloquence, savait gagner ses adversaires ou les annihiler, excita la partie modérée de la population de Jérusalem à venger l'insulte faite au sacerdoce et à combattre à main armée les zélateurs.

Anan fomenta ainsi la guerre civile. Sous sa conduite, nombre de Jérusalémites entreprirent une lutte contre les zélateurs, lutte qui fut le signal des dissensions intestines. Les modérés, supérieurs en nombre, chassèrent successivement leurs adversaires de toutes les parties de la ville vers la colline du temple et les forcèrent de se retrancher derrière la deuxième enceinte. Sur ces entrefaites, le bruit se répandit à Jérusalem qu'Anan et ses partisans songeaient à appeler les Romains. Cette nouvelle détermina les zélateurs galiléens, commandés par Jean de Gischala, à secourir au plus tôt leurs amis assiégés dans le temple. Ils convinrent avec eux d'inviter, par lettres, les Iduméens à venir en aide à la ville, menacée de toutes parts et livrée aux mains des traîtres. Heureux de cette occasion de satisfaire leurs goûts belliqueux, vingt mille Iduméens accoururent devant Jérusalem, sous la conduite de leurs quatre chefs, Jean, Siméon, Pinehas et Jacob. Mais Anan, averti de leur arrivée, fit fermer les portes et doubler les gardes.

La nuit suivante fut une nuit d'horreur et d'angoisse pour le parti d'Anan. Les éléments se déchaînèrent avec furie, le bruit de la tempête se mêlait au fracas du tonnerre et toute la nature semblait bouleversée. Les Iduméens, plus aguerris à ces scènes, ne bougèrent pas ; mais nombre de gardiens de la ville quittèrent leurs postes pour chercher un abri dans les maisons. Anan lui-même se relâcha cette fois de son infatigable surveillance. Quelques zélateurs purent s'approcher de la ville, à la faveur de l'obscurité, et scier les verrous de fer d'une porte mal gardée ; le grincement de la scie était couvert par le bruit du tonnerre et par les mugissements du vent. La ville était dès lors ouverte aux Iduméens. Ils attaquèrent par un côté, tandis que les zélateurs, tombant à l'improviste sur les gardes et les mettant en fuite, pénétraient par l'autre. Les habitants furent appelés aux armes et une lutte affreuse s'engagea, où le combat des hommes semblait rivaliser avec celui des éléments. Bientôt les modérés, à bout de courage, posèrent les armes, et les Iduméens se répandirent dans la ville, ivres de fureur, massacrant tous ceux qu'ils savaient contraires à leurs idées. Le soleil, en se levant, éclaira un champ de carnage. Plus de 8.000 morts, dit-on, jonchaient les rues de la ville (adar, février- mars 68). Les zélateurs étaient victorieux. Le lendemain, le tribunal de terreur inaugura sa sanguinaire juridiction. Tous ceux qui étaient soupçonnés de conspiration ou qui avaient pris part à la lutte furent recherchés et exécutés, probablement après interrogatoire. Anan et Josué ben Gamala furent les premières victimes. L'exaspération était si violente contre ces deux grands prêtres, d'ailleurs assez peu intéressants, que leurs cadavres restèrent sans sépulture et servirent de pâture aux chiens.

La mort de ces deux membres du Sanhédrin et de quelques-uns de leurs partisans marqua la dernière heure de ce Conseil, institué au début de la révolution. Il paraîtrait que les zélateurs en composèrent un autre, également de soixante-dix membres, et où les éléments pontifical et aristocratique étaient remplacés par l'élément populaire. On ignore quel fut le sort de l'ancien président, Siméon ben Gamaliel.

Les zélateurs continuèrent à régner par la terreur. Tous ceux qui avaient pris les armes contre eux furent condamnés à périr ; tels furent, entre autres, un personnage considérable du nom de Gorion et le héros de la Pérée, Niger, qui avait sans doute appuyé le parti aristocratique du Sanhédrin. Nouvel exemple de cette triste vérité, que toute révolution dévore ses propres auteurs ! Niger était de ceux qui avaient, dès le principe, consacré toutes leurs forces à l'insurrection. Aussi sa mort est-elle une tache sur la mémoire des zélateurs.

Pour couper court à l'anarchie qui régna après la chute du Sanhédrin, Jean de Gischala s'érigea en chef, fort de l'appui des fugitifs de Galilée, très nombreux à Jérusalem. Grâce à son caractère énergique, il attira autour de lui des patriotes ardents, jeunes gens et hommes faits, qui lui furent non moins dévoués que ses Galiléens. Égal en courage aux autres chefs du peuple, Jean avait de plus qu'eux la sûreté du coup d'œil et une intelligence féconde en ressources : il était né pour commander. Cette supériorité ne pouvait manquer d'exciter la jalousie de ses rivaux, qui redoutaient de le voir s'arroger la dictature et faire, lui étranger, la loi aux indigènes. Cependant, au début, les zélateurs galiléens, ou les Johannistes, marchèrent d'accord avec ceux de Jérusalem et sévirent avec une rigueur égale contre la trahison et contre la tiédeur.

De leur côté, les Romains se tenaient tranquilles. Le prudent Vespasien n'avait garde d'attaquer les lions dans leur antre. Malgré les instances des transfuges, qui le pressaient de livrer assaut à la ville et lui promettaient une facile victoire, il préférait attendre que la guerre civile eût affaibli les combattants. Pendant tout l'hiver (67-68), il laissa ses troupes inactives dans leurs cantonnements ; ce ne fut qu'aux premiers jours du printemps qu'il les mena à la bataille, non contre Jérusalem, mais dans la Pérée et d'autres cantons de la Palestine. Des milliers de victimes, guerriers ou créatures sans défense, furent les trophées de cette expédition.

Après ce fait d'armes, Vespasien se retira à Césarée et, pendant près de deux années, n'inquiéta point Jérusalem. D'où venait cette inaction, après la fougue des premières attaques ? De deux nouvelles qui lui étaient parvenues : la guerre civile qui avait recommencé à Jérusalem, puis la mort de Néron, suivie de l'élection d'un nouvel empereur par les légions d'Espagne et des Gaules.

La guerre civile avait été rallumée à Jérusalem par l'indomptable Siméon Bar-Giora. À Massada, où il avait été accueilli par les sicaires, il ne put se tenir en repos : il était ambitieux et impatient d'agir. Après la mort d'Anan, son ennemi, il quitta cette forteresse et, pour créer une troupe, il appela à lui des esclaves à qui il promettait la liberté, et arec eux des déclassés de toute sorte. Le rêve de Bar-Giora, c'était d'entrer dans Jérusalem et d'y commander en maître. Les zélateurs de la capitale craignaient sa présence et songeaient à l'écarter. Toutefois ils n'osaient engager une attaque directe, ayant eu le dessous dans une rencontre avec ses bandes. Un jour, ils se mirent en embuscade sur son passage, et ayant fait prisonniers sa femme et une partie de ses gens, ils crurent l'avoir à leur merci. Mais Bar-Giora n'était pas homme à plier : au lieu d'implorer les zélateurs pour se faire rendre sa femme, il assouvit sa fureur en se jetant sur des Jérusalémites qui étaient sortis de la ville pour chercher du bois ou des vivres. Effrayés de cet acte de cruauté, les Jérusalémites se hâtèrent de relâcher la femme de Bar-Giora, ce qui apaisa quelque peu sa colère, mais n'ébranla nullement sa résolution de jouer un rôle prépondérant à Jérusalem. Nuit et jour, Bar-Giora resta aux aguets devant les portes pour trouver moyen d'entrer dans la ville. Ce fut le parti aristocratique qui lui en fournit l'occasion.

Ce parti avait survécu à la défaite de ses chefs ; pendant quelque temps il avait fait le mort, tout en manœuvrant sourdement pour enlever le pouvoir aux zélateurs. Il avait à sa tête le grand prêtre Matthia, fils de Boéthos, et d'autres membres des familles de grands prêtres. Ceux-ci surent gagner à leurs idées une partie du peuple, qu'effrayait la guerre imminente ; ils se liguèrent aussi avec les Iduméens de Jérusalem, gens intrépides et résolus. Tout à coup, d'après un plan concerté à l'avance, le parti asti-zélote et les Iduméens se jetèrent sur les zélateurs et les Johannistes, déconcertés par cette brusque attaque, et en tuèrent un grand nombre. Cependant les zélateurs dispersés dans la ville se remirent bientôt de leur surprise, coururent aux armes et se réunirent sur la colline du temple, où ils se préparèrent à faire payer à leurs adversaires ce sanglant coup demain. Surpris à leur tour, ceux-ci tinrent conseil et décidèrent d'appeler Siméon Bar-Giora et de le lancer avec ses bandes contre les zélateurs. Le ci-devant grand prêtre Matthia se rendit auprès de lui et l'invita à entrer à Jérusalem.

Avec l'arrivée de Bar-Giora (nissan, avril 68), la guerre civile se déchaîna dans toute son horreur. Bar-Giora se rendit, avec sa troupe et les Iduméens qui s'étaient joints à lui, sur la place du temple, où les zélateurs s'étaient retirés. Ceux-ci pouvaient, du haut des terrasses et des murailles où ils étaient postés, lancer à leurs agresseurs des pierres et autres projectiles et les forcer même à la retraite. Malgré sa bouillante ardeur, Bar-Giora dut se retirer avec ses hommes et chercher, sur des points moins exposés, une position plus avantageuse.

Ces luttes intestines, dénoncées à Vespasien et même exagérées par des transfuges, le décidèrent plus que jamais à rester à l'écart, dans l'espoir que le parti vaincu rappellerait, lui ouvrirait les portes et lui procurerait ainsi une victoire facile. D'ailleurs, en présence des graves événements qui s'étaient produits en Italie et dans les provinces romaines, théâtre de luttes meurtrières, Vespasien n'avait garde d'entreprendre un siège nécessairement long et difficile : il voulait avoir ses coudées franches pour intervenir dans la révolution. Néron était mort, aussi honteusement qu'il avait vécu (9 juin 68). Galba avait été proclamé empereur et avait pris les rênes du gouvernement d'une main sénile et tremblante. Âgé et sans enfants, il dut songer au choix d'un successeur. Dans ce moment critique, où chaque jour pouvait amené une phase inattendue, Vespasien jugeait peu prudent de commencer le siège de Jérusalem. Il préféra adopter une attitude expectante et envoya son fils Titus avec le roi Agrippa à Rome, pour saluer le nouvel empereur et peut-être — ajoutait-on tout bas — pour le décider à l'adopter. Mais Titus, ayant appris à Corinthe que Galba venait d'être assassiné (5 janvier 69) et deux césars élu en même temps. Othon à Rome et Vitellius en Germanie, retourne vers son père le cœur gonflé d'espérance. Un autre aimant, du reste, l'attirait en Judée, à savoir, les charmes de la princesse Bérénice, qui, tout en observant strictement les pratiques du judaïsme, entretenait un commerce amoureux avec le païen Titus. Bientôt on apprit qu'Othon, obligé de lutter contre son rival germanique, avait à peine conservé cent jours le pouvoir impérial. Ainsi se montrait à nu le point vulnérable de ce puissant colosse romain : on savait désormais que le césar pouvait être choisi, non seulement à Rome par la garde prétorienne, mais par les légions dans les provinces. L'armée de Vitellius avait vaincu celle d'Othon

Or, tandis que l'issue de la lutte entre Othon et Vitellius était encore douteuse, Vespasien caressait déjà la pensée de revêtir lui-même la pourpre impériale ; mais il hésitait à agir et avait besoin d'une impulsion. Il craignait surtout son rival Mucien, gouverneur de Syrie, avec lequel il était en mésintelligence et qui avait sous ses ordres un plus grand nombre de légions. Mais Titus qui ne cachait nullement ses vues ambitieuses, sut gagner Mucien à la cause de son père ; bien mieux, il l'amena à presser lui-même Vespasien de se faire proclamer empereur. Mais il était indispensable d'intéresser à cette cause un autre et puissant allié Tibère Alexandre, le fils de l'arabarque, gouverneur de l'importante province d'Égypte. C'est la main d'une femme qui se chargea d'ajouter cette maille au filet où il s'agissait de prendre ce beau gibier, — Rome. La princesse Bérénice était amie du gouverneur de l'Égypte ; en travaillant à l'élection de Vespasien, elle poursuivait un intérêt de cœur. De fait, l'amour que lui portait Titus était trop manifeste pour qu'on doutât dans son entourage de la voir devenir la femme du fils de Vespasien. Ne devait-elle pas employer pour faciliter ce résultat tous les moyens que lui fournissaient sa beauté et son astuce féminine ? Le grand point était de gagner Tibère, et à cet égard sa réussite fut complète. Le gouverneur d'Égypte se hâta de faire jurer par ses légions fidélité à l'empereur Vespasien (1er juillet 69). Cet acte fut décisif pour la future dynastie. Quelques jours plus tard les légions de Judée, plus tard encore celles de Syrie, rendaient à leur tour hommage à Vespasien. Lorsque celui-ci se vit revêtu de la dignité impériale, la Judée n'entra plus guère dans ses préoccupations. Vespasien et son fils se rendirent en Égypte, et y restèrent jusqu'au moment où ils apprirent la mort ignominieuse de Vitellius (21 ou 22 décembre 69).

Mais que devenait Jérusalem pendant les deux ans de repos que Vespasien lui avait laissés ? Indépendamment des modérés, il y avait à l'origine quatre partis dans cette ville. Les zélateurs de Jérusalem, qui obéissaient à Éléazar ben Siméon, ne comptaient pas plus de 2.400 membres. Ceux de Galilée, commandés par Jean, se montaient à 6.000. Le parti de Siméon, réuni aux sicaires, allait à 10.000. Les Iduméens, sous la conduite de Jacob ben Sosa et de Siméon ben Kathla, comptaient 5.000 hommes. Il y avait donc 24.000 guerriers résolus, dont le courage allait jusqu'à la témérité ; quels prodiges n'auraient-ils pas accomplis sur les champs de bataille, s'ils eussent agi avec ensemble ? Mais chaque parti voulait prédominer, et cela non seulement par ambition, mais parce qu'il s'exagérait sa propre force. Aucun des chefs ne possédait la vertu de la subordination. Les gens d'Éléazar prétendaient au premier rang, parce qu'ils étaient les indigènes et qu'ils avaient donné le branle. Jean se sentait supérieur aux autres chefs par son habileté et son génie inventif. Siméon en voulait aux zélateurs, qui avaient osé mettre obstacle à ses déprédations. Ces mille tiraillements permirent à l'ennemi de saccager toute la Judée, jusqu'aux environs de Jérusalem. En effet, aucun parti n'osait faire une sortie contre les Romains, non par pusillanimité, mais pour ne pas laisser ses adversaires seuls maîtres de la capitale. Pendant toutes ces luttes, des bâtiments et des quartiers entiers de la ville éprouvèrent des dommages, et, ce qui était plus grave, des greniers, largement approvisionnés pour plusieurs années, furent détruits par le feu.

Enfin, Titus arriva devant Jérusalem (mars 79). Le fils de Vespasien, l'héritier présomptif du trône impérial, considérait comme une nécessité impérieuse de soumettre à tout prix Jérusalem. N'était-ce pas déjà assez de honte pour les Romains que la ville rebelle eût pu se maintenir pendant quatre années ? L'honneur de la nouvelle dynastie était attaché à la chute de Jérusalem. Si la cité judaïque continuait à résister, la réputation militaire de Vespasien et de son fils était gravement compromise.

Quelque pressé toutefois qu'il fût de consommer la soumission de la Judée, Titus ne pouvait pourtant terminer avant le printemps les préparatifs du siège. Il rassembla une armée de plus de 80.000 hommes, et réunit une quantité d'engins de siège inusitée jusqu'alors. Trois traîtres judéens aidaient Titus dans cette difficile besogne : le roi Agrippa, qui lui fournit des troupes et qui, par ses discours, jeta l'hésitation parmi les habitants de Jérusalem ; Tibère Alexandre, qui combattait son peuple après avoir déserté sa foi, ajoutant la défection politique à la défection religieuse ; enfin, Josèphe, qui accompagnait partout Titus et qui, prisonnier des Romains, était maintenant leur guide dans sa propre patrie ! Tibère Alexandre, déjà cause une première fois du massacre de ses coreligionnaires, allait continuer son œuvre dans la Judée. Titus, trop peu expérimenté à la guerre, avait besoin de l'assistance de l'apostat judaïte : il nomma Tibère Alexandre général en chef de sa garde (præfectu prætario).

À Jérusalem, l'approche du danger avait provoqué une certaine entente entre les partis. Quelque temps avant la tête de Pâque, lorsque Jérusalem était encore ouverte, nombre de groupes étaient accourus de la Judée et de l'étranger pour défendre la cité sainte. Ses chefs avaient envoyé des messagers auprès de leurs coreligionnaires des pays de l'Euphrate pour leur demander des renforts, et leur prière avait été accueillie. On fortifia davantage encore les murs de Jérusalem et on les mit en état de résister aux puissantes attaques des machines de siège.

Enfin, Titus concentra son armée entière, et vint camper près de Skopos (Tsophim, à 1.300 mètres au nord de Jérusalem). Avant de commencer le siège, il invita les habitants à lui ouvrir de bonne grâce leurs portes : il ne demandait que la soumission à l'autorité de Rome et le payement des impôts, comme avant l'insurrection. beur raisons dictaient cette modération à Titus. Il avait hâte de revenir à Rome, où l'appelaient des jouissances de toute sorte, des satisfactions d'orgueil et d'ambition. Ensuite, toujours épris de la princesse juive, à qui, malgré ses fautes, la sainte ville était restée chère, il lui répugnait de livrer Jérusalem à la destruction. Mais ses vaillants défenseurs rejetèrent toutes les propositions des émissaires de Titus. Ils avaient juré de défendre la ville au péril de leur vie et ne voulaient point entendre parler de soumission. Les Romains s'apprêtèrent donc sérieusement à l'attaque.

Tous les jardins et les plantations d'arbres au nord et à l'ouest de Jérusalem, désignés comme points de départ des opérations, furent saccagés sans pitié. Titus s'approcha, avec quelques éclaireurs, du rempart du nord pour reconnaître le terrain. Tout à coup, les Judéens s'élancèrent par une des portes, séparèrent Titus de ses compagnons et l'eussent indubitablement fait prisonnier, si la crainte de devenir la risée des Judéens n'eût doublé ses forces et si son escorte n'eût fait des efforts surhumains pour le dégager. Ce premier fait d'armes encouragea les Jérusalémites comme un heureux augure. Le lendemain, tandis que la Xe légion était occupée à dresser le camp sur le mont des Oliviers, elle fut surprise par des Judéens, et sa frayeur fut si grande qu'elle s'enfuit, laissant l'ouvrage interrompu. Toutefois, ces escarmouches, faits partiels et isolés, restaient stériles ; les Judéens se voyaient obligés, chaque fois, de rentrer dans la forteresse. Mais leurs sorties audacieuses montrèrent du moins aux Romains quelle lutte laborieuse ils auraient à soutenir.

Ils réussirent enfin à établir leur camp sur trois points et à dresser les machines contre le mur extérieur. Les travaux du siège commencèrent juste avec la fête de Pâque (mars ou avril 70), Titus s'imaginant sans doute que les Judéens, par scrupule religieux, n'oseraient les entraver. Mais à peine les Romains avaient-ils dressé leurs machines, que les Judéens se précipitèrent comme des démons hors de la ville, les détruisirent, dispersèrent les travailleurs et, après avoir jeté parmi eux l'épouvante et le désarroi, se retirèrent de nouveau derrière les murailles. Ce n'étaient pas seulement les zélateurs, mais tous ceux qui pouvaient tenir une arme, qui prenaient part aux combats ; des femmes même montrèrent, à l'égal des hommes, une étonnante insouciance de la mort. Les assiégés lançaient sur les assaillants des quartiers de roc ou répandaient sur leur tête de l'huile bouillante ; peu à peu ils apprirent à manier les lourdes machines de guerre et tournèrent contre les assaillants celles dont ils purent s'emparer. Cependant les Romains réparaient leurs pertes à mesure, si bien qu'au bout de quinze jours les assiégés furent contraints d'abandonner le mur extérieur (7 iyar, mai). Alors commença une lutte acharnée pour la possession de la seconde enceinte, que les assiégés avaient construite derrière la première. Il fallut plusieurs jours aux Romains pour s'en rendre maîtres, ainsi que du faubourg de Bézétha.

Cet exploit pourtant était loin de terminer la lutte, qui chaque jour, au contraire, reprit avec une nouvelle fureur. Les Romains ayant, après dix-sept jours de travail, élevé quatre terrasses contre la tour Antonia et la seconde enceinte, Jean y pénétra avec sa troupe par un conduit souterrain et mit le feu aux ouvrages. Deux jours après, trois hommes du parti de Bar-Giora, Tephtaï, Mégassar et Haghira d'Adiabène, incendièrent les autres ouvrages, nonobstant la grêle de projectiles qui tombait sur eux. Plus le danger devenait menaçant, plus grandissait le courage des assiégés. Josèphe, docile instrument de Titus, déploya son éloquence en pure perte contre cette implacable résolution. Du reste, les assiégés n'avaient plus d'autre alternative que la victoire ou la mort : ils le savaient bien, et, dès le début du siège, ils avaient vu ce qu'ils pouvaient attendre de Titus, de celui qu'on a surnommé les délices du genre humain. Les prisonniers, même volontaires, Titus les fit mettre en croix, parfois cinq cents en un jour, afin de montrer aux défenseurs obstinés de leur patrie quel sort les attendait. Quelquefois, il les renvoyait dans Jérusalem, après leur avoir fait couper les mains.

Titus dut renoncer à l'espoir de terminer rapidement la guerre et se préparer à un siège de longue durée. Mais il allait avoir une alliée puissante, la famine. Pour fermer aux assiégés les issues secrètes de la ville, il la fit entourer d'un mur de circonvallation d'environ sept kilomètres d'étendue. Par suite de l'exubérance de la population, les vivres devinrent de jour en jour plus rares. La famine atteignit d'abord les classes pauvres, dont les faibles provisions furent bientôt épuisées. Elle fit taire toute pitié et étouffa les sentiments les plus sacrés de la famille. Les maisons et les rues se remplirent de cadavres. Les survivants erraient à travers les rues, le ventre ballonné, semblables à des fantômes. Plusieurs, poussés par la crainte d'une mort affreuse, passèrent à l'ennemi ; mais là, un autre genre de supplice les attendait.

Les Romains ne tardèrent pas à remarquer que les transfuges avaient avalé des pièces d'or, afin de subvenir à leurs besoins dans les dures épreuves de la captivité. Alors ces cannibales leur ouvrirent le ventre pour y chercher l'or caché. — Les zélateurs, voyant les désertions se multiplier, redoublèrent de sévérité contre ceux qui leur étaient suspects : ils voulaient que chacun se dévouât tout entier à la patrie et ne craignit pas de regarder la mort en face. Quelques lieutenants de Bar-Giora avaient comploté de passer à l'ennemi ; le farouche commandant, les ayant découverts, les châtia sans miséricorde. Matthia Boéthos, qui avait, en compagnie d'antres membres de la noblesse sacerdotale, appelé Bar-Giora à Jérusalem, subit la peine de sa félonie : sur l'ordre de Bar-Giora lui-même, il fut, avec trois de ses fils, décapité à la vue des Romains, et, en même temps qu'eux, furent exécutés deux autres membres de l'aristocratie et quinze hommes du peuple.

Néanmoins, malgré toute leur vigilance, les zélateurs ne pouvaient éventer toutes les ruses qu'imaginaient les traîtres. Les amis secrets que Rome avait dans la ville glissaient des billets dans les flèches qu'ils lançaient dans le camp romain, et, par ce moyen, instruisaient l'ennemi de tout ce qui se passait dans la ville. Mais les zélateurs de toute nuance, malgré la famine, malgré la trahison, ne cessèrent d'inquiéter les travaux des Romains, qui ne réussirent qu'après vingt et un jours et au prix de luttes opiniâtres à dresser une nouvelle terrasse contre l'Antonia. Une sortie de Jean, qui voulait mettre le feu à cet ouvrage, échoua, et bientôt, sous les coups répétés des béliers romains, les murs de la forteresse s'écroulèrent (1er tammouz, juin). Mais quelle fit la consternation des Romains lorsqu'ils virent, derrière elle, se dresser une nouvelle muraille ! Après en avoir inutilement tenté l'assaut, ils cherchèrent à surprendre la ville pendant la nui mais ils furent repoussés, après une lutte qui dura jusqu'à lendemain matin. Toutefois la forteresse Antonia resta en leur pouvoir, et Titus la fit raser. C'est à ce moment (17 tammouz) que le sacrifice quotidien cessa, faute de victimes. — Titus invita de nouveau le peuple à lui ouvrir les portes de la ville, promettais solennellement d'épargner le temple ; mais le choix du parlementaire, qui n'était autre que l'exécré Josèphe, ne pouvait qu'ajouter l'irritation des assiégés.

Jean répondit à cette proposition que la cité de Dieu ne pouvait périr et que l'avenir appartenait à Dieu.

Après la chute de l'Antonia, les assiégés se bornèrent à la défense du temple. Une troupe romaine, qui essaya de recommencer nuitamment la lutte, fut repoussée par ces braves entre les braves, Juda ben Merton, Siméon ben Josias, Jacob et Siméon ben Kathla, Jacob ben Sosa, Gyphtaï, Alexas et Siméon ben Jaïr. Alors les Romains dressèrent leurs machines contre le mur du temple et les Judéens furent forcés d'abattre les portiques qui reliaient auparavant le temple à la tour Antonia. Pour lasser les Romains, ils employèrent toutes les ruses imaginables : ainsi ils mirent le feu à quelques galeries du temple et firent mine de prendre la fuite. Les Romains escaladèrent alors les murs de l'Hiéron et il en périt un grand nombre, soit par le glaive, soit par le feu. Mais l'incendie envahit tout le côté ouest, et les belles colonnade devinrent la proie des flammes (21-28 tammouz).

Cependant la famine sévissait de plus en plus parmi la population de Jérusalem, épuisant toute force et toute sève, frappait indistinctement riches et pauvres et déchaînant les passions les plus vives. L'argent n'avait plus de valeur, car il était incapable de procurer un morceau de pain. On se battait pour la possession d'un peu de paille, d'un morceau de cuir, de choses plus sordide encore.

On vit la riche Martha, femme du grand prêtre Josué ben Gamala, qui, dit-on, faisait étendre des tapis pour aller de sa demeure au temple, ramasser dans les rues une ignoble nourriture pour tromper sa faim dévorante. Pour que rien ne manquât à la réalisation de la sombre peinture tracée d'avance par le grand prophète, une scène se produisit qui remplit d'horreur les ennemis eux-mêmes. Une femme nommée Miryam, qui s'était réfugiée de la Pérée à Jérusalem, tua son propre enfant et en mangea la chair. Les cadavres amoncelés dans la ville, se décomposant rapidement dans cette chaude saison, répandaient une odeur fétide et engendrèrent la peste, nouveau fléau qui rivalisa avec la famine et l'ennemi pour décimer la population. Mais les Judéens supportèrent tous ces maux avec un courage indomptable ; l'estomac vide, entourés de ces spectacles de mort, ils allaient au combat avec la même ardeur qu'au premier jour du siège. Les Romains eux-mêmes étaient surpris de la constance héroïque des zélateurs, de leur dévouement inébranlable au sanctuaire et à la cause de leur peuple. Voyant ces guerriers, malgré les tortures de la faim, poursuivre la lutte avec un entrain toujours renaissant, ils considéraient les Judéens comme des êtres invincibles, doués d'une force d'âme à toute épreuve. Quelques-uns même d'entre eux allèrent jusqu'à déserter leurs drapeaux et abjurer leur foi pour embrasser le judaïsme. Eux aussi étaient convaincus que la cité sainte ne pouvait tomber au pouvoir de ses ennemis. Cette conversion spontanée et sincère de quelques Romains, en un moment si critique, remplit les Jérusalémites d'admiration ; et exténués eux- mêmes par la famine, ils eurent soin de pourvoir à l'entretien de ces néophytes.

Cependant les Romains avaient dressé leurs machines de siège contre les ouvrages extérieurs du temple, et, six jours durant (du 2 au 8 ab), ils battirent en brèche les murailles, sans pouvoir les ébranler. Alors Titus, renonçant désormais à épargner le temple, fit mettre le feu aux portes de l'enceinte extérieure ; l'incendie dura tout un jour et la nuit suivante. Ensuite Titus ordonna de l'éteindre et de rendre la voie libre pour l'attaque des légions. En même temps, il assembla un conseil de guerre pour délibérer sur le sort du sanctuaire. Ce conseil était composé des six principaux commandants : Tibère Alexandre, le commandant en chef ; Sextus Céréalis, que ses exploits en Judée avaient fait élever au commandement de la Ve légion ; Larcius Lepidus, chef de la Xe ; Tittius Frugi, chef de la XVe ; Haternus Fronto, qui avait sous ses ordres une partie de la IIIe ; enfin Marc Antoine Julien, procurateur de la Judée, plus quelques tribuns et autres officiers. Quelques-uns émirent l'avis qu'il fallait détruire ce temple, foyer de révoltes incessantes. Titus, au contraire, se prononça nettement pour la conservation de l'édifice : c'était la princesse Bérénice qui parlait par sa bouche. Alexandre, Céréalis et Fronto ayant opiné dans le même sens, il fut décidé qu'on s'emparerait du temple, mais sans le détruire.

Le lendemain (9 ab), les Judéens firent une nouvelle sortie ; mais, accablés par le nombre, ils durent battre en retraite. Enfin sonna l'heure suprême de la chute, cette heure qui a laissé dans la mémoire de la nation judaïque un éternel souvenir de deuil. Le 10 ab (août), les assiégés tentèrent une nouvelle sortie contre les Romains, mais ils furent repoussés et poursuivis. Dans le désordre de cette poursuite, un Romain saisit un tison enflammé et, se hissant sur l'épaule d'un de ses compagnons, le lança par la fenêtre dorée dans l'intérieur du temple. Le bois des galeries prit feu ; l'incendie se propagea rapidement et envoya bientôt vers le ciel ses jets enflammés. À cette vue, les plus résolus reculèrent découragés. Titus accourut avec ses soldats : toute résistance avait cessé. Il ordonna aussitôt d'éteindre le feu, mais sa voix ne fut pas écoutée. Les soldats romains se précipitèrent avec furie à l'intérieur du temple, pillant et incendiant, et massacrant tous ceux qui ne s'étaient pas enfuis. Titus lui-même, poussé par la curiosité, pénétra dans le Saint des Saints et le contempla avec admiration, jusqu'à ce que la fumée le forçât de s'éloigner. Une légende hostile va jusqu'à l'accuser d'avoir, à cette heure même, en plein sanctuaire, sur un rouleau de la Thora, caressé sa maîtresse !

Bientôt les guerriers judaïtes reprirent l'offensive, et une dernière lutte s'engagea sur le théâtre même de l'incendie. Les cris de victoire des Romains, les gémissements des Judéens témoins de cette dévastation, le sifflement des flammes faisaient trembler le sol et agitaient les airs ; l'écho portait aux montagnes le contrecoup de la chute du temple, et les flammes qui rougissaient le ciel apprenaient aux Judéens d'alentour que tout espoir était perdu.

Un grand nombre de patriotes se précipitèrent dans cet océan de feu, ne voulant pas survivre à la ruine du sanctuaire. D'autres, au nombre de plusieurs milliers, hommes, femmes et enfants, étaient restés sous les portiques du sud, malgré l'approche des ennemis et de l'incendie. Des prophètes en délire leur faisaient espérer un saint miraculeux. En ce moment même où le temple achevait de se consumer, Dieu, à les entendre, allait envoyer un secours inattendu. Mais les Romains arrivèrent comme la foudre et égorgèrent cette crédule multitude.

Le temple brûla tout entier, sauf les fondations et quelques débris du mur occidental, qui s'élevaient au-dessus des ruines comme des spectres géants. Plusieurs prêtres, qui s'étaient réfugiés sur les murs et y avaient tenu plusieurs jours, bravant la faim et la soif, durent enfin se rendre à discrétion ; Titus les fit massacrer. Les prêtres doivent périr avec leur temple, avait dit ce monstre à face humaine. En ordonnant ces cruautés, il prétendait se poser en vengeur du sang répandu par les zélateurs. Les légions victorieuses offrirent, sur l'emplacement du temple, des sacrifices à leurs divinités, y déployèrent leurs étendards et proclamèrent Titus imperator. Par une fatale coïncidence, le second temple périt le même jour qu'avait péri le premier (16 ab, août 70). Après l'incendie du temple, Titus, débarrassé de toute contrainte vis-à-vis de Bérénice, ordonna de mettre le feu aux parties de la ville, l'Acra et l'Ophla, qui étaient au pouvoir des Romains.

Cependant la lutte n'était pas encore terminée. Les chefs de la révolution s'étaient cantonnés dans la ville haute avec les troupes qui leur restaient. Ils entrèrent en pourparlers avec Titus. Jean et Siméon, ayant juré de mourir plutôt que de se rendre, demandèrent à se retirer librement en conservant leurs armes : à cette condition, ils consentaient à abandonner la ville haute. Mais Titus exigea qu'ils se rendissent à discrétion, et cette exigence ralluma la lutte. Le 20 ab, les Romains commencèrent à élever de nouvelles terrasses contre les murs de la ville haute, et ce travail ne fut terminé qu'au bout de dix-huit jours (le 7 éloul, septembre). Cette fois encore les zélateurs tinrent bon. Les Iduméens, qui avaient négocié sous main avec Titus, furent mis à mort ou jetés en prison. Mais les guerriers judéens, épuisés par tant de luttes et par la famine, ne pouvaient plus repousser les assauts. Les Romains purent enfin escalader la muraille ; ils s'emparèrent des tours et se précipitèrent dans la ville haute, où ils massacrèrent tout ce qu'ils rencontraient. Le lendemain (8 éloul), le dernier quartier de la ville, — la ville haute ou Sion, — fut incendié à son tour. Les murs furent entièrement rasés, à l'exception des trois tours Hippicos, Mariamne et Phasaël, que Titus laissa debout comme monuments de sa mémorable victoire. Sous les ruines de Jérusalem et du temple furent ensevelis les derniers vestiges de l'indépendance politique de la

Judée. Ce siège, dit-on, coûta la vie à plus d'un million de victimes. Si l'on y ajoute celles qui étaient tombées dans la Galilée, la Pérée et les villes de l'intérieur, on peut affirmer que la population des Judéens de Palestine était, en majeure partie, anéantie. De nouveau Sion était assise sur des ruines et pleurait ses fils morts, ses vierges traînées en captivité ou jetées en pâture aux appétits immondes d'une soldatesque brutale. Plus malheureuse encore qu'après sa première chute, aucun prophète n'était là pour lui prédire la fin de son veuvage et de ses épreuves.

Chapitre XX

Les suites de la guerre — (70-73)

Qui pourrait décrire les souffrances des malheureux Judéens, tombés au pouvoir des Romains ? Les prisonniers faits pendant cette guerre dépassaient le nombre de 900.000. Ceux qu'on avait pris à Jérusalem, Titus les fit parquer sur l'emplacement du temple, en laissant à un affranchi, et à son ami Fronto plein pouvoir sur eux. Il n'excepta que les princes de la maison d'Adiabène ; mais il les envoya à Rome, chargés de fers, comme des otages devant lui garantir la fidélité du roi d'Adiabène. Tous ceux qui furent reconnus ou dénoncés comme ayant pris part à la lutte furent mis en croix, sur l'ordre de Fronto. Les survivants durent envier leur sort. En effet, 17.000 d'entre eux moururent de faim, tant on leur mesurait la nourriture avec parcimonie. Une partie des prisonniers refusèrent d'accepter des Romains le moindre aliment, aimant mieux périr d'inanition. Parmi ceux qui survivaient, Fronto choisit les plus beaux jeunes gens pour orner le triomphe du général ; de ceux qui étaient âgés de plus de dix-sept ans, une partie fut envoyée en Égypte pour y travailler à perpétuité dans les mines au compte des Romains, comme naguère les prisonniers de Galilée avaient été employés aux divers travaux de l'isthme de Corinthe. La plupart des jeunes gens furent répartis entre les provinces pour jouer leur vie dans les cirques. Les plus jeunes et les femmes furent vendus à l'encan, et, vu leur grand nombre, cédés aux marchands d'esclaves à des prix dérisoires. C'est ainsi que les fils et les filles de Sion furent dispersés dans l'empire romain pour y gémir esclaves. Que de souffrances durent subir ces infortunés.

Une scène, dont le souvenir est parvenu jusqu'à nous, en donnera une idée. Un jeune homme et une jeune fille de noble origine étaient échus en partage à deux maîtres, et comme ils étaient tous deux d'une remarquable beauté, ceux-ci résolurent de les marier ensemble. Un soir, on les réunit dans la même chambre. Là, jeune homme et jeune fille pleurèrent ensemble sur leur triste sort : eux, nobles enfants de Judée, être contraints de s'accoupler comme de vils esclaves ! Lorsque l'obscurité se dissipa, les jeunes gens se reconnurent : ils étaient frère et sœur ! et l'âme pleine à la fois de joie et de tristesse, ils expirèrent dans les bras l'un de l'autre. — Une seule consolation restait aux malheureux captifs, c'était l'espoir d'être vendus à un maître habitant une ville où se trouvât une communauté judaïque. Dans ce cas, en effet, ils pouvaient compter avec certitude qu'ils seraient rachetés à tout prix par leurs coreligionnaires et qu'ils trouveraient auprès d'eux un accueil fraternel.

Vespasien déclara la Judée sa propriété privée et ordonna aux fonctionnaires romains de la vendre par lambeaux au plus offrant enchérisseur. Et de fait, pourquoi non ? N'avait-il pas fécondé cette terre avec du sang ? D'ailleurs cette vente était une bonne affaire, et Vespasien était encore plus amoureux d'argent que d'honneurs. Mais comme le conquérant romain paraît petit à côté du conquérant chaldéen, Nabuchodonosor ! Quant au doux Titus, quelle fut sa conduite lorsque, après avoir fait immoler ou vendre comme esclaves des myriades de créatures humaines, on lui amena enchaînés les plus robustes jeunes gens de la Judée ? Il tint sa cour à Césarée et donna à ses amis des fêtes sanglantes, dans le goût romain. Des bêtes féroces étaient amenées dans un cirque et les prisonniers judéens forcés de se battre avec elles jusqu'à ce que, vaincus, ils fussent mis en pièces. Parfois le spectacle changeait : les prisonniers devaient lutter les uns contre les autres et s'entretuer. C'est ainsi que périrent 2.500 nobles jeunes gens à l'occasion de la fête anniversaire de son frère, l'ignoble Domitien (24 octobre). De là, Titus se rendit à Césarée de Philippe, au pied du mont Hermon, où résidait le roi Agrippa et où il organisa de nouveaux combats de bêtes fauves et de prisonniers. Là encore, de nombreuses victimes expirèrent sous les yeux de Titus et de Bérénice. À Béryte, au jour natal de son père (17 novembre), Titus déploya la plus grande prodigalité, et ce furent encore des Judéens qui rougirent de leur sang le sable de l'arène. Dans toutes les villes de Syrie, Titus procura à la haine païenne le réjouissant spectacle du martyre des Judéens. Telle était la douceur et telle la philanthropie du grand empereur !

Il s'en fallut de peu que tous les Judéens de l'empire romain, surtout ceux de la Syrie, de l'Asie Mineure, d'Alexandrie et de Rome ne subissent le sort de leurs frères palestiniens. À la suite de la guerre judéo-romaine, la population païenne était ulcérée contre les fils de Jacob ; sa haine allait jusqu'à la fureur, et elle ne cachait pas que l'extermination de cette race était le plus ardent de ses vœux. Était-ce l'œuvre du hasard ou de la Providence, toujours est-il que l'image de Bérénice vivait au cœur de Titus et lui inspirait la clémence envers ses coreligionnaires. À cette époque douloureuse de son histoire, la nation trouva en elle une protectrice.

Lorsque Titus approcha d'Antioche, toute la population se porta à sa rencontre et lui demanda, avec force flatteries, d'expulser les Judéens de la ville. Titus répondit que, les Judéens n'ayant plus de patrie, il serait inique de les expulser. Il ne consentit même pas à ravir aux Judéens, comme on le lui demandait, leurs droits civils et à briser les tables d'airain on étaient consignés leurs privilèges. — Les habitants d'Alexandrie, eux aussi, le supplièrent vainement d'enlever aux Judéens de leur ville leur liberté et leurs droits.

L'entrée de Titus à Rome devait être accompagnée des honneurs du triomphe, à l'occasion de sa victoire sur la Judée. À cet effet, on choisit sept cents jeunes Judéens de belle prestance et on les envoya à Rome avec les deux chefs de zélateurs, Jean de Gischala et Siméon Bar-Giora. Jean, affaibli par la maladie et la famine, s'était, avec ses frères, rendu aux Romains. Pour Siméon, il s'était caché, avec quelques-uns de ses gens, dans les couloirs souterrains de Jérusalem et, grâce aux outils dont ils étaient munis, ils espéraient se frayer un chemin jusqu'au dehors de la ville pour aller continuer ailleurs la lutte contre les Romains. Mais ils rencontrèrent une roche vive contre laquelle tous leurs efforts échouèrent ; leurs maigres provisions étant épuisées, Bar-Giora résolut de mourir en héros. Couvert d'une robe blanche et d'un manteau de pourpre, il sortit de dessous terre au milieu des ruines du temple, et son apparition subite effraya les sentinelles romaines. Conduisez-moi auprès de votre chef, leur dit-il simplement. Celui-ci, Rufus, ayant été appelé : Je suis Siméon Bar-Giora, lui dit le zélateur, et aussitôt il fut chargé de chaînes. Il connaissait le sort qui l'attendait et il l'avait accepté d'avance.

Siméon Bar-Giora, Jean de Gischala et le reste des prisonniers figurèrent au triomphe de Vespasien et de ses deux fils. On portait devant eux les vases du temple, le chandelier d'or, la table d'or et un rouleau de la Loi. Les prisonniers enchaînés, puis des tableaux représentant les batailles et la destruction de Jérusalem, étaient exposés aux regards curieux de la foule. Ensuite venait Bar-Giora, traîné par une corde à travers les rues, et qui finalement, suivant la coutume romaine qui exigeait un sacrifice humain, fut précipité du haut de la roche Tarpéienne. Jean de Gischala mourut en prison. Tibère Alexandre, le véritable vainqueur des Judéens ses frères, prit part au triomphe et eut même une statue sur le Forum. Josèphe figura seulement comme spectateur.

Ce triomphe, le plus pompeux que Rome eût vu depuis de longues années, atteste la joie immense causée par la victoire de Rome sur la Judée. Depuis longtemps les légions n'avaient eu à combattre un ennemi aussi indomptable.[34]

Aussi, durant plusieurs années, frappa-t-on, en souvenir de cet événement, des médailles d'or, d'argent et de cuivre. Ces médailles représentent la Judée sous les traits d'une femme assise tristement sous

---

[34] Au jugement dédaigneux de certains héros en chambre, qui dénient l'héroïsme aux Juifs, même dans le passé, on peut opposer avec avantage l'opinion d'un militaire sur ces mêmes Juifs. *Jamais*, dit M. de Saulcy (*Les derniers jours de Jérusalem*, p. 437), *jamais en aucun temps nation n'a tant souffert, et ne s'est jetée si bravement et tout entière entre les bras de la mort, pour échapper au plus poignant des malheurs, à l'envahissement par la force brutale des armées étrangères. Honneur donc aux illustres martyrs du patriotisme judaïque ! Car ils ont payé de leur sang le droit de transmettre à leurs descendants le souvenir de la plus belle résistance qui ait jamais été faite par les faibles contre les horreurs de la conquête.*

un palmier ou debout, les mains enchaînées, dans l'attitude du désespoir : elles portent la légende : Judœa devicta ou Judœa capta. Plus tard on construisit en l'honneur de Titus un arc de triomphe, où l'on remarque encore aujourd'hui les vases du temple, trophées de cette victoire (Arco di Tito). Pendant bien des années, dit-on, les Judéens de Rome faisaient un détour pour éviter de passer devant cet arc de Titus. Toutefois, ni Vespasien ni Titus ne voulurent prendre le surnom de Judaicus, qui aurait rappelé leur victoire, ce nom ayant déjà, alors, une signification déplaisante. Le butin du temple de Jérusalem resta de longues années dans le temple de la Paix, et le rouleau de la Loi fut conservé dans le palais impérial. De là, ces reliques du sanctuaire de Judée furent transportées dans d'autres pays, à l'époque où Rome, à son tour, expia ses forfaits.

Cependant la Judée n'était pas encore complètement soumise. Trois forteresses restaient à conquérir : l'Hérodion, Macherous et Massada. Bassus, gouverneur de la Judée, fut chargé par Vespasien de s'en emparer. La garnison de l'Hérodion se rendit à la première sommation. La prise de Macherous conta plus de peine à Bassus. Cette place, bâtie par Alexandre Jannée et fortifiée par Hérode, était située de l'autre côté du Jourdain, dans le voisinage de la mer Morte ; entourée de tous côtés de pentes abruptes et de gorges profondes, elle était presque imprenable. Mais la capture d'Éléazar, son jeune et héroïque défenseur, la força de se rendre. Bassus l'ayant fait mettre à la torture et semblant se disposer à le faire crucifier, les assiégés, émus de pitié à cette vue, promirent de se rendre si l'on épargnait leur chef. Bassus tint parole à ceux qui avaient négocié avec lui ; mais de la population qui demeurait dans la partie inférieure de la montagne et qui n'était pas comprise dans la capitulation, il fit massacrer environ 4.700 hommes et jeunes gens et vendit comme esclaves les femmes et les enfants.

Trois mille zélateurs qui, sous la conduite de Juda ben Jaïr, avaient pu sortir de la ville par une galerie souterraine et trouver un abri dans un bois voisin du Jourdain, étaient venus se joindre aux fugitifs de Macherous : tout à coup ils se virent enveloppés par les Romains qui, après un combat acharné, les massacrèrent tous. La mort empêcha Bassus de s'emparer de Massada ; Silva, son successeur, entreprit à son tour cette œuvre difficile. Bâtie par le prince maccabéen Jonathan et fortifiée également par Hérode, cette forteresse était encore plus inaccessible que Macherous. La garnison, qui se composait d'un millier de zélateurs, avec leurs femmes et leurs enfants, commandés par Éléazar ben Jaïr, un descendant de Juda le Gaulanite, avait des vivres, de l'eau et des armes en abondance. Elle se défendit avec le courage qui caractérisait les zélateurs en général. Mais les machines des Romains ébranlèrent une des murailles : la deuxième, en bois, bâtie par les assiégés, fut incendiée par les matières inflammables que les Romains y lancèrent. Désespérant de pouvoir tenir avec des forces si médiocres, Éléazar exhorta ses gens à se donner eux-mêmes la mort, pour ne pas tomber aux mains des ennemis. Entraînés par ses paroles, tous égorgèrent leurs femmes et leurs enfants, puis se tuèrent eux-mêmes. C'était le 1er jour de la Pâque (73). Un silence de mort régnait dans Massada quand les Romains y pénétrèrent, et ils n'aperçurent d'autres êtres vivants que deux femmes et cinq enfants. Telle fut, sur le sol de la Judée, la fin des derniers zélateurs.

Vespasien se vengea cruellement des Judéens qui avaient essayé de secouer le joug de Rome. Et ce ne furent pas seulement les Judéens de Palestine, mais tous ceux de l'empire romain qui portèrent la peine de l'insurrection. La redevance annuelle de 2 drachmes (environ 1 fr. 90), qu'ils avaient L'habitude d'expédier au temple de Jérusalem, ils durent l'adresser désormais au temple de Jupiter Capitolin ; et Vespasien, toujours affamé d'or, se l'adjugea pour sa propre cassette. Ce fut le fiscus judaicus. Quant à ses amis et à ses complices judaïtes, Vespasien les combla d'honneurs et de richesses.

Bérénice habitait le palais de Titus, comme s'il eût déjà été son époux. Titus était si jaloux de cette femme qu'il fit étrangler un personnage consulaire, Cécina, son compagnon de table, parce qu'il le soupçonnait de commerce amoureux avec Bérénice. Pour flatter Titus, l'Aréopage, le Conseil des Six-Cents et le peuple d'Athènes érigèrent une statue à Bérénice, et lui consacrèrent une inscription pompeuse où on l'appelait la grande reine, la fille du grand roi Julius Agrippa. Titus paraît avoir songé sérieusement à l'épouser ; mais les Romains haïssaient trop les Judéens pour permettre un tel mariage. Titus dut se séparer d'elle tant que son père vécut.

Josèphe fut plus heureux. Vespasien et Titus le traitèrent avec les plus grands égards, comme s'ils avaient voulu le récompenser pour des services rendus. Il accompagna Titus à Rome lors de son triomphe ; il vit d'un œil tranquille l'humiliation de ses frères et applaudit méchamment à l'exécution infamante de ces héros. Vespasien lui fit cadeau de riches domaines en Judée, l'installa même à Rome dans son propre palais, et lui conféra le titre de citoyen romain. Josèphe possédait si bien la faveur de la dynastie flavienne, qu'il adopta le nom de famille de ses protecteurs : Flavius Josèphe, tel est, en effet, le nom sous lequel il est connu de la postérité. En raison de ces faits, les patriotes lui avaient voué une haine profonde, et, autant qu'il était en eux, cherchaient à troubler sa quiétude.

La prise des dernières forteresses de la Judée n'avait pas mis fin à la résistance des zélateurs. Partout où se portait leur course fugitive, ils portaient et implantaient la haine de Rome. Ceux qui avaient pu sortir de Jérusalem par les souterrains s'étaient dispersés de tous côtés et avaient demandé asile à leurs frères des pays d'Euphrate, de l'Arabie, de l'Égypte, de la Cyrénaïque. Ceux qui s'étaient réfugiés à Alexandrie engagèrent leurs coreligionnaires à se soulever contre Rome. Les Judéens d'Alexandrie étaient faciles à convaincre : ils se souvenaient des massacres dont ils avaient été victimes peu d'années auparavant. Il n'y eut que les riches et les membres du Conseil qui s'opposèrent à cette entreprise, effectivement folle et téméraire, et firent une véritable chasse aux zélateurs. Six cents d'entre eux furent pris et livrés au gouverneur Lupus, qui les fit exécuter ; le reste se dispersa en Égypte. Ces derniers furent pris successivement, et on les mit à la torture pour les forcer à reconnaître l'autorité de l'empereur ; mais ils supportèrent les souffrances les plus atroces plutôt que de faillir à leurs principes, et tous, hommes et enfants, rivalisant de stoïcisme, expirèrent sous la main des bourreaux. Vespasien, qui craignait de voir l'Égypte devenir un foyer de nouvelles révoltes judaïques, ordonna de fermer le temple d'Onias, afin de les priver de leur dernier centre religieux. Les richesses et offrandes votives de ce temple furent versées dans le trésor impérial, comme l'avaient été celles du sanctuaire de Jérusalem (73-74). Le temple égyptien avait subsisté deux cent quarante-trois ans.

Ceux des zélateurs qui s'étaient réfugiés dans les villes de la Cyrénaïque y poussèrent, eux aussi, les Judéens à la révolte et ne furent pas plus heureux. Un zélateur nommé Jonathan rassembla autour de lui beaucoup de Judéens de la Cyrénaïque et les conduisit dans le désert de Libye, en leur promettant force miracles. Là encore les riches dénoncèrent au gouverneur romain la tentative séditieuse de leurs frères. Ce fonctionnaire, Catulle, fit saisir les rebelles, dont une grande partie furent mis à mort. Pour Jonathan, ce ne fut pas sans peine que les Romains purent mettre la main sur lui, et il se vengea de ses dénonciateurs en les accusant d'être ses complices. Jonathan et ses compagnons de captivité furent conduits à Rome, et, toujours par esprit de vengeance, ils cherchèrent à impliquer dans l'affaire Josèphe et quelques autres Judéens de Rome. Mais Titus connaissait trop bien les sentiments de Josèphe pour prêter l'oreille à cette accusation. Tout au contraire, il s'employa en sa faveur, et obtint son acquittement et celui de ses coaccusés. Jonathan fut d'abord passé par les verges, puis brûlé vif. Telle fut la fin de cette agitation zélotique, qui apporta de si douloureuses épreuves à une grande partie du monde juif dans l'empire romain. Plus heureux toutefois que les autres, les zélateurs qui s'étaient réfugiés dans l'Arabie du Nord, dans la contrée de Yathrib (Médine), réussirent à y fonder un établissement et à s'y maintenir jusqu'au VIIe siècle. Le rôle qu'ils y ont joué, dans des circonstances toutes différentes, n'a pas été sans importance.

La lutte étonnante soutenue par les Judéens contre Rome avait excité dans la société romaine un intérêt si vif, que plusieurs écrivains éprouvèrent le besoin de la raconter. Les auteurs païens le firent naturellement avec partialité. Par flatterie pour les vainqueurs et par haine pour les vaincus, ils amoindrirent de leur mieux les exploits héroïques des Judéens. Josèphe, malgré son dévouement aux intérêts romains, s'indigna de cette partialité ; ce qui lui restait de sentiment israélite ne lui permettait pas de se résigner à voir sa nation accusée de lâcheté. Il rassembla donc les souvenirs et les événements de sa vie, et, avec ces matériaux, il écrivit (75-79) l'histoire de la guerre de Judée et de ses origines. L'ouvrage se composait de sept livres. Mais Josèphe non plus ne pouvait être impartial : sa personnalité était trop intéressée dans cette histoire. Il soumit son livre à Vespasien et à Titus; celui-ci lui donna l'autorisation de le publier. L'histoire était donc arrangée de manière à pouvoir être lue et approuvée par les maîtres. Mais quelques années auparavant (vers 73), Justus de Tibériade avait composé, lui aussi, une histoire de la guerre judaïque, où il accusait Josèphe d'avoir été l'ennemi des Romains, d'avoir provoqué l'insurrection de la Galilée, et où il contestait la prétention de cet homme, qui se vantait de descendre des hasmonéens. Ainsi, la guerre des armes, à peine terminée, se continuait par une guerre de plume entre les représentants des deux partis hostiles. Justus, à vrai dire, n'était pas, lui non plus, un modèle de toutes les vertus. Après avoir été le chef de la révolution en Galilée, après avoir dirigé une expédition de représailles contre les Grecs du voisinage, il était passé du côté d'Agrippa, qui, sur les instances de Bérénice, lui fit grâce et le combla de présents. Entré alors au service d'Agrippa, Justus fut jeté deux fois en prison, puis exilé, et, sans l'intervention de Bérénice, il eût été condamné à mort. Après lui avoir, pour la seconde fois, fait grâce de la vie, Agrippa le nomma son secrétaire particulier. Sans doute, Justus connaissait plus d'un secret dont la divulgation eût été désagréable à Agrippa.

Josèphe a dû probablement taire certains faits et gestes de ce prince pendant et après la guerre ; mais tous ces secrets étaient connus de Justus, et il les révéla dans son histoire de la guerre de Judée. Toutefois, il laissa son œuvre inédite pendant vingt ans, et il ne la publia que le jour où il reconnut — avec une indignation patriotique ou une rage jalouse — que son ennemi était en faveur, même auprès du successeur de Titus, l'exécrable Domitien.

Du reste, aucun de ces deux écrivains n'avait un sentiment bien profond de la sincérité qui s'impose, comme une obligation sacrée, à tout historien.

Dans l'ouvrage de Josèphe, la Guerre de Judée, il est impossible de méconnaître la mauvaise foi avec laquelle il noircit ses ennemis. S'il a droit, comme historien, aux lauriers littéraires, il n'a droit en aucune façon à la couronne civique, ni comme ami de la vérité, ni comme ami de sa patrie.

Jérémie enchaîné, assis et gémissant sur les ruines de Jérusalem, ferme la première période de l'histoire d'Israël. Josèphe, écrivant tranquillement l'histoire de son peuple dans le palais des Césars, au milieu des splendeurs romaines, ferme la seconde période de cette même histoire.

Heinrich Graëtz

Ouvrages déjà parus
chez Omnia Veritas

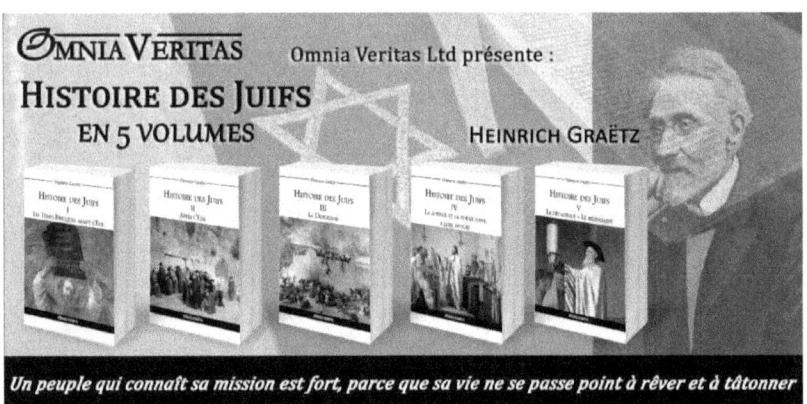

Ce volume est l'esquisse, à grands traits, de la tolérance des juifs, à travers dix-neuf siècles, à l'égard des chrétiens, spécialement des chrétiens français.

La France est perdue si elle ne brise à bref délai le réseau des tyrannies cosmopolites...

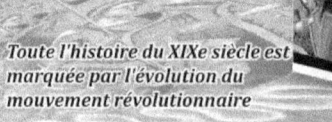

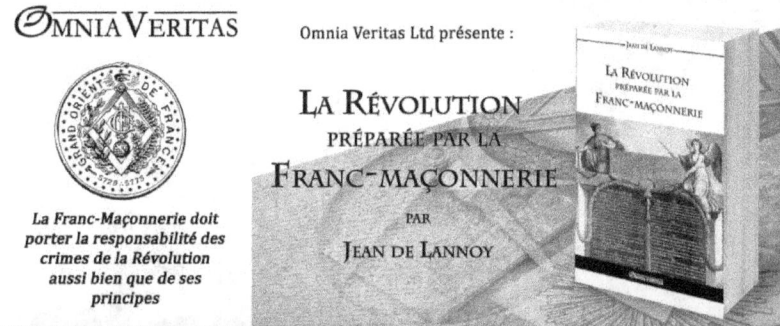

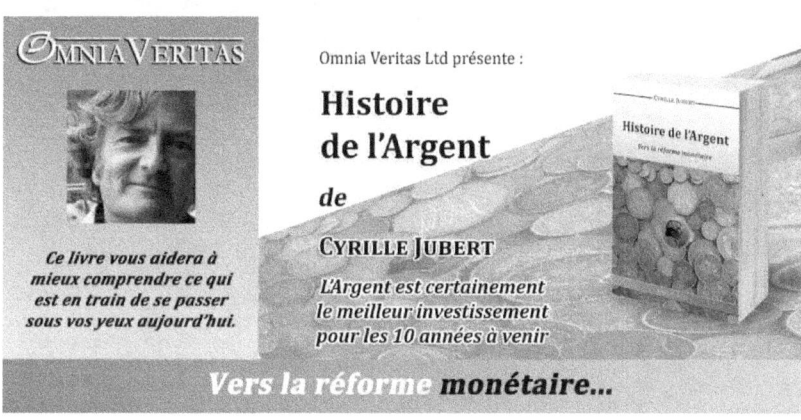

www.omnia-veritas.com

www.ingramcontent.com/pod-product-compliance
Lightning Source LLC
Chambersburg PA
CBHW050327230426
43663CB00010B/1761